Leading Cases on the Law of the European Union

EU법 기본판례집

[제2판]

Leading Cases on the Law of the European Union

EU법 기본판례집

[제2판]

Tamio Nakamura, Takao Suami 편저
박덕영·이주윤 옮김

연세대학교 출판문화원

본서는 Yonsei-SERI EU센터의 재정적 지원을 받아 출간되었습니다.

역자 머리말

한국과 EU는 2010년 5월 10일 기본협정을 체결하였고, 2011년 7월 1일부터는 한-EU FTA가 잠정적으로 적용되는 등 상호간의 관계가 점점 더 긴밀해지고 있다. 그럼에도 불구하고 우리는 EU를 단순히 주요 무역대상국으로만 인식하는 태도를 보이고 있으나, EU를 보다 잘 이해하기 위해서는 EU에 대한 구조적 이해와 더불어 EU법에 대한 정확한 고찰이 필요하다고 생각한다. EU법의 경우 그 기초가 되는 설립조약과 다양한 이차적 법원은 물론이고, EU사법재판소의 판결을 통하여 그동안 놀랄만한 정도로 발전해 왔음은 주지의 사실이다. 특히, EU사법재판소는 EU조약에 근거규정이 없음에도 불구하고 소위 사법적극주의를 발휘하여 새로운 EU법을 창조해 왔으며, 판결에서 나온 기본원칙들이 이후 조약의 개정 시에 반영되는 독특한 형태의 법형성 과정을 보여주고 있다.

따라서 EU사법재판소의 주요 판례들을 검토하고 이해하는 것이야말로 EU법 연구의 첫걸음이 될 수 있을 것이다. 이러한 노력의 일환으로 일본의 저명한 학자들이 반드시 알아야 할 주요한 EU 판례에 관해 재판소의 주요 판결내용과 이에 관한 해설을 자세히 달고 있는 판례집을 집필한 바 있는데, 역자는 EU법에 관해 정보가 부족한 우리 연구자들과 학생들을 위해 이를 한국어로 번역하여 발간하는 것도 큰 의미가 있을 것이라 생각하게 되었다. 이러한 생각을 즉시 행동에 옮기기 위해 일본 편자들의 허락을 구한 후 본서의 발간을 준비하게 되었다. 2009년 3월부터 EU 집행위원회의 지원을 받아 연세대학교와 삼성경제연구소가 공동으로 운영하고 있는 Yonsei-SERI EU센터의 재정적 뒷받침이 없었다면 본서의 발간이 현실화되기는 불가능했을 것이다.

본서는 총 42개의 주요 기본판례로 구성되어 있는데, 이를 주제별로 구분하여 제1부 EU 통치기구법, 제2부 상품의 자유이동, 제3부 사람·서비스의 자유이동, 제4부 경쟁법, 제5부 대외관계로 나누어 설명하고 있다. 본서의 절반을 차지하고 있는 제1부 통치기구법의 경우, EU법의 가장 중요한 기본원칙인 직접효력과 우위성에 관한 장, 회원국재판소와 EU사법재판소의 관계에 관한 장 및 EU사법재판소의 사법심사에 관한 장으로 구분하여 해설하고 있다. 또한 각 판례는 판례의 가장 중요한 내용 또는 원칙을 누구나 쉽게 알아볼 수 있도록 제목을 달아 이를 표시하고 있다. 본서는 각 판례에 대한 평석에서 이와 관련이 있는 다른 주요한 판례 및 이후의 변경사항들도 언급하고 있어, EU법의 발전과정을 한 눈에 이해할 수 있도록 하고 있다.

본서가 번역되어 출간되기까지는 여러 사람들의 노력이 합체되어 있다. 먼저 연세대학교 일반대학원에서 국제통상법을 전공하고 있는 박지은 양이 초벌 번역을 맡아 완성하였고, 연세대학교 법학석사 조인호 군과 역자가 제1차 수정작업을 하였다. 독일에서 EU통상법을 수학한 이주윤 박사가 지난 해 8월 귀국하여 최종 번역본을 EU법 측면에서 오류는 없는지 상세히 검토하고, 한국의 독자들이 읽기에 편하도록 문장을 다듬어 주었다. 이러한 과정을 거친 후에 역자가 다시 최종적인 점검을 하고 나서야 출간에 들어가게 되었다. 이 번역에 참여한 모든 분들에게 진심으로 감사의 마음을 전하고자 한다. 한편 일본어를 한국어로 번역하는 과정에서 최대한 어색한 표현을 없애고자 하였으나 적당한 한국어 표현을 찾기 어려운 용어는 일본어 번역체를 그대로 사용하였음을 밝혀둔다. 너그러운 양해를 바란다. 마지막으로 시장성이 없는 본서의 출판을 허락하여 주신 연세대학교 출판문화원의 김하수 교수님과 편집을 맡아주신 김성수 선생님께 감사의 말씀을 드린다.

본서의 번역은 앞에서도 밝힌 바와 같이 EU 집행위원회의 지원을 받아 운영 중인 Yonsei-SERI EU센터의 번역지원사업에 의하여 수행되었다. 역시 Yonsei-SERI EU센터의 지원을 받아 2010년 출간된 EU법강의 및 금년 가을에 출간될 EU통상법과 더불어, 본서가 EU법연구가 활성화되어 있지 않은 우리 현실에서 앞으로의 EU법연구에 조그마한 보탬이 되기를 기대한다.

2012년 6월 초여름

역자를 대표하여 박 덕 영 씀

제2판 머리말

리스본조약(2007년 12월 서명)이 2009년에 발효되었다. 이는 기존의 EU조약, EC조약 등 EU의 기본법규를 개정하는 조약이다. 내용적으로는 2004년에 서명되었지만 2005년에 프랑스와 네덜란드의 국민투표에서 부결되어 미발효된 채로 좌초된 유럽헌법제정조약(이하, 헌법조약)이 기도하였던 개혁을 대부분 승계하였다.

리스본조약에 의해서 EC는 EU로 대체되고 승계되었다. 종래의 EC와 EU의 법적 구별은 없어졌으며, 제도적으로 단일 법인격을 갖는 EU에 일체화되었다.(EU조약 제1조) EU조약·EU기능조약(구EC조약)·EU기본권헌장의 세 가지가 '동일한 법적 가치를 갖는' 기본법규가 되었다.(EU조약 제1조, 제6조1항, EU기능조약 제1조2항) EU조약·EU기능조약의 조문은 적의(適宜) 개정 또는 통합되어 전체적으로 조문 번호가 수정되었다.

새로운 EU에서는 기존의 EC에서 사용되었던 법제도가 기본이 된다. 그러나 외교안보영역(방위정책을 포함)은 '특별한 준칙과 절차'에 구속된다.(EU조약 제24조) 따라서 새로운 EU에서도 기존의 기둥(列柱)방식(EC와 EU를 제도적으로 구별하고, 제도마다 의사결정절차 등을 달리하는 방식)의 폐해와 유사한 법적 폐해는 남게 될 것이다.

리스본조약은 헌법조약이 기도하였던 개혁내용의 대부분을 승계하고 있다. 하지만 헌법조약과 리스본조약은 조약전체가 갖는 정신과 수사법이 다르다. 헌법조약은 기존의 EC/EU조약에 대체하는 내용을 승계하는 조약으로 '유럽의 모든 시민과 모든 회원국' 양쪽이 주체가 되어 결정하는 EU의 '헌법'을 자칭하는 체계적인 법규였다. EU는 그 얼굴이 되는 '유럽이사회 의장'과 '외교장관'을 두고 권리장전(EU기본권헌장)을 포함하는 '헌법'을 가지며, EU의 심볼(깃발·노래·신조·통화·기념일)도 '헌법'에 규정되며, EU와 회원국 간에 입법권을 법적으로 배분한다는 것을 규정하여 EU는 그 권한의 범위 내에서 EU시민에게 직접 적용되는 '유럽법'을 유럽의회와 이사회가 공동으로 제정하며, 그러한 EU법은 공식적으로 회원국 법에 '우선'한다. 이러한 입법주의적인 유사연방국가 형성의 미사여구에 가득 차 있었다.

리스본조약은 '헌법'이라고는 더 이상 부를 수 없으며, 심벌규정은 삭제되었고 '외교장관'도 '고위대표'라는 완곡한 현행의 직명으로 되돌아 갔으며, 국가가 체결 주체가 되는 '조약'의 형식으로 기존의 EC조약과 EU조약을 개정하고 있다. EU조약·EU기능조약·기본권헌장의 세 가지를 일체화하려는 시도를 그만두고 별개의 조약이면서도 '동일한 법적 가치를 갖는' 것으로 운영하여 일체적으로 취급한다. 그리고 헌법조약보다도 회원국의 주권적 권리를 강조하는 명문을 늘려, 가령 명시적으로 EU에 부여되지 않은 권한은 회원국에 잔존한다는 규정이나(EU조약 제5조2항후문), 회원국은 조약개정으로 EU의 권한을 '축소'할 수 있다는 문언도 추가하였다.(EU조약 제48조2항) 체계성이나 입법국가 형성이라는 미사여구는 사라지고, 형식적으로는 국가 간의 조약 체결의 수사법이 부활한 것이다.

리스본조약을 종래의 EC/EU조약과 비교하면, 유럽회원국 시민의 EU통치 참가를 비약적으로 인정하고 있으며(가령 상당수 회원국의 백만인 이상의 회원국 시민에 의한 유럽집행위원회에 대한 EU입법안의 제출요청권 — 시민발의와 같은 제도의 도입 — EU조약 제11조4항 등), 각국 의회에 대해서도 EU입법과정에 관여하는 것을 공식적으로 인정하고(리스본조약 의정서), EU조약 등의 개정 제안을 회원국과 유럽집행위원회 이외에 새로이 유럽의회도 가능하다고 인정하며(EU조약 제48조2항), '보통개정절차'에 의하는 경우 각국 의회와 유럽의회의 대표에게 각국 정부·EU기관의 대표가 함께 하는 '자문회의'를 개최하여 정부 간의 조약교섭에만 의지하지 않게 된 점 등(EU조약 제48조2~5항), EU나름의 방법으로 통치의 민주적인 정통성을 높이는 개혁을 진전시키고 있다는 점에 주목해야 한다. 기본권헌장에 법적 구속력을 공식적으로 부여하고(EU조약 제6조 1항), EU로서 유럽인권협약에 가입할 것을 규정한 점(EU조약 제6조2항)도 커다란 변화이다.

조약의 수사법에 충만하면서도 내용상 헌법조약의 입헌적 개혁정신도 승계한 리스본조약은 EU가 경제공동체로부터 정치동맹으로 탈피하는 역사적인 상황을 체현한다. 이는 EU라는 국경을 넘어선 통치체의 법질서의 전체적인 법적 성격의 전환에 실정법상의 근거를 주는 것이며(특히 여기에서는 기본권헌장의 역할이 크다고 할 수 있을 것이다), 지금까지의 제조약 이상으로 EU법 형성사상 큰 전환점이 될 가능성이 높다.

본서는 이러한 대국적 흐름을 파악하고 리스본조약에 대응하는 개정을 하였다. 초판 이후에 나온 중요한 판결을 더하고, 또한 초판의 일부 판례에 대해서는 보다 큰 역사적 의의를 갖는 판례로 대체하였다. 리스본조약 이후의 EU는 그야말로 이후의 실천에 달려 있다. EU법의 발전은 여전히 흥미로운 것이다.

이번 개정에서는 일본평론사의 串崎浩씨와 鎌谷将司씨가 기획·원고정리 등 편집작업에 많은 수고를 해 주셨다. 조문번호의 신구대조와 사항색인 작성은 西連寺隆行(상지대학 객원연구원)이 협력해 주셨다. 감사의 인사를 드린다.

2010년 1월

편자 대표 中村民雄

초판 서문

EU법은 이제 유럽 각국의 법을 배우기에 불가결한 공통과목이다. … 프랑스법+EU법, 독일법+EU법, 이탈리아법+EU법 등으로 '포르투갈에서 폴란드까지'(구텐호프=갈레르기의 범 유럽운동에서 사용된 말)에 이르는 공동체의 공통법으로서, 국내법의 상위에 있으면서도 동시에 국내법의 일부를 이루고 있는 것이 EC법이며, EU법도 서서히 그러한 색채를 강화하고 있다. EC법을 포함한 EU법은 물론 국제법의 일부이기도 하다. 그러나 우리가 이렇게 본서를 집필하는 것은 이상과 같은 현대 유럽국가들의 공통법으로서 EU법의 현실적 역할과 법적 성격을 인식하고, 일본에서의 국제법 교육 뿐만 아니라, 외국법·비교법교육에도 공헌하기 위해서이다.

본서의 특징은 첫 번째로 EU법(특히 EC법)의 유례 없이 독특한 역사적 발전과 독창적인 법질서 형성의 실천과정을 전하기 위해서이다. 두 번째로 지금까지의 유럽 각국법의 교육과 연구의 축적에 더하여 현대유럽법 측면을 추가하여 이와 연속되는 것으로서 EU법을 파악하기 위해서이다. EU법을 외국법의 일부로서 의식적으로 파악하고 있기에 본서 4번사건 등 독일의 연방헌법재판소에서 본 EU의 법의식도 기본 판례로서 들고 있다. 또한 해설에서 회원국 법(각국법)의 전개나 각국법에 영향을 미치는 EU법(또는 그 반대)도 지적하고 있다. EU법을 EU차원의 법·제도로만 보고 그 고유의 논리나 특징을 논하는 연구나 교과서는 지금까지 많이 있었다. 그러나 우리는 EU법은 회원국의 법과 복합적으로 보아야만 완결되는 것이라고 생각한다. 따라서 EU법의 독자성·법적 독립성을 강조하면서도 각국법과의 연속면을 무시하는 태도는 현대의 유럽법을 파악하기에 불충분하다고 생각된다.

본서는 EC법에서 EU법까지의 독창적인 역사적 전개를 전달하기 위해서 1960년대부터 90년대 전반까지의 기본판례를 수록하고 여기에 현대 EU법으로의 성장과 이것이 어떤 관계가 있는가 하는 관점에서 해설을 붙였다. 달리 말하면, EU법질서가 역사적으로 어떻게 발전해 왔는지를 알 수 있는 대표적인 주요판례를 수록하였다. 본서의 각 사건은 그것만으로도 완결된 읽을거리지만, 본서를 통독하면 EU라는 통치조직이 각 회원국의 법제도와 복합적으로 일체가 되는 독특한 다원적인 법질서를 형성해 왔다는 것을 구체적으로 알 수 있을 것이다. 또한 유럽사법재판소의 시대에 따른 과감한 사법적극주의가 그 다원적 복합법질서의 형성에 지대한 영향을 주었다는 것도 실감할 수 있을 것이다.

현대의 일본에서도 동아시아국가들과의 협력관계의 제도화를 추진할 것인지, 추진한다면 어떤 형태로 할 것인지 하는 실천적인 문제에 대한 관심과 함께 지역통합에 대한 관심이 점차 고양되고 있다. 유럽은 유럽의 독자적인 고안으로서 EC·EU 그리고 그 법제도·법질서를 형성해왔다. 이를 유럽의 특수한 체제로 치부하지 말고, 유럽의 구체적인 경험에서 배울 것은 없는지, 유럽의 경험의 보편성은 어떤 것인가 하는 점도 또한 본서를 통해서 생각해 볼 수 있기를 바란다.

2006년 8월

편자

범례

리스본조약 이전의 EEC, EC, EU의 표기에 대하여

EC와 EU의 법적 구별, EC조약과 EU조약의 구별은 엄밀하게 하였다.

EEC와 EC는 EC로 통일하여 표기하였다. EEC조약(1957년 서명, 86년 개정)부터 EC조약(1992, 97년, 2001년 개정)까지 EEC나 EC도 기본적으로 같은 구조의 공동체를 유지하고 있기 때문이다. 그러나 특히 역사적인 또는 기구법적으로 구별을 엄밀하게 해야 하는 문맥에서는 EEC와 EC를 구별하였다.

EC도 엄밀하게는 EEC, ECSC, Euratom의 세 공동체를 통칭하는 복수형의 EC(European Communities)의 의미로 사용되는 경우가 많지만, 본서에서는 단수형의 EEC(후의 EC)(European [Economic] Community)를 염두에 두고 있다.

리스본조약 이후의 EU의 표기에 대해서

리스본조약의 발효(2009년 12월)에 따라, EU조약(1992, 97, 2001, 2007년 개정)·EU기능조약(구EC조약)·EU기본권헌장(2000년선언)이 새 EU의 기본법규가 된다. EC와 EU의 구별도 해소되어, EU로 통합된다.

EC조약 제30[EU기능조약 제34]조라는 표기는 구EEC조약 제30조=EU기능조약 제34조라는 의미이다. 구 조문과 현행 조문의 내용이 동일 또는 거의 동일한 경우에 과거와 현재의 연속성 및 조문번호 대응을 간략하게 표기하기 위해서 사용하였다.

EC조약 제3[cf. 기능조약 제4]조라는 표기는 구EC조약 제3조의 취지가 EU기능조약 제4조에 계승되었지만, 조문의 의미가 상당히 다른 것을 나타낸다.

기호에 대해서

- 소괄호 ( ) : 원어의 표기나 출처 등의 주석. 또한 원어의 병기에서 '심의(불 délibération; 독 Beschluβ ; 영 proceedings)' 등으로 표기한 경우에는 각각 프랑스어, 독일어, 영어의 원어라는 의미이다. 각국 원어간의 미묘한 의미 차이나 1950-60년대의 판례에 있는 대륙법계의 독특한 완곡어법 등을 사용하는 경우 대비적으로 2개국 또는 3개국의 원어를 병기하였다. 해설자가 원전의 번역 및 해설문에 추가한 어구나 설명의 경우에도 ( )를 사용하였다.

• 대괄호 [ ] : 초기 EC의 판례에서 선결적 부탁이나 판결의 단락번호가 없는 경우에 영어판을 따라 붙인 단락번호를 나타낸다. 예를 들어 본서 1번사건 참조. 원전에서 사용한 옛 조문의 경우에 현재의 해당 조문을 표시하기 위해서도 [ ]를 사용하였다.

판례 · 법령, 참고문헌의 표기에 대해서

• 대표적인 당사자명으로 간략표기하는 것을 원칙으로 하였다. 예를 들어 Case 43/75, Defrenne [1976] ECR 455와 같다.
• 회원국의 판례·법령의 표기는 관계국의 법학에서의 관례에 따랐다.
• 문헌안내에서의 문헌표기는 영국법학에서 하는 일반적인 표기방법을 따랐다. 잡지문헌의 경우, (발행년) 권수 잡지명약호 개시면(-종료면)의 순서이다.
• 약어(판례집, 법령집, 잡지의 약어)의 정식명칭은 약어표를 참조하기 바란다.

약어표

AC	Appeal Cases (영·상원의 판례집)
AG	Advocate General (EC) (유럽사법재판소의 재판연구관)
All ER	All England Law Reports (영·판례집)
Am. J Comp. L	American Journal of Comparative Law (미·잡지)
BVerfGE	Entscheidungen des Bundesverfassungsgerichts (독·연방헌법재판소의 공식판례집)
BvR	독·연방헌법재판소의 헌법소원사건을 나타내는 사건기호
CA	Court of Appeal (영·항소법원)
Cam. YELS	Cambridge Yearbook of European Legal Studies (영·연간논문집)
CDE (Cah. dr. eur.)	Cahiers de droit européen (벨기에·잡지)
CFI	Court of First Instance (EC) (유럽제1심재판소)
CLJ	Cambridge Law Journal (영·잡지)
CMLR	Common Market Law Reports (EC법관계의 판례집)
CMLRev.	Common Market Law Review (네덜란드·잡지)
EC	European Community (유럽공동체)
ECC	European Commercial Cases (영·판례집)
ECHR	European Convention on Human Rights (유럽인권협약)
ECJ	European Court of Justice (EC) (유럽사법재판소)
ECLR	European Competition Law Review (영·잡지)
ECR	European Court Reports (유럽사법재판소의 공식판례집)
ECSC	European Coal and Steel Community (유럽석탄철강공동체)
ECU	European Currency Units (유로 도입 전의 유럽통화단위)
EEA	European Economic Area (유럽경제지대)
EEC	European Economic Community (유럽경제공동체)
EHRR	European Human Rights Reports (영·판례집)
ELJ	European Law Journal (영·잡지)
ELRev.	European Law Review (영·잡지)
EMU	European Monetary Union (유럽통화동맹)
EP	European Parliament (유럽의회)
EPL	European Public Law (영·잡지)
ERPL	European Review of Private Law (영·잡지)
Euratom	European Atomic Energy Community (유럽원자력공동체)

EU	European Union (유럽연합)
EuLR	European Union Law Reporter (영·판례집)
EuR	Europarecht (독·잡지)
EWCA Civ.	England and Wales Court of Appeal, Civil Division (영·항소심 민사부 판결을 의미)
EWS	Europäisches Wirtschafts- und Steuerrecht (독·잡지)
GATT	General Agreement on Tariffs and Trade (관세 및 무역에 관한 일반협정)
GATS	General Agreement on Trade in Services (서비스무역에 관한 일반협정)
HL	House of Lords (UK) (영·상원)
JIEL	Journal of International Economic Law (영·잡지)
LIEI	Legal Issues of European Integration (네덜란드·잡지)
LS	Legal Studies (영·잡지)
Mich. L. Rev.	Michigan Law Review (미·잡지)
MLR	Modern Law Review (영·잡지)
NJW	Neue Juristische Wochenschrift (독·잡지)
OJ	Official Journal of the European Communities (EC관보)
PL	Public Law (영·잡지)
S. Ct.	Supreme Court Reporter (미·연방 대법원 판례의 민간판례집)
TRIPs	Trade-Related Aspects of Intellectual Property Rights (무역관련 지적재산권협정)
UKHL	United Kingdom House of Lords (영·상원 판결을 의미)
U.S.	United States Supreme Court Reports (미·연방 대법원 판례의 공식판례집)
WTO	World Trade Organization (세계무역기구)
Yale LJ	Yale Law Journal (미·잡지)
YEL	Yearbook of European Law (영·연간논문집)

제1부 EU 통치기구법

제1장 직접효력과 우위성의 확립 및 실효성의 보장 / 3

1. Van Gend en Loos 사건: EC조약 규정의 직접효력 ······ 3
Case 26/62, Van Gend en Loos v. Nederlandse Administratie der Belastingen [1963] ECR 1

2. Costa v. ENEL 사건: 국내법에 대한 EC법의 우위성 ······ 14
Case 6/64, Costa v. ENEL [1964] ECR 585

3. Simmenthal 사건: EC법의 절대적 우위성 ······ 24
Case 106/77, Amministrazione delle Finanze dello Stato v. Simmenthal [1978] ECR 629

4. 독일 연방헌법재판소의 마스트리히트 판결: EC·EU법질서에 대한 각국 헌법의 입헌적 제원칙의 요청 ······ 32
Urteil des Bundesverfassungsgerichts vom 12. Oktober 1993, 2 BvR 2134, 2159/ 92, BVerfGE 89, 155 - Maastricht; [1994] 1 CMLR 57

5. Defrenne II 사건: EC조약 규정의 수평적 직접효력과 남녀노동자의 동일임금원칙 ······ 42
Case 43/75, Defrenne v. SABENA [1976] ECR 455

6. Marshall I 사건: EC지침의 수평적 직접효력의 부정 ······ 51
Case 152/84, Marshall v. Southampton and South-West Hampshire Area Health Authority [1986] ECR 723

7. Marleasing 사건: 국내법의 EC법합치해석의무 ······ 59
Case C-106/89, Marleasing SA v. La Comercial Internacional de Alimentacion SA [1990] ECR I-4135

8. Factortame 사건: 실효적 구제의 보장 ······ 68
Case C-213/89, Regina v. Secretary of State for Transport, ex parte Factortame [1990] ECR I-2433

9. Brasserie 사건: 회원국의 EC조약위반행위(작위·부작위)의 손해배상책임 …… 75
Joined Cases C-46/93 and C-48/93, Brasserie du Pêcheur and Factortame III [1996] ECR I-1029

10. 환경입법 사건: 형사벌입법정비를 회원국에 의무지우는 EC의 권한 ……………… 84
Case C-176/03, Commission of the European Communities v. Council of the European Union [2005] ECR I-7879

제2장 각국 재판소와 유럽사법재판소의 관계 / 91

11. CILFIT 사건: 선결적 판결의 부탁의무의 범위 ……………………………………… 91
Case 283/81, CILFIT and Lanificio di Gavardo SpA v. Ministry of Health [1982] ECR 3415

12. Foto-Frost 사건: 선결적 판결의 의무적 부탁—EC파생법규의 무효판단 ……… 101
Case 314/85, Foto-Frost v. Hauptzollamt ZA Lübeck-Ost [1987] ECR 4199

제3장 유럽사법재판소의 법령심사·사법통제 / 111

13. UPA 사건: 취소소송의 개인의 원고적격 – '직접적·개별적으로 관련있는'의 한정적 해석 ……………………………………………………… 111
① *C-50/00 P, Unión de Pequeños Agricultores v. Council [2002] ECR I-6677*
② *T-177/01, Jégo-Quéré & Cie SA v. Commission [2002] ECR II-2365*
③ *C-263/02 P, Commission v. Jégo-Quéré & Cie SA [2004] ECR I-3425*

14. 98년담배광고지침 사건: 권한부여의 원칙과 EC입법근거의 적법성 …………… 119
Case C-376/98, Germany v. European Parliament and Council [2000] ECR I-8419

15. 국제상사 사건: EC법질서에서의 기본권보호 ……………………………………… 127
Case 11/70, Internationale Handelsgesellschaft v. Einfuhr- und Vorratstelle für Getreide und Futtermittel [1970] ECR 1125

16. 이소글루코스 사건: 민주주의 원칙과 유럽의회의 자문의무 …………………… 134
Case 138/79, Roquette Frères v. Council [1980] ECR 3333

17. 녹색당 사건: 철저한 '법의 지배'—유럽의회의 사법통제와 보호 ……………… 143
Case 294/83, Parti écologiste 'Les Verts' v. European Parliament [1986] ECR 1339

18. GPA & Segi 사건: '법의 지배'와 EC 제3기둥 조치의 사법심사 ………………… 153
Case C-354/04P, Gestoras Pro Amnistía and others v. Council [2007] ECR I-1579; Case C-355/04P, Segi et al v. Council [2007] ECR I-1657

19. Schöppenstedt 사건: EC기관의 입법에 의한 손해배상책임 ……………………… 161
Case 5/71, Aktien-Zuckerfabrik Schöppenstedt v. Council [1971] ECR 975

제2부 상품의 자유이동

20. Cassis de Dijon 사건: 비차별적 조치와 '수량제한과 동등한 효과를 갖는 조치' … 169
Case 120/78, Rewe-Zentral AG v. Bundesmonopolverwaltung für Branntwein [1979] ECR 649

21. 독일순수맥주 사건: 상품의 자유이동에 대한 제한과 정당성의 심사 …………… 175
Case 178/84, Commission v. Germany [1987] ECR 1227

22. Keck 사건: EC조약 제28[EU기능조약 제34]조의 적용범위
– 제품관련규제와 판매태양규제의 구별 …………………………………………… 183
Joined Cases C-267/91 and C-268/91, Criminal Proceedings against Keck and Mithouard [1993] ECR I-6097

23. Gourmet 사건: 주류광고규제와 상품의 자유이동 ……………………………… 189
Case C-405/98, Konsumentombudsmannen v. Gourmet International Products [2001] ECR I-1795

24. Schmidberger 사건: 상품의 자유이동원칙과 기본적 인권과의 대립 …………… 196
Case C-112/00, Eugen Schmidberger, Internationale Transporte und Planzüge v. Republic of Austria [2003] ECR I-5659

25. Centrafarm 사건: 지적재산권행사와 상품의 자유이동원칙
– 역내소진법리의 형성 ……………………………………………………………… 202
① *Case 15/74, Centrafarm BV and Adriaan De Peijper v. Sterling Drug Inc. [1974] ECR 1147*
② *Case 16/74, Centrafarm BV and Adriaan De Peijper v. Winthrop BV [1974] ECR 1183*

제3부 사람·서비스의 자유이동

26. Reyners 사건: 자영업자의 자유이동원칙과 그 예외 ……………………………… 211
Case 2/74, Reyners v. Belgium [1974] ECR 631

27. Bosman 사건: 노동자의 자유이동—프로축구선수의 이적금과
외국인선수 출장기준 ………………………………………………………………… 217
Case C-415/93, Union Royale Belge des Sociétés de Football Association ASBL v. Bosman [1995] ECR I-4921

28. Cowan 사건: 서비스수령의 자유와 국적차별의 금지
– 범죄피해자보상금의 평등한 급부 ……………………………………………… 226
Case 186/87, Cowan v. Trésor public [1989] ECR 195

29. Omega 사건: 서비스의 자유제공과 회원국의 공서규제 ································ 233
Case C-36/02, Omega Spielhallen- und Automatenaufstellungs-GmbH v. Oberbürgermeisterin der Bundesstadt Bonn [2004] ECR I-9609

30. Grzelczyk 사건: EU시민권의 기본적 지위와 국적차별금지원칙 ····················· 241
Case C-184/99, Grzelczyk v. Centre public d'aide sociale d'Ottignies-Louvain-la-Neuve [2001] ECR I-6193

31. Centros 사건: 회사의 자유이동—회원국회사의 역내지점설치의 자유 ··········· 250
Case C-212/97, Centros Ltd. v. Erhvervs- og Selskabsstyrelsen [1999] ECR I-1459

제4부 경쟁법

32. Consten & Grundig 사건: EC조약 제81[EU기능조약 제101]조와 수직적 합의 –절대적 지역보호의 금지 ··· 259
Joined Cases 56/64 and 58/64, Consten SàRL and Grundig-Verkaufs-GmbH v. Commission [1996] ECR 299

33. ICI (염료) 사건: EC조약 제81[EU기능조약 제101]조의 '공동행위' 및 역외적용 ··· 269
Case 48/69, ICI(Imperial Chemical Industries Ltd.) v. Commission [1972] ECR 619

34. Nungesser 사건: EC조약 제81[EU기능조약 제101]조와 수직적 합의 –배타적 라이센스의 평가와 합리성이론 ··· 280
Case 258/78, Nungesser KG and Kurt Eisele v. Commission [1982] ECR 2015

35. United Brands사 Chiquita Banana 사건: 지배적 지위의 인정 ····················· 290
Case 27/76, United Brands Co. and United Brands Continentaal BV v. Commission [1978] ECR 207

36. Hoffmann-La Roche 사건: 지배적 지위의 유무와 남용································ 301
Case 85/76, Hoffmann-La Roche & Co. AG v. Commission [1979] ECR 461

37. Crehan 사건: 사인에 의한 EC경쟁법의 집행 ··· 309
Case C-453/99, Courage Ltd. v. Crehan; Crehan v. Courage Ltd. [2001] ECR I-6297

제5부 대외관계

38. AETR(ERTA) 사건: EC의 묵시적 조약체결권한 ········· 323
Case 22/70, Commission v. Council [1971] ECR 263

39. 유럽인권협약가입 사건: EC의 유럽인권협약 가입 ········· 331
Opinion 2/94 [1996] ECR I-1759

40. WTO가입 사건: EC의 배타적 대외권한의 범위 ········· 338
Opinion 1/94 [1994] ECR I-5267

41. 포르투갈 대 이사회 사건: WTO제협정의 재판규범성 ········· 345
Case C-149/96, Portugal v. Council [1999] ECR I-8395

42. Kadi 사건: UN법과 EC법의 관계—UN결의안 이행을 위한 EC조치의 사법심사 ········· 352
Joined Cases C-402/05P and C-415/05P, Kadi and Al Barakaat International Foundation v. Council [2008] ECR I-6351

색인 / 363

유럽사법재판소 및 유럽제1심재판소(현 일반재판소)

(사건번호순 색인)

1. Case (유럽사법재판소판례; 1952.7.25-1989.10.31)

사건번호	사건명	본서
1/58	Friedrich Stork & Cie v. High Authority of the European Coal and Steel Community [1959] ECR 17	129
36/59 to 38/59 and 40/59	Präsident Ruhrkohlen-Verkaufsgesellschaft mbH, Geitling Ruhrkohlen- Verkaufsgesellschaft mbH, Mausegatt Ruhrkohlen-Verkaufsgesellschaft mbH and I. Nold KG v. High Authority of the European Coal and Steel Community [1960] ECR 423	129
25/62	Plaumann & Co. v. Commission of the European Economic Community [1963] ECR 95	111, 114
25/62	NV Algemene Transport- en Expeditie Onderneming van Gend & Loos v. Nederlandse Administratie der Belastingen [1963] ECR 1	3-13 **[본서 1번 사건]**, 17, 20, 28, 48, 54, 62, 81, 139, 311, 314, 315, 360
28/62 to 30/62	Da Costa en Schaake NV, Jacob Meijer NV, HoechstHolland NV v. Nederlandse Administratie der Belastin-gen [1963] ECR 31	93
6/64	Flamio Costa v. E.N.E.L. [1964] ECR 585	8, 10, 13, 14-23 **[본서 2번사건]**, 28, 62, 129, 148, 311, 314
56/64 and 58/64	Établissements Consten S.à.R.L. and Grundig-Verkaufs-GmbH v. Commission of the European Economic Community [1966] ECR 299	259-268 **[본서 32번사건]**, 281, 283, 284, 285, 287, 289
56/65	Société Technique Minière (L.T.M.) v. Maschinenbau UIm GmbH (M.B.U.) [1966] ECR 235	265, 287
23/67	SA Brasserie de Haecht v. Consorts Wilkin-Janssen [1967] ECR 407	313
4/69	Alfons Lütticke GmbH v. Commission of the European Communities [1971] ECR 325	163

29/69	Erich Stauder v. City of Ulm - Sozialamt [1969] ECR 419	130, 331
48/69	Imperial Chemical Industries Ltd v. Commission of the European Communities [1972] ECR 619	269-279 **[본서 33번사건]**
9/70	Franz Grad v. Finanzamt Traunstein [1970] ECR 825	7, 54
11/70	Internationale Handelsgesellschaft mbH v. Einfuhr- und Vorratsstelle für Getreide und Futtermittel [1970] ECR 1125	30, 127-133 **[본서 15번사건]**, 237, 331
22/70	Commission of the European Communities v. Council of the European Communities (AETR/ERTA) [1971] ECR 263	11, 146, 156, 158, 323-330 **[본서 38번사건]**, 334, 340, 342, 360
80/70	Gabrielle Defrenne v. Belgian State [1971] ECR 445	50
5/71	Aktien-Zuckerfabrik Schöppenstedt v. Council of the European Communities [1971] ECR 975	161-166 **[본서 19번사건]**
43/71	Politi s.a.s. v. Amministrazione delle Finanze della Repubblica Italiana [1971] ECR 1039	7
1/72	Rita Frilli v. Belgian State [1972] ECR 457	227
21/72 to 24/72	International Fruit Company NV and Others v. Produkt-schap voor Groenten en Fruit [1972] ECR 1219	348, 359
39/72	Commission of the European Communities v. Italian Republic [1973] ECR 101	312
4/73	J. Nold, Kohlen- und Baustoffgroß handlung v. Commission of the European Communities [1974] ECR 491	131, 331
40/73 to 48/73, 50/73, 54/73 to 56/73, 111/73, 113/73 and 114/73	Coöperatieve Vereniging "Suiker Unie" UA and Others v. Commission of the European Communities [1975] ECR 1663	276
2/74	Jean Reyners v. Belgium [1974] ECR 631	211-216 **[본서 26번사건]**, 221
8/74	Procureur du Roi v. Benoît and Gustave Dassonville [1974] ECR 837	171-174, 176
15/74	Centrafarm BV and Adriaan de Peijper v. Sterling Drug Inc [1974] ECR 1147	202-208 **[본서 25번사건]**, 268
16/74	Centrafarm BV and Adriaan de Peijper v. Winthrop BV [1974] ECR 1183	202-208 **[본서 25번사건]**, 268
33/74	Johannes Henricus Maria van Binsbergen v. Bestuur van de Bedrijfsvereniging voor de Metaalnijverheid [1974] ECR 1299	221

36/74	B.N.O. Walrave and L.J.N. Koch v. Association Union cycliste internationale, Koninklijke Nederlandsche Wielren Unie and Federación Española Ciclismo [1974] ECR 1405	217, 222
41/74	Yvonne van Duyn v. Home Office [1974] ECR 1337	7, 52
32/75	Anita Cristini v. Société nationale des chemins de fer français [1975] ECR 1085	229
36/75	Roland Rutili v. Ministre de l'intérieur [1975] ECR 1219	131
43/75	Gabrielle Defrenne v.Société anonyme belge de navigation aérienne(Sabena) [1976] ECR 455	7, 8, 13, 42-50 **[본서 5번사건]**, 63, 130
48/75	Criminal proceedings against Jean Noël Royer [1976] ECR 497	221, 223
52/75	Commission of the European Communities v. Italian Republic [1976] ECR 277	27
3/76, 4/76 and 6/76	Cornelis Kramer and Others [1976] ECR 1279	329, 343
13/76	Gaetano Donà v. Mario Mantero [1976] ECR 1333	220
27/76	United Brands Company and United Brands Continentaal BV v. Commission of the European Communities [1978] ECR 207	290-300 **[본서 35번사건]**, 304
33/76	Rewe-Zentralfinanz eG and Rewe-Zentral AG v. Landwirtschaftskammer für das Saarland [1976] ECR 1989	70
35/76	Simmenthal SpA v. Amministrazione delle Finanze dello Stato [1976] ECR 1871	24, 69
45/76	Comet BV v. Produktschap voor Siergewassen [1976] ECR 2043	71
83/76, 94/76, 4/77, 15/77 and 40/77	Bayerische HNL Vermehrungsbetriebe GmbH & Co. KG and Others v. Council and Commission of the European Communities [1978] ECR 1209	164
85/76	Hoffmann-La Roche &Co. AG v. Commission of the European Communities [1979] ECR 461	298, 301-308 **[본서 36번사건]**
102/77	Hoffmann-La Roche & Co. AG v. Centrafarm Vertriebsgesellschaft Pharmazeutischer Erzeugnisse mbH [1978] ECR 1139	206
103/77 and 145/77	Royal Scholten-Honig (Holdings) Limited v. Intervention Board for Agricultural Produce; Tunnel Refineries Limited v. Intervention Board for Agricultural Produce [1978] ECR 2037	134
106/77	Amministrazione delle Finanze dello Stato v. Simmenthal SpA [1978] ECR 629	8, 10, 13, 21, 24-31 **[본서 3번사건]**, 48, 62, 69, 73, 96, 148, 311

125/77	Koninklijke Scholten-Honig NV and De Verenigde Zet-meelbedrijven "De Bijenkorf" BV v. Hoofdproduktschap voor Akkerbouwprodukten [1978] ECR 1991	135
120/78	Rewe-Zentral AG v. Bundesmonopolverwaltung für Branntwein [1979] ECR 649	169-174 **[본서 20번사건]**, 176, 178-179, 184-187, 192, 237
128/78	Commission of the European Communities v. United Kingdom of Great Britain and Northern Ireland [1979] ECR 419	27
148/78	Criminal proceedings against Tullio Ratti [1979] ECR 1629	52
258/78	L.C. Nungesser KG and Kurt Eisele v. Commission of the European Communities [1982] ECR 2015	266, 280-289 **[본서 34번사건]**
44/79	Liselotte Hauer v. Land Rheinland-Pfalz [1979] ECR 3727	132, 331
68/79	Hans Just I/S v. Danish Ministry for Fiscal Affairs [1980] ECR 501	71
104/79	Pasquale Foglia v. Mariella Novello [1980] ECR 745	96
138/79	SA Roquette Frères v. Council of the European Communities [1980] ECR 3333	134-142 **[본서 16번사건]**
139/79	Maizena GmbH v. Council of the European Communities [1980] ECR 3393	134
157/79	Regina v. Stanislaus Pieck [1980] ECR 2171	227
811/79	Amministrazione delle finanze dello Stato v. Ariete SpA [1980] ECR 2545	49
96/80	J.P. Jenkins v. Kingsgate (Clothing Productions) Ltd [1981] ECR 911	49, 50
100/80 to 103/80	SA Musique Diffusion française and Others v. Commission of the European Communities [1983] ECR 1825	276
187/80	Merck & Co. Inc v. Stephar BV and Petrus Stephanus Exler [1981] ECR 2063	207
203/80	Criminal proceedings against Guerrino Casati [1981] ECR 2595	228
246/80	C. Broekmeulen v. Huisarts Registratie Commissie [1981] ECR 2311	97
8/81	Ursula Becker v. Finanzamt Münster-Innenstadt [1982] ECR 53	52
104/81	Hauptzollamt Mainz v. C.A. Kupferberg & Cie KG a.A. [1982] ECR 3641	347

261/81	Walter Rau Lebensmittelwerke v. De Smedt PVBA [1982] ECR 3961	172
283/81	Srl CILFIT and Lanificio di Gavardo SpA v. Ministry of Health [1982] ECR 3415	91-100 **[본서 11번사건]**
199/82	Amministrazione delle Finanze della Stato v. SpA San Giorgio [1983] ECR 3595	71
286/82 and 26/83	Graziana Luisi and Giuseppe Carbone v. Ministero del Tesoro [1984] ECR 377	226, 227, 230
14/83	Sabine von Colson and Elisabeth Kamann v. Land Nordrhein-Westfalen [1984] ECR 1891	60, 62, 63, 64
293/83	Françoise Gravier v. City of Liège [1985] ECR 593	231, 245
294/83	Parti écologiste 'Les Verts' v. European Parliament [1986] ECR 1339	103, 143-152 **[본서 17번사건]**, 157, 158, 360
19/84	Pharmon BV v. Hoechst AG [1985] ECR 2281	207
137/84	Criminal proceedings against Robert Heinrich Maria Mutsch [1985] ECR 2681	229
152/84	M. H. Marshall v. Southampton and South-West Hampshire Area Health Authority (Teaching) [1986] ECR 723	7, 51-58 **[본서 6번사건]**, 60, 62
178/84	Commission of the European Communities v. Federal Republic of Germany [1987] ECR 1227	75,172,175-182 **[본서 21번사건]**
222/84	Marguerite Johnston v. Chief Constable of the Royal Ulster Constabulary [1986] ECR 1651	71
79/85	D.H.M. Segers v. Bestuur van de Bedrijfsvereniging voor Bank- en Verzekeringswezen, Groothandel en Vrije Beroepen [1986] ECR 2375	253
89/85, 104/ 85, 114/85, 116/85, 117/85 and 125/85 to 129/85	Ahlström Osakeyhtiö and Others v. Commission of the European Communities [1988] ECR 5193	276, 278
314/85	Firma Foto-Frost v. Hauptzollamt Lübeck-Ost [1987] ECR 4199	40, 98, 101-110 **[본서 12번사건]**, 117
12/86	Meryem Demirel v. Stadt Schwäbisch Gmünd [1987] ECR 3719	131
24/86	Vincent Blaizot v. University of Liège and Others [1988] ECR 379	49, 231
39/86	Sylvie Lair v. Universität Hannover [1988] ECR 3161	232, 246
80/86	Criminal proceedings against Kolpinghuis Nijmegen BV [1987] ECR 3969	65

157/86	Mary Murphy and Others v. An Bord Telecom Eireann [1988] ECR 673	62
197/86	Steven Malcolm Brown v. The Secretary of State for Scotland [1988] ECR 3205	232, 242, 246
263/86	Belgian State v. René Humbel and Marie-Thérèse Edel [1988] ECR 5365	230
302/86	Commission of the European Communities v. Kingdom of Denmark [1988] ECR 4607	173
46/87 and 227/88	Hoechst AG v. Commission of the European Communities [1989] ECR 2859	132
70/87	Fédération de l'industrie de l'huilerie de la CEE (Fediol) v. Commission of the European Communities [1989] ECR 1781	348, 358
81/87	The Queen v. Her Majesty's Treasury and Commissioners of Inland Revenue, ex parte: Daily Mail and General Trust plc [1988] ECR 5483	218, 252
186/87	Ian William Cowan v. Trésor public [1989] ECR 195	226-232 **[본서 28번사건]**
3/88	Commission of the European Communities v. Italian Republic [1989] ECR 4035	216
5/88	Hubert Wachauf v. Bundesamt für Ernährung und Forstwirtschaft [1989] ECR 2609	131
68/88	Commission of the European Communities v. Hellenic Republic [1989] ECR 2965	27

2. Case C- (Cour=유럽사법재판소판례; 1989.11.1 이후)

C-89/85, C-104/85, C-114/85, C-116/85, C-117/85 and C-125/85 to C-129/85	Ahlström Osakeyhtiö and Others v. Commission of the European Communities [1993] ECR I-1307	276, 277, 278
C-62/86	AKZO Chemie BV v. Commission of the European Communities [1991] ECR I-3359	298, 305
C-70/88	European Parliament v. Council of the European Communities [1990] ECR I-2041	123, 150
C-143/88 and C-92/89	Zuckerfabrik Süderdithmarschen AG v. Hauptzollamt Itzehoe and Zuckerfabrik Soest GmbH v. Hauptzollamt Paderborn [1991] ECR I-415	109
C-145/88	Torfaen Borough Council v. B & Q plc [1989] ECR 3851	185

C-262/88	Douglas Harvey Barber v. Guardian Royal Exchange Assurance Group [1990] ECR I-1889	49, 50
C-69/89	Nakajima All Precision Co. Ltd v. Council of the European Communities [1991] ECR I-2069	348, 359
C-104/89 and C-37/90	J.M. Mulder, W.H. Brinkhoff, J.M.M. Muskens, T. Twijnstra and Otto Heinemann v. Council of the European Union and Commission of the European Communities [2000] ECR I-203	164
C-106/89	Marleasing SA v. La Comercial Internacional de Alimentacion SA [1990] ECR I-4135	7, 20, 21, 56, 59-67 **[본서 7번사건]**
C-188/89	A. Foster and Others v. British Gas plc [1990] ECR I-3313	56
C-213/89	The Queen v. Secretary of State for Transport, ex parte; Factortame Ltd and Others [1990] ECR I-2433	10, 13, 21, 30, 68-74 **[본서 8번사건]**, 75, 311
C-221/89	The Queen v. Secretary of State for Transport, ex parte; Factortame Ltd and Others [1991] ECR I-3905	69
C-234/89	Stergios Delimitis v. Henninger Bräu AG [1991] ECR I-935	313
C-260/89	Elliniki Radiophonia Tiléorassi AE and Panellinia Omospondia Syllogon Prossopikou v. Dimotiki Etairia Pliroforissis and Sotirios Kouvelas and Nicolaos Avdellas and Others [1991] ECR I-2925	131, 200
C-306/89	Commission of the European Communities v. Hellenic Republic [1991] ECR I-5863	216
C-340/89	Irène Vlassopoulou v. Ministerium für Justiz, Bundes- und Europaangelegenheiten Baden-Württemberg [1991] ECR I-2357	215
C-6/90 and C-9/90	Andrea Francovich and Danila Bonifaci and Others v. Italian Republic [1991] ECR I-5357	73, 76-78, 80-82, 313, 315
C-159/90	The Society for the Protection of Unborn Children Ireland Ltd v. Stephen Grogan and Others [1991] ECR I-4685	131
C-208/90	Theresa Emmott v. Minister for Social Welfare and Attorney General [1991] ECR I-4269	73
C-165/91	Simon J. M. van Munster v. Rijksdienst voor Pensioenen [1994] ECR I-4661	62
C-267/91 and C-268/91	Criminal proceedings against Bernard Keck and Daniel Mithouard [1993] ECR I-6097	183-188 **[본서 22번사건]**, 190, 192, 193, 194, 223

C-271/91	Marshall (M. H.) v. Southampton and South-West Hampshire Area Health Authority (Teaching) [1993] ECR I-4367	58
C-42/92	Thijssen (Adrianus) v. Controledienst voor de verzekeringen [1993] ECR I-4047	216
C-49/92 P	Commission of the European Communities v. Anic Partecipazioni SpA [1999] ECR I-4125	276
C-91/92	Paola Faccini Dori v. Recreb Srl [1994] ECR I-3325	55, 62, 64
C-275/92	Her Majesty's Customs and Excise v. Gerhart Schindler and Jörg Schindler [1994] ECR I-1039	235
C-292/92	Ruth Hünermund and Others v. Landesapothekerkammer Baden-Württemberg [1993] ECR I-6787	187
C-334/92	Teodoro Wagner Miret v. Fondo de Carantía Salarial [1993] ECR I-6911	64
C-46/93 and C-48/93	Brasserie du pêcheur SA v. Federal Republic of Germany and The Queen v. Secretary of State for Transport, ex parte: Factortame Ltd and Others [1996] ECR I-1029	10, 13, 21, 64, 75- 83 **[본서 9번사건]**, 165, 311, 313, 314, 315
C-280/93	Federal Republic of Germany v. Council of the European Union [1994] ECR I-4973	349, 359
C-384/93	Alpine Investments BV v. Minister van Financiën [1995] ECR I-1141	172
C-412/93	Société d'Importation Édouard Leclerc-Siplec v. TFI Publicité SA and M6 Publicité SA [1995] ECR I-179	192
C-415/93	Union royale belge des sociétés de football association ASBL v. Jean-Marc Bosman, Royal club liégeois SA v. Jean-Marc Bosman and Others and Union des associations européennes de football (UEFA) v. Jean-Marc Bosman [1995] ECR I-4921	49, 172, 217-225 **[본서 27번사건]**
C-465/93	Atlanta Fruchthandelsgesellschaft mbH and Others v. Bundesamt für Ernährung und Forstwirtschaft [1995] ECR I-3761	109
C-470/93	Verein gegen Unwesen in Handel und Gewerbe Köln eV v. Mars GmbH [1995] ECR I-1923	187
C-5/94	The Queen v. Ministry of Agriculture, Fisheries and Food, ex parte: Hedley Lomas (Ireland) Ltd [1996] ECR I-2553	81, 82
C-25/94	Commission of the European Communities v. Council of the European Union [1996] ECR I-1469	344
C-55/94	Reinhard Gebhard v. Consiglio dell'Ordine degli Avvocati e Procuratori di Milano [1995] ECR I-4165	172

C-84/94	United Kingdom of Great Britain and Northern Ireland v. Council of the European Union [1996] ECR I-5755	123
C-178/94, C-179/94, C-188/94, C-189/94 and C-190/94	Erich Dillenkofer, Christian Erdmann, Hans-Jürgen Schulte, Anke Heuer, Werner, Ursula and Trosten Knor v. Federal Republic of Germany [1996] ECR I-4845	82
C-194/94	CIA Security Internatinal SA v. Signalson SA and Securitel SPRL [1996] ECR I-2201	57
C-18/95	F.C. Terhoeve v. Inspecteur van de Belastingdienst Particulieren/ Ondernemingen buitenland [1999] ECR I-345	223
C-34/95 to C-36/95	Konsumentombudsmannen (KO) v. De Agostini (Svenska) Förlag AB and Konsumentombudsmannen (KO) v. TV-Shop i Sverige AB [1997] ECR I-3843	190, 193
C-57/95	France v. Commission [1997] ECR I-1627	156, 159
C-73/95 P	Viho Europe BV v. Commission of the European Cornmunities [1996] ECR I-5457	277
C-74/95 and 129/95	Criminal Proceedings against X [1996] ECR I-6609	66
C-168/95	Criminal proceedings against Luciano Arcaro [1996] ECR I-4705	66
C-188/95	Fantask A/S e.a. v. Industriministeriet (Erhvervministeriet) [1997] ECR I-6783	73
C-265/95	Commission of the European Communities v. French Republic [1997] ECR I-6959	199
C-299/95	Friedrich Kremzow v. Republic of Austria [1997] ECR I-2629	131
C-334/95	Krüger GmbH & Co. KG v. Hauptzollamt Hamburg-Jonas [1997] ECR I-4517	109
C-368/95	Vereinigte Familiapress Zeitungsverlags- und vertriebs GmbH v. Heinrich Bauer Verlag [1997] ECR I-3689	187, 201
C-85/96	María Martínez Sala v. Freistaat Bayern [1998] ECR I-2691	242, 245
C-129/96	Inter-Environnement Wallonie ASBL v. Région wallonne [1997] ECR I-7411	56, 67
C-149/96	Portuguese Republic v. Council of the European Union [1999] ECR I-8395	345-351 **[본서 41번사건]**, 359
C-180/96	United Kingdom of Great Britain and Northern Ireland v. Commission of the European Communities [1998] ECR I-2265	125

C-274/96	Criminal proceedings against Horst Otto Bickel and Ulrich Franz [1998] ECR I-7637	245
C-309/96	Daniele Annibaldi v. Sindaco del Comune di Guidonia and Presidente Regione Lazio [1997] ECR I-7493	131
C-355/96	Silhouette International Schmied GmbH & Co. KG v. Hartlauer Handelsgesellschaft mbH [1998] ECR I-4799	207
C-10/97 to C-22/97	Ministero delle Finanze v. IN.CO.GE.'90 Srl and Others [1998] ECR I-6307	28, 29
C-124/97	Markku Juhani Läärä, Cotswold Microsystems Ltd and Oy Transatlantic Software Ltd v. Kihlakunnansyyttäjä (Jyväskylä) and Suomen valtio (Finnish State) [1999] ECR I-6067	235
C-212/97	Centros Ltd v. Erhvervs- og Selskabsstyrelsen [1999] ECR I-1459	250-255 **[본서 31번사건]**
C-302/97	Klaus Konle v. Republic of Austria [1999] ECR I-3099	81
C-424/97	Salomone Haim v. Kassenzahnärztliche Vereinigung Nordrhein [2000] ECR I-5123	81, 82
C-67/98	Questore di Verona v. Diego Zenatti [1999] ECR I-7289	235
C-240/98 to C-244/98	Océano Grupo Editorial SA v. Roció Murciano Quintero and Salvat Editores SA v. José M. Sánchez Alcón Prades, José Luis Copano Badillo, Mohammed Berroane and Emilio Viñas Feliú [2000] ECR I-4941	66
C-254/98	Schutzverband gegen unlauteren Wettbewerb v. TK-Heimdienst Sass GmbH [2000] ECR I-151	193
C-281/98	Roman Angonese v. Cassa di Risparmio di Bolzano SpA [2000] ECR I-4139	222
C-300/98 and C-392/98	Parfums Christian Dior SA v. TUK Consultancy BV and Assco Gerüste GmbH and Rob van Dijk v. Wilhelm Layher GmbH & Co. KG and Layher BV [2000] ECR I-11307	351
C-352/98 P	Laboratoires pharmaceutiques Bergaderm SA and Jean-Jacques Goupil v. Commission of the European Communities [2000] ECR I-5291	165
C-376/98	Federal Republic of Germany v. European Parliament and Council of the European Union [2000] ECR I-8419	41, 119-126 **[본서 14번사건]**, 174
C-405/98	Konsumentombudsmannen (KO) v. Gourmet International Products AB (GIP) [2001] ECR I-1795	189-195 **[본서 23번사건]**
C-443/98	Unilever Italia SpA v. Central Food SpA [2000] ECR I-7535	7, 57
C-456/98	Centrosteel Srl v. Adipol GmbH [2000] ECR I-6007	66

C-184/99	Rudy Grzelczyk v. Centre public d'aide sociale d'Ottignies-Louvain-la-Neuve [2001] ECR I-6193	232, 241-249 [본서 30번사건]
C-387/99	Commission of the European Communities v. Federal Republic of Germany [2004] ECR I-3751	182
C-413/99	Baumbast and R v. Secretary of State for the Home Department [2002] ECR I-7091	248
C-453/99	Courage Ltd v. Bernard Crehan and Bernard Crehan v. Courage Ltd and Others [2001] ECR I-6297	21, 309-319 [본서 37번사건]
C-50/00 P	Unión de Pequeños Agricultores v. Council of the European Union [2002] ECR I-6677	111-118 [본서 13번사건]
C-112/00	Eugen Schmidberger, Internationale Transporte und Planzüge v. Republic of Austria [2003] ECR I-5659	173, 196-201 [본서 24번사건], 236, 238, 239
C-129/00	Commission of the European Communities v. Italian Republic [2003] ECR I-14637	21
C-150/00	Commission of the European Communities v. Republic of Austria [2004] ECR I-3887	182
C-208/00	Überseering BV v. Nordic Construction Company Baumanagement GmbH (NCC) [2002] ECR I-9919	255
C-312/00 P	Commission of the European Communities v. Camar Srl and Tico Srl [2002] ECR I-11355	166
C-453/00	Kühne & Heitz NV v. Produktschap voor Pluimvee en Eieren [2004] ECR I-837	21
C-472/00 P	Commission of the European Communities v. Fresh Marine Company A/S [2003] ECR I-7541	166
C-167/01	Kamer van Koophandel en Fabrieken voor Amsterdam v. Inspire Art Ltd [2003] ECR I-10155	255
C-192/01	Commission of the European Communities v. Kingdom of Denmark [2003] ECR I-9693	182
C-224/01	Gerhard Köbler v. Republic of Austria [2003] ECR I-10239	81
C-322/01	Deutscher Apothekerverband eV v. 0800 DocMorris NV and Jacques Waterval [2003] ECR I-14887	188
C-397/01 to C-403/01	Bernhard Pfeiffer, Wilhelm Roith, Albert SüB, Michael Winter, Klaus Nestvogel, Roswitha Zeller and Matthias Döbele v. Deutsches Rotes Kreuz, Kreisverband Waldshut eV [2004] ECR I-8835	55
C-418/01	IMS Health GmbH & Co. OHG v. NDC Health GmbH & Co. KG [2004] ECR I-5039	300
C-36/02	Omega Spielhallen- und Automatenaufstellungs-GmbH v. Oberbürgermeisterin der Bundesstadt Bonn [2004] ECR I-9609	173, 199, 233-240 [본서 29번사건]

C-41/02	Commission of the European Communities v. Kingdom of the Netherlands [2004] ECR I-11375	182
C-138/02	Brian Francis Collins v. Secretary of State for Work and Pensions [2004] ECR I-2703	232
C-201/02	The Queen, on the application of Delena Wells v. Secretary of State for Transport, Local Government and the Regions [2004] ECR I-723	55
C-263/02 P	Commission of the European Communities v. Jégo-Quéré & Cie SA [2004] ECR I-3425	111-118 **[본서 13번사건]**
C-304/02	Commission of the European Communities v. French Republic [2005] ECR I-6263	152
C-377/02	Léon Van Parys NV v. Belgisch Interventie- en Restitutiebureau (BIRB) [2005] ECR I-1465	351
C-387/02, C-391/02 and C-403/02	Criminal proceedings against Silvio Berlusconi, Sergio Adelchi and Marcello Dell'Utri and Others [2005] ECR I-3565	55
C-105/03	Criminal proceedings against Maria Pupino [2005] ECR I-5285	62, 155, 158
C-176/03	Commission of the European Communities v. Council of the European Union [2005] ECR I-7879	84-90 **[본서 10번사건]**
C-209/03	The Queen v. London Borough of Ealing, Secretary of State for Education and Skills, ex parte: Dany Bidar [2005] ECR I-2119	232, 245
C-95/04	British Airways v. Commission [2007] ECR I-2331	307
C-144/04	Werner Mangold v. Rüdiger Helm [2005] ECR I-9981	57, 64, 67
C-344/04	The Queen, on the application of International Air Transport Association and European Low Fares Airline Association v. Department for Transport [2006] ECR I-403	96
C-354/04 P	Gestoras Pro Amnistía and others v. Council [2007] ECR I-1579	153-160 **[본서 18번사건]**, 360
C-355/04 P	Segi et al v. Council [2007] ECR I-1657	153-160 **[본서 18번사건]**
C-402/05 P and C-415/05 P	Kadi and Al Barakaat International Foundation v. Council [2008] ECR I-6351	352-362 **[본서 42번사건]**
C-120/06 P and C-121/06 P	FIAMM, Giorgio Fedon & Figli v. Council and Commission [2008] ECR I-6513	359
C-325/08	Olympique Lyonnais v. Olivier Bernard and Newcastle United	225

3. Case T- (Tribunal=유럽제1심재판소판례; 1989.11.1 이후)

T-25/95	Cimenteries CBR and Others v. Commission of the European Communities [2002] ECR II-491	276
T-228/97	Irish Sugar plc v. Commission of the European Communities [1999] ECR II-2969	298
T-112/99	Méropole télévision (M6), Suez-Lyonnaise des eaux, France Télécom and Télévision française 1 SA (TF1) v. Commission of the European Communities [2001] ECR II-2459	287
T-177/01	Jégo-Ouéré & Cie SA v. Commission of the European Communities [2002] ECR II-2365	111-118 **[본서 13번사건]**
T-219/99	British Airways v. Commission [2003] ECR II-5917	306

4. Opinion

1/76	Draft Agreement establishing a European laying-up fund for inland waterway vessels [1977] ECR 741	329
1/78	Opinion given pursuant to the second subparagraph of Article 228 (1) of the EEC Treaty. International Agreement on Natural Rubber [1979] ECR 2871	342
1/91	Draft agreement between the Community, on the one hand, and the countries of the European Free Trade Association, on the other, relating to the creation of the European Economic Area [1990] ECR I-6079	148, 359
1/94	Competence of the Community to conclude international agreements concerning services and the protection of intellectual property (WTO) [1994] ECR I-5267	41, 327, 338-344 **[본서 40번사건]**
2/94	Accession by the Community to the European Convention for the Protection of Human Rights and Fundamental Freedoms [1996] ECR I-1759	132, 331-337 **[본서 39번사건]**

유럽집행위원회 결정례

사건명	연월일	게재	본서
Vitamins (Case IV /29.020)	Commission Decision of 6 June 1976	[1976] OJL 223/27	301

각국 국내재판소 판례

영국

사건명	재판소, 연월일	게재	본서
Application des Gaz SA v. Falks Veritas Ltd	Court of Appeal, 27, 28, 29 March 1974 and 22 May 1974	[1974] Ch. 381; [1974] WLR 235	315
Crehan v. Inntrepreneur Pub Company (CPC)	High Court of Justice Chancery Division, 26 June 2003	[2003] EuLR 663; [2003] EWHC 1510 (Ch); [2004] ECC 8	317
Crehan v. Inntrepreneur Pub Company (CPC)	Court of Appeal (Civil Division), 21 May 2004	[2004] EWCA Civ 637; [2004] ECC 28	317
Crehan v. Inntrepreneur Pub Company (CPC) and Another (Office of Fair Trading and others intervening)	House of Lords, 6, 7, 8, 12 June 2006 and 19 July 2006	[2006] UKHL 38, [2006] 3 WLR 148	317
Doughty v. Rolls-Royce plc	Court of Appeal (Civil Division), 19 December 1991	[1992] 1 CMLR 1045	56
Garden Cottage Foods Ltd. v. Milk Marketing Board	House of Lords, 23 June 1983	[1984] 1 AC 130; [1983] WLR 143; [1983] 3 CMLR 43	315
Gibbs Mew plc v. Gemmell	Court of Appeal (Civil Division), 22 July 1998	[1998] EWCA Civ 1262; [1998] EuLR 588; [1999] ECC 97	310
London Boroughs Transport Committee v. Freight Transport Association Ltd and Others	House of Lords, 25, 26, 27 June 1991 and 24 July 1991	[1991] 3 All ER 915	99
M v. Home Office	House of Lords, 27 July 1993	[1994] 1 AC 377, [1993] 3 All ER 537	74
R. v. Ministry of Agriculture, Fisheries and Food, ex pare: Portman Agrochemicals Ltd and Others	High Court Queen's Bench Division, 27 July 1994	[1994] 3 CMLR 18	99
R. v. Secretary of State for Transport ex parte: Factortame	House of Lords, 18 May 1989	[1990] 2 AC 85; [1989] 3 WLR 997; [1989] 3 CMLR 1	30
Tinsley v. Milligan	House of Lords, 24 June 1993	[1994] 1 AC 340; [1993] 3 WLR 126	309

독일

Europäisches Haftbefehlsgesetz (유럽체포영장법위헌 판결사건)	Bundesverfassungsgericht, Urteil vom 18. Juli 2005 (2 BvR 2236/04)	BVerfGE 113, 273; [2006] 1 CMLR 378	37
Maastricht (마스트리히트 판결)	Bundesverfassungsgericht, Urteil vom 12. Oktober 1993 (2 BvR 2134, 2159/ 92)	BVerfGE 89,155; [1994] 1 CMLR 57	32-41 **[본서 4번사건]**, 337
Solange I (졸랑에 제1사건)	Bundesverfassungsgericht, Beschluß vom 29. Mai 1974 (2 BvL 52/71)	BVerfGE 37, 271; [1974] 2 CMLR 540	30, 37, 133
Solange II (졸랑에 제2사건)	Bundesverfassungsgericht, Beschluß vom 22. Oktober 1986 (2 BvR 197 / 83)	BVerfGE 73, 339; [1987] 3 CMLR 225	37, 133

프랑스

Nicolo (니콜로 사건), concl. Frydman	Conseil d'État Assemblée, 20 octobre 1989	Recueil des arrêts du Conseil d'État, p. 190; [1990] 1 CMLR 173.	29
Syndicat général des fabricants de semoules de France, concl. Questiaux	Conseil d'État Section, 1er mars 1968	Recueil des arrêts du Conseil d'État, p. 149; AJ 1968, 235; [1970] CMLR 395	29

미국

Perma Life Mufflers Inc. v. International Parts Corp.	Federal Supreme Court, 10 June 1968	392 U.S. 134; 88 S.Ct. 1981 (1968)	310
Standard Oil Company of New Jersey v. United States	Federal Supreme Court, 15 May 1911	221 U.S. 1; 31 S.Ct. 502 (1911)	286

제1부

EU 통치기구법

제 1 장
직접효력과 우위성의 확립 및 실효성의 보장

1. Van Gend en Loos 사건: EC조약 규정의 직접효력

Case 26/62, Van Gend en Loos v. Nederlandse Administratie der Belastingen [1963] ECR 1

[사실 · 쟁점]

네덜란드의 원고 Van Gend en Loos사는 1960년 9월에 서독에서 네덜란드로 요소 포름알데히드를 수입하였다. 피고인 네덜란드 관세청은 동제품에 8%의 관세를 부과하였다. 이것은 1960년 3월부터 이행된 베네룩스 3국간의 신 관세협정의 관세율표에 따른 처분이었는데 원고는 이 과세처분에 불복신청을 하였다. 즉 1958년의 EC설립 당시, 요소 포름알데히드는 3%의 관세가 부과되었었고 EC조약 제12조[현재 삭제]는 조약발효 후 회원국간의 수출입에 대한 관세인상을 금지하고 있었기에 본 건의 과세처분이 EC조약 제12조에 위반되는 무효인 관세인상이라고 주장한 것이다. 관세청은 신 관세협정에서 과세대상품목의 분류가 변경되었기 때문에 본 건의 제품은 품목분류가 바뀌어 관세율이 변한 것일 뿐, 각 분류의 관세는 이전과 같기 때문에 관세인상은 아니라고 반론하였고 결국 원고의 불복신청은 기각되었다. 이에 원고는 이 과세처분에 대한 취소소송을 네덜란드 세무심판소에 제기하였다. 심판소는 유럽사법재판소에 선결적 판결(EC조약 제177[후의 제234, EU기능조약 제267]조)을 요청하였다.

부탁된 선결문제의 제1문은 EC조약 제12조가 회원국 내에 직접 적용될 수 있을 것인가 하는 점이었는데, 회원국의 국민이 동조를 근거로 하여 국내재판소에서 권리를 주장할 수 있는지 여부가 주된 쟁점이었다. 제2문은 본 건의 과세처분이 EC조약 제12조가 금지하는 역내관세의 인상에 해당하는 것인지, 해당한다면 예외적으로 인상이 허용될 여지는 없는지에 대한 것이었다.

또한 유럽사법재판소에서의 선결적 판결 심리에는 당사자 이외에 회원국과 EC기관도 참가할 수 있으므로(재판소설립규정 제20·제37[제23·제40]조) 본 건에서는 네덜란드, 벨기에, 독일의 모든 주정부, 유럽집행위원회도 참가하였다.

제1문에 관하여 원고와 유럽집행위원회는 EC조약이 회원국을 상호 구속하는 통상의 국제조약을 초월하는 것이라고 주장하였다. 즉 독립된 공동체제도와 독립된 공동체법을 창설하여 회원국과 그 기관뿐만 아니라 그 회원국 국민도 구속할 것을 의도한 조약이라는 것이다. 따라서 공동체법의 국내법에 대한 효력은 공동체법에 의해서 결정되어야 한다. EC조약 제12조 위반은 공동체의 근본원칙을 부정하는 중대한 것이므로, 개인도 그러한 위반에 대하여 법적·실효적으로 보호되어야 한다. 또한 EC조약 제12조가 회원국에 부과하는 의무는 명확하고 분명하므로 EC조약 제12조는 회원국의 국내재판소에서 직접 적용가능하며, 개인에게 (EC조약을 위반한 정부행위에 구속되지 않을) 권리를 발생시킨다고 주장하였다.

한편, 피고와 EC회원국정부는 합심하여 국내재판소에서의 EC조약 제12조의 직접적용가능성과 각국에서의 개인에 대한 권리발생을 부정하였다. 예를 들어 네덜란드는 EC조약과 통상의 국제조약은 다르지 않으므로, EC조약 규정의 직접적용가능성을 판단할 때, 국제조약의 규정에 직접효력(direct effect)이 인정되기 위해서는 그 전제로서 당해 규정의 국내효력(internal effect)이 인정되어야 하며 국내효력의 인정여부는 체약국의 의사와 관련규정의 문언이 검토되어야 하는데, EC조약 제12조의 문언은 회원국에게 의무를 부과하고 있지만, 의무의 이행방법을 특정하고 있지는 않으므로 이는 회원국에 의무의 국내이행재량을 인정하려는 의사를 나타낸 것이며, 내용이 불명확한 EC조약 제12조에 국내효력은 인정되지 않으므로 직접효력도 인정되지 않는다고 주장하였다. 그러나 유럽사법재판소는 직접효력을 긍정하였다.

선결적 판결 •••

(각 단락 첫머리의 [ ]는 편자가 영어판 선결적 판결에 붙인 단락번호. 문장 중의 EC는 엄밀하게는 EEC를 의미한다.)

[8] 세무심판소가 부탁한 제1문은 EC조약 제12조[현재삭제]의 국내 직접적용여부이다. 즉 회원국의 국민이 동조에 기하여 권리를 주장하면 국내재판소가 이를 보호해야 하는가 하는 것이다.

[9] 국제조약 제규정의 효과를 판단하기 위해서는 당해 제규정의 정신, 전체적 구성 및 문언을 고려할 필요가 있다.

[10] EC조약의 목적은 공동시장을 설립하는 것이며, 공동시장의 기능은 공동체 내의 관계 당사자의 이익에 직접적으로 관계된다. 이러한 조약의 목적은 당해 조약이 체약국 상호간의 의무를 발생시키는 합의 이상의 것이라는 것을 시사하고 있다. 이 점은 이 조약의 전문이 정부뿐만 아니라 그 국민들까지도 언급하고 있는 것에서 확인할 수 있다. 또한 주권적 권리를 부여받은 기관(institutions endowed with sovereign rights)을 설립하고, 그의 권리행사가 회원국뿐만 아니라 시민에게도 영향을 끼치는 것에서도 한층 구체적으로 확인된다. (EC조약이) 공동체를 이루는 국가들의 국민에게 유럽의회 및 경제사회위원회를 통해서 공동체의 운영에 협력하도록 요청하고 있다는 점에도 유념해야 한다.

[11] 이에 더하여 EC조약 제177[후의 제234, EU기능조약 제267]조가 유럽사법재판소에 맡긴 임무가 있다. 이는 각국 내의 재판소 및 심판소에서 당해 조약이 통일적으로 해석되도록 보장하는 것을 목적으로 하며, 공동체법이 국내 재판소 및 심판소에서 회원국의 국민이 행사할 수 있는 권위(權威)를 가진다는 것을 회원국들이 인정하였음을 나타낸다.

[12] 이상에서 도출되는 결론은 즉, 이 (유럽경제)공동체는 국제법의 새로운 법질서를 구축하는 것으로(the Community constitutes a new legal order of international law), 공동체와의 관계에 관한 한 회원국이 그 주권적 권리를 제한한 것이며, 그 범위 내에서 공동체의 통치는 회원국뿐만 아니라 그 국민에게도 미친다. 따라서 회원국의 입법과는 별개로 독립하여 공동체법이 개개인에게 의무를 부과할 뿐 아니라 권리도 부여하는 것이며, 이 권리는 개개인의 법적 유산(legal heritage)이 된다. 이러한 권리는 본 조약이 명문으로 또는 본 조약이 회원국, 개인 및 공동체의 기관에 명확히 부과한 의무에서도 발생한다.

[13] 관세 및 동등한 효과를 갖는 부과금에 관한 EC조약의 제규정의 전체적 구성에 대해서는 동 조약 제9[후의 제23, EU기능조약 제28]조가 정하는 바와 같이, 공동체는 관세동맹을 기초로 하고 있으며, (역내) 관세 및 부과금을 금지하는 것을 본질적인 내용으로 하고 있다는 것을 강조해야 할 것이다. 제9조는 '공동체의 기반(Foundations of the Community)'을 정의하는 EC조약의 (제1)편의 첫머리에 위치한다. 그에 대한 응용과 설명이 동 조약 제12조이다.

[14] 동 조약 제12조의 문언은 명확하며 무조건적인 금지를 그 내용으로 한다. 이것은 적극적 의무가 아니라 소극적 의무이다. 회원국은 국내법에 기초한 적극적인 입법조치를 취할 것을 조건으로 해당의무를 이행하겠지만, 해당의무를 한정하는 유보는 허용되지 않는다. 이러한 금지의 성격 자체는 회원국과 국민과의 법적 관계에서 직접효력을 발생하기에 이상적이다.

[15] 동 조약 제12조의 이행은 회원국들의 입법적 개입을 전혀 필요로 하지 않는다. 동조에서 소극적 의무에 복종하는 것은 회원국이지만, 이것이 그 국민이 해당의무로 인한 수혜자가 될 수 없다는 것은 아니다.

[16] 또한 (심리절차에서 의견서면을 제출한) 3개국 정부의 EC조약 제169·제170[후의 제226·제227, EU기능조약 제258·제259]조에 기한 주장은 오해에서 기인한다. 양 조항이 말하고자 하는 바는 유럽집행위원회와 회원국이 의무불이행회원국을 유럽사법재판소에 제소할 수 있다는 것이지, 개개인이 필요한 경우에 국내재판소에 해당의무를 주장할 수 없다는 것을 의미하는 것이 아니다. 이는 EC조약이 그에 복종하는 모든 주체에게 부과한 의무의 준수를 확보하기 위하여 유럽집행위원회에 얼마간의 권한을 부여하는 것이 곧 국내재판소에서의 개인 간의 소송에서 개개인이 해당 의무 위반을 주장할 가능성을 배제하는 것은 아닌 것과 같다.

[17] 만약 회원국에 의한 EC조약 제12조 위반을 동 조약 제169조·제170조의 소송만으로 시정하려면, 회원국 국민의 개개의 권리에 대한 여러 가지 직접적인 법적 보호를 훼손하게 된다. EC조약의 규정에 반하는 각국내의 결정이 먼저 이행되고, 그 후에야 양 조항에 대한 소송이 이뤄진다면 (개인의 권리보호의) 실효성이 사라질 위험이 있다.

[18] 자기의 권리를 지키는 데에 이해를 가진 개개인이 주시하는 것은 유럽집행위원회 및 회원국의 성실이행에 관한 EC조약 제169조·제170조의 감독과 함께 실효적인 감독이 된다.

[19] 이상과 같이 EC조약의 정신, 전체의 구성 및 문언으로 보아 동 조약 제12조는 직접효력을 발생하고 국내재판소가 보호해야 하는 개인의 권리를 창설하는 것으로 해석함이 적절하다.

(제2문에 대하여 유럽사법재판소는 EC조약 제12조에 위반하는 위법한 관세인상은 관세율표 개정의 결과, 관련 제품이 보다 높은 관세가 부과되는 품목으로 분류가 바뀐 경우에도 일어날 수 있다고 해석하는 것이 적절하다고 하였다. 그리고 이 해석에 기초하여 동 조약 제12조를 사안에 적용하는 것은 국내재판소라고 설시하였다.[25-29]단)

해 설

사건의 의의: 직접효력의 승인

본 건의 직접적 의의는 EC설립조약의 규정이 명확하며 무조건적인 실체내용이어서, 회원국의 이행조치를 필요로 하지 않는 것이라면 회원국 내에 직접적으로 법적 효력을 미치고, 개인에게 국내재판소에서 보호받을 수 있는 권리를 발생시키는 효력을 가진다고 처음으로 인정한 것이다. 이 효과를 '직접효력(direct effect)'이라고 한다. 본 건 선결적 판결에서는 EC조약이 회원국에 부과하는 소극적 의무에서 직접효력이 발생한다고 하였지만, 이후의 사안에서 회원국의 적극적 의무에서도 발생한다는 것을 인정하였다.(Case 43/75, Defrenne [1976] ECR 455 (본서 5번사건))

본 건 이후, 기본법규인 EC조약 규정에 그치지 않고, EC파생법규(2차입법)의 규정에 대해서도 직접효력이 인정되었다.(Case 43/71, Poloti [1971] ECR 1039 [규칙]; Case 41/74, Van Duyn [1974] ECR 1337 [지침]; Case 9/70, Grad [1970] ECR 825 [결정]) 이렇게 해서 EC역내의 개인은 국내소송을 통해서 직접효력이 있는 EC법규의 이행을 각국에서 강제할 수 있게 되었고, EC법규의 실효성은 비약적으로 높아졌다. 그 결과 EC의 장기목표인 공동시장의 형성이 더 한층 확실하게 추진되었고, EC와 회원국, 양 법질서의 융합도 서서히 진행되었다.

1970년대부터는 직접효력에도 사인 대 국가의 수직관계에서 일어나는 '수직적 직접효력'과 사인 대 사인의 수평관계에서 일어나는 '수평적 직접효력'의 구별이 있다는 것이 논의되었는데, 유럽사법재판소는 지침의 수평적인 직접효력을 부정하였다.(Case 152/84, Marshall [1986] ECR 723 (본서 6번사건)) 이 때문에 발생하는 실효성의 결여를 보완하기 위해서, 유럽사법재판소는 '간접효력'(국내법의 EC법 합치해석의무, Case C-106/89, Marleasing [1990] ECR Ⅰ-4135 (본서 7번사건)과 '부수적 효력' (Case C-443/98, Unilever [2000] ECR Ⅰ-7535 (본서 6번사건 해설))이라는 판례법리를 전개하였다. 본 사건은 이러한 판례 전개의 출발점이 되었다.

직접효력의 기원

EC법의 직접효력의 시작은 국제조약의 자기집행성(self-executing)에서 구할 수 있다. 예를 들어 본 건의 Roemer 재판연구관은 EC조약 제12조[현재삭제]의 회원국 내에서의 법적 효력을 국제조약의 체약국 국민에 대한 법적 효력의 문제로서 파약하고 있으며([1963] ECR at 18-19), 본 건의 선결적 판결도 '국제법의 새로운 법질서'([12]단)라고 서술하여 EC조약을 통상의 국제조약으로부터 명확하게 구별하기를 주저하고 있다. 이러한 망설임은 이듬해의 *Costa v. ENEL* 사건(본서 2번사건)에서 '국제법의'이라는 문언이 삭제되면서 사라졌다. 이러한 점이 EC조약 제12조의 효과를 검토할 때 자기집행성이론의 영향을 받은 것은 아닌지 하는 의문을 품게 한다. '명확하고 무조건적'인 규정이라는 직접효력의 요건이 자기집행성을 인정하는 요건과 유사하다는 점에서도 그러하다.

그러나 본 건 선결적 판결은 본질적인 점에서 자기집행성과 직접효력을 구별하고 있다. 첫째로 국제조약이 자기집행적이라면, 국제조약의 체약국이 독자적으로 이를 판단하는 것이 일반적이다. 그러나 본 건 선결적 판결은 EC조약규정의 직접효력의 유무는 EC법의 해석으로서 공권적·일원적으로 판단된다고 하였다. 두 번째로 국제조약의 자기집행성은 흔히 직접적용성(direct applicability)과 동의어로 사용되지만, 이들 개념의 의미는 국제조약이 국내적 효력을 가진다는 것을 전제로 법규범으로서 국내법의 합법성심사의 척도 또는 해석기준이 되는 것에 그치며, 나아가 국내법질서에서 개인적으로 권리의무를 창설하는 효과가 있다는 것을 의미하지는 않는다.(小寺彰·岩沢雄司·森田章夫編 '講義國際法'(有斐閣, 2004년) 106-107쪽) 한편, EC법에서 말하는 직접효력은 각국 법질서에서 직접적으로 개인에게 권리의무를 창설하는 효과를 가지는 것을 말한다. 세 번째로 국제조약의 자기집행성의 개념은 국제조약의 이행을 위한 국내 입법을 필요로 하지 않는 것을 말하지만(小寺彰, '패러다임 국제법-국제법의 기본구성'(有斐閣, 2004년) 55-57쪽), EC법의 직접효력은 자기집행성의 유무와 무관하게 발생한다. 결과적으로 EC법의 직접효력의 개념은 국제조약의 자기집행성·직접적용성의 개념을 기반으로 하는 한편, 개인의 권리실현에 대한 실효성을 보장하는 내용으로 발전하였다고도 할 수 있을 것이다.

이상은 개념적인 구분이므로, 유럽사법재판소의 판례 중에는 '직접효력'을 '직접적용성'이라고 표현한 것도 있다.(본서 3번, 5번사건 등) 또한 최근 학설에서는 '개인권리의 창설'과 'EC법의 직접효력'을 구별하는 견해도 나타나고 있으나, 종래의 EC판례를 변경하기에 이르지는 못하고 있다.

직접효력의 획기성

본 건 당시 EC조약 규정의 직접효력의 승인은 획기적인 일이었다. (원래 본 건

이전에 몇몇 회원국의 국내재판소가 EC조약 규정의 직접효력을 승인했던 바가 있기는 하다.) 이는 첫째로 국제조약을 해석할 때 체약국의 의사를 무시할 수는 없으며, EC조약 조인(調印)(1957년)으로부터 5년째에 발생한 본 건에서 네덜란드, 벨기에, 독일의 3개국은 공통적으로 EC조약 규정에 직접효력을 인정하는 것을 철저히 부정하고 있기 때문이다.('사건·쟁점' 참조) 이는 조약기초자의 실제 의사를 추정함에 있어 중요한 사실이다. 두 번째로 Roemer 재판연구관도 EC조약 제12조의 직접적 효력을 부정하고 있었다. 재판연구관은 EC조약을 국제조약의 하나로 다루었고 EC조약이 구축하고 있는 제도 전체, 조약 규정의 문언과 내용, 규정이 해석되는 문맥을 종합적으로 검토한 뒤에, 유럽사법재판소와는 반대로 EC조약 제12조의 직접적 국내효력을 부정하였다. 즉 동 조약 내에는 국내법에 편입될 것을 명확히 의도한 규정이 있는 반면, 내용과 문맥에 미루어 회원국의 의무를 규정하는 것에 그칠 뿐, 직접적 효력을 의도하는 것은 아니라고 해석되는 조문도 적지 않다. 도리어 대부분의 규정은 회원국의 의무만을 규정하며 직접적 효력을 발생시키는 규정을 포함하고 있지 않다. 쟁점이 된 동 조약의 제12조는 회원국에게 의무를 부과할 것을 명확하게 의도한 다른 조문과 같이 회원국의 의무를 정하는 것에 그치며, 직접적 효력을 시사하는 문언은 전혀 포함되어 있지 않다. 더구나 규정의 내용으로 보아도 동조를 적용하는 것에는 많은 실무적인 어려움이 있다. 나아가 국제조약과 국내법과의 우열관계는 각 회원국마다 다르며, 모든 회원국이 국제조약의 우위성을 인정하고 있지는 않으므로, 기초자들이 EC조약의 직접적용을 의도하고 있었다고 생각되지도 않는다. 따라서 EC조약 제12조의 직접적 효력은 부정하지 않을 수 없다. 이러한 재판연구관의 의견은 당시로서는 상식적인 견해였을 것이다. 이와 같이 직접효력 부정론도 유력하였다.

대국적 의의: 헌법상의 제시

이렇게 대비해보면, 본 건의 대국적 의의가 명확해진다. 유럽사법재판소가 직접효력 부정론을 극복하기 위해서 취했던 EC의 독자적인 법질서를 구축하고자 하는 사법적극주의의 자세가 본 건을 중요한 선례로 만든 것이다. 즉 본 건 선결적 판결의 대국적 의의는 EC의 '공동시장' 형성을 통한 '유럽인의 연합(EC조약전문)'의 향방에 법적인 비전(헌법상)을 제시했다는 점이다. 즉 EC가 각 회원국 국민과의 관계에서 직접적인 법적·정치적 관계가 있는 — 사람들이 유럽의회·경제사회위원회를 통해서 EC통치에 참가하며, EC법의 적용 등, EC통치를 직접적으로 받는 관계에 서는 것 — 공동체제도인 점을 강조하고(선결적 판결 [10-11]단), 따라서 각 국이 EC와의 관계에서 '주권적 권리를 제한'하고, 그와 동시에 EC는 일정한 사항범위에 대해서 각국과는 독립된 '주권적 권리'를 갖는 '새로운 법질서'로서 성립한다는 법제도 질서를 제시하였다.(선결적 판결 [12]단) 이는 연역적으로 EC조약의 기초자들이 명문화하지 않은 EC와 회원국의 법질서의 관계마저 규정하는 법질서의 전체상이다. 이 EC법질서상(헌법상)이 이후 EC법 발전의 초석이 되었다.(본서 2번·3번·8번·9번사건 참조)

EC헌법질서의 구축

EC조약의 기초자들은 EC법과 회원국법의 관계에 대해서 명확히 하지 않았다. 게다가 그 공백을 메우는 방법도 하나가 아니었다. 이념적으로 말하자면, 주권국가의 평등원칙을 기초로 하는 정부중심의 조직질서를 가지는 '정부간 협력형(intergovermental)'의 법질서로서 EC를 이해할 여지도 있었다. 한편, 국가의 권한을 법적으로 제한하고, 초국경적 공동조직 자체에 독자적인 결정권한을 인정하고, 회원국과 국민마저도 직접적으로 구속하는 '초국가형(Supranational)'의 법질서로서 이해할 가능성도 있었다. 따라서 공백을 메꾸어 EC법질서의 전체상을 어떻게 그릴 것인가 하는 것은 헌법창조에 가까운 작업이었다. 그리고 유럽사법재판소는 후자를 선택하였다.

그러나 당시로서는 전자를 선택하는 것도 가능하였다.

첫 번째로 Roemer 재판연구관은 EC조약을 국제조약으로 보는 입장을 취하였다. 이러한 입장에서 EC조약의 공백을 보충하는 것도 가능하기는 하였다. 두 번째로 유럽사법재판소는 EC조약에서 논리필연적으로 하나의 법질서상이 특정되는 것처럼 선결적 판결 [10-12]단에서 언급하고 있지만, 이것은 단면적인 것이라고 볼 수 있다. 예를 들어 당시의 EC조약에서는 EC의 입법과정에서 이사회(회원국 대표로 구성됨)가 채택권을 독점하고 있었다.(오늘날의 EU에서는 유럽의회와 이사회의 공동결정에 의한 입법도 많다) 따라서 당시의 EC조약에 기하여 유럽의회나 경제사회위원회에 회원국의 국민이 참가하는 점을 지적하면서도 이들 기관이 이사회를 구속하지 않는 '의견'을 표명하는 권리가 있을 뿐이어서 법적으로 보아도 이들 기관에 참가하는 것은 미력한 권리일 뿐이었다. 따라서 EC조약 전체를 종합적으로 보면, 회원국정부가 EC형성·운영의 양면에서 중심적인 주체이며 종래의 정부간 협력형 국제기구와 비슷한 부분이 도리어 많았다는 주장도 가능하였다.

세 번째로 한정적 분야에서만 공동체가 '주권적 권리'를 가진다는 유럽사법재판소의 법적 평가도 부정확하다. EC라는 공동체는 '조약'의 산물로서, 기본법규인 EC조약의 개정절차(당시의 동 조약 제236[EU조약 제48]조에 나타난 것과 같이 EC를 설립하고 개폐하는 권력을 가진 것은 회원국들이기 때문이다. 만약 EC가 일정 범위에서 '주권적 권리'를 가진다면, 그 범위에서 스스로의 제도나 법을 형성할 권리도 보유하고 있어야 한다(그렇지 않으면 법적으로 제한없는 권력인 '주권'이라는 개념을 사용한 의미가 없다)는 의견도 제기될 수 있다.(독일 연방헌법재판소의 Maastricht조약 판결(본서 4번사건) 참조) 그러나 EC 스스로가 회원국의 입법권을 배제하고 자율적으로 입법할 수 있는 것은 설립조약에 기초한 파생적인 입법사항 중, EC판례가 '배타적 권한'이라고 부르는 사항에 한정된다.(본서 38번사건 참조) 따라서 본 건 선결적 판결에서 말하는 '주권적 권리'라는 용어는 과장이며, 기본법규의 정립권력을 포함하는 '주권'이라는 개념보다는 훨씬 협소한 파생법규의 입법권한을 나타내는 개념으로 사용되어야 하였다. 따라서 EC에 '조약'에 의해서 '권한'을 부여하는 것은 회원국이라는 구조대로라면 EC는 역시 종래의 정부간 협력형의 국제기구와 기초가 같다는 전체상 제시도 가능하였다. 이렇게 복수의 EC법질서상을 상정할 수 있는 가운데, 유럽사법재판소가 '새로운 법질서'가 되는 초국가형의 법질서상을 선택하였다는 것은 헌법창조에 가까운 헌법원리의 발견작업이었다.

사법적극주의

그러나 본 건 선결적 판결이 사법적 판단의 영역을 넘어 입법행위(즉 EC조약의 실질적인 개정)에 해당하는 것이라고 평가할 수는 없다. 첫 번째로 EC조약이 본 건 선결적 판결에서 유럽사법재판소가 지적하는 바와 같이, 당시에 존재하였던 다른 국제조약에 기초한 국제기구와 결정적으로 다른 여러 특징을 가진 것은 사실이다. 당시 사인에게 (국제기구에 대한) 항상적(恒常的)인 참가권을 보장한다거나 국제기구가 필요에 따라 수시로 파생법규를 정립하여 직접적으로 사인에게 적용할 수 있는 등의 초국가형의 국제기구는 1951년에 발족한 유럽석탄철강공동체와 1949년의 다뉴브강위원회 뿐이었다. 따라서 '유럽인의 연합'을 목표로 하는 '공동체'로서, 회원국의 국민이 항상적으로 그 통치제도에 참가하고 회원국의 개별적 승인없이 직접적으로 공동체의 법(특히 파생법규)의 지배를 받는 초국가형의 제도를 '경제활동 분야 일반에 걸쳐' 구축하였다는 것은 질적으로 커다란 발전이라고 할 수 있을 것이다. 이러한 역사적인 시각에 입각한 평가가 유럽사법재판소의 해석론을 지지하고 있었다고 생각된다.

두 번째로 유럽사법재판소는 EC조약의 문언에 반하지 않는 해석을 전개하고 있다. 그러나 유럽사법재판소가 EC조약의 '정신, 전체구조, 문언'을 종합한 해석방법을 채용한다고 말하였을 때(선결적 판결 [9]단), 그 방법은 통상의 국제조약의 해석방법(문언의 통상적인 의미에서의 해석)을 넘어, EC조약의 공백부분을 목적론적으로 해석하는 것까지 포함하는 것이었다. 현재 EC조약 제12조의 직접효력의 유무를 논할 때, 목적에 따라 적극적으로 공백을 보충하는 입장을 취하였던 당시의 EC국가들(모두 체계적 법전을 법원으로 하는 '대륙법계'인 6개국)의 판덱텐식 법전의 해석방법을 채용하여, EC조약을 흡사 (헌)법전으로 보아 전체의 구성이나 특정 조문의 위치로 특정 조문의 내용의 중요성을 추론하고 있다.(선결적 판결 [13]단) 이것도 법전의 해석방법으로서 당시의 회원국들에서 정착된 것이었다.(물론 '조약'을 그러한 방법으로 해석해도 좋은가 하는 문제는 있지만, 이것은 '주권적'인 '새로운 법질서'이므로 허용된다는 것이 유럽사법재판소의 답이었을 것이다. '주권'의 수사법(rhetoric)은 EC법질서를 국내법질서와 맞비교하는 것을 정당화하는 역할도 하였다)

세 번째로 명문규정과 양립하는 모든 해석 중에서, EC조약전문에 나타난 '유럽인의 연합의 기초를 구축한다'는 장기적 목적에 적합하고, 또는 법적인 실효성을 가장 높이는 해석을 선택한 것이다. 이는 여러가지 조문에 존재의의가 있도록 해석하는 해석원칙에 더하여, 굳이 초국경적인 공통입법의 권한까지 부여한 공동체를 설립하고, 그 실현을 확약한 약속준수의 원칙(*pacta sunt servanta*)의 반영으로서도 정당화할 수 있을 것이다.

따라서 개개의 입장을 세분해보면 결함이 있는 것처럼 보이는 선결적 판결이지만, 두 번의 세계대전의 참상을 반성한 유럽인이 20세기 후반을 평화시대로 만들려고 하였던 시대정신을 멋지게 읽어내고, 규범적이어야 할 초국가형 법질서상을 실정의 법제도와 모순없이 헌법적인 원칙으로서 명언(articulate)하여 확실한 실현성을 사람들에게 보여주었다는 점에서 이 선결적 판결의 매력과 의의가 있다고 할 수 있겠다.

법에 의한 공동체형성

이렇게 유럽사법재판소는 공동체의 법규범상을 정립하고 정착시키는 적극적인 역할을 담당하게 되었다. 직접효력의 승인으로, EC조약의 기능도 전통적인 국제법상의 수단을 넘어 EC와 회원국간에 통치권한이 배분되는 연방방식의 통치체제를 나타내는 헌법의 기능으로 변화하였다.(물론 이 때문에 EC가 미합중국과 같은 형태의 국가가 되었다는 것은 아니다) 그리고 유럽사법재판소는 이 EC법질서에서 EC법의 '실효성' 확보를 강조하게 된다.(본서 3번, 5번, 8번, 9번사건 등)

감추어진 논점: 우위성

또한 본 건에서는 EC법의 회원국법에 대한 우위성도 부수적인 쟁점이 되었다. 이는 본 건 과세처분이 네덜란드법상으로는 적법한 처분이었기에, EC조약을 근거로 원고가 권리를 주장하는 경우 네덜란드법과 EC조약과의 우열이 문제가 되지 않을 수 없었다. 그런데 네덜란드의 세무심판소는 이 쟁점을 부탁하지 않았다. 네덜란드헌법 제66[94]조는 직접 적용가능한 국제조약 규정의 국내법에 대한 우위를 인정하고 있었기 때문이다.([1963] ECR at 23) 양자의 관계가 네덜란드법상 이미 EC법에 유리하게 되어 있었기 때문에, 본 건에서는 EC조약 제12조의 직접효력의 유무만이 문제되었고, 유럽사법재판소는 EC법의 우위에 대해서 판단할 필요가 없었다. EC법의 우위성에 대해서는 이듬해, *Costa v. ENEL* 사건(본서 2번사건)에서 정면으로 판단하게 되었다.

(須網隆夫·中村民雄)

2. Costa v. ENEL 사건: 국내법에 대한 EC법의 우위성

Case 6/64, Costa v. ENEL [1964] ECR 585

[사실 · 쟁점]

이탈리아는 1962년의 법률 등으로 전력사업을 국유화하였으며, 민간 전력회사의 자산은 국영전력공사(ENEL)에 양도되었다. 원고 Costa씨는 국유화된 민간 전력회사 Edison Volta사의 주주였다. 국유화가 위법이라고 생각한 원고는 피고 ENEL에게 소액의 전기세(1925리라) 지불을 거부하고, 소액재판에 전속적 관할권을 가진 치안판사재판소(Giudice Conciliatore)에 피고에 대한 채무부존재확인을 청구하였다.

원고는 1962년의 전력국유화법은 EC조약의 제규정(제102[후의 제97, EU기능조약 제117], 제93[후의 제88, EU기능조약 제108], 제53[현재삭제], 제37[후의 제1, EU기능조약 제37]조)에 반하는 위법한 입법이며, 이탈리아 헌법에도 반하므로 ENEL의 존재는 무효이며, 따라서 전기세 채무도 존재하지 않는다고 주장하였다. 예를 들어 EC조약은 제37조 2항에서 회원국간·국민간의 상품조달이나 판매경쟁조건의 차별을 방지하기 위하여, 1958년 이래로 회원국이 '상업적 성격을 가진 어떠한 종류의 국가독점'도 신규로 도입하지 않을 것을 규정하고 있었다. 원고는 동 규정을 비롯하여 EC조약의 관련 제규정은 직접 적용가능하며 국유화법은 이에 위반된다고 주장하였다. 치안판사재판소는 국유화법이 전술한 EC조약 제규정에 반하는가에 대한 선결적 판결을 유럽사법재판소에 부탁하였다.

피고 ENEL과 이탈리아 정부(피고측에 참가)는 다음과 같이 반론하였다. 선결적 부탁절차는 (본 건에 한정하여 말하자면) 'EC조약의 해석'에 다툼이 있는 경우에 이용가능한 것이며(EC조약 제177[후의 제234, EU기능조약 제267]조), 치안판사재판소는 국내법이 EC조약에 반하는가를 묻고 있으므로 국내법의 효력을 묻는 것이고, 따라서 선결적 판결청구로서 부적합하다. 설사 EC조약의 해석을 묻는 것이라 하여도, 본 건에 그러한 해석문제는 존재하지 않는다. 즉 이탈리아 헌법에서 국제조약은 헌법의 하위에 있는 것으로 법률과 동위이며, 현재 이탈리아에서는 EC조약을 통상의 법률(1958년)로서 비준하였다. 동위법(同位法)의 저촉은 '신법은 구법을 이긴다'는 원칙에 따라 해석되므로 가령 국유화법이 EC조약에 저촉된다 해도 신법인 1962년의 국유화법이 EC조약과 비준법에 우선한다. 따라서 이탈리아의 국내재판소는 국유화법만을 적용할 의무가 있으며, 본 건에 EC조약의 적용이 없으므로 그에 따른 해석문제도 발생하지 않는다. 즉 본 건에 대해서 선결적 판결의 관할권은 전혀 발생되지 않는다.

이렇게 본 건에서는 선결적 판결 관할의 존부가 직접적인 쟁점이 되었다. 그러나 가장 근본적인 중요 쟁점은 ① 피고의 반론의 전제가 정당한가. 즉 EC조약과 회원국법이 저촉될 때, 회원국법에 따라 우선관계를 판단할 수 있는가 ② 그렇지 않다면, 이 우선관계는 어떻게 풀어야 하는가이다. 이를 어떻게 해석하느냐에 따라서 본 건에서의 EC법문제의 존부가 결정되는 것이며, 선결적 판결 관할의 존부도 또한 결정되는 것이다. 다른 쟁점 — 선결적 판결의 관할권을 인정하는 범위나 본 건에서 주장되는 EC조약 제규정의 직접효력의 유무 — 은 부차적인 것이었다.

이에 유럽사법재판소는 ① 우선관계는 EC법이 결정하고, ② EC법은 저촉되는 여러 회원국법에 대하여 우위를 점한다고 답하였다.

선결적 판결 • • •

(단락 앞의 [ ]는 편자가 영어판 선결적 판결에 붙인 단락번호임)

[유럽사법재판소는 우선 선결적 판결의 관할권이 미치는 범위와 관련하여, EC조약을 구체적인 사건에 적용하거나, EC조약과의 관계에서 국내법의 효력을 결정할 관할권은 없다고 판단하였다.(선결적 판결 [3]단) 그러나 국내재판소가 불완전하게나마 제시하는 문제 중에서 EC조약의 해석에 관한 문제를 추출할 권한은 있다고 판단하고(선결적 판결 [4]단), 다음과 같이 결정하였다.]

[7] 이탈리아 정부는 국내재판소가 국내법을 적용해야 하므로 EC조약 제177[후의 제234, EU기능조약 제267]조를 이용할 수는 없으며, 본 건의 치안판사재판소의 (선결적 판결) 청구는 '완전한 수리불능(absolutely inadmissible)'이라고 주장한다.

[8] 통상의 국제조약과 달리, EEC조약은 독자적인 법체계(its own legal system)를 창설하였다. 동 조약의 발효와 동시에 이 법체계는 회원국의 법체계에 통합되는 (integré(영문판: 불가결한 일부가 되는(become an integral part)) 것이므로, 회원국의 재판소는

이 법체계를 적용해야 한다.

[9] 무기한으로 존속하며, 독자적인 기관, 법인격, 법적 능력, 국제적인 대표능력 및 주권의 제한(limitation of sovereignty) 또는 회원국이 공동체에 이양한 모든 권력(transfer of powers)에서 발생하는 현실의 모든 권력(real power)를 갖춘 공동체의 창설에서, 회원국들은 한정된 분야에서나마 그 주권적 권리를 제한하고 회원국의 국민 및 회원국들 스스로를 구속하는 법체계를 창출하였다.

[10] 공동체에서 생겨난 규정이 각 회원국의 법에 통합될 것, 더 일반적으로는 EC조약의 문언과 정신에서 상호주의에 기초하여 (스스로가) 받아들인 법체계에 대항하여, 회원국들이 일방적인 사후적 조치를 우선시킬 수 없다는 점은 당연히 도출된다. 그러한 조치는 당해 법체계와 양립하지 않으며 공동체법의 집행력이 각 회원국의 사후적인 국내법에 대응하여 달라진다는 것은 허용될 수 없고, 만약 이것이 허용된다면 동 조약 제5조 2항[후의 제10조 2항, EU기능조약 제4조 3항 3문]에서 정하고 있는 목적달성이 위태로워질 것이며, 동 조약 제7[후의 제12, EU기능조약 제18]조가 금지하는 차별이 발생될 것이다.

[11] 만약 공동체설립조약에서 부여된 의무를 서명국의 사후적 입법행위에 의하여 수정할 수 있다면, 부여된 의무는 무조건적이 아니라 조건부의 입법에 지나지 않게 될 것이다. 동 조약이 회원국에 일방적 행위권을 부여할 때는 이를 명확한 규정으로 두고 있다.(예를 들어 제15조[현재삭제], 제93[후의 제88, EU기능조약 제108]조 3항, 제223[후의 제296, EU기능조약 제346]조, 제224[후의 제297, EU기능조약 제347]조 및 제225[후의 제298, EU기능조약 제348]조) 회원국이 설립조약의 적용면제의 허가를 신청할 때에는 특별한 허가절차에 따르는 것으로 하고 있다.(예를 들어 제8조 4항[현재삭제], 제17조 4항[현재삭제], 제25조[현재삭제], 제26조[현재삭제], 제73조[현재삭제], 제93조 2항 3단 및 제226조[현재삭제]) 만약 회원국이 그 의무를 (국내의) 통상의 법률에 의해서 방기할 수 있다면, (이러한 허가)신청은 의미가 없게 될 것이다.

[12] 공동체법의 우위성(불: prééminence; 영: precedence)은 동 조약 제189[후의 제249, EU기능조약 제288]조에서도 확인된다. 동조는 공동체규칙이 '구속력을 가지며', '모든 회원국에 직접적으로 적용된다'고 규정하고 있으며 이 규정에는 어떠한 유보도 없다. 가령 어떤 회원국이 입법조치에 의하여 당해 규칙의 효력을 일방적으로 무효화할 수 있고, 그 입법조치가 공동체법에 우선하게 된다면 이 규정은 전혀 무의미한 것이 될 것이다.

[13] 이 모든 것을 고려하여, 동 조약에서 생겨난 법은 독립된 법원(an independent source of law)이며, 그 특별하고도 독자적인 성격 때문에 어떠한 형태의 국내법규정(불: un texte

interne quel qu'il soit; 영: domestic legal provisions, however framed)도 이에 대항할 수 없다고 해석하는 것이 합당하다. 그렇지 않으면 공동체법은 공동체법으로서의 성격을 잃을 것이고, 공동체의 법적 기반 그 자체가 의문시될 것이다.

[14] 동 조약에 기초하여 회원국들이 국내법체계에서 공동체법체계로 그 권리 의무를 양도(transfer)하였다는 것은 회원국들의 주권적 권리의 영구적 제한(a permanent limitation, 불: 종국적인 제한(une limitation définitive))을 동반한다. 공동체의 개념에 합치하지 않는 사후적·일방적인 행위는 공동체법제도에 우선(prevail)할 수 없다. 따라서 동 조약 제177조는 여러 국내법에도 불구하고(불: nonobstant toute loi nationale; 영: regardless of any domestic law) 동 조약의 해석에 관한 한 항상 적용되는 것으로 해석하는 것이 합당하다.

(유럽사법재판소는 계속해서 본 건에서 문제시된 EEC조약의 모든 규정의 직접효력의 유무를 검토하고 제102[후의 제97, EU기능조약 제117]조·제93조에 대해서는 직접효력을 부정하는 한편, 제53조[현재삭제], 제37[후의 제31, EU기능조약 제37]조 2항에 대해서는 직접효력을 긍정하였다.)

해 설

사건의 의의

본 건은 회원국법에 대한 EC법의 우위성원칙을 처음으로 명확하게 나타낸 선결적 판결이다. 우위성원칙은 직접효력과 어깨를 나란히 하는 EC법의 기본원칙이다.

우위성원칙은 첫 번째로, 협의로는 우선적용원칙을 의미한다. 직접효력이 있는 EC법규와 국내법규가 저촉될 때, EC법규가 우선하여 적용된다는 원칙이다. 이 법기술적인 측면은 이미 *Van Gend en Loos* 사건(본서 1번사건)의 선결적 판결 이유에서 추정할 수 있다. 직접효력을 인정한 그 사건에서 유럽사법재판소는 EC법질서의 독자적이고 독립적인 성격과 그 실효적 실현을 강조하고 있었다. 직접효력이 있는 EC조약 규정이 저촉하는 여러 국내법에 우선하지 않는다면, 직접효력은 실효성이 없게 된다. 따라서 EC법 우선적용의 원칙은 직접효력의 실효적 보장의 고려에서 추인된다. 그러나 그 사건에서는 우선적용이 쟁점은 아니었으므로 본 건이 첫 판단이 된 것이다. 본 건에서는 구체적으로 직접효력이 있는 EC조약 규정과 사후국내법이 저촉되는 경우, EC조약 규정이 항상 우선적으로 적용되는 것인지가 문제되었다. 그러나 본 건 선결적 판결은 보다 일반적으로 '어떠한 형태의 국내법규정도 EC조약에서 파생된 법에 대항할 수 없다'고 판시하였다(13단).

두 번째로, 우위성원칙은 헌법적인 의미도 갖는다. EC법은 각국법과 일원적(일체적)으로 연속된 법질서인 동시에 각국법보다 상위의 법이라는 의미이다. 본 건 선결적 판결 최대의 의의는 EC(헌)법질서의 전체상을 실증적 수법과 치밀한 논리로 표현하였다는 점이다. 본 건 선결적 판결 직후, EC법학자 Eric Stein은 본 건 선결적 판결의 헌법질서 구축적인 본질을 신속하게 간파하고, 본 건에 대해서 "*Toward Supremacy of Treaty - Constitution* by Judicial *Fiat*: On the *Margin* of the Costa Case"(63 Mich. L. Rev. 491(1965). 이탤릭체는 편자 추가)라는 제목의 논문을 발표하였다. 사법부칙령에 따른 조약-헌법의 최고법규화가 코스타사건의 직접적 쟁점(선결적 판결 관할의 존부)의 여백에서 일어나고 있었다는 것이다. 지당한 제목에 적확(的確)한 통찰이었다. 이후의 EC법의 발전은 우리도 잘 알고 있는 바이다.

일원 · 상위법질서

우위성원칙에 입각하여 EC와 각국 법질서 간의 일원적이고 연속된 상하의 계층적 법질서를 구축하려는 EC헌법질서의 구상을 선결적 판결에서 엿볼 수 있다.

① 우선적용원칙에 대해서 EC조약 규정보다 후에 만들어진 국내법률을 EC조약 규정에 우선할 수는 없다는 특정한 진술(선결적 판결 [10], [14]단)과, '어떠한 형태의 국내법규정이건 이(=EC조약에서 생겨난 법)에 대항할 수 없다'는 포괄적인 진술이 있다.(선결적 판결 [13]단) 보다 포괄적인 후자의 진술을 〈EC법상의 저촉해결규칙〉이라고 부르도록 하자. 이에 대하여, 본 건에서 이탈리아 정부는 자국헌법에서 EC법은 법률과 동위이며, '신법은 구법을 이긴다'는 규칙으로 저촉문제를 해결해야 한다고 주장하였다.([사실 · 쟁점] 참조) 이를 〈각국법상의 저촉해결규칙〉이라고 부르도록 하자.

유럽사법재판소가 〈EC법상의 저촉해결규칙〉을 선언할 때, 가령 각국 헌법의 규정이 있다고 해도 EC법이 적용되는 범위에 대해서는 〈각국법상의 저촉해결규칙〉을 채용해서는 안된다는 의미도 포함시키려고 하였다. 전술한 바와 같이, 본 건에서 이탈리아 정부는 EC법의 적용이 있을 수 있는 본 건에서도 〈각국법상의 (자국헌법이 지정하는) 저촉해결규칙〉을 적용하면 '선결적 판결 문제는 존재하지 않는다'고 주장하고 있었다. 이에 대한 유럽사법재판소의 답신은 '여러 국내법에도 불구하고 (EC)조약의 해석에 관한 문제가 발생한 때에는 항상 (선결적 판결절차가) 적용'된다는 것이었다.(선결적 판결 [14]단) 이것은 〈각국법상의 저촉해결규칙〉에 의하여 EC법문제의 존부를 논하는 것은 근본부터가 잘못되어 있다는 응답과 다르지 않다.

② 여기에서 토대가 되는 근거가 중요해진다. 이에 따르면, 회원국의 국민을 직접적으로 구속하는 현실적 권력을 가진 독립·독자적인 EC법체계는 회원국들에 의한 '영구적(종국적)' 주권제한의 동의로 성립되었다는 설명이 나온다.(선결적 판결 [9], [10], [14]단) 회원국들은 설립조약에서 정하는 범위에서 국가의 권리의무를 독립적인 법인격이 있는 공동체에 양도하였고, 공동체에 의해서 당해 권리의무가 행사될 것에 동의하였다. 본래의 국내통치를 위한 국가의 권리의무가 공동체에 양도되는 것이므로(선결적 판결 [14]단: '권리의무의 양도', 선결적 판결 [9]단: '권력의 위임'), 공동체의 권리의무행사와 그 이행은 국내통치의 그것과 동등하다. 따라서 발효와 동시에 국내법과 불가분의 일체가 된다.(선결적 판결 [8], [14]단) 그러나 이와 동시에 공동체의 법은 자국만이 아니라 다른 회원국의 국내법질서와도 불가분의 일체가 된다.(선결적 판결 [8]단) 즉 공동체가 가진 권력은 각국의 입장에서 보자면, 이미 자국의 통치에 그치는 것이 아니라 타국의 통치를 위해서도 사용된다. 이와 같이 공동체로의 동의를 해제하는 것은 동의를 부여하였던 것과 마찬가지로 자국뿐 아니라 타국에도 동시에 영향을 주는 것이며, 제국가의 공동행위(설립조약의 개폐)로 이루어져야 한다. 따라서 설립조약이 유효하는 한, 각국은 이에 구속되어 일국의 일방적 조치는 EC법의 적용범위에는 전혀 인정될 수 없으며, 일국만의 특별조치는 어디까지나 공동체로서 조치하는 경우에 한정되며, 공동체의 설립조약이 명문으로 허용하는 절차와 조건에 따라야 한다(선결적 판결 [11]단)는 논리이다.

주목할 것은 이 ②의 이유부분은 EC법질서의 공동체법으로서의 성격('특별하고도 독자적인 성격') 그 자체를 논리적으로 설명한 것이며, EC법상의 저촉해결규칙을 도출하는 근거로서도 지나칠만큼 충분한, 보다 더 넓은 헌법질서로서의 구상이다. 핵심적인 것은 한때 공동체에 양도한 범위의 통치권력은 그 공동체가 존속하는 한 원칙적으로 공동체의 행위로만 인정된다는 논리이기도 하다. 이 논리에 따르자면 기존의 공동체법에 반하는 일방적인 국가의 법적 행위는 위법하다는 결론을 어렵지 않게 도출할 수 있다. 따라서 예를 들어 헌법을 포함한 여러 국내의 입법행위나 법해석 행위 그리고 법적용·집행행위 또한, EC법의 적용범위 내에서는 모두 기존의 EC법에 적합하게 이루어져야 한다는 의무도 도출할 수 있다.(국내법 합치해석의무에 대해서는 본서의 7번사건 참조) 공동체의 법이 존속하는 한, 공동체법은 회원국의 법을 지배하고 통제한다.

이 근본적인 ②의 논리에서 보자면, 위의 우선관계에 관한 ①의 포괄적인 설명은 논리적인 당연한 귀결에 지나지 않는다. 이와 같이 구상된 EC(헌)법질서는 각국의 국내법질서에 불가분으로 연속되어 있으면서도, 그 성립의 선후관계를 묻지 않고 항상 국내법에서 독립되어 각국 헌법을 포함한 법질서를 규율할 수 있는 법질서, 즉 상위법질서가 된다. 그리고 Stein이 '사법부칙령(Fiat)'에 의한 '조약-헌법'의 최고법규화라고 표현한 것은 이러한 EC(헌)법질서가 재판소의 해석행위에 따라, 사실은 자기실현적으로 구축되어 있다는 것을 날카롭게 지적한 것이다. 이렇게 창조된 헌법질서에 대한 명확한 민의(民意)의 동의(조약비준행위)는 (조약규정의 공백때문에) 없었지만, 공동체법에 보편적인 논리에 의하여 재판소가 이를 해석하였다. 결론적으로 본 건 선결적 판결은 *Van Gend en Loos* 사건(본서 1번사건)과 같이, 실효적인 EC법질서의 실현이라는 목적론적인 해석을 향한 사명에 불타는 선결적 판결이기는 하였지만, 그 근거는 대단히 논리적이고 실증적이며 치밀한 것이었다.

이상과 같이 '우위'라는 말은 단순한 우선적용이라는 의미를 넘어서고 있으므로 번역어를 선택할 때, 프랑스어판의 선결적 판결문에서는 prééminence나 prevaloir, 영문판에서는 precedence나 prevail 또는 override라는 단어가 사용되고 있지만, 계층성을 명확하게 표현하기 위하여 이를 '우선'이 아니라 '우위'라는 말로 번역한 것이다.

독자적·연방적인 비국가법질서

유럽사법재판소가 판시한 일원적·계층적인 EC-회원국의 전체 법질서는 미합중국이나 독일과 같은 연방국가의 법질서를 떠올리게 하는 측면이 있다. EC법이 연방법, 각국법이 주(州)법이라는 느낌을 말한다. 그러나 유럽사법재판소는 EC법이 국제조약으로 성립하였다는 것을 잊지 않았다. 따라서 일원적 계층성의 근거도 전통적인 국제조약의 구속력 발생근거인 주권국가의 동의에서 구하고 있다.(국가들이 '만들어낸' '받아들인' '승계한'이라는 단어를 사용) 결론적으로 말하면, 기능적으로는 연방적인 법질서이지만, 법적으로는 각국법과 불가분의 일체인 국제법이라는 양성적 성격의 법질서('조약-헌법'), 이것이 바로 EC(헌)법질서인 것이다.

연방국가풍의 이미지는 EC법질서의 전체상(EC-회원국의 일원적 계층적 법질서)을 쉽게 이해하기 위한 실마리이다. 그러나 이것은 EC를 국가라고 평가하는 것과는 별개의 문제이다.(사실 지금까지의 EC·EU는 국가라고는 평가할 수 없다) EC가 장래 연방 '국가'라는 '최종형태(Finalität)'를 목표로 하는 것은 아니다. EC(헌)법질서의 전체상을 어떻게 받아들일지, 또는 EC·EU가 이후 어떤 방향으로 발전해 나갈지는 열린 토론과 실전의 문제이다.

우위성의 귀결

상기한 바와 다소 중복되지만, EC법의 우위성원칙에 포함된 EC(헌)법질서의 전체상에서 다음의 사항을 도출할 수 있다. 이는 유럽사법재판소의 판결에서 재차 확인되었고, 그때마다 우위성원칙도 법원칙으로서 확고해져 갔다. ① EC법이 적용되는 범위에서는 각 회원국에서의 국내입법행위나 법해석행위, 법적용·집행행위 또한 모두 EC법에 합치하게 할 의무가 생긴다.(국내법의 EC법 합치해석의무에 대해서는 본서 7번사건, 법적용·집행행위에 대해서는 Case C-453/00, Kühne & Heitz [2004] ECR I-837 참조) 이 의무는 EC조약 제10조의 성실협력의무에 의해서 실질적으로 보강된다. EC법에의 합치성이 요구되는 국내법은 헌법을 포함한 국내법 전반이며, 성립의 전후를 묻지 않는다.(본서 3번사건) ② 회원국의 행위가 EC법에 불합치된다면, 유럽집행위원회가 당해 회원국을 EC조약 제226[후의 제226, EU기능조약 제258]조에 의해 소추할 가능성이 있다.(국가의 사법행위의 EC법 위반도 소추될 수 있다. Case C-129/00, Commission v. Italy [2003] ECR I-14637 참조) ③ 또한 직접효력이 있는 EC법규는 저촉되는 국내입법(헌법을 포함)에 우선하여 직접적으로 적용된다.(본 건) ④ EC법의 정립이나 실현을 방해하는 국내법이나 국내실무를 '배제'할 의무를 각 회원국의 기관에 부과한다.(본서 3번, 8번사건) ⑤ EC법 위반 국가나 사인의 행위에는 EC법상 '배상책임'이 발생할 수 있다.(본서 9번, 37번사건)

각국 재판소의 수용(?)

그러나 상술한 것은 본질적으로 유럽사법재판소의 자기실현적인 예언일 뿐이다. 그렇게 되면 좋겠다는 기대를 포함하여 말을 하였으니 상대가 이를 믿고 행동해주면 실현되겠지만, 믿지 않으면 실현되지 않는 예언인 것이다. 유럽사법재판소는 공동체법의 논리에 호소하였다. 그러나 회원국의 헌법에 따르면 국가만이 그 단체를 설립하는 최종적인 권력을 가지므로, EC조약에 명문으로 기술되지 않은 것은 아직은 일방적 행위라 할지라도 정당화될 여지가 있는 것이다. 때문에 직접효력설과 같이 EC법의 우위성원칙이 실제로 EC내에서 관철되기 위해서는 무엇보다도 회원국의 재판소가 특히 국내의 최고재판소가 이 원칙을 정통·타당한 법으로서 받아들이는 사실적 상태가 확보되어야 한다.

그러나 회원국의 국내재판소는 헌법 등의 국내법에 의해 설립되어 존재하는 기관이므로, 각국 헌법질서에 따른 법의 자기완결적인 해석을 우선하기 마련이다. EC법을 승인할 때에도 그것이 헌법에 명문이 있다거나 조약을 비준하는 국내법률이 있다는 등의 이유가 우선된다. 여기에서 EC법의 우위성원칙을 유럽사법재판소가 설명하는 대로 전면적으로 승인하기가 어려운 이유가 발생한다. 반대로 그러한 이유 때문에 자기실현적인 예언에 따른 사법적극주의의 기회를 노리는 유럽사법재판소의 기회포착능력도 법의 안정적 발전을 위해서 중요하다.

사실 독일 연방헌법재판소나 이탈리아의 헌법재판소, 또는 프랑스의 국참사원(행정사건에서의 최고재판소에 상당한다) 등 국내의 최고재판소가 EC법의 절대적인 우위성을 전면적으로 받아들이지 않는 시기가 있었다.(본서 3번사건 해설 참조) 1980년대 말에 이르러서는 이들 국내재판소에서도 EC법의 절대적 우위성은 각국 헌법보다 하위의 국내법과의 관계에서는 원칙적으로 승인되기에 이르렀다.

남은 문제는 각국 헌법과의 관계이다. 아직도 몇몇 회원국 재판소에서 전면적으로 EC법의 우위성원칙을 받아들였다고 단언할 수 없는 상황이 남아 있다.(본서 4번사건 등) 2007년에 서명하여 2009년에 발효된 리스본조약은 'EC법의 (회원국법에 대한) 우위성'에 관한 유럽사법재판소의 판례법을 긍정하는 취지의 회원제국(諸國)선언(제17선언)을 발표하였지만, 동시에 회원국이 '자국의 헌법상의 요건에 따라 탈퇴'할 권리도 인정하였다.(EU조약 제50조) 즉 한편에서는 우위성원칙 그 자체가 확립되어가고 있지만, 다른 한편에서는 본 건의 유럽사법재판소가 전개한 무기한 존속 공동체법의 성격에 의거한 실질논리는 해체되고 있는 것이다. 따라서 EC와 회원국의 연속·일체적인 일원적·계층적 법질서에 대한 명문이 있음에도, 지금껏 명확한 궁극적 논리적인 수렴점을 찾지 못하고 있다고 할 수 있다. 이것은 현재 상태로서는 당연하다고 생각된다. 왜냐하면 헌법질서창조란 단순히 권력체의 창조(현실적으로 누가 강제력을 가지고 사람들을 지배하고 있는가)일 뿐 아니라, 그 권력체의 정통성 마련도 필요하기 때문이다. 민주주의적 정통성은 아직 국가단위의 통치질서에서 크게 강조되고 있으며, EU 통치의 민주적 정통성 마련은 (비록 이런 측면에서 다른 국제기구를 훨씬 능가하고 있다고는 해도) 국가의 그것에는 상당히 미치지 못하고 있기 때문이다. 그렇지만, 민주적인 것만이 반드시 정통성의 계기가 되는 것은 아니다. 여기에 EU법질서의 정통성 이론구축의 어려움이 있다. 이제는 *Costa v. ENEL* 사건의 '사법부칙령'을 넘어선 실질론이 필요한 것이다.

(中村民雄)

3. Simmenthal 사건: EC법의 절대적 우위성

Case 106/77, Amministrazione delle Finanze dello Stato v. Simmenthal [1978] ECR 629

[사실 · 쟁점]

원고 Simmenthal사는 프랑스에서 이탈리아로 식육(食肉)을 수입하였다. 피고 이탈리아 정부는 1970년의 이탈리아 법률(1970년법)에 의하여 수입시 식육의 검역비용을 원고에게 부과하였다. 유럽사법재판소는 이러한 비용부과가 EC조약 제30[후의 제28, EU기능조약 제34]조에 위반하는 것이라고 판단하였다.(Case 35/76, Simmenthal [1976] ECR 1871) 이에 원고는 이탈리아의 지방재판소에서 피고에 대하여 비용의 반환을 요청하였다. 그러나 피고는 다음과 같이 주장하였다. 이탈리아의 재판제도상 헌법재판소 이외의 일반재판소에는 법률을 무효로 할 권리가 없다. 이탈리아 헌법상 국제조약은 헌법의 하위이며 법률과 동위이므로 본 건은 동위법 간의 저촉이고 '신법은 구법을 이긴다'는 원칙에 따라야 한다. 또한 1970년법은 비용부과를 금하는 EC조약(1958년 발효)보다 신법이므로 1970년법이 헌법재판소에서 위헌무효가 되지 않는 한, 그 부과처분이 EC조약 위반이라 해도 이탈리아법에 의하여 비용을 반환할 수 없다는 것이다. 이에 대하여 원고는 EC조약 제30조 등 EC법에 의하여 개인에게 직접 발생되는 권리는 회원국법에 우선하므로, 국내적인 위헌판단이 없어도 그 권리침해를 실효적으로 구제하기 위하여 위법하게 부과된 비용의 반환을 청구할 수 있다고 주장하였다. 이탈리아 지방재판소는 원고의 주장과 같은 실효적 구제의 확보의무가 있는지, 그 의무가 헌법재판소의 위법판단을 기다리지 않고 즉시 각국의 재판소에 부과되는 것인지에 대하여 유럽사법재판소에 선결적 판결을 요청하였다.

한편 유럽사법재판소에서의 심리 중에 이탈리아 헌법재판소가 1970년법에 대하여 위헌판결을 내렸다. 그 때문에 본 건 선결적 판결의 이익이 사라진 것처럼 보였지만, 유럽사법재판소는 EC법의 해석에 대한 일반적 소의 이익은 사라지지 않았으며, 이탈리아 재판소도 부탁한 사안을 취하하지 않았다는 것을 들어 절차를 계속하여 다음과 같이 판정하였다.

선결적 판결 • • •

13. 첫 번째 질문의 주목적은 공동체법 규정의 직접적용성(direct applicability)이 이후 입법된 회원국의 입법규정에 저촉되는 경우, 어떠한 효과가 발생하는지를 확인하는 것이다.

14. 그러한 경우의 직접적용성이란 공동체법 규정의 효력이 계속되는 한, 발효일로부터 완전히 통일적으로 모든 회원국에서 적용되어야 함을 말한다.

15. 따라서 그러한 (공동체법의) 규정은 회원국 또는 개인을 불문하고 공동체법 하에서 법적 관계의 당사자가 되며, 그 규정의 영향을 받는 모든 자의 권리 의무에 대한 직접적인 법원이 된다.

16. 이것은 또한 회원국의 기관으로서의 국내재판소도 그 관할에 있는 사건에 있어, 공동체법이 개인에게 부여한 권리를 보호할 의무를 진다는 것을 의미한다.

17. 또한 공동체설립조약 및 공동체기관에 의한 직접적용 가능한 조치와 회원국의 국내법과의 관계는 공동체법 우위성 원칙에 의하여 당해 조약 및 조치에 저촉되는 현행의 여러 국내법 작용을 자동적으로 저지할 뿐만 아니라, 이와 저촉되는 국내입법조치를 새로이 유효하게 채용하는 것 또한 — 공동체법이 각 회원국의 영토 내에 적용되는 법질서와 불가결의 일체가 되고 그에 대한 우위성을 갖게 된 범위 내에서 — 배제(영: preclude; 불: empêcher)한다.

18. 무릇 공동체의 권한 행사가 인정된 입법분야를 침해하는 국내입법조치나 어떠한 이유에서건 공동체법의 규정과 일치하지 않는 국내입법조치의 법적 효력을 인정하는 것은 회원국이 설립조약에 따라 부담한 무조건·취소 불가능한 의무의 실효성을 부정하는 것이 되므로, 종국에는 공동체의 기초 그 자체를 뒤흔들게 될 것이다.

19. 같은 결론이 EC조약 제177[후의 제234, EU기능조약 제267]조의 구조에서도 도출된다. 동조는 회원국의 여러 재판소나 심판소가 그 판결을 위하여 공동체법의 해석 또는 효력에 관한 선결적 판결이 필요하다고 생각될 때에는 EC재판소에 판결을 청구할 수 있도록 정하고 있다.

20. 만약 국내재판소가 자신의 판결 또는 판례법에 따라 공동체법을 즉시 적용할 수 없게 되는 경우에는 동조의 실효성은 의미를 잃게 될 것이다.

21. 이상과 같이 국내 여러 재판소는 그 관할 사건에 공동체법을 완전히 적용하여 공동체법이 개인에게 부여하는 권리를 보호할 의무를 진다. 그 때문에 신·구법을 불문하고

공동체법에 저촉될 우려가 있는 여러 국내법규정을 우선시하여 공동체법규를 부적용해서는 안된다.(부적용, 영: set aside; 불: laisser inappliqué)

22. 따라서 국내법의 적용을 관할하는 국내재판소가 공동체법을 적용함에 있어서 국내법제도의 어느 규정, 어떤 입법, 행정 또는 사법실무를 이유로 공동체법의 완전한 효력과 효과를 방해하는 국내법규정을 배제하기 위해 필요한 조치를 취하지 않는 경우, 그러한 국내법제도 및 실무는 공동체법의 실효성을 해하는 것으로서 공동체법의 불가결한 요청에 반하는 것이다.

23. 공동체법의 규정과 국내 신법의 저촉의 해결은 공동체법의 적용을 요청받은 재판소 이외에 독자적인 재량권을 가진 기관에 맡겨진 경우에도 해당되며, 설사 공동체법의 완전한 실효성을 저해되는 것이 일시적일 뿐이라고 해도 마찬가지이다.

24. 따라서 제1문에 대한 회답은 다음과 같다. 공동체법 규정의 적용을 요청받은 회원국의 재판소는 그 관할의 범위 내에서 당해 규정에 완전한 효력을 부여할 의무가 있으며, 필요하다면 스스로의 결정에 의하여 저촉하는 국내입법규정의 적용을 거부할 의무가 있다. 이는 설사 그 국내법규가 공동체법보다 신법이라고 하여도 마찬가지이다. 또한 당해 국내재판소는 입법적 또는 기타 헌법에 정하는 방법에 따른 해당 국내법규정의 선행적 파기를 청구하거나 기다릴 필요가 없다.

25. 제2문의 핵심은 공동체법 규정과 저촉되는 회원국의 입법규정이 회원국의 소관기관에 의하여 실제로 배제(영: set aside; 불: elimination)될 때까지 공동체법의 규정이 부여하는 권리가 보호받지 못할 우려가 있다는 전제로 쟁점이 된 (공동체법상의) 권리에 어떠한 불리함이 생기지 않도록 하기 위해서, 그러한 배제가 각종 사안에서 무제한으로 소급적 효과를 가져야 하는지 여부이다.

26. 제1문의 회답에서도 알 수 있듯이 회원국의 재판소는 공동체법질서의 규정이 부여하는 권리를 보호해야 한다. 따라서 공동체법규의 직접·즉각적 적용을 저해할 수 있는 여러 (회원국의) 조치를 파기할 권한이 있는 (회원국의) 기관에 실제로 파기할 것을 청구하거나 기다릴 필요가 없다.

해 설

사건의 의의

본 건은 제정 전후를 불문하고 헌법을 포함한 여러 회원국법에 대하여 EC법이 항상 절대적으로 우위에 있음을 확인하였다. 또한 회원국의 재판소가 EC법에 적용되는 범위에서 EC법이 가지는 직접효력에 반하는 국내법을 적용하지 않을 의무를 갖는다고 명언하였다. EC법질서의 형성에 있어 중요한 역할을 한 선결적 판결이다.

절대적 우위

유럽사법재판소가 말하는 회원국법에 대한 EC법 우위의 원칙은 절대적인 것이다. 첫 번째로 회원국법과 EC법 간에서는 제정시기의 전후 관계를 불문하고 항상 EC법이 회원국법보다 우선하여 적용된다는 것을 의미한다. 여기에서 말하는 EC법은 EC설립조약 뿐만 아니라 EC기관이 제정하는 규칙이나 지침 등 파생법규도 포함된다. 두 번째로 회원국의 모든 단계의 법에 우선하여 적용될 것을 의미한다. 예를 들어 각국의 법질서상 국제조약이 헌법의 하위에 있다고 해도, EC법은 '새로운 법질서'이며, 특별한 것이므로 그러한 각국법상의 법의 위계와는 상관없이, EC법이 여러 회원국법에 우선한다고 한다.

EC법의 각국법에 대한 우위성이 절대적이라는 것은 다음의 것을 의미한다. 국내의 반대나 경제적인 혼란의 위험을 이유로 일단 성립한 EC법규의 국내이행을 태만히 하는 것을 용서하지 않는다.(Case 128/78, Commission v. UK [1979] ECR 419) 다른 회원국이 조약의무를 이행하지 않는 것을 이유로 회원국이 자신의 의무불이행을 정당화할 수도 없다.(Case 52/75, Commission v. Italy [1976] ECR 277) 나아가 EC법의 구속력은 회원국의 전 기관에 미친다. 입법기관, 행정기관, 사법기관 모두가 EC법의 실효적인 구속력을 확보하도록 각자의 권한을 행사해야 한다.(Case 68/88, Commission v. Hellenic [1989] ECR 2965)

헌법에 대한 우위

본 건에서 가장 중요한 판시는 EC법과 저촉하는 '모든 현행 국내법'을 자동적으로 '적용하지 않는다(부적용)'(판결 17단)는 것이다. 우선 '모든'이라는 최대한의 포괄적인 표현에 주목하자. 이것은 각국의 최고법규인 헌법 규정이라 해도, EC법에 저촉된다면 EC법에 우선될 수 없다는 취지이다.(실제로 본 건의 결과가 그러하였다) 또한 시간적으로도 제정의 전후를 불문하고, 여러 시점에서의 각국법이 EC법에 저촉되는 경우에는 항상 EC법이 우선한다. 이 두 가지 점을 함께 고려하면, 유럽사법재판소는 각국 헌법보다도 상위의 법으로서의 지위를 EC법에 부여하고 있다는 것을 알 수 있다.

이 절대적 우위성원칙을 지지하는 논거가 본 건에서는 18단에 규정되어 있다. EC설립조약에서 각국이 부담한 의무는 무조건·취소 불가능한 것이므로 조약의 발효 후에 실질적으로 이를 변경하는 각국의 행위는 EC법과의 관계에서는 인정되지 않는다는 논리이다. 이것은 근본적인 논의이며, *Van Gend en Loos* 사건(본서 1번사건)이나 *Costa v. ENEL* 사건(본서 2번사건)의 논의와도 상통한다. 이들 사건에서는 회원국이 EC조약의 체결 이후에는 EC와의 관계에서 각국의 주장을 제한 또는 위임한 것이라는 취지였다. *Simmenthal* 사건의 선결적 판결은 이들 선례를 명시적으로 인용하고 있지는 않지만, 이것을 염두에 둔 판결이다. 본 건의 Reischl 재판연구관은 명시적으로 이들 선례를 인용하고 있다.([1978] ECR at 651-652)

부적용과 무효의 차이

다음으로 주목할 것은 저촉하는 각국법의 '부적용' 내지는 '적용거부' 의무의 의미와 내용이다. 이는 EC법과 저촉하는 각국법규정이 국내법상 무효가 된다는 의미는 아니다. EC법이 이를 무효화하도록 각국의 재판소에 의무를 부과한 것도 아니다. EC설립조약이 유럽사법재판소에 부여한 권한은 한정적이며, 각국법을 무효라고 판단하는 권한이나 각국 재판소에 그렇게 판단하도록 명하는 권한을 부여한 바 없기 때문이다.

'부적용'과 '적용거부' 의무의 내용

그렇다면 '부적용' 또는 '적용거부' 의무란 무엇인가. 이는 직접효력이 있는 EC법에 저촉하는 국내법규정이 있을 때, EC법이 적용되는 범위에서는 국내법을 적용하지 않고 EC법을 직접 적용해야 한다는 것을 의미한다. 바꾸어 말하자면, EC법이 적용되지 않는 범위에서는 여전히 당해 국내법을 적용할 수 있다. 가령 본 건의 1970년법이 만약 위헌무효가 되지 않는 상태로 존재하는 경우 1970년법은 프랑스에서 수입된 식육의 위생검사에는 적용되지 않지만, 일본에서 수입된 식육 검사에는 적용될 수 있게 된다. 후에, 유럽사법재판소는 *Simmenthal* 판결의 이러한 취지를 설명하고, *Simmenthal* 판결에 의하면 EC법과 그보다 후에 제정된 각국법의 규정이 저촉될 때 당해 각국법규정이 부존재(non-existent)하게 되는 일은 발생하지 않는다(Joined Cases C-10/97 to C-22/97, IN.CO.GE.'90 Srl [1998] ECR I-6307, para.

21)고 해설하고 있다. 이와 같이 '부적용'이란 각국법의 유효·무효라는 효력판단의 영역이 아니라 그 적용범위를 법적 관계로서 제한한다는 것에 취지가 있다. 이와 관련하여, 각국법이 '배제된다'는 표현을 하였다고 하여도 저촉범위에서 회원국이 입법권한을 상실하고 EC가 입법권한을 이전 취득함을 의미하는 것은 아니다.

또한 EC법에 반하는 각국법규정이 '부적용'되어, 본 건과 같이 EC법상의 권리를 직접 행사하여 일단 지불된 비용을 반환하도록 정부에 청구하는 경우, EC법에는 그 반환절차가 없는 경우가 많아 결국 각국의 관련법규를 준용하게 된다. 해당 각국법규에서 정하는 반환청구에 관한 조건이 동등한 국내사안에 적용되는 법규의 조건보다 불리해서는 안되며(동등성의 원칙), 또한 당해 조건이 EC법상의 권리실현을 불가능 내지 과도하게 곤란하게 하는 것이어서는 안된다.(최저한의 실효성의 원칙) (Joined Cases C-10/97 to C-22/97, IN.CO.GE,'90 Srl [1998] ECR I-6307, paras. 25-26 등)

각국 재판소의 반응

이상은 유럽사법재판소의 관점에서 EC법의 우위성원칙을 설명한 것이다. 그러나 이러한 절대적 우위성원칙이 당초부터 전면적으로 회원국의 재판소에 수용된 것은 아니었다. 회원국의 관점에서는 EC를 형성하는 주체는 주권국가인 회원국들이며, EC가 아니다. 특히 EC법 우위성의 원칙은 EC설립조약의 명문에 나타난 것이 아니라 유럽사법재판소의 판례법에 지나지 않는다. 그러한 법리가 언제나 각국법상 전면적·절대적으로 인정될지는 각국의 헌법에 비추어 판단해야 한다는 입장도 있을 수 있다. 특히 독일, 프랑스, 이탈리아, 영국과 같은 대국(大國)의 재판소는 정면으로 우위성원칙에 저항하거나 이를 다루는 헌법판단을 회피하거나, 방론으로나마 추상적인 회의표명을 하곤 하였었다.

예를 들어 프랑스의 Conseil d'État(행정사건의 최상급심재판소)는 1968년의 판결에서 프랑스의 법률(loi)이 헌법 또는 국제조약에 반한다고 하여도 Conseil d'État 스스로는 헌법 내지는 국제조약에 대한 법률의 적합성여부를 심사할 권한이 없으므로 결과적으로 국내법률을 우선 적용시키지 않을 수 없다는 입장을 들어 EC법의 우위성을 수용하지 않았다.(Syndicat général de fabricants de semoules de France(Conseil d'État, 20 Oct, 1989)(1989) RFD Admin p.824; [1990] CMLR 173)

영국의 재판소도 전통적인 보통법(common law)상의 헌법원칙상 재판소는 의회가 제정한 법률의 합헌성·합조약성을 심사하는 권한을 갖지 않으므로 EC가입 후에 영국 의회가 제정한 법률이 EC법규에 반하는 경우에도 국내 법률을 우선 적용해야 할 것 같았으나, 실제로는 해당 법률을 EC법에 합치되게 해석하는 등으로 오랫동안 이 문제에 대한 판단을 회피하고 있었다. 1988년에 EC조약에 합치되게 해석할 수 없는 국내의 법률이 제정된 때에야 비로소 헌법판단을 하게 되었고, 유럽사법재판소의 여러 논점에 대한 선결적 판결을 구하여 1989년의 판결에서는 상원(House of Lords, 영국의 대법원)이 EC법의 우위성을 원칙적으로 수용하는 입장을 표명하였다.(R. v. Secretary of State for Transport ex parte Factortame [1990] 2 AC 851; [1989] 3 CMLR 1 (HL, 1989)) 그러나 예외적으로 의회가 EC법에 반하는 의사를 명시한 법률을 제정한 경우에까지 EC법의 우위성을 인정할 것인가에 대해서는 판단을 유보하고 있다.

독일에서도 저항이 있었다. 독일은 헌법('기본법(Grundgesetz)')에 명문으로 국제기구에 대한 '고권(Hoheitsrechte)'의 위임을 인정하고 있었다.(당시의 서독기본법 제24조1항) 그러나 독일의 연방헌법재판소는 기본권 보호 규정이 없는 EC조약 하에서 각국 헌법의 기본권 규정에 우선하는 EC법의 절대적 우위성을 인정하는 것에 위기를 감지하였다. 이에 연방헌법재판소는 1974년 판결의 방론으로 EC측에서 문제의 규정을 제외하지 않는 '한(solange)', 독일에서는 그 규정의 법적 효력을 인정하지 않을 수 있다는 일반론을 펼쳐서 EC법의 절대적인 우위에 대한 유보를 표명하였다.(이른바 Solange I 사건, Internationale Handelsgesellschaft mbH (2 BvL 52/71) 37 BVerGE 271; [1974] 2 CMLR 540 (BVerfG, 29 May 1974)("Solange I"))

이러한 우려에 대하여 유럽사법재판소가 '기본권 보호는 EC법의 (불문의) 일반원칙의 일부'라고 답하면서 EC판례상의 기본권 보호가 서서히 전개되었다.(국제상사 사건(본서 15번사건) 참조) EC의 모든 기관도 기본권존중의 합동선언을 공표하였다. 이러한 발전을 반영하여 독일의 연방헌법재판소도 회의적인 태도를 변경하였다. 즉 1986년의 *Solange II* 사건에서 EC차원에서의 기본권보장의 수준이 독일과 같은 수준인 '한', EC법규의 법적 효력과 그 우위를 독일에서도 인정할 수 있다는 입장으로 전환한 것이다.(Wünsche Handelsgesellschaft (2 BvR 197/83) 73 BVerGE 339; [1987] 3 CMLR 224 (BVerfG, 22 Oct. 1986)("Solange II")) 그러나 1993년의 EU조약 비준 시에 독일의 연방헌법재판소는 또 다시 EC·EU법의 절대적인 우위성에 대한 유보라고 볼 수 있는 입장을 표명하였다.(본서 4번사건 참조)

이러한 각국 재판소의 태도 변화와 유럽사법재판소의 판례가 대략적으로 정착되면서 2004년에 서명된 유럽헌법제정조약 제I-6조는 EU법의 각국법에 대한 우위를 명문화하였지만, 이 조약은 발효되지 못한 채 사라졌다. 2009년에 발효된 리스본조약은 조약 본문에 이러한 명문규정을 두지는 않았지만, EU법의 우위에 관한 유럽사법재판소의 판례법을 긍정하는 취지의 선언을 붙였다. 그러나 동시에 리스본조약은 회원국의 EU탈퇴권도 명문화하였다.(EU조약 제50조) 각 회원국이 국제법상의 국가로 존재하면서 EU의 설립법규가 '조약'의 형식을 취하는 한, 궁극의 경우에 EU법의 절대적 우위인정 여부에 관한 논쟁은 이후로도 존재할 것이다.(본서 2번 사건 해설 참조)

(中村民雄)

4. 독일 연방헌법재판소의 마스트리히트 판결: EC·EU법질서에 대한 각국 헌법의 입헌적 제원칙의 요청

Urteil des Bundesverfassungsgerichts vom 12. Oktober 1993, 2 BvR 2134, 2159/92, BVerfGE 89, 155 - Maastricht; [1994] 1 CMLR 57

[사실·쟁점]

EC 회원국은 1992년 2월 7일에 Maastricht조약에 서명하였다. 이는 통화동맹의 도입 등 EC조약을 개정하고, 나아가 EC와는 별개인 EU공동외교안보 분야와 사법내무 분야에서의 정부간협력제도를 창설하는 조약이다. Maastricht조약의 발효에는 전 회원국의 비준이 필요하였다.

독일은 Maastricht조약 비준을 위해서 독일 헌법인 '기본법(Grundgesetz)'을 개정하여 기본법 제23조를 추가하고(기본법 개정법에 의한 개정), 또한 동 조약을 비준하는 법률(Zustimmungsgesetz, 이하 '동의법')을 채택하였다. 동의법(기본법 제59조2항1문)이란 연방대통령에게 조약비준의 동의를 부여함과 동시에 관할기관에게는 당해 조약의 국내이행을 위한 적용명령을 내리는 연방법률이다.

이에 대하여, 독일 연방헌법재판소(이하 '헌법재판소'라 함)에 기본법 개정법과 동의법이 기본법이 보장하는 기본권을 침해한다는 헌법소원이 제기되었다. 헌법소원이란 국가권력의 행사에 의해서 기본권이 침해된 사람이 법률의 무효 또는 결정의 취소를 구하여 헌법재판소에 제기하는 소이다.(기본법 제93조 1항 4a호) 본 건의 청구는 다음과 같은 것이었다. 즉 Maastricht조약과 동의법은 독일 연방하원으로부터 EC·EU기관으로 대폭적인 권한 위임을 동반하며, 연방하원의 지위를 저하시킨다. 이것은 기본법 제38조에서 보장하는 기본권, 즉 연방하원에 민주적으로 정당하게 대표되는 헌법소원 신청인의 기본권을 침해한다는 내용이었다.(판결 B부분) 본 건은 이 헌법소원에 대해서 헌법재판소가 실체 심사한 사건이다.(판결 C부분)

이 헌법소원의 실질적 쟁점은 이 시기의 통합적 흐름 속에 비추어 본 건을 살피면 확연히 드러난다. 1992년은 역내시장 완성기간으로 여겨진다. 이 때문에 EC입법이 증가하였고, EC의 권력이 각국에 미치는 영향력이 증대하여 각국 의회의 비중저하를 더욱 실감나게 하였다. 이와 함께 EC의 민주주의의 적자(赤字)가 지적되기 시작하였다. 또한 Maastricht조약이 규정하는 통화동맹이 완성되면, 각국은 통화주권을 잃고 EC의 권력은 더욱 증대할 것이며, 기본법을 기초로 하는 독일헌법질서가 침식될 것이라는 위기감마저 생겨났다. 이 때문에 본 건에서는 Maastricht조약 비준을 목전에 두고, 독일이 EU에 참가하는 것에 무언가 헌법상의 한계와 제약이 존재하지는 않는지, 특히 회원국의 주권적 지위나 기본법상의 민주주의 원리에 EU참가로 인한 한계와 제약이 생기는 것은 아닌가 하는 점이 문제되었다.

독일 연방헌법재판소의 판결 • • •

(본 건의 헌법재판소는 Maastricht조약에 대한 동의법은 합헌이라고 판단하였다. 이 판결 이후, 독일 연방대통령은 적법하게 Maastricht조약 비준서에 서명하고, 동 조약은 1993년 11월 1일에 발효되었다. 헌법소원의 실질심사를 한 판결 C부분의 개요는 다음과 같다. 이하의 괄호는 독일 연방헌법재판소 공식판례집의 페이지를 나타낸다)

EU의 민주적 정통성

유럽인의 연합인 EU는 민주적 국가의 결합체이며, 고권적 임무(hoheitliche Aufgaben)를 담당하고 고권적 권능(hoheitliche Befugnisse)를 행사한다. 이것을 회원국들의 국민이 의회를 통해서 민주적으로 정통화시켜야만 한다.(184면) 유럽연합이라는 국가결합에서 민주적 정통화는 필연적으로 유럽 제기관의 행위를 회원국 의회에 Feed-Back하는 방법으로 이루어질 것이다. 이에 더하여 유럽연합의 조직구조 내부에서는 회원국 시민에 의하여 선출된 유럽의회를 통해서 민주적 정통성이 부여된다. 유럽의회를 통한 정통화에는 국내의회를 통한 민주적 정통성을 보완하는 역할이 인정된다. 결정적인 것은 유럽연합의 민주적 기초가 통합과 함께 점진적으로 강화되었으며, 통합이 진행되는 중에도 회원국에서는 민주주의가 활발히 유지되고 있다는 점이다.(185-6면)

각 국의 민주주의와 EU

유럽국가결합이 책임지는 임무나 기능이 커질수록 국가차원에서의 민주주의는 점차 약화될 것이고, 회원국의 의회는 유럽연합의 고권적 권력의 정통화를 더 이상 수행할 수 없게 될 우려가 있다. 현재와 같이 국민이 국내의회를 통해서 민주적 정통성을 부여하는 경우, 유럽공동체의 임무와 권능의 확장에 민주주의 원리에 기인하는 제약이 가해진다. 각국의 국민은 그 나라의 국가권력의 출발점이다. 국가는 정신적 사회적 및 정치적으로 결합된 것에 법적인 표현을 부여하기 때문에 각각의 국민이 스스로 정통화하고 통제하는 정치적 의사결정과정에서 스스로를 소개하고 스스로의 뜻을 개진할 수 있는 충분한 의미를 가진 고유의 임무영역을 필요로 한다. 이상에서 독일 연방하원에 실질적인 중심을 두는 임무와 권능이 남아 있어야 한다는 결론을 도출할 수 있다.(186면)

정부를 통한 민주적 정통성

유럽연합과 같은 국가결합체(Staatenverbund)가 고권적 권력(Hoheitsgewalt)을 가지는 것은 주권국가가 권한을 부여하였기 때문이다. 대체로 국가는 정부를 통해서 행위하고, 통합을 통제한다. 따라서 통합은 일차적으로 정부에 의해서 결정된다.(186면) 공동체 권력을 행사하여 2차 입법을 제정할 때에는 회원국정부의 대표로 구성되는 기관(이사회)이 중심적인 역할을 수행한다. 이 회원국 정부의 대표자는 각 국민의 민주적인 의사형성에 기초하여 회원국의 편에서 민주적 통제에 복종하고 있으므로, EC에 정부를 통한 민주적 정통성이 부여된다.

또한 회원국 정부의 대표자는 국내에서는 집행기관에 속하지만 집행기관의 입법행위도 헌법상 일정범위 내에서 허락된다. 따라서 집행기관에 속하는 정부대표가 모이는 이사회가 공동체 권력의 행사를 담당한다고 해서, 즉시 민주주의의 요청이 저해되는 것은 아니다.(187면)

EC·EU에 대한 수권의 명확성

위임된 권리 및 예정된 통합계획이 충분히 확정 가능한 형태로 규정되지 않은 경우, 독일법질서를 유럽공동체의 초국가적 법의 직접효력 및 직접적용가능성에 개방하도록 만드는 법률은 기본법 제38조 위반이 된다. 어떠한 범위와 정도로 고권적 권리의 행사를 위임하였는지가 불명확하다면, 독일의 입법자가 상정하지도 않았던 임무와 권능까지도 유럽공동체가 요구할 수 있기 때문이다. 이는 백지위임과 동일하므로 기본법 제38조가 보호해야 할 것을 보호하지 않은 것이 되어 버린다.(187면) 확실히, 국제조약의 조문이 조약당사자와 교섭되어야 한다는 것을 고려하면, 의회(법률)의 유보를 통해 (기본법이) 통상의 법률에 대하여 요구하는 정도로 조약 규정이 특정되고 엄밀해야 함을 요구하는 것은 아니다.(188면) 그러나 다음의 사항은 매우 중요하다. 조약에 회원국으로서의 독일의 지위 및 권리·의무가 — 특히 국내법 영역에서 법적 구속력을 가진 유럽공동체의 직접적 작용 — 입법자가 예측할 수 있을 만큼 나타나 있을 것, 입법자가 동의법에서 이를 충분히 특정 가능하도록 규정하고 있을 것 등이다. 이것은 또한 EU조약에 의해서 정해진 통합계획과 행위수권이 사후적으로 본질적으로 변경되면, 이는 이미 조약에 대한 동의법에서 벗어난 것이라는 점이다. 독일의 동의법이 기초로 한 조약에 의해서 뒷받침되지 못하는 양태로 EC·EU의 조직기관이 연합조약을 운용하고 확장한다면, 독일의 국가영역 내에서는 조약에서 발생하는 법적 의무가 법적 구속력을 갖지 못할 것이다. 독일의 국가기관은 헌법적인 이유에서 이러한 법적 행위를 독일에게 적용할 수 없다. 그러므로 연방헌법재판소는 EC·EU의 조직기관에 의한 법적 행위가 이들에게 인정된 고권적 권리의 한계 내에 있는 것인지 또는 이를 넘어선 것인지를 심사하게 된다.(188면)

EU 국가결합체에 있어서 회원국

EU조약은 보다 긴밀한 - 국가에 의해 조직된 - 유럽인들의 연합을 실현하기 위한 국가결합체(Staatenverbund)를 창설하는 것으로, 단일한 유럽국민을 기초로 하는 국가(Staat)를 창조하는 것이 아니다.(188면)

유럽연합 및 이에 귀속하는 공동체에서 인정받은 권한 및 권능 중 독일 국민에게 직접적으로 권리 의무를 부과하는 권력작용을 행사할 수 있는 것은 본질적으로 경제공동체의 활동에 한정되어 있다. 또한 제1기둥인 유럽공동체의 중심적 활동분야는 경제결합에 한정되어 있으며, 유럽공동체와는 구별되는 제2·제3기둥의 협력은 정부간 사항일 뿐이다.

EU조약의 발효 후에도 또한 공동체권력이 회원국에서 파생된다는 것, 또한 독일의 영역 내에서는 이 공동체권력이 독일의 법적용명령(Rechtsanwendungsbefehl des Zustimmungsgesetzes)에 의해서만 법적 구속력을 가지고 작용할 수 있다는 점에는 변함이 없다. 독일은 이러한 국가결합의 회원국이다. '조약의 창조자(Herren der Verträge)'인 회원국은 장기적으로 회원국으로 존재할 의사에 기하여 기한의 정함이 없는 연합조약을 체결하고 이에 구속될 것을 약속하였으며 독일 연방공화국도 그 일원이다. 그러나 EU에 대한 가입은 최종적으로는 EU설립행위에 대한 반대행위에 의해서 다시 철회될 수도 있는 것이다. 유럽법이 독일 법질서 내에서 효력을 가지고 적용되는 것은 독일의 입법자가 동의법으로 유럽법의 이행을 위한 법적용의 명령을 발하였기 때문이다. 따라서 독일은 자국법에 의하여 주권국가로서의 성격을 가지고 타국과의 주권적 평등성이라는 지위를 보유한다.(190면)

유럽연합의 이후의 발전에 있어서도 EC권한의 확대가 민주주의 원리에 의해서 규율된다는 것에서는 벗어날 수 없다. 이것은 헌법을 개정하는 입법자가 기본법 제23조를 기본법에 추가한 때에도 고려한 것이며, 기본법 제23조에서는 유럽연합의 발전이 민주적, 법치국가적, 사회적 및 연방적 제원칙, 보충성원칙의 의무를 가진다고 언급되고 있다. 결정적인 것은 조약 또는 헌법의 관점에서도 연합의 민주적 기초가 결합과 함께 점진적으로 구축되어 가는 것이며, 또한 결합의 발전에 있어서도 회원국의 살아 움직이는 민주주의가 지켜지는 것이다.(213면)

해 설

사건의 의의

EC의 창설을 맞이하여, 각 회원국은 각각의 주권적 권리를 EC에 위임하고, 이를 합일하는 전체행위로서 공동체권력을 설정하였다. 이 공동체권력의 작용은 국내유일의 주권적 권력주체로서의 국가의 성격을 변용시키는 것으로 고권위임은 회원국 헌법질서의 개변(改變)에 상당한다. 따라서 이에 대한 근거규정은 대다수 국가의 헌법 내에 존재한다.(독일에서는 기본법 제23조) 당연히 EC에 새로운 고권위임을 정하는 기본조약의 개정도 국내 헌법상의 위임에 대한 근거규정을 따라 합헌적으로 비준되어야만 한다. 유럽통합의 '새로운 단계를 그리는'(EU조약 제1조 2단) 개정조약의 비준에서 본 건의 헌법문제가 제기된 것은 바로 이 때문이다.

본 건의 헌법재판소는 기본법 제38조 위반의 헌법소원을 심사하면서도 쟁점을 넓게 잡아(본 건 [사실·쟁점] 참조), EC·EU가 따르는 독일 기본법상의 헌법적 한계를 상세하게 살펴보았다. 즉 EC·EU법의 발전을 위하여 국내헌법상 필수라고 생각되는 기본권존중, 제한적 개별적 수권의 원칙(Prinzip der begrenzten Einzelermächtigung), 민주주의 원칙 등의 제원칙을 명확히 하고, 동시에 그에 입각한 EU 권한행사의 법적 통제를 철저히 할 것을 매우 비판적으로 EU에 요청하였다.

기본권공동체의 발전

지금까지도 각국법이 EC법의 발전에 영향을 준 예는 몇몇 있어 왔다. 그 중의 하나가 유럽사법재판소와 헌법재판소의 '대화'를 통한 EC기본법이론의 발전이다. 유럽사법재판소는 조약이나 2차입법을 불문하고 모든 EC법규가 헌법을 포함한 여러 국내법의 우위에 있다는 '절대적 우위론'을 취하고 있다.(본서 2번, 3번사건 참조) 그러나 당초의 헌법재판소는 EC의 기본권보장을 문제삼아 독일헌법이 보장하는 기본권을 침해하지 않는 한, EC 2차입법도 독일기관에 의해서 적용된다는 '조건부우위론'을 채택하였다. 다음의 두 가지 점이 그 근거가 되었다. 첫 번째는 EC 2차입법이 국내에서 이행되는 경우 독일 국가권력의 관여가 필요하며, 이행조치는 독일 국가기관의 행위라는 형식을 취하게 되므로, 독일기본법상의 기본권의 제약을 벗어날 수 없다는 이유이다. 두 번째로 EC의 권력적 행위가 독일 국내의 기본권 주체의 지위에도 영향을 미치는데, EC가 독일기본법과 동등하게 기본권에 따른 제약을 받을 것인가가 의심스럽다는 이유에서였다. 1974년의 *Solange I* 사건(BVerfGE 37, 271)은 전면적으로 이러한 이유에 의거하여 EC가 독일기본법에 필적하는 성문기본권 목록을 지니지 않는 한(solange), 독일기본법상의 기본권에 비추어 EC 2차입법을 심사하겠다는 입장을 취하였다. 그러나 EC법 쪽에서 보자면, 이것은 EC법의 우위성과 이에 지지되고 있는 공동체의 존재 자체를 위협하는 것이었다. 이에 유럽사법재판소는 상기 두 번째 이유의 근거를 희석시키기 위한 반응을 보였다.

EC법상에서 '법의 일반원칙'으로서 기본권을 보장하는 입장을 강화하고, 기본권 제한에 대하여 독일기본법과 유사한 적법성심사기준(기본법 보호 범위에의 개입, 공공의 복지에 기초한 공익의 존재, 비례성원칙의 충족, 기본권의 본질내용의 보장)을 EC법상에서도 확립시키려는 반응이었다.(본서 15번사건 해설 참조) 그 결과 1986년의 *Solange II* 사건(BVerfGE 73, 339)에서 독일헌법재판소는 EC가 독일기본법과 '본질적으로 동등한 기본권 보호'를 보장하는 한, EC 2차입법에 대한 심사권행사를 자제한다는 입장으로 전환하였다. 본 건 판결도 이를 답습하고 있다. 즉 독일 영역 내에서의 기본권보장을 임무로 하는 헌법재판소가 EC 2차입법의 심사권을 여전히 보전·유지하면서도 유럽사법재판소에 의한 기본권 보호에 신뢰를 두고 동 재판소와의 협력관계(EC조약 제234[EU기능조약 제267]조의 선결적 판결) 속에서 심사권을 행사하기로 한 것이다.(판결 174-5면) EU의 제3기둥인 2차입법에 대해서 헌법재판소는 조금 다른 입장을 취하고 있다. 유럽체포영장골격결정의 국내이행조치의 합법성을 묻는 사안에서 동 재판소는 세 번째 기둥에는 여전히 EU 2차입법의 이행재량권이 회원국 측에 광범위하게 남겨져 있으며, 국내이행법은 국내헌법상의 기본권을 최대한으로 존중해야 한다는 입장을 취하고 있다.(유럽체포영장법 위헌판결, BVerfGE 113, 273; [2006] 1 CMLR 378) 이상과 같이 기본권보장을 둘러싼 양 재판소간의 긴장은 아직 사라지지 않았지만, 이 긴장관계 속에서 EC와 회원국이 공히 기본권보장을 위한 기본권공동체(EU조약 제6조2[3]항, EU기본권헌장)로서의 EC의 헌법상이 보이고 있다는 점도 간과할 수 없다.

EC법질서관의 대립

본 건 판결은 기본권의 경우 뿐만 아니라 각국이 보다 광범위하게 EC를 헌법적으로 통제해 나간다는 EC법질서상을 국내헌법 쪽에서 제시하였다는 점에서 중요하다. 유럽사법재판소의 판례에 의하면 EC법은 '자율적인 공동체권력을 갖춘 독자적인 법질서'를 구성하고(본서 1번, 2번사건 참조), 따라서 공동체권력의 작용으로서 EC법은 국내법질서에 개입하여 국내법보다 우월하게 작용되어야 한다. 다시 말하자면, 공동체권력의 성격은 다음과 같이 이해된다. 즉 공동체권력은 ('조약'이라는 창설형식은 차치하고, 그 실질을 따지자면) 유럽인(Völker Europas)에 의해서 창설된 고유한 자율적·독자적인 권력이며(특히 본서 1번, 2번사건의 해설 참조), 이는 국가권력과 중첩되어 국가기관 위에 구축되며, 한 국가가 충분히 처리할 수 없을 EC의 독자적인 임무를 수행하기 위하여 공동체기관과 충실협력의무(EC조약 제10조[EU조약 제4조3항])를 통하여 국가기관에 의해서도 행사된다. 따라서 EC조약은 공동체권력을 창설하는 '헌법'이다.

이에 대하여 헌법재판소는 다음과 같이 보고 있다. EC조약은 어디까지나 '조약'이며, 통합적인 법적 기초는 조약으로 존속한다.(고권위임의 근거규정인 기본법 제23조1항3문도 '유럽연합의 조약상의 기초'를 적용대상으로 한다) 각 회원국은 '조약의 창조자(Herren der Verträge)'이며 EC에서도 당연히 국가성을 유지하고 주권을 향유한다.(판결 186, 199면) 조약에 의해서 EC를 창설한 것도 탈퇴권을 유지하는 것도 회원국이다.(판결 190면)

즉 회원국의 절대불가분의 주권은 분할되거나 위임된 바 없다. EC에 위임된 것은 국가가 가지고 있는 것과 같은 권한확정권한(Kompetenz-Kompetenz, 새로운 권한과 임무를 스스로 창조하고 배분하는 권한)이 아니라, 조약에 규정된 개별사항에 관하여 권력적 행위를 할 권한에 지나지 않는다. EC는 단일한 유럽국민에게 직접적으로 권력의 연원을 두는 국가가 아니라, '국가에 의해서 조직된 유럽국민이 보다 긴밀한 연합을 실현하기 위한 국가결합체(Staatenverbund)'에 지나지 않는다.(판결 188면) 즉 조약에 의해서 설정된 공동체권력은 인민에게서 직접 유래하는 고유한 권력이 아니라, 회원국의 권력에서 파생한 권력에 지나지 않는다.

나아가 회원국이 주권적이라는 것을 보강하는 것이 교량이론(橋梁理論; Brückentheorie)이다. 즉 EC법의 국내적 효력 및 적용은 독일의 행위(=동의법이 발하는 유럽법의 적용명령)에 달려 있으며, 동의법(이른바 독일법질서에의 다리)에 의하여 비로소 공동체권력이 국내적으로 법적 구속력을 가지고 작용할 수 있다고 이해하는 것이다.(판결 188, 190면)

이에 더하여 이러한 작용이 발생하기 위해서는 EC의 행위가 동의법에 의해서 미리 부여된 수권의 범위 내에 머물러야 하며, 독일헌법의 기본원칙에 적합해야 한다. 헌법재판소는 흡사 교량의 파수꾼(橋守)처럼 이러한 점에 대하여 심사할 수 있으므로, EC법에 대한 헌법재판소의 심사권은 보다 광범위하게 미칠 수 있다는 것이 교량이론의 귀결이다. 물론 헌법재판소도 EC법의 직접효력과 우위성을 원칙적으로 승인하고 있으므로 곧바로 실제적 영향이 생기는 것은 아니다. 그러나 이상과 같이 헌법재판소는 EC법질서의 자율적 발전에 대해서 국내헌법에서의 제한을 더할 여지를 남기고 있다. 이러한 점은 EC·EU가 일단 기본법 제23조1항1문에 들고 있는 제원칙에 대응하면서 발전해 갈 것을 국내헌법에서 요청할 수 있는 여지를 남겼다고도 할 수 있다.

통합의 헌법적 한계

이상과 같은 EC법질서관의 차이를 조화시키려는 시도가 학설상 이루어지고 있지만, 결정적인 해결에는 이르지 못하고 있다. 양자의 최소한의 일치점은 EC는 국가가 아니며 EC 자체도 또한 회원국의 존재를 전제로 하고 있다는 점이다. 또한 EC의 발전에는 헌법적인 한계가 있다는 것도 양재판소의 공통적인 인식이라고 할 수 있다. 거기에서 국가와 EC의 양자를 전제로 한 EC의 독자적인 복층적 입헌주의와 EC의 헌법적 한계가 나타난다.

민주주의

민주주의는 독일기본법의 기본원칙이며(기본법 제20조 2항), 유럽통합에 참가해도 개폐되어서는 안된다.(기본법 제79조 3항) 이에 헌법재판소는 우선 '국가에 의한 임무담당 및 국가권능행사는 국민에게 귀속하는 것이며, 국민에 대해서 책임을 지는 것이다'(판결 182면)라는 민주주의의 본질을 논하고, '민주적 정통성 부여에 대한 충분히 유효한 내용, 즉 일정한 수준의 정통성이 있어야 한다'는 규범적인 요구를 도출하고 있다. 이 요구를 EC에 적용해 보면, 다음의 두 가지 귀결이 도출된다. 첫 번째로 EC는 유럽인의 결합체이므로 민주적 정통성도 각 회원국의 인민(독일에서는 국민의 민주적 대표기관인 연방하원)에 의해서 부여되어야 한다.(판결 184면) 따라서 EC의 행위는 회원국 의회에 Feed-back되어야 한다.(그 제도화는 암스테르담조약 부속서인 '국내의회의 역할에 관한 의정서'(1997) 참조) 또한 독일의 EC·EU에의 참가(특히 이사회에 대한 정부의 행위)는 연방하원에 의하여 민주적으로 통제되어야 한다. 두 번째로 EC·EU는 회원국 시민의 연합이므로 EC·EU 차원

에서는 회원국 시민의 대표기관인 유럽의회에게 민주적 정통성을 부여 받아야 한다.(판결 185-6면)

이상과 같은 정통화의 두 가지 방법 상호간의 관계는 어떨까. 국내의회를 통해서 EC·EU에게 민주적 정통성을 부여하는 것은 첫 번째로 각국 국민이다. 그러나 유럽연합의 조직구조 내부에 한정해보면, 국내의회에 의한 민주적 정통성 부여나 통제는 정부를 통해서 간접적으로 EC·EU에 미치는 것에 지나지 않는다. 따라서 여기에서는 유럽의회에 따른 민주적 정통성 부여가 불가결하다. 또한 유럽집행위원회나 이사회를 기관간 균형원칙 하에서 민주적으로 통제하는 역할로서 유럽의회에 기대를 걸고 있지만 유럽의회의 의석은 각국마다 할당되며(EC조약 제190[EU조약 제14]조2항), 선거는 각 국가별로 선거법에 의해서 이루어진다. 또한 전 유럽적 민주주의를 지탱하는 전제조건(유럽차원의 미디어나 정당 등)도 아직 발전단계에 있다. 이렇게 유럽인민의 민주적 결합체가 미성숙한 현상황에서의 유럽의회는 각국의회로부터의 민주적 정통성 부여를 보완하는 역할에 그친다.(판결 185-6면) 이상과 같이 EU의 민주주의 강화에 있어서는 유럽의회의 지위, 국내의회와 EC·EU와의 상호연대, 민주주의를 지탱하는 3개의 전제조건이 균형을 이루면서 발전할 필요가 있다. 현재와 같은 기구 구조 하에서 과도하게 EC·EU에게 권한위임이 이루어지는 것은 국가차원에서의 민주주의를 약화시키는 것에 다름 없으며, 국내의회의 고유의 임무와 권능을 빼앗는 것이 된다. 여기에 민주주의에서 발생하는 결합의 한계를 인정할 수 있다.(판결 186면)

EC 권한행사의 헌법적 한계

유럽사법재판소의 헌법관에 따르자면 회원국이 EC의 행위를 사법심사할 여지가 없다. 왜냐하면 독자적인 EC법질서에서는 유럽사법재판소가 법의 준수를 확보하는 임무를 담당하고 EC 2차입법의 취소권을 독점하기 때문이다.(EC조약 제220[EU조약 제19]조, 제230[EU기능조약 제263]조) 이것은 EC법의 통일적 효력유지의 관점에서도 요구되고 있다.(Foto-Frost 사건(본서 12번사건)) 그러나 본 건의 헌법재판소는 동 재판소가 다음과 같은 이유로 EC 2차입법의 월권행위여부에 대하여 심사한다는 입장을 명확히 하였다. 첫 번째, EC는 회원국에서 위임받은 권한만을 행사할 수 있으므로 EC조약상의 권한을 초월하는 행위는 회원국의 주권침해가 된다는 이유이다. 두 번째, 동의법이 이미 정해놓은 독일의 권리 의무와 EC법의 국내적 작용을 넘어선

EC의 행위는 헌법의 요청(민주주의의 요구, 또한 EC에 대한 수권의 특정성·명확성의 요구) 때문에 적용될 수 없다는 이유이다.(판결 188면) EC법의 동태적 발전을 지탱해 온 EC법의 실효성원칙(본서 3번, 8번, 9번사건 참조)도 어디까지나 'EC권한을 최대한으로 사용하는 것'(판결 210면)에 그쳐야 한다고 평가되고 있다.

이상과 같이 유럽사법재판소와 헌법재판소는 날카롭게 대립하고 있는 듯 하나, EC의 권한행사가 적법해야 한다는 점에서는 일치하고 있다. 양 재판소간의 충돌이 현실화되지 않기 위해서는 유럽사법재판소에 의한 사법심사가 충분히 기능해야 하며, EC가 어떠한 경우에 적법하게 행동할 수 있는지를 규율할 원칙을 명확히 해야 할 것이다. 후자와 관련하여 본 건의 헌법재판소는 EC법 해석론을 전개하였다.(판결 209-212면) 우선 EC는 입법행위를 취할 상황이 조약에 의해서 명시적으로 수권을 받은 경우에만 행동할 수 있으며(EC조약 제5조 1항[EU기능조약 제5조 2항]), 각 EC기관도 조약에 정해진 권한만을 행사할 수 있다.(제한적 개별적 수권의 원칙) 이에 더하여 행위의 법적 형식은 조약의 수권규정에 정해진 것에 한정된다. 나아가 경합(競合)권한 분야에서는 EC의 공동체권한 행사여부에 대한 보충성원칙(EC조약 제5[EU조약 제5]조)에 비추어 심사해야 한다. 마지막으로 EC의 행위는 목적달성을 위해서 필요한 범위에 그칠 것을 요구하는 비례원칙에 구속된다.('보충성원칙 및 비례성원칙의 적용에 관한 의정서' 참조) 이상과 같이 본 건의 헌법재판소는 국내헌법과 EC법의 양자에 의거하여 EC권한행사에 대해서 법의 지배에 의한 한계를 강조하였다.

입헌주의에 대한 영향

오늘날의 EU헌법은 자유, 민주주의, 기본권존중, 법의 지배라는 '회원국 공통의' 헌법원칙에 의거하여 이들을 EU에 편입시키면서 발전하고 있다. EU조약 제6조 3항에서도 이를 실정법상 확인하고 있다. 또한 본 건 이후의 유럽사법재판소의 판례에서는 (WTO가입사건 의견(본서 40번사건), 담배광고지침 판결(본서 14번사건) 등) EC와 회원국간의 수직적 관계에서의 EC권한의 한계를 명확히 하려는 움직임이 나타났다.

(小場瀨琢磨)

5. Defrenne II 사건: EC조약 규정의 수평적 직접효력과 남녀노동자의 동일임금원칙

Case 43/75, Defrenne v. SABENA [1976] ECR 455

[사실 · 쟁점]

원고인 여성은 피고(벨기에의 민간항공회사 사베나항공)의 객실승무원이었지만, 같이 근무하는 남성보다 임금이 적었다. 이에 남성 임금과의 차액분을 지불할 것을 피고에게 청구하였다. 당시의 EC조약 제119[후의 제141, EU기능조약 제157]조는 다음과 같이 규정하고 있었다. '회원국들은 동일한 노동에 대하여 남녀가 동일한 임금을 받는다는 원칙의 적용을 (공동시장의 완성까지 각 4년 3단계에 걸쳐 과도기간 중의) 제1단계(1961년 말까지)에 확보하고, 나아가 이후에도 이를 유지해야 한다.'

당시 벨기에에는 EC조약 제119조를 국내법으로서 승인하는 칙령만 존재하였다. 이에 원고는 EC조약 제119조를 직접적 청구근거로 하여 벨기에 재판소에 소송을 제기하였다. 주요한 쟁점은 ① EC조약 제119조의 직접효력이 사인간의 법적 관계에서도 인정될 수 있을 것인가 ② 직접효력은 언제부터 인정되는가 하는 점이었다. 벨기에 재판소는 유럽사법재판소에 선결적 판결을 부탁하였다.

직접효력의 발생시점이 쟁점이 된 배경에는 EC조약 제119조의 국가별 이행이 일부 국가에서 지연되어 EC의 모든 조치의 이행기한이 점차 연장되어 온 사실이 존재하였다. 우선 원가입국가는 제1단계 종료직전에 이행기한을 1964년 말로 연기하는 이사회결의를 채택하였다. 그러나 사태는 개선되지 않았고 1973년에 신규 가입국(영국·아일랜드·덴마크)을 받아들인 시점에서도 일부의 원가입국은 이행을 해태하고 있었다. 이에 1975년에 제119조의 이행을 촉진하기 위하여 회원국은 EC(동일임금)지침 75/117호([1975] OJ L 45/19)를 채택하여 '동일가치의 노동'에 대한 동일임금원칙의 각국의 이행의무를 확인하고, 지침의 이행기한을 1976년 2월 9일로 정하였다. 한편, 유럽집행위원회는 1973년에 EC조약 제119조의 이행지연국가에 대하여 의무위반확인소송(EC조약 제169[후의 제226, EU조약 제258]조)을 제기하겠다는 경고를 발하였지만, 결국 제기하지는 않았다. 이하에서는 EC조약 제119조의 직접효력의 유무(쟁점 ①)에 관한 선결적 판결부분을 중심으로 소개한다.

선결적 판결 • • •

7. 제119[후의 제141, EU기능조약 제157]조의 직접효력(direct effect) 문제는 동일임금원칙의 성격, 동조의 목적 및 EEC조약 전체체계에서의 동조의 위치에 비추어 고찰해야 한다.

8. 제119조는 2중의 목적을 추구한다.

9. 첫 번째로 회원국의 사회입법의 전개상황이 다르므로, 제119조의 목적은 동일임금원칙을 이행한 국가의 기업이 여성노동자의 임금차별을 제거하지 않은 국가의 기업에 비하여 EC내에서 경쟁상 불리함을 당하지 않도록 하려는 목적이다.

10. 두 번째로 동 규정은 EC 사회목표의 일부를 이룬다. 즉 EC는 설립조약의 전문이 강조하는 바와 같이 단순한 경제동맹에 그치는 것이 아니라, 공동행동을 통하여 사회적 진보를 확보하고 EC내의 사람들의 생활과 노동 수준의 지속적인 향상을 목적으로 하고 있다.

11. 이러한 목적은 제119조가 사회정책의 장에 놓여있는 점에서도 명료하게 읽어낼 수 있다. 사회정책의 모두(冒頭)규정인 제117[후의 제136, cf. EU기능조약 제151]조는 '노동조건의 향상과 노동자의 생활수준의 향상을 촉진하고 이러한 향상을 유지하면서 조화를 가능하게 할 필요'를 말하고 있다.

12. 따라서 설립조약은 동 원칙을 과도기간의 제1단계 말까지 완전히 이행하여야 한다고 규정하고 있는 것이다.

14. 동조의 해석에 있어, 이 기본원칙의 이행을 해태하는 일부 회원국의 태만과 저항을 이유로 하는 해석론을 채용할 수는 없다.

15. 또한 제119조가 노동조건의 조화와 지속적 향상이라는 문맥에 놓여 있는 이상, 최저임금을 인상하는 것 이외의 방법으로 동조의 취지가 지켜질 수 있다는 항변도 인용할 수 없다.

16. 제119조1단의 규정에서는 회원국은 '동일노동에 대하여 남녀가 동일임금을 받는다는 원칙의 적용'을 확보하고 유지할 의무가 있다.

17. 동조의 2·3단은 1단에서 말하는 임금과 노동의 개념에 대해서 일정한 상세규정을 두고 있다.

18. 이들 규정의 이행에서는 제119조의 적용영역에 다음의 구별이 있어야 한다. 첫 번째

로 직접적이고 뚜렷한 차별(direct and overt discrimination)인데, 이것은 제119조에서 정하는 동일노동 동일임금의 기준으로만 차별이 인정된다. 두 번째로 간접적이고 위장된 차별(indirect and disguised discrimination)이며, 이것은 EC 또는 각국의 한층 명확한 이행규정에 비추어서만 차별이 인정될 수 있다.

19. 제119조의 목적은 개개의 기업뿐만 아니라, 여러 산업부문에 있어 또는 경제제도 전체에 있어 남녀노동자간의 직접적 또는 간접적인 모든 차별을 제거하려는 것이므로 이 목적을 완전히 이행하기 위해서 일정한 경우 (차별인정의) 판단기준을 상세히 하고, 이를 EC 또는 각국 차원에서 적절한 조치를 이행할 수 있는 여지를 인정하고 있다.

20. 이러한 (간접적 차별을 포함하는 넓은) 해석은 이 문제에 관한 EC의 조치(1975년 동일임금지침)이 제119조의 이행에 있어 '동일임금이라는 좁은 기준을 확대하는 견지에서 ILO(국제노동기구)가 체결한 1951년의 100호 조약 제2조에서 정하는 '동일가치' 노동에 대한 동일임금의 원칙도 포함하여 이행하고 있는 것을 보아도 필요불가결이라고 할 수 있다.

21. 제119조에서 정하는 기준에 비추는 것만으로도 인정할 수 있는 직접적 차별의 형태로서는 특히 입법규정이나 노동협약에서 유래하는 것 등 사실관계의 순수한 법적 분석에서 인정되는 것 등이 있다.

22. 특히 이것이 타당한 것은 공적·민간적 부문을 불문하고 남녀가 동일한 사업자 또는 업무를 담당할 때에 동일노동에 대하여 불평등한 임금을 받는 경우이다.

23. 본 건을 부탁하였던 재판소가 인정한 바에서 알 수 있듯이, 이러한 경우 재판소는 여성노동자가 동일직무를 하는 남성노동자보다 낮은 임금을 받는지를 판단하기 위해서 필요한 여러가지 사실을 인정할 수 있는 입장에 있다.

24. 적어도 이러한 경우에는 제119조는 직접적용성(directly applicable)이 있으며, 따라서 개인에게 권리를 발생시키는 것이고, 재판소는 이를 보호해야 한다.

27. 이상의 결론을 제119조의 문언을 이유로 부당하다고 논할 수는 없다.

28. 첫 번째로 동조가 '원칙'이라는 말을 사용하고 있으므로 직접효력은 생기지 않는다는 의견을 채택할 수는 없다. 설립조약의 용어상으로 이 말은 기본적인 성격을 갖는 규정을 나타내기 위해서 의도적으로 사용되고 있기 때문에 예를 들어 설립조약의 (EC의 기초를 정하는) 제1부의 제목이 '제원칙'으로 되어 있다는 점과 제113[후의 제133, EU 기능조약 제207]조가 EC의 대외통상정책을 '통일적인 제원칙'에 기하여 행사한다고 서술한 것에서도 나타난다.

29. 만약 이 (원칙이라는) 개념이 불명확한 선언 정도로 저하되어 희석된다면, EC의 기초

그 자체나 대외관계의 일관성도 간접적으로 영향을 받을 것이다.

30. 다음으로 제119조는 명문으로 '제회원국'이라고 밖에 언급하고 있지 않으므로 (개인에게 권리는 발생하지 않는다)는 주장도 받아들일 수 없다.

31. 다른 사안에서 당 재판소가 이미 판시한 바와 같이, 설립조약의 일정 규정은 형식적으로는 회원국들을 수범자로 하고 있지만, 동시에 이것이 회원국이 정해진 의무를 이행하는 것에 이해를 갖는 개인에게도 권리가 부여한다는 해석을 방해하지는 않는다.

32. 제119조의 문언자체가 말하는 바와 같이 이것은 일정기간 내에 구체적인 결과가 필수적으로 달성되도록(mandatorily achieved) 행동할 의무를 회원국들에 부과하고 있다.

33. 설립조약이 부여한 의무를 몇몇 회원국이 아직 이행하지 않고 있으며, 이에 더하여 EC 제기관도 이 불이행에 대해서 충분한 대응을 하지 않았던 사실이 있다고 해서 그 사실이 이 규정의 실효성에 영향을 주어서는 안된다.

34. 만약 이를 허용한다면 권리의 침해를 법의 해석원칙으로 승격시키는 위험을 범하게 될 것이며, 이는 곧바로 (EC)설립조약 제164[후의 제220, EU조약 제19]조가 당 재판소에 부여한 [법 준수의 확보]라는 책무와도 양립할 수 없게 될 것이다.

35. 또한 제119조가 '제회원국'이라고 언급하는 것은 회원국들에 대해서 동일임금원칙의 이행에 공헌할 수 있는 여러 권한을 행사하도록 종용하고 있는 것이다.

36. 이와 같이 본 건의 변론에서 제기된 주장과는 반대로, 동조는 (동일임금원칙의 이행이라고 하는) 과제를 단순히 회원국의 입법부의 권한에 맡긴 규정 따위가 아니다.

37. 따라서 제119조에서 '제회원국'이라고 언급된 것을 설립조약의 직접적용을 위해서 재판소가 개입하는 것을 배제하는 취지라고 해석할 수는 없다.

38. 이외에도 회원국의 재판소가 동일임금원칙을 적용한다면, 사인간 또는 노사간에 체결한 개개의 노동계약이나 노사의 단체협약이라는 독립적인 합의를 수정하는 결과가 되므로 제119조의 직접효력은 인정될 수 없다는 항변도 받아들일 수 없다.

39. 무엇보다 제119조는 그 성격이 강행규범(mandatory in nature)이므로 남녀차별의 금지는 공적 부문의 행동에 대한 것이 아닌, 개인간의 계약이나 임금노동자를 집단적으로 규율하는 목적의 여러 합의에도 미친다.

40. 상술한 바와 같이, 첫 번째 질문에 대한 답은 다음과 같다. 제119조의 동일임금원칙은 회원국의 재판소에서 행사할 수 있으며, 당해 재판소는 특히 입법규정이나 노동협약에서 직접적으로 생기는 차별의 유형이나 공적·민간적 부문을 불문하고, 동일한 사업자 또는 역할에 있어 남녀가 동일노동에 대하여 불평등임금을 받는 경우에 동조가 개인에게 부여하는 권리의 보호를 확보할 의무가 있다.

(다음으로 제119조의 직접효력의 발생시점(쟁점 ②)에 대해서는 유럽사법재판소는 다음과 같이 판단하였다. 즉 EC의 원가입국에 대해서는 제119조의 규정대로 과도기간 제1단계의 종료시(1962년 1월 1일)부터, 신규가입국에 대해서는 가입시(1973년 1월 1일)부터 제119조의 직접효력이 발생한다. 왜냐하면 제119조의 문언이 늦어도 제1단계 종료시까지 동일임금원칙을 통일적으로 적용하도록 명시적으로 의무지우고 있기 때문이다.(44단) 제119조가 정하는 기한은 정식 조약개정절차로만 변경할 수 있기 때문에, 이행기한의 연장을 정한 1961년의 이사회결의는 무효이다.(56-58단) 신규가입국에 대해서는 특단의 규정이 가입조약에 없기 때문에 가입시점부터로 해석한다.(59단) 1975년의 EC지침은 설립조약에 기초하여 채택된 2차 법규이므로, 1차 법규인 설립조약의 규정 제119조가 정하는 기한을 개정할 수는 없다(60단)고 한다.

마지막으로 유럽사법재판소는 본 건 선결적 판결의 효과를 원칙적으로 과거로 소급하지 않는다고 판단하였다. 이는 제119조의 직접효력의 발생시로 거슬러 올라가 공적·민간부문에서 다수의 소송이 제기되어 기업의 선결적 판결이 심각한 타격을 받게 될 수 있다는 현실적인 영향도 있겠지만, 이를 우려하여 법의 객관성을 축멸(縮滅)하면 장래를 향한 법의 적용이 왜곡될 수 있으므로 인정될 수 없다.(69-71단) 그렇지만 본 건에서는 수 개 회원국의 행동, 유럽집행위원회의 견해 그리고 그 견해가 몇 번이나 관계제국당국에도 통지되었다는 이유 등에서 제119조에 반대하는 실무 때문에 관계담당자는 장기적으로 위법은 없다는 신뢰를 가지고 있었다.(72단) 또한 유럽집행위원회는 회원국의 의무불이행에도 경고를 발하였을 뿐 별다른 행동을 취하지 않고 있었으므로, 제119조의 효과에 대해서 잘못된 인상을 정착시켰을 가능성도 있었다.(73단) 또한 지금에 와서는 과거의 일반임금수준을 아는 것도 불가능하다.(74단) 이러한 이유로 법적 안정성을 중시하며 제119조의 직접효력은 본 건의 판결일(1976년 4월 9일)보다 이전 기간의 임금에 대한 청구의 근거로서 주장할 수는 없다. 그러나 이미 소송을 제기하거나 그와 동등한 청구를 한 자에게는 그렇지 아니하다.(75단))

해 설

대국적 의의

본 건은 EC역사상 중요한 판결 중의 하나이다. 첫째로 EC법 중의 동일임금원칙이 남녀평등이라는 기본원칙의 후광을 입은 특히 중요한 기본적이고 보편적인 법원칙이며, 그러한 기본원칙이 개개인에게 권리로서 실효적으로 보장되어야 한다는 기본적 입장을 나타냈고, 두 번째로 유럽사법재판소가 실효적으로 철저한 법의 지배를 받는 EC법질서를 위하여 정치 현실에 굴하지 않고 규범적 입장을 견지할 것을 나타냈기 때문이다.(특히 제119[후의 제141, EU기능조약 제157]조의 직접효력의 효력발생시의 판단에서) 그러나 이 입장은 법의 장기적인 안정성과 동시에 개별사건 적용시의 구체적 타당성의 양면을 고려하는 유연성도 가져야 한다.(선결적 판결효과의 불소급을 인정한 점에 나타난다)

이러한 메시지를 가지는 이 선결적 판결은 남녀노동자의 동일임금이라는 한정된 부문이기는 하지만 EC국민에게 EC법의 중요성과 실효성, 그리고 국내법의 상위에 있는 규범으로서의 정당성을 실감시켰다. 본 건 선결적 판결은 남녀노동자의 동일임금원칙을 둘러싼 적극적인 EC판결 전개의 효시가 되었다.

수평적 직접효력의 긍정논거

EEC조약 제119조의 사인간 직접효력(수평적 직접효력)을 인정하는 근거는 '동일임금원칙의 성격, 동조의 목적 및 EC조약 전체체계에서의 동조의 위치'(7단)였다. 즉 동일임금원칙은 강행규범의 성격을 갖는다.(32, 29단) 또한 제119조를 규정한 동기는 경제적·사회적 동기 즉 '2중의 목적'(8-12단)을 가지는데 이것이 '사회정책'규정의 장에 놓여있다는 체계적인 위치에서 알 수 있다.(11단) 또한 EC조약 전체의 구조에 비추어, '원칙'이라는 말은 EC의 기초를 이루기 위하여 특히 중요한 규정이나 법준칙에 사용된다는 일관성이 있다.(28단) 따라서 동조의 목적은 '개개의 기업 뿐만 아니라, 여러 산업부문에서 어떠한 경제제도 전체에서 남녀노동자간의 직접적 또는 간접적인 모든 차별을 제거한다'(19단)는 포괄적인 목적으로 이해하는 것이 합당하다. 회원국에 의무를 부과하였다는 것이 개인에게는 권리를 부여하였다고 해석하는 것을 방해하지 않는다.(31단) 따라서 제119조는 공적부문, 민간부문의 노동자를 불문하고 개개의 노동자에게 권리를 발생시킨다.

이상의 근거 중에서도 제119조가 강행규범이라는 실질적인 성격론이 사인간의 직접효력을 인정하는 결정적 논거가 되고 있다. 그러나 재판소는 왜 제119조가 강행규범인지를 명확하게 설명하고 있지 않다.(선결적 판결 32단은 제119조의 문언이라는 형식면을 언급하고 있을 뿐이다) 그렇지만 실질론을 짐작해 볼 수는 있다. 첫 번째로 EC가 단순한 경제활동의 자유화나 경쟁조건의 균등화라는 경제적 측면에 국한된 공동체에 머무는 것이 아니라, 경제활동에 종사하지 않는 사람들을 포함한 사람들 일반의 생활 수준의 향상이라는 사회적 측면도 포함하는 공동체이며(10단), 제119조는 이러한 양방의 측면을 동시에 다루는 규범이기 때문에(12단) EC법질서의 내재논리로서도 강력히 보장되어야 한다는 고려이다.(여기에 원칙이라는 말의 체계적 해석에 의한 해석론이 더해진다) 또 하나는 동일임금원칙이 남녀평등이라는 법의 일반원칙의 파생법리이며, 각국 헌법이나 국제인권조약에서도 가장 보호되는 기본권의 한 측면을 나타낸다는 고려일 것이다.(선결적 판결 39단은 이를 시사하는 것처럼 보인다)

또한 본 건의 유럽사법재판소는 '직접효력(direct effect)'과 '직접적용성(directly applicable)'을 동의어로 사용하고 있다. 학설로는 국제법규범이 어떤 국내법질서에서 법으로서 효력을 가질 것과, 당해 규범이 개인에게 권리를 발생시키는 것을 구별하여 전자를 직접적용성, 후자는 직접효력이라고 개념구분하는 것도 있다. 하지만 유럽사법재판소는 거기까지 용어의 구분을 하지는 않고 있다. 유럽사법재판소는 EC법은 (무효가 아닌 한) 당연히 각국에서 법적 효력을 가지는 것으로 생각하고 있다.(*Van Gend en Loos* 사건(본서 1번사건)이나 *Simmenthal* 사건(본서 3번사건)을 참조) 이에 더하여 당해 규정 이외에 특히 국내이행조치를 필요로 하지 않으며, 개인이 그 규정을 청구하는 근거로 할 수 있으며 각국 재판소도 보호해야 하는 구제적인 권리성을 인정할 수 있는 '명확·무조건'인 규정인지 여부가 '직접효력' 내지는 '직접적용성'의 문제라고 생각하고 있는 듯 하다..

직접효력의 발생범위

여기에서 '명확·무조건'이라는 직접효력의 발생요건과 본 건 선결적 판결의 관계를 보면, 일견 추상적으로 보이는 '동일노동 동일임금의 원칙'이라는 법규범도 본 건과 같은 구체적인 사실관계에서는 차별의 존재를 인정할 수 있을 만큼의 구체성이 있는 경우에 적용된다. 유럽사법재판소는 이 점을 '직접적' 차별이라고 말하며, 그 범위에서는 제119조의 직접효력이 생긴다고 한다. 따라서 직접효력의 발생요건은 본 건에서 명시적으로 논의되지 않지만, '명확·무조건'이라는 요건에 따르고 있다고 볼 수 있을 것이다.

그러나 본 건 선결적 판결의 '직접, '간접'이라는 말의 사용은 지극히 오독(誤讀)된 것이다. 본 건의 선결적 판결에서 나타나는 '직접적 차별'과 '간접적 차별'의 구별론은 어디까지나 직접효력의 발생여부라는 관점에서의 구분이다. 부정형으로 말하자면 남녀노동자에 대한 차별의 방법이 성별을 구분기준으로 하는 직접적인 형태인지, 성별 이외의 관점에서 구별하고는 있지만 실제로는 성별에 따른 구분과 동일한 효과를 갖는 간접적인 형태인지의 차별형태에 따른 구별이 아니다. 따라서 간접적인 형태의 차별적 사안이라도 사실의 법적 분석에서 제119조의 규정만으로 차별의 유무를 판단할 수 있는 경우에는 제119조의 직접효력을 인정할 수 있을 것이다. 실제로 유럽사법재판소는 후의 *Jenkins* 사건(Case 96/80, Jenkins [1981] ECR 911)에서 Full-Time과 Part-Time의 노동자로 구별해서 임금을 별도 설정하고 있었는데, 실제로는 Full-Time은 남자, Part-time은 여자뿐인 직장이었다. 이 경우 간접적 형태의 차별이 있었으므로 사실에 대한 순수한 법적 분석만으로 차별이 인정되기 때문에 제119조의 직접효력이 생길 수 있다고 인정하였다.

판결 효과의 불소급

본 건의 유럽사법재판소는 제119조의 직접효과의 발생시기를 조약규정의 문언대로 해석하여 EC법질서에서의 법치주의의 존중을 강조하는 동시에 이사회의 이름으로 이를 지연시키려는 회원국의 행위나 '불이행에 대하여 충분히 성실하게 대처하지 않았던' 유럽집행위원회의 태도에서 각국의 정부와 사람들에게 제119조의 직접효력 발생시기에 관한 잘못된 이해에 대한 신뢰가 발생하였다는 사실을 중시하여, 선결적 판결의 효과를 원칙적으로 소급시키지 않는다는 각국의 정부와 기업에도 수인될 수 있는 구체적인 결과를 도출하였다.

유럽사법재판소는 경제적 영향만으로 판결이나 선결적 판결의 효력에 대한 불소급 조치를 취하지는 않는다. 실제로는 이러한 점을 고려하면서도 관계정부나 유럽집행위원회가 잘못된 법을 법이라고 신뢰할만한 행동을 하였다던가 EC법규나 EC판례가 장기간 애매한 상태여서 사람들이 잘못된 해석을 법으로 신뢰하는 것도 무리가 아닌 사정이 있었다는 등 법의 오해에 대한 객관적인 기여요인을 지적하고, 어디까지나 예외적인 조치로서 인정하고 있다.(인정한 예로서는 Case C-262/88, Barber [1990] ECR I-1889; Case C-415/93, Bosman [1995] ECR I-4921(이적금, 본서 27번사건), 인정하지 않은 예로서는 Case C-811/79, Ariete [1980] ECR 2545; Case 24/86, Blaizot [1998] ECR 379; Case C-415/93, Bosman [1995] ECR I-4921 (선수국적기준, 본서 27번사건))

동일임금원칙, 그 후

본 건 이후의 유럽사법재판소의 판례 전개는 우선 제119조의 '동일노동'은 동일가치노동을 포함한다는 것을 재차 확인하였다.(Case 96/80, Jenkins [1981] ECR 911) 다음으로 제119조의 '임금'이 고용을 계기로 하여 노동자에게 지불되는 여러 현물 또는 현금의 급부로 넓게 해석되었다. 이후에는 퇴직연금이 임금에 해당하는지도 커다란 쟁점이 되었다. 일각에서 국가의 공적연금 제도에서의 연금은 '임금'이 아니라고 보았는데, 노동의 대가로서가 아니라 일정요건을 충족하는 사람에게 일률적으로 발생하는 급부이기 때문이다.(Case 80/70 Defrenne [1971] ECR 445) 그러나 유럽사법재판소는 '임금'에 기업으로부터 급부를 많이 포함하는 방향으로 판례를 전개하여 드디어 1990년의 *Barber* 사건에서 국가의 공적연금제도를 대체하는 기업퇴직연금제도의 연금은 임금에 해당한다고 하였다.(Case C-262/88, Barber [1990] ECR I-1889)

또한 *Barber* 사건은 *Defrenne* 사건과 마찬가지로 커다란 경제적 혼란을 초래한다는 이유로 선결적 판결 효력의 불소급을 다시 한 번 인정하였다. 그러나 EC의 모든 국가는 이것만으로도 불충분하다고 보아 1992년의 Maastricht조약 교섭시에 연금뿐만 아니라 일절의 '기업사회보장제도의 급여'에 대해서 *Barber* 사건 판결일 이전의 것에 대해서는 이를 제119조의 임금으로 보지 않는다는 의정서를 채택하였고, 본 선결적 판결의 소급효를 봉쇄하였다.

(中村民雄)

6. Marshall I 사건: EC지침의 수평적 직접효력의 부정

Case 152/84, Marshall v. Southampton and South-West Hampshire Area Health Authority [1986] ECR 723

[사실 · 쟁점]

원고인 여성은 피고(국가기관인 지역보건국)이 운영하는 병원의 영양사였다. 피고는 여성 60세, 남성 65세인 정년퇴직제도를 두고 있었기 때문에 원고는 남성보다도 빠른 퇴직이 강제되었다. 이러한 정년은 영국의 공적 연금의 수급개시연령(여성 60세, 남성 65세)에 대응한 것이었으나, 원고는 본 건의 정년제도가 위법한 성차별이라고 주장하며, 65세까지 근무하였더라면 받을 수 있었을 수입의 배상 등을 요청하였다.

원고의 청구근거는 영국의 1975년 성차별금지법(Sex Discrimination Act 1975)과 EC평등대우지침 76/207호([1976] OJ L 39/40)이었다. 성차별금지법은 원칙적으로 성별에 의한 근로조건의 구별을 위법으로 보고 금지하였는데, '퇴직에 관한 규정'에서의 남녀 구별을 예외로서 인정하고 있었다.(동법 제6조4항) 한편, EC평등대우지침은 '해고 조건을 포함한 노동조건'에 대해서 남녀노동자 평등대우의 보장을 회원국에 명하고 있었다.(동지침 제5조1항) 특히 EC평등대우지침은 사회보장제도에 관한 평등대우를 대상에서 제외하고(동지침 제1조2항) EC사회보장지침 79/7호([1979] OJ L 7/24)에서 별도로 규정하고 있었는데, 여기에서도 사회보장급여의 수급개시연령에 대해서 남녀를 구별하는 예외를 인정하고 있었다.(사회보장지침 제7조1항) 이에 피고는 본 건의 퇴직제도가 영국법상 성차별금지법의 예외규정에 해당하므로 위법은 아니라고 항변하였고, EC법상으로도 본 건의 정년제도는 공적연금제도의 수급개시연령에 연동되기 때문에 EC평등대우지침의 대상에서 제외되며, EC사회보장지침도 이를 허용하므로 위법은 아니라고 주장하였다.

1심(노동심판소)은 원고승소판결을 내렸지만, 2심(노동상소심판소)에서는 역전패소를 하였고, 3심(공소원(控訴院))은 영국법에 의한 피고의 항변을 인용하여, 원고의 승소는 EC지침을 근거로 한 주장에 한정된다고 판단하고 유럽사법재판소에 다음 2개의 선결문제를 부탁하였다. 첫째로, 본 건의 정년퇴직제도가 EC평등대우지침 제5조의 남녀평등대우원칙에 반하는 것인가. 두 번째로 원고가 EC평등대우지침 제5조를 피고에 대한 청구의 직접적인 근거로 할 수 있는가이다.

특히 후자가 쟁점이 된 것은 본 건의 피고가 공권력행사와는 관계 없는 국가기관이며, 고용계약관계에서는 민간기업과 동일시되기 때문에 본 건에서 직접효력의 유무는 지침이 사인 대 사인의 수평관계에서도 직접효력을 갖는가 하는 미해결 논점에 실질적으로 다가섰기 때문이다. 당시까지의 선례는 사인이 나라를 제소하는 수직관계에서만 지침의 직접효력을 인정하였다.(Case 41/74, Van Duyn [1974] ECR 1337; Case 148/78, Ratti [1979] ECR 1629; Case 8/81, Becker [1982] ECR 53) 본 건에서는 지침의 수평적 직접효력의 존부가 전면적으로 다루어졌다.

선결적 판결 • • •

(제1문에 대하여 유럽사법재판소는 본 건의 정년제도를 EC평등대우지침 제5조 위반으로 인정하였다. 즉 지침 제5조는 남녀평등대우의 원칙을 정한 것으로 원칙규정은 넓게, 예외규정은 좁게 해석해야 하므로 정년조건도 '고용의 조건'에 해당한다고 보아야 하며, 남녀노동자의 사회보장제도상의 구별도 EC사회보장지침이 정하는 명확한 예외(공적연금의 수급개시연령)에 대해서만 허용된다고 좁게 해석해야 한다.(34-36단) 본 건이 연금의 수급개시연령의 구별을 다투는 사안이 아니라 고용의 남녀연령구별을 다투는 사건이므로 EC평등대우지침 제5조가 적용되는 사안이다.(37단))

제2문. (지침의 직접효력)에 대해서 유럽사법재판소는 다음과 같이 판결하였다.

46. 당 재판소의 일련의 판례에 따르면 회원국이 지침을 소정기한까지 국내법상 이행하지 않거나 정확한 이행을 하지 않는 경우, 그 규정이 무조건적이고 충분히 명확한 때에는 지침의 규정이 대상이 되는 문제에 관한 한, 사인은 당해 규정을 국가에 대한 주장의 근거로 할 수 있다.

47. 이러한 입장은 지침이 부과하는 의무를 관계자가 주장의 근거로 할 수 없다는 원리적인 판단을 하게 되면, EC조약 제189[후의 제249, EU기능조약 제288]조가 지침에 부여한 구속적인 성격과 상응하지 않을 것이라는 고려에 입각하고 있다. 이에 당 재판소는 지침이 부과한 의무적 조치를 소정의 기간 내에 이행하지 않는 회원국은 자신의 지침상의 의무불이행에 대하여 사인에게 항변할 수 없다는 결론을 도출한 것이다.

48. 지침을 사인에 대한 주장의 근거로 할 수 없다는 점에 대해서는 각국의 재판소에서 지침을 주장의 근거로 할 수 있는 것은 지침의 구속력있는 성격 때문이지만, 이러한 성격은 EC조약 제189조에 의하면 '수범자'인 각 '회원국'과의 관계에서만 존재한다. 즉 지침 그 자체는 사인에게 의무를 부과할 수 없다. 따라서 지침의 규정을 사인에 대한 주장의 근거로 할 수 없다. 이에 본 건의 경우 피고가 사인으로서 행동하였다고 볼 수 있는가를 검토해야 한다.

49. 이 점에 대하여 우선 지적해야 할 것은 소송당사자가 국가에 대하여 지침을 주장의 근거로 삼을 수 있는 경우에, 그는 국가가 고용주의 자격으로 행동하는 경우이건 공적 기관의 자격으로 행동한 경우이건 간에 이를 불문하고 국가에 대하여 지침을 주장의 근거로 삼을 수 있다. 어느 경우에건 EC법을 준수하지 않은 국가가 이익을 보유하는 것을 막아야 할 필요가 있기 때문이다.

50. 이상의 고려를 개별 사건의 사실에 적용하는 것은 각국의 재판소이다. 그러나 (영국의) 항소법원은 부탁조서에서 피고(지역보건국)은 공적 기관이라고 말하고 있다.

51. 본 건의 피고를 국가기관으로 보고 지침의 규정을 근거로 하는 주장을 인정한다면, 국가공무원과 민간고용인과의 권리간에 자의적이고 불공평한 구별이 생긴다고 영국정부는 주장하지만, 바로 그렇기 때문에 상술한 바와 다른 결론을 취할 수는 없다. 그러한 구별은 어차피 관련회원국이 지침을 국내에서 적절하게 이행하기만 하였다면 쉽게 회피할 수 있기 때문이다.

52. 마지막으로 동 지침 제5조1항의 규정은 (EC평등대우)지침 76/207호를 제2조1항에서 정하는 평등대우원칙을 이행하는 것이므로 그 실체적인 내용이 무조건적이고 충분히 명확하여, 사인이 국가에 대하여 주장의 근거로 할 수 있는지 여부를 본다. 우선 당해 규정만으로도 해고의 조건을 포함한 근로조건에 대하여 성별을 이유로 하는 여러 차별을 일률적이고 절대적으로 금지하고 있다. 따라서 이 규정은 충분히 명확하여 사인이 주장의 근거로 할 수 있으며, 각국의 재판소에서 적용될 수 있는 것이다.

53. 다음으로 검토할 것은 당해 지침에서 정하는 차별의 금지가 무조건이라고 해석될 수 있는 지에 대한 것이다. 이는 동 지침이 예외규정을 두고 있으며, 제5조2항에 따르면 회원국은 그 국내법상 평등대우원칙의 적용을 확보하기 위하여 필요한 조치를 취해야 하기 때문이다.

54. 우선 (EC평등대우)지침 76/207호 제1조2항이 사회보장을 평등대우원칙의 적용대상에서 제외하고 있기에 당해 지침의 사물적 적용범위가 제한되지만, 동 지침의 특히 제5조의 적용영역에서의 평등대우원칙의 적용에 무언가 조건을 부과하는 것은 아니다. 마찬가지로 (EC평등대우)지침 76/207호 제2조에 정하는 예외는 본 건과는 관계가 없다.

55. 따라서 (EC평등지침)지침 76/207호 제5조는 동 지침의 적용영역에 대해서 평등대우 원칙의 적용을 한정할 권한을 회원국에 부여하고 있지 않으며, 그 적용에 조건을 두고 있는 것도 아니다. 따라서 당해 (지침 제5조1항의) 규정은 충분히 명확하고 무조건적이므로 제5조1항에 적합하지 않은 각국법 규정의 적용을 저지하기 위하여 사인이 각국의 재판소에 대해서 주장의 근거로 할 수 있다.

해 설

본 건은 지침의 직접효력이 사인이 국가에 대해서 권리를 주장하는 관계(수직관계)에서만 인정된다는 것, 사인이 다른 사인에 대해서 권리를 주장하는 관계(수평관계)에서는 인정되지 않는다는 것을 재확인하고 그 이유를 설명한 선도적인 선결적 판결이다.

지침의 수직적 직접효력

유럽사법재판소는 1960년대에 설립조약의 규정에 직접효력이 있다고 인정하고 (Van Gend en Loos 사건(본서 1번사건)), 1970년대의 판결로 '결정'이나 '지침'도 수직관계에서 직접효력이 생긴다는 것을 인정하였다.(결정에 대해서는 Case 9/70, Grad [1970] ECR 825, 지침에 대해서는 [사실·쟁점] 참고). 그리고 본 건 *Marshall I* 사건에서 지침의 직접효력은 수직관계에 한정된다는 것이 명확해졌다.

지침의 직접효력을 수직관계에 한정하는 이유를 유럽사법재판소는 EC조약 제189[후의 제249, EU기능조약 제288]조3단의 문언(회원국을 구속하는, 회원국을 수범자로 하는)과 의무의 이행을 약속하였으나 불이행하여 그로부터 이익을 취하는 것은 정의에 반하는 것으로 인정할 수 없다는 법리(common law상의 estoppel(금반언)의 법리에 해당한다)에서 구하였다.

그러나 본 건 이후에도 지침에 수평적 직접효력을 인정할 수 있으며, 인정해야 한다는 의견도 있었다. 그 논거로서 EC입법실무의 현실을 보면, '규칙'과 '지침'에 실질적인 차이는 거의 없으며, 양쪽 모두 모든 회원국을 수범자로 하여 상세한 권리와 의무를 정하는 일이 많다. 따라서 규칙인지 지침인지는 법의 형식적인 명칭 차이에 불과한 경우가 대부분이다. 그 현실에 비추어 지침이라는 형식만으로 수평관계에서 직접효력을 인정하지 않는 것은 EC법의 실효적인 실현에 적합하지 않다는 것이다.(예를 들어 Dori 사건의 Lenz 재판연구관 의견 등. Case C-91/92, Dori [1994] ECR I-3325, 본서 7번사건 해설 참조)

그러나 유럽사법재판소는 *Dori* 사건에서 본 건 *Marshall I* 사건과 같은 입장을 반복하였다. 그리고 다음의 헌법적인 논거를 더하였다. 즉 EC는 설립조약에서 부여된 권한을 스스로 확장할 수 없으며, 설립조약이 지침만을 입법할 수 있는 영역을 규정하고 있는 이상, 규칙과 동등한 조치의 입법을 인정하는 것은 인정되지 않는다는 취지이다. 만약 지침에 수평적 직접효력을 인정하고 EC가 사인에게 직접 의무를 지우는 것을 인정하면, 규칙과 지침의 구별은 없어지므로 지침의 직접효력은 수직관계에만 생긴다는 것이 유럽사법재판소 판례의 입장이다.(동지, Case C-201/02, Wells [2004] ECR I-723, para. 56; Joined Cases C-397/01 to C-403-01, Pfeiffer [2004] ECR I-8835, para. 108; Joined Cases C-387/02 to C-391/02 and C-403/02, Berlusconi [2005] ECR I-3565, para. 73)

국가기관의 범위

그러나 유럽사법재판소는 EC법의 실효적 실현도 확보할 책무가 있다. 회원국이 장기에 걸쳐 지침을 국내에 이행하지 않는 경우 국가와의 관계에서 직접효력을 인정하지 않는다면, 본 건의 남녀노동자의 평등대우와 같이 사인 간의 법률관계도 다루는 EC법의 실효성은 빈약해질 우려가 있다.

이에 실효성 확보를 위해서 유럽사법재판소는 3가지의 대응을 해 왔다. 첫 번째로 본 건 *Marshall I* 사건의 선결적 판결이 보여준 바와 같이 지침상의 권리를 주장하는 상대방인 '국가'의 개념을 넓게 보는 입장이다. 그러나 본 건에서 '국가기관' 여부를 판단하는 것은 각국의 재판소라고 하였기 때문에 (선결적 판결 50단) 무엇이 국가기관인지를 판단하는 기준을 둘러싸고 이후로 판례가 전개된다.

특히 1980년대의 영국은 국가업무 민영화의 선도적 지위에 있었기에 이 점을 밝히는 것이 급선무였다. *Foster* 사건에서 영국의 국영 가스회사가 완전히 민영화되기 직전, 그 회사의 남녀 정년구별제도에 의해서 퇴사당한 여성이 회사에 대하여 EC평등대우지침상의 권리를 주장하였다. 영국의 공소원은 가스회사는 공권력행사에 관여하지 않기 때문에 '국가기관'이 아니라고 하였지만, 유럽사법재판소는 다음과 같이 '국가기관'의 판단기준을 넓게 제시하였다. ① 정부부서와 그 하부의 조직 또는 단체, 또는 ② 국가가 채택한 조치에 따라 국가의 규율을 받으면서 공공서비스를 제공하는 책무를 담당하는 단체 또는 사람, ③ 사인간의 관계에 적용되는 통상의 법규에서 생기는 권한을 초월하는 특별한 권한을 가진 자. 이들이 모두 지침의 직접효력을 주장할 수 있는 상대방인 '국가기관'이다. 이에 대하여 당해 사건의 가스회사도 EC법상으로는 '국가기관'이라고 강하게 시사하였다.(Case C-188/89, Foster [1990] ECR I-3313) 다른 한편 *Doughty* 사건에서는 국가가 100% 주식을 보유하고 있던 자동차회사인 롤스로이스에서의 남녀정년구분제도가 마찬가지로 다투어졌다. 영국 국내의 1심(노동심판소)은 회사를 '국가기관'이라고 판단하였는데, 상급심(공소원)은 *Foster* 사건의 기준을 사용하면서 '국가기관'에 해당하지 않는다고 판단하였다.(Doughty v. Rolls-Royce plc [1992] 1 CMLR 1045 (CA)).

이상의 영국판례에서 볼 수 있듯이, EC지침의 직접효력이 생기는 상대방으로서의 '국가기관'의 범위는 각국의 재판소의 사실인정에 최종적으로 맡겨지므로, 일률적으로 명확한 결론을 도출하는 것은 어렵다.

합치해석의무

실효성 유지의 두 번째 방법은 국내법의 EC법 합치해석의무의 강조이다. EC지침의 직접효력은 회원국이 적절하게 이행하지 않는 병리(病理)현상을 구제하는 수단에 지나지 않는다. 따라서 이러한 문제를 해결하기 위하여 각국 심판소에 대하여 지침의 이행준비기간 후에는 기존의 국내관련법을 각국의 심판소의 권한 내에서 최대한 EC지침이 원하는 결과에 적합하게 해석할 의무가 있다고 유럽사법재판소는 강조해왔다.(Marleasing 사건(본서 7번사건) 참조) 또한 EC지침의 이행준비기간 내에는 회원국은 지침이 추구하는 결과의 달성을 중대하게 방해하는 행위를 하지 않을 의무를 가진다고 보았다.(Case C-129/96, Inter-Environment Wallonie [1997] ECR I-7411)

국가배상책임

세 번째 방법은 국가배상책임법리의 창설이다. 회원국에 의한 EC지침의 불성실이나 불완전이행으로 인한 손해를 입은 사인이 당해 국가에게 법률상의 손해배상책임을 일정요건 하에 요구할 수 있음을 유럽사법재판소는 1990년에 인정하였다.(Francovich 사건(본서 9번사건 해설)) 이상의 세 가지 방법을 통해서 유럽사법재판소는 지침이 직접 사인간의 법률관계를 변경할 수 없다는 점을 고수하면서도 지침의 이행에 책임이 있는 나라와 그 기관에 대해서 무거운 EC법 실현책임을 부과하고 있다.

근래의 판례 전개

이상이 1990년대 중반까지의 법이었다. 그러나 근래 지침의 수평적 직접효력을 둘러싸고 유럽사법재판소의 판례는 명확한 논리가 보이지 않는 전개를 보이고 있다.

이러한 판례 전개의 발단은 EC의 기술규격지침이었다. 이것은 각국 정부에 대하여 특정사건의 기술규격이나 안전기준을 정하고 유럽집행위원회에 통지하는 의무를 부과하는 지침이다. 이 지침이 정하는 통지절차에 따르지 않고 제정된 국내의 규제법이 있으면 그 국내법이 적용되어서는 안된다고 주장하는 것으로 사인간의 소송에서 일방당사자가 유리하게 되는 경우가 있다. 예를 들어 *Unilever* 사건(Case C-443/98, Unilever Italia [2000] ECR I-7535)에서는 이탈리아에서 제조자 U가 소비자 C에게 올리브유를 판매하였는데, C는 기름의 라벨표시가 이탈리아법에 기초하지 않은 점을 이유로 기름의 수령과 대금지불을 거부하였다. U는 역으로 이탈리아법이 EC기술규격지침의 절차에 대하여 제정하고 있지 않으므로 이탈리아법 위반을 주장하는 C의 이유는 U와의 계약의 이행을 거부할 정당한 이유가 되지 않는다고 주장하고 대금의 지불을 청구하였다. 이 사안에서 유럽사법재판소는 EC지침의 절차에 기하지 않은 이탈리아법은 적용되지 않아야 한다고 판단하고, 결과적으로 U의 주장이 받아들여지게 되었다.(Case C-443/98, Unilever Italia [2000] ECR I-7535) 분명히 이 사안의 기술규격지침의 규정 그 자체는 U나 C의 권리·의무를 발생시키지 않는다. 또한 그 규정을 U가 C에 대하여 청구할 수 있는 근거가 된다고 인정한 선결적 판결도 아니다. 하지만 국내법이 EC지침의 절차에 기하여 제정되지 않은 한 C는 국내법에 기초한 항변을 할 수 없고, EC지침을 방패삼은 U에게서 계약의 이행을 강제받는 결과가 된다.(비슷한 예로 Case C-194/94, CIA Security [1996] ECR I-2201) 즉 EC지침이 있기 때문에 결과적으로는 C와 U의 사인 간의 법률관계가 변경된다. 이는 *Marshall I* 사건에서 지침은 사인에게 의무를 과하지 않고 사인간의 법률관계를 변경할 수 없다는 유럽사법재판소의 논거(선결적 판결 48단)와 양립할 수 없다.(나아가 모호함을 배가시킨 사안으로 Case C-144/04, Mangold [2005] ECR I-9981)

Marshall II 사건의 전개

이상과는 달리, *Marshall I* 사건의 후일담도 약간 다루어보겠다. 본 건(Marshall I 사건)의 선결적 판결의 결과 공소원은 원고의 청구를 받아들였고, 배상액 산정을 위한 사실 인정을 위하여 또 다시 노동심판소로 환송하였다. 당시의 영국의 성차별 금지법은 노동심판소가 부여하는 배상액에 상한(£6250)을 두고 있었는데, 원고의 손해는 그 3배가 타당하다는 것이 노동심판소의 생각이었다. 이 경우 노동심판소는 EC법상의 권리의 실효적인 보장을 위해서 국내법의 상한을 무시하고 적절한 금액의 배상을 피고에게 명할 수 있을 것인가. 이 점을 둘러싸고 다시 유럽사법재판소에 선결적 판결이 청구되었다. 유럽사법재판소는 EC법상의 권리의 실효적 보장 의무는 국내법상의 상한을 무시할 수도 있다고 판결하였다.(Marshall II 사건 Case C-271/91, Marshall (II) [1993] ECR I-4367)(또한 실효적 구제의 국내보장의무에 대해서는 본서 8번 Factortame 사건도 참조) 이리하여 원고는 1981년에 제소한 이래, 13년이 지나 드디어 승소판결을 받아내게 되었다.

(中村民雄)

7. Marleasing 사건: 국내법의 EC법 합치해석의무

Case C-106/89, Marleasing SA v. La Comercial Internacional de Alimentacion SA [1990] ECR I-4135

[사실·쟁점]

본 건은 1986년에 EC에 가입한 스페인에서 일어난 사안이다. 스페인·포르투갈과 체결된 EC가입조약은 양국이 가입시까지 기존의 EC지침을 국내적으로 이행할 것을 규정하고 있었다. 본 건의 쟁점은 이러한 지침 중, 1968년에 채택된 '회사법 제1차 지침(지침 제68/151호)'이었다. EC는 그 때까지 각 회원국의 회사법을 조화시킬 목적으로 복수의 지침을 채택하고 있었는데, 제1차 지침은 회사구성권 및 회사와 거래하는 제3자의 보호에 관한 회원국법의 조화를 목적으로 회원국 회사법에 의한 회사 설립의 무효사유를 동조에 한정열거된 일정한 이유로 제한하고 있었다.(지침 제11조) 한편 스페인 공공유한회사(public limited company)법은 설립무효사유를 규정하지 않고 무효이유는 민법의 일반조항에 따른다고 해석하고 있었다. 그리고 스페인 민법은 채무에 '원인(cause)'이 존재할 것을 계약의 유효요건으로 하고, '원인 없는 계약 또는 원인이 위법인 계약'은 효력이 없다고 규정하고 있었다.(동 제1261조·제1275조) 스페인은 EC가입과 함께 제1차 지침의 내용에 따라 한정적인 설립무효사유를 회사법에 도입하는 법개정을 시도하였는데, 개정법의 발효는 1990년 1월이었고 그 때까지는 종래법이 적용되고 있었다. 본 건의 원소송은 EC가입 후, 지침의 이행조치발효 이전에 국내재판소에 제기된 소송이다.

원소송의 원고인 Marleasing사는 1987년 9월, 스페인의 국내재판소에 소송을 제기하고 '원인의 결여(lack of cause)'를 이유로 피고 La Comercial사의 설립무효를 구하였다. 원고회사 주장의 핵심은 피고회사가 1987년 4월에 실질적으로 Balviesa사(이하, 소외회사라 한다)에 의하여 설립된 공공유한회사이며, 피고회사의 설립은 소외회사의 자산을 소외회사의 채무자(원고를 포함)의 추급에서 은닉할 목적으로 이루어졌다는 것이었다. 소외회사는 피고회사의 설립 발기인의 하나로서 자기의 자산을 피고회사에 현물출자한 것이며, 원고회사는 전술한 스페인 민법을 근거로 발기인 간의 설립계약은 외견적으로만 거래이며 소외회사의 채권자를 속이기 위한 것이라는 것, 나아가 소외회사의 설립수단은 '원인 없는 또는 원인이 위법'이라는 이유로 피고회사 설립의 무효를 주장하였다. 원고회사의 주장은 스페인법에 의하면 충분히 성립하는 주장이었지만, 이에 대하여 피고회사는 지침 제11조의 무효사유에는 '원인의 결여'는 포함되지 않는다고 반론하여 국내재판소가 유럽사법재판소의 선결적 판결을 구하기에 이르렀다.

본 건의 쟁점은 첫 번째로 제1차 지침 제11조의 직접적용가능 여부, 두 번째로 동조에 규정된 이유 외에 공공유한회사의 설립이 무효가 되는 일은 없는가 하는 점이었다.

선결적 판결 • • •

(유럽사법재판소는 제1쟁점에 대해서 개인이 개인에게 지침의 직접효력을 주장하는 '지침의 수평적 직접효력'의 시비에 대해서 우선 검토하고 지금까지의 유럽사법재판소의 판시에 따랐다. 즉 지침은 그 자체로서 개인에게 의무를 부여할 수는 없으므로 개인에 대한 관계에서 지침의 규정은 그 자체에 의거할 수는 없다고 판시한 것이다.(6단) 여기서 선결적 판결은 지침의 수평적 효력을 부정한 지도적 판례인 *Marshall* 사건(본서 6번사건)을 인용하고 있다.)

(유럽사법재판소는 제2쟁점에 대해서 국내재판소가 선결적 판결을 구했던 것은 '국내재판소가 회사법 제1차 지침 제11조에 열거된 이유 이외의 이유로 공공유한회사의 설립무효를 선언하지 않도록 지침의 문언·목적에 비추어 국내법을 해석해야 하는가' 하는 것이라고 판단하고, 뒤이은 질문에 대한 검토를 하여 이하와 같이 판시하였다.)

8. 이 질문에 답변하기 위해서 폰 콜슨 사건의 선결적 판결(Case 14/83, Von Colson and Kamann v. Land Nordrhein-Westfalen [1984] ECR 1891, para. 26)에서 당 재판소가 지적한 바와 같이 지침이 요구하는 결과를 달성해야 한다는 회원국의 의무와 당해 지침의 의무이행을 확보하기 위해서 여러 일반적인 또는 특정적인 적절한 조치를 취한다는 회원국의 EC조약 제5조[후의 제10조, EU조약 제4조 3항]에 따른 의무는 회원국의 여러 기관을 구속하고, 그 관할 내의 사항에 대해서는 재판소도 구속한다고 말하는 것이 합당하다. 그러므로 국내법을 적용할 때에는 당해 국내법 규정이 제정된 것이 지침 이전이건 이후이건 간에 국내법의 해석을 요청받은 국내재판소는 가능한 한 지침이 추구하는 결과를 달성하고, 이에 따라 EC조약 제189[후의 제249, EU기능조약 제288]조 3항에 따

르기 위해서 지침의 문언 및 목적에 비추어 국내법을 해석해야 한다.

9. 따라서 국내법을 지침 제11조에 따라 해석해야 하는 의무에 따라 공공유한회사에 관련된 국내법규정을 해석할 때, 당해 지침 제11조에 한정 열거된 이외의 이유로 공공유한회사의 설립무효를 명하는 해석은 배제되어야 한다.

(유럽사법재판소는 뒤이어 지침 제11조 2항 b호의 '회사의 목적이 위법하거나 공서(public policy)에 반한다'는 설립무효사유의 해석에 들어간다. 이 해석에 대해서는 '회사의 목적'을 어떻게 인식할 것인지에 대한 대립이 있었고, 유럽집행위원회는 '회사의 목적'이란 설립문서 내지 정관에 기재된 회사의 목적이라고 한정적으로 해석하여 당해 회사가 현실적으로 수행하는 활동을 기초로 하지는 않는다고 주장하였다. 다른 한편, 재판연구관은 이 무효 이유의 해석을 본 부탁의 주요 논점이라고 이해하고 '회사의 목적'의 해석을 상세하게 논하고 제3자 보호의 관점에서 무효이유는 좁게 해석되어야 하며, 설립문서 내지 정관에 기재된 목적에 한정해야 한다고 지적하면서도 당초부터 회사가 목적과는 다른 활동을 하는 경우에는 이를 고려할 수 있는 여지를 인정하고(재판연구관 의견, paras. 14-20), 그 결과 국내재판소가 본 건 설립을 무효로 할 수 있는 가능성을 지지하였다. 그 이유로는 회사와 제3자 및 회사구성원 간의 관계에 있어 법적 안정성을 담보하기 위해서 '무효가 된 경우'와 '무효의 소급효'를 제한하는 것이 동 지침의 목적이라는 것과 제3자의 보호를 위해서 회사명의로 부담하는 채무의 유효성을 부정하는 이유를 가능한 한 제한하는 규정에 의해서 보장된다는 것을 지적하고, 그 때문에 지침 제1조가 규정하는 무효이유는 엄격하게 해석되어야 하며, '회사의 목적'이라는 문언은 설립문서 또는 정관에 기재된 '회사의 목적'을 의미하는 것으로 이해해야 한다고 결론 맺었다.)

해 설

사건의 의의: 합치해석의무

본 건의 의의는 국내재판소는 회원국의 여러 국내법을 가능한 한 EC지침에 합치되게 해석할 의무가 있다는 것을 재확인하였다는 점이다. 이는 본 건 선결적 판결에서, 국내법이 지침 이전 또는 이후에 제정되었어도 언제나 합치되게 해석되어야 한다고 명언하고 있는 점(선결적 판결 8단)과 합치해석의 대상이 된 국내법이 특별히 지침을 이행하기 위한 법령에 국한되는 것이 아니라 일반법으로서 종래부터 존재하였던 국내법(스페인민법)이었다는 점에 주목하면 알 수 있다. 즉 합치해석의무의 대상이 되는 회원국의 국내법은 지침을 이행하기 위해서 제정된 국내법에 한정되는 것이 아니라 제정시기를 불문하고 대강의 내용이 EC지침과 관련된 여러 국내법이다.

본 건에서는 지침의 결과달성의무와 EC조약 제10조[EU기능조약 제4조 3항]를 근거로 이 일반적인 합치해석의무를 도출하고 있다. 그러나 국내법의 합치해석의무는 지침 등의 파생법규 뿐만 아니라 EC조약규정, 즉 EC법규 일반에서도 나타난다.(Case 157/86, Murphy v. Bord Telecom Eireann [1988] ECR 673 para. 11; Case C-165/91, Van Munster [1994] ECR I-4661, para. 34) 따라서 합치해석을 의무지우는 근거에는 EC조약 제10조 외에도 유럽사법재판소가 *Van Gend en Loos* 사건(본서 1번사건)이나 *Simmenthal* 사건(본서 3번사건)에서 반복되어 온 발효시부터 EC법 전반이 각국에서 실효적으로 실현되어야 한다는 실효성확보의무, 그리고 그 근거인 EC법의 우위원칙(Costa v. E.N.E.L. 사건(본서 2번사건))이 포함된다고 보아야 한다.

그 후 유럽사법재판소는 EC공동체형의 통치양식과 정부간협력형의 통치양식을 혼합한 EU의 세 번째 기둥(경찰·형사사법협력)의 법규('골격결정')에 의해서도 EC의 '지침'과 유사하다는 등을 이유로 국내법의 '골격결정'에 대한 합치해석의무가 생긴다고 판단하였다.(Case C-105/03, Maria Pupino [2005] ECR I-5285)

우선 합치해석의무는 다음에서 말하는 것처럼 직접효력의 결여를 보완하기 위해서 강조된 것이며, 직접효력과는 다른 것이다. 따라서 합치해석의무가 생기기 위해서는 당해 지침규정이 직접효력의 요건을 충족할 필요가 없다.(Case 14/83, Von Colson [1984] ECR 1891 at 1909)

합치해석의무의 배경

지침에 대한 국내법 합치해석의무가 강조된 직접적인 배경은 EC지침의 '직접효력(direct effect)'를 사인 대 국가의 수직관계에 한정하고, 사인 대 사인의 수평관계에는 인정하지 않는 판례법이 확립되었기 때문이다.(Marshall 사건(본서 6번사건))

지침의 수평적 직접효력을 부정한 유럽사법재판소의 논리는 지침이 회원국을 수범자로 하여 가입국에 의무를 부과하는 것이며, 수범자가 아닌 개인에게 의무를 지우는 것이 아닌 이상 개인이 다른 개인에 대하여 지침의 규정을 적용하여 권리주장을 할 수 없다는 것이었다.(Marshall 사건(본서 6번사건), Case C-91/92, Dori [1994] ECR I-3325 at 3356(본서 6번사건 해설))

그러나 지침의 수평적 직접효력이 부정되었다고 해서, 지침이 개인 간에 아무런 법적 효력이 없는 것은 아니다. 그 중 하나가 본 건에서 확인된 합치해석의무이다. 이미 유럽사법재판소는 1984년의 *Von Colson and Kamann* 사건 이후, 지침이 요구하는 결과를 달성하기 위하여 국내재판소는 지침의 목적과 문언에 비추어 회원국법을 해석해야 하는 의무를 진다고 판시해 왔다.(Case 14/83, Von Colson [1984] ECR 1891 at 1909) 이러한 의무는 국내재판소의 '합치해석의무'라고 불린다. 국내법의 합치해석에 의해서 결과적으로 지침이 요구하는 결과를 달성할 수 있다는 점에서 지침이 직접 사인에게 권리를 부여하는 '직접효력'과 대비하여 '간접효력(indirect effect)'이라고 부르기도 한다.

합치해석의무는 지침의 수평적 직접효력을 부정한 결과 생기는 부당함을 조금이라도 줄이기 위한 방법으로 강조되었다. 예를 들어 부당함이란 남녀 노동자의 평등대우원칙을 정하는 지침(Council Directive 76/207, [1976] OJ L39/40)이 회원국의 국내법에서 전혀 이행되지 않거나 불완전하게 이행될 때 공무원은 지침의 직접효력을 사용자인 국가에 대하여 주장할 수 있지만, 민간기업의 고용인은 직접효력을 사용자인 기업에는 주장할 수 없다는 등과 같이, 합리적인 구별을 실질론으로서 논증할 수 없는 결과가 생긴다는 것을 말한다. 특히 이러한 예에서 *Defrenne v. Société* 사건(본서 5번사건)에서 유럽사법재판소가 EC조약 제119[후의 제141, EU기능조약 제157]조가 정하는 남녀노동자의 평등임금원칙은 그것이 남녀평등이라는 강행규범을 구체적인 경우에 적용하는 것이므로 사인간의 고용관계에도 직접적으로 적용된다고까지 하였던 것을 상기해야 한다.

이 실질론의 입장에서는 같은 남녀노동자의 평등대우원칙이 임금은 조약본문이 규정하고 있기 때문에 수평관계에도 직접효력이 있고, 임금 이외에 대해서는 지침으로 정하고 있기 때문에 수평관계에는 직접효력이 없다는 결론이 강행규범이라는 성격에 반하는 것은 아닌가 하는 비판이 있을 수 있다. 이것은 부당성의 일례에 지나지 않지만, 이러한 불합리를 줄이기 위해서는 기존의 각국법을 지침이 요구하는 결과가 달성되도록 가능한 한 합치되게 해석해야 한다는 방법이 가장 무난하고도 즉효적이다. 이에 합치해석의무가 지침의 수평적 직접효력을 부정하는 판례의 확립과 병행하여 1980년대 후반 이후 강조되게 되었다. 무엇보다 한편에서 지침이 개인에게 의무를 부과하는 것을 부정하면서도 다른 한편에서는 국내법의 합치해석을 의무로 하여 지침이 요구하는 결과달성을 가능한 한 실현하려고 한 결과, 결국 개인에게 의무를 부과하는 것과 동일한 효과를 초래하는 유럽사법재판소의 자세에는 본질적으로 모순되는 곳이 있다.(근래와 같은 태도의 예로서는 Case C-144/04, Mangold [2005] ECR I-9981) 따라서 지침의 수평적 직접효력을 정면으로 인정해야 한다는 재판연구관 의견도 나오고(예를 들어 Case C-91/92, Dori [1994] ECR I-3325의 Lenz 재판연구관 의견), 합치해석의무의 한계가 어디까지인가를 둘러싸고 논의가 끊이지 않는다.

또한 유럽사법재판소는 후일 지침의 수평적 직접효력의 부정으로 발생하는 법적 공백에 대처하려고 합치해석의무 외에 지침의 국내불이행 또는 불완전이행에 의하여 사인에게 손해가 발생한 경우, 이행을 태만히 한 회원국에 손해를 배상할 EC법상의 책임이 있다는 법리를 표명하기에 이르렀다.(Francovich 사건(본서 9번 사건 해설))

요약하자면, 합치해석의무를 국내재판소에 대하여 주장하는 개인은 다른 개인에 대하여 지침의 규정을 원용할 수 있으므로, 직접효력(본서 1번사건 등), EC법상의 의무를 위반한 회원국의 손해배상책임의 법리(본서 9번사건)와 함께, 합치해석의무는 EC에서 개인의 권리보호에 중요한 역할을 담당하고 있다.

합치해석의무의 한계

합치해석은 '가능한 한' 범위의 의무이다. 따라서 첫번째로 지침에 따른 국내법의 해석의무는 국내재판소가 국내법 하에서 EC법에 따라 국내법을 해석하는 재량이 있는 경우에 한하여 인정된다.(Case 14/83, Von Colson and Kamann [1984] ECR 1891 at 1909) 국내법의 법문에 반하는 해석(interpretation *contra legem*)까지 의무로 하는 것은 아니다. 지금까지의 판례도 1993년의 *Wagner Miret* 사건과 같이 국내법이 지침과 다른 내용을 명확하게 규정하는 경우에는 이미 지침에 적합한 해석을 할 수 없는 경우가 있다는 것을 인정하고 있다.

이 경우에는 개인의 구제는 합치해석이 아니라 EC법을 위반한 회원국의 손해배상책임의 법리(본서 9번사건)에 의거해야 한다.(Case C-334/92, Wagner Miret [1993] ECR I-6911) 또한 국내법해석은 1차적으로는 국내재판소의 관할사항이므로 해석의 여지의 여부는 국내재판소가 결정하는 것이다. 이렇게 하여 최종적인 결정권이 국내재판소에 돌아오게 되므로, 합치해석의무는 EC법의 통일적인 적용을 확보하는 방법으로서 적합하지 못한 면도 있다. 국내재판소가 국내법의 문언이나 입법취지에 충실한 해석을 고집한다면, EC지침에 적합한 국내법해석은 달성될 수 없다는 한계가 있기 때문이다.

그러나 역으로 본 건과 같이 합치해석의 대상이 된 국내법(스페인민법)의 규정이 추상적으로 여러 가지 해석의 여지가 있는 경우에는 특히 지침에 합치하는 해석을 선택하는 것이 국내재판소의 의무이다. 이 때 합치해석의무는 현저한 효과를 발휘하여 국내법의 해석을 통해서 지침의 수평적 직접효력과 거의 동등한 결과를 내기도 한다. 본 건에서 이를 볼 수 있다. 즉 본 건 선결적 판결은 지침에 한정 열거된 이유 이외의 이유로 회사설립을 무효로 하는 국내법 해석을 배제함과 동시에, '회사의 목적'을 설립문서 또는 정관에 기재된 '회사의 목적'이라고 좁게 해석해야 한다고 판시하고 있다. 따라서 본 선결적 판결을 받은 국내재판소는 지금까지의 스페인민법의 해석에 따르면 피고회사의 설립무효가 인정될 가능성이 높은데도, 지침에 적합한 국내법 해석을 해야 하기 때문에 피고회사의 설립이 소외회사에 대한 채무자의 추급을 회피하려는 목적이라는 것을 고려할 수 없으며, 나아가 설립문서·정관에 기재된 피고회사의 목적이 위법이 아닌 한, 피고회사의 설립무효를 선언할 수 없게 된다. 때문에 국내재판소는 원고의 청구를 기각하고 피고회사의 존속을 인정할 가능성이 크다. 그리고 이러한 결과는 지침의 수평적 직접효력이 인정되어, 지침과 모순하는 국내법의 적용이 배제되는 것과 같은 효과를 발생시켰다고 평가할 수 있다. 이러한 결과가 나올 수 있기 때문에 거기까지 의무로 하는 바에야 지침의 수평적 효력을 인정해야 한다는 전술한 바와 같은 재판연구관의 견해가 나오는 것이다.

합치해석의무의 범위의 논의로 돌아가서, 두 번째로 국내법에 해석의 여지가 있어 합치해석이 가능한 경우라도 합치해석의무는 법적 안정성의 원칙 등 불문의 'EC법의 일반원칙'의 제약을 받기 때문에 이러한 일반원칙에 반하는 합치해석은 의무가 아니다. 예를 들어 EC법에 대한 국내법의 합치해석은 이를 주장하는 자의 상대방의 이익을 부당하게 해할 우려가 있다. 상대방이 국내법의 통상의 해석에 따라 행위 시에는 적법하게 행동하였음에도 불구하고 그 이후에 이루어진 지침 등의 EC법에 적합한 국내법해석에 따라 그 행위가 사후적으로 위법이라고 평가될 위험이 있기 때문이다. 따라서 1987년의 *Kolpinghuis* 사건(Case 80/86, Kolpinghuis Nijmegen [1987] ECR 3969)에서는 회원국의 검찰관이 형사절차에 있어 국내에서 이행하지 않은 지침의 효과를 피고인에게 주장하였지만, 유럽사법재판소는 지침에 적합한 국내법의 해석의무라도 EC법의 일반원칙, 특히 법적 안정성의 원칙·불소급원칙(소급효금지)에 의해서 제한된다고 판시하였다.(비슷한 예로는 Joined Cases C-74/95 and C-129/95, Criminal Proceedings against X [1996] ECR I-6609, paras. 23-25)

다른 한편, 1996년에 내려진 *Arcaro* 사건(Case C-168/95, Arcaro [1996] ECR I-4705)은 널리 여러 국내법에 대하여 EC지침에 대한 합치해석을 의무로 한 본 건 *Marleasing* 사건보다 의무의 범위를 제한하였을 가능성이 있다고 지적되었다. 이 사건에서는 형사사건에서 지침을 이행하지 않은 현행 국내법에 의한 처분 쪽이 지침이 요구하는 결과에 따라 합치해석한 처분보다 가볍게 되는 경우라도, 국내법의 EC지침에 대한 합치해석이 의무가 되어야 하는 것인가가 쟁점이 되었다. 이 사건에서 유럽사법재판소는 국내재판소에 의한 합치해석이 국내적으로 이행되지 않은 지침이 정하는 의무를 개인에게 부여하게 될 경우에는 이러한 합치해석은 의무가 아니라고 판시하였고, 또한 지침에의 국내법합치해석이 지침의 국내이행법이 없음에도 불구하고 지침에 위반하는 행위를 한 자의 형사책임을 결정하거나 가중하는 결과를 발생시킬 때에는 그러한 합치해석은 의무가 아니라고 판시하였다.(*Ibid.* para. 42)

이러한 *Arcaro* 사건의 표현은 '법의 일반원칙'에 관한 어떠한 언급도 없으며, 선례에서 보이지 않았던 표현이기 때문에 합치해석에 새로운 한계를 설정한 것이 아닌가 하는 점이 논의되었다. *Arcaro* 사건의 판시는 간결하고, 그 취지에는 불명확함이 남았지만 동시에 형사사건에 관한 선례인 *Kolpinghuis Nijmegen* 판결을 인용하여 판시하고 있어, 또한 *Arcaro* 사건의 사실관계에 한정하여 이 판시를 이해해야 하므로 특히 새로운 한계를 설정한 것은 아니라고 이해하는 Jacobs 재판연구관의 의견도 있으며(Case C 456/98, Centrosteel [2000] ECR I-6007, 재판연구관 의견 33-35단), 나아가 이후 사건의 선결적 판결(Joined Cases C-74/95 and C-129/95, Criminal Proceedings against X [1996] ECR I-6609; Joined Cases C-240/98 to C-244/98, Océano Grupo Editorial [2000] ECR I-4941; Case C-456/98, Centrosteel [2000] ECR I-6007)에서 *Marleasing* 사건 등의 선례가 재확인된 것을 고려하면, 그 선결적 판결의 내용은 종래의 판결과 반드시 모순된 것은 아니라고 평가해야 한다고 본다.

어느 쪽이든 *Arcaro* 사건의 판결은 형사책임을 결정하거나 가중하는 결과가 되는 경우에는 합치해석의무가 발생하지 않는다는 것을 명확하게 한 것에 그치고, 그 이외의 경우에서의 합치해석의 한계에 대해서는 침묵하고 있다. 따라서 예를 들어

민사상의 책임을 발생 내지는 가중하는 국내법 합치해석이 의무인가 여부에 대해서는 이후에도 논의의 대상이 될 것이다.

합치해석의 범위에 관한 세 번째 논점은 국내에서 이행되지 않은 지침에 대한 국내법 합치해석의무가 지침의 이행기한이 도래하기 이전에도 발생하는가에 대한 것이다. 지금까지 서술한 선례는 모두 지침의 국내이행기한이 도래한 이후의 합치해석의무를 논하고 있다. 이점에 대해서 유럽사법재판소는 EC지침의 이행준비기간 내에는 회원국은 지침이 요구하는 결과의 달성에 중대한 방해가 되는 행위를 하지 않을 의무를 가진다는 일반적인 서술에 그치고 있었다.(Case C-129/96, Inter-Environmental Wallonie [1997] ECR I-7411) 그러나 2005년의 *Mangold* 사건은 고용상의 평등대우지침 2000/78호의 이행준비기간 안에도 평등대우원칙에 반하는 국내법의 해석이나 적용은 허용되지 않는다고 판시하였다.(Case C-144/04, Mangold [2005] ECR I-9981) 이 선결적 판결이 이행기한의 도래전의 지침 일반에 대한 합치해석에 대해서 논하고 있는 것인지, 평등원칙의 강행규범으로서의 성격에 기초하여 판단하고 있는 것인지는 이후의 판례전개에 맡겨져 있다.

(須網隆夫)

8. Factortame 사건: 실효적 구제의 보장

Case C-213/89, Regina v. Secretary of State for Transport, ex parte Factortame [1990] ECR I-2433

[사실 · 쟁점]

EC는 북해의 희소어업자원을 보호하기 위한 조치로서 EC 각국에 어획량을 할당하고 있었다. 1986년에 스페인과 포르투갈이 EC에 가입하였지만, 당초의 해산물 대량소비국인 양국에 대한 EC의 어획할당량은 보잘 것 없었다. 이에 스페인 어민 중에는 영국에서 회사를 설립하여 영국 국적의 어선을 등록하여 영국의 어획할당분의 어획물을 스페인에 출하하는 자도 있었다. 본 건 원고 Factortame사도 이러한 배경에서 영국에 설립되었으나 스페인 국민이 100%주식을 보유하는 회사로, 영국 국적의 어선을 등록하여 북해에서 조업하고 있었다. 그런데 이러한 조업을 허락하면 영국에 배분된 어획할당이 무의미해지고, '할당파괴(quota hopping)'라는 비판이 폭주하여 의회에 법개정을 강력하게 요구하게 되었다. 영국 의회는 1988년에 법을 개정하여(1988년법) 영국어선의 등록자격자를 영국에 거주하는 영국인이나 그러한 영국인이 75%이상의 주식을 보유하는 회사로 한정하였다. 그 때문에 원고회사는 어선을 영국 국적으로 등록할 수 없게 되었고, 북해에서의 조업도 할 수 없게 되었다.

원고회사는 1988년법이 EC법위반이라는 확인을 구하는 소를 제기(본안)하였고, 동법의 원고에 대한 적용을 금지하는 잠정조치(interim relief)를 영국재판소에 요청하였다. 원고에 따르면 1988년법은 EC역내에서 국적에 차별없이 자유로이 회사를 설립할 수 있는 EC법상의 권리(당시의 EC조약 제52·58조[후의 제43·48조, EU기능조약 제49·54조])를 침해하므로 무효라는 것이다. 1심의 고등법원은 본안에 대해서 유럽사법재판소에 선결적 판결을 구하였고, 잠정조치에 대해서는 청구를 기각하였다. 잠정조치 부분만이 상소되어 최종심인 상원은 영국법상 재판소 및 국왕과 그 가신의 행위를 저지할 수 없다는 Common law상의 준칙이 있기 때문에 국왕의 이름으로 공포되는 의회제정법에 대해서는 적용을 일시적이라도 거부할 수 없다고 하여 원고의 청구를 받아들이지 않았다. 다만, 이와는 별개로 회원국의 EC법에 반하는 입법금지가 회원국의 재판소가 인정해야 하는 EC법상의 의무일 수 있다고 하여 그 존부에 대하여 유럽사법재판소에 선결적 판결을 청구하였다. 이하는 이 EC법상의 잠정조치 의무의 유무를 다룬 선결적 판결이다. 본안에 대해서는 후에 1988년 법의 EC법 위반이 인정되었다.(Case C-221/89, Factortame [1991] ECR I-3905)

선결적 판결 • • •

17. 상원이 제시하는 주요한 문제는 국내재판소가 EC법에 관계된 사건을 심판함에 있어 국내법상의 준칙이 잠정조치조치를 방해하는 유일한 장애일 때, 국내재판소는 당해 준칙을 적용하지 않아야 하는가 하는 점이다.

18. 이 문제에 답하기 위해서는 *Simmenthal* 사건(본서 3번사건)에서 당 재판소가 다음과 같이 판결하였다는 것을 지적할 필요가 있다. 즉 직접적용가능한 EC법의 규정은 '모든 회원국에서 완전히 통일적으로 발효일로부터 유효하는 한 적용해야만 하는 것'이며, '설립조약 및 EC기관의 직접적용가능한 조치와 회원국의 국내법과의 관계에서는 EC법의 우위성의 원칙에 따라 EC조약 및 법규의 규정은 저촉하는 여러 … 국내법을 자동적으로 적용하지 않는 것으로 한다.'

19. 당 재판소의 판례법에 따르면 EC조약 제5조[후의 제10, EU기능조약 제4조 3항]에서 정하는 협력원칙을 적용할 때, EC법 규정의 직접효력으로부터 개인에게 미치는 법적 보호를 확보하는 것은 국내재판소이다.

20. 또한 당 재판소의 판시에 따르면, 적용시로부터 EC법이 완전한 효력을 가지는 것을 일시적으로나마 저해할 수 있는 국내입법규정을 배제하기 위해서 필요한 여러 조치를 취하는 국내재판소의 권한이 어떠한 국내법제도의 규정이나 입법, 행정 또는 사법실무에 의하여 박탈되고, 그 때문에 EC법의 실효성을 해할 가능성이 있다면 이들 규정이나 실행은 EC법의 불가결의 요청에 적합하지 않다.(Simmenthal [1976] ECR 1871 사건(본서 3번사건) 22-23단)

21. 이에 덧붙여, EC법이 적용되는 쟁송에 관여하는 재판소가 EC법상의 권리를 인정하여 내리는 판결의 완전한 실효성을 확보하기 위해서 잠정조치를 하려고 할 때, 국내법의 준칙이 이를 저해한다면 EC법의 완전한 실효성은 또 다시 피해를 입게 된다. 따라서 이러한 경우에도 국내법의 준칙이 없으면 잠정조치를 인정하였을 국내재판소는 당해 국내법 준칙을 배제(set aside)해야 할 의무가 있다.

22. 이 해석은 EC조약 제177[후의 제234, EU기능조약 제267]조가 만든 {선결적 판결} 제도

에서도 지지된다. 혹여 회원국의 재판소가 절차를 멈추고 사안에 대한 유럽사법재판소의 선결적 판결을 요청하고 대답을 기다릴 때, 유럽사법재판소의 회답을 받고 종국판결을 내리기까지 잠정조치를 할 수 없다면, 그 제도를 만든 실효성을 해하게 될 것이다.

23. 따라서 회답은 다음과 같다. 즉, EC법 문제에 관련된 사안이 계속(係屬)된 회원국의 재판소가 잠정조치를 부여함에 장애가 되는 것이 국내법상의 준칙 뿐이라고 생각될 때에는 당해 준칙을 배제하는 EC법상의 의무가 있다고 해석함이 상당하다.

해 설

각국법제도를 통한 권리실현

EC법상의 권리의 대부분은 회원국의 법제도를 통해서 이행되고 강제된다. 분명 유럽사법재판소는 선결적 판결이나 직접소송을 통해서 EC법의 해석이나 효력을 판시하지만, 법을 이행하고 강제하는 것은 각 회원국의 협력으로 각국의 사법제도를 통해서 진행된다. 이것이 EC조약이 상정하는 제도의 모습이다.(EC조약 제10조·234조·244조·256조[EU조약 제4조 3항·EU기능조약 제267조·280조·299조] 등) 그러나 회원국의 법제도, 소송절차, 구제수단은 각국마다 상이하다. 이에 유럽사법재판소는 각국의 재판절차의 자율성을 인정하면서도 EC법상의 권리의 보장에 대해서는 각국 재판소의 권리행사에 일정한 EC법상의 규율이 부과된다고 판시하고 있다.

구제부여의 비차별과 실효성

1980년대 중반까지 유럽사법재판소가 부과한 규율에 대해서는 다음과 같이 정리할 수 있었다.

① 직접효력이 있는 EC법상의 권리의 실효적인 실현은 이에 관한 EC통일법규가 없는 동안에는 각국법에서 여러 소송절차를 이용하여 실현되어야 하며, 각국의 재판소는 그 실현을 보장할 의무를 진다.(EC조약 제10조, Case 33/76, Rewe [1976] ECR 1989 등) 이는 EC법상의 새로운 구제(救濟)를 창조하는 것은 아니다.

② 직접효력이 있는 EC법상의 권리의 실효적인 실현을 위한 절차적 및 실체적

인 요건은 국내법상의 유사한 소송에서의 구제수단의 요건보다도 불리해서는 안되며(동등성의 요건), 어떠한 경우에도 EC법상의 권리행사를 실제로 거의 불가능 또는 현저하게 곤란하게 해서는 안된다(최저한의 실효성요건)(Case 45/76, Comet [1976] ECR 2043; Case 199/82, San Giorgio [1983] ECR 3595 등)는 규율에 따른다. 그러나 구제를 인정하는 것이 부당이득이 되는 경우에는 이에 따르지 않는다.(Case 68/79, Just [1980] ECR 501)

실효성의 강조

1980년대 중반 이후에는 유럽사법재판소는 실효성의 요건을 최소한의 것에서 보다 강화시킨 것으로 발전시키게 되었다. *Von Colson and Kamann* 사건(Case 14/83, Von Colson [1984] ECR 1891)에서는 독일의 남녀노동자에 대한 평등대우가 문제되었다. 채용시에 성차별이 있었던 사건으로, 당시의 독일법에서는 차별의 피해자가 신뢰이익(여비(旅費) 등)만 배상받을 수 있다고 규정하였다. 유럽사법재판소는 이 사건에서 이름뿐인 배상은 실효적 구제라고 할 수 없으며, 회원국의 재판소는 '실효적이며 충분하고 저지력이 있는' 구제를 하고, '현실적이고 효과적인 보호를 보장'해야 한다고 판결하였다.(비슷한 예로, Case 222/84, Johnston [1986] ECR 1651) 이것은 국내법상의 유사한 소송의 구제조치에서는 현실적으로 실효성이 확보되어 있는데, 그것보다 높은 실효성이 있는 구제조치를 요구하는 점에서 비차별요건보다도 실효성 요건을 강조한 것으로 더욱 높은 수준의 실효성 요건을 부과하는 것이었다.

실효성 확보를 위한 국내법 배제

이 판례 전개의 연장선상에 1990년에 본 건 *Factortame* 사건이 등장하였다. 그것도 비차별요건보다 실효성 요건을 강조하여 실효성의 수준을 향상시킬 것을 요청하고 있다. 본 건의 경우에도 국내의 유사소송에서 인정된 구제조치에 의한 최저한의 실효성구제는 존재하였다. 즉 국내의 유사소송에서도 잠정조치는 마찬가지로 인정되지 않았지만, 그래도 최소한의 구제로서 제소로부터 수년 후 본안에서 원고가 승소하면 손해배상을 받을 수 있는 등의 구제가 가능하였다. 따라서 1980년대 중반까지 판례에서 말하는 동등성 요건과 최저한의 실효성 요건은 충족되고 있었다. 그러나 본 건 선결적 판결은 이러한 것이 원고에게 '현실적이고도 효과적인 보호'가 아니라는 점을 중시하였다. 원고에게 있어서는 1988년법의 적용중지의 잠정조치를 통해서 한시라도 빨리 북해에서 조업할 수 있는 상태로 복귀하는 것이야 말로 실효적인 구제가 되는 것이다. 이에 최소한을 넘어서 당사자에게 현실적으로 실효적인 구제를 부여할 의무가 있다고 하면서(여기까지는 종래의 판례와 같다), 나아가 이를 방해하는 국내법 준칙은 적용해서는 안되는 의무가 있다고 한다. 이러한 점에서 본 건은 종래의 판례에서 한 발 더 나아간 것이다. 즉 본 건의 첫 번째 의의는 국내법상의 구제가 국내법상의 유사사건에서 인정되지 않는 경우에도, EC법의 실효적인 실현을 위해서 구제를 저해하는 국내법의 적용금지로서 실효적 구제를 할 수 있다면 적극적으로 이를 이행할 의무가 있다고 판시한 것이다.

EC법상의 독자적 구제의 예견

본 건의 두 번째 의의는 이 판단이 각국법상 존재하지 않는 구제를 EC법상으로 새로이 창설하는 단계에 다가섰다는 점이다. 본 건은 영국의 상원에 따르면 (어떠한 규정이든) 영국법인 한, EC법과 관련없는 순수국내사안이든 EC법이 관련된 사안이든간에 제정법의 적용을 일시적이라도 중지할 수 있는 구제방법이 존재하지 않았다. 그럼에도 불구하고 EC법이 관련된 사안에서는 그 잠정조치를 하는 것이 바람직하다고 유럽사법재판소는 판단하였다. 다행히도 본 건은 국가와 사인의 관계에서 잠정조치를 저해하는 Common Law상의 준칙을 배제하기만 하면 본래적으로 사인 간에서 인정할 수 있는 잠정조치가 국가와 사인의 관계에서도 부활할 수 있는 사안이었다. 따라서 본 건은 국내법상에는 존재하지 않았던 구제를 EC법상의 독자적인 구제조치로서 새로이 창조하는 것에는 이르지 못하였지만, 이와 종이 한 장 차이로 EC법의 요청에 의해서 처음으로 국내법상의 구제가 부활하였다는 점에서 EC법상의 구제조치로서의 성격도 가지게 된 것이다.

이후의 EC판례 전개의 흐름으로 보아, 여기에 *Factortame* 사건의 과도기적인 특징이 나타난다. 사실은 이 선결적 판결(1990년 6월)의 1년 5개월 후인 1991년 11월, 유럽사법재판소가 *Francovich* 사건의 선결적 판결(본서 9번사건 해설 참조)에서, EC지침의 국내이행을 게을리한 회원국에 대하여 그 이행 태만으로 사인이 손해를 입은 경우에는 사인이 EC법상의 권리로서 당해국에 손해배상을 청구할 수 있다고 판단하였다. 이는 많은 회원국에서 국내법상의 국가배상책임의 추급이 어려운 현실에서(입법자의 입법부작위의 위법성에 기초한 국가배상책임은 입증을 포함한 추급이 지극히 어렵다), 각국법제도에서 구제의 공백을 메우기 위해서 EC법상의 독자적 구제조치를 새로이 창조한 것이었다. *Factortame* 사건에서 잠정조치를 통한 구제는 실효성 요건을 강화해가려는 논리의 연장선 상에 있는 것이었고, 필요하다면 국내법상의 구제도 부활시킨다. 여기에서 필요하다면 (각국법에 공통하는 구제조치에서 힌트를 얻어서) EC법상의 독자적인 구제조치를 창조하는 것도 내다보게 되었다. 실제로 *Francovich* 사건에서 EC법상의 국가배상책임의 법리를 도출할 때, 유럽사법재판소는 *Factortame* 사건이 실효적 구제부여의무를 제시한 선례라고 하면서, *Simmenthal* 사건(본서 3번사건)과 함께 인용하며 판례법의 성장을 창조의 정당화근거로 보고 있다.(Joined Cases C-6/90 and C-9/90, Francovich [1991] ECR I-5357, para. 32)

각국의 절차자율성과의 긴장관계

그러나 구제 실현의 실효성을 강조하여 EC법상의 규율을 각국법에 부과하면 할수록, 각국의 재판절차의 자율성을 인정한다는 대전제와의 사이에 긴장이 발생된다. 실제로 1990년대에 들어서면서 미묘한 EC판례가 전개되게 되었다.

예를 들어 1991년의 *Emmontt* 사건(Case C-208/90, Emmontt [1991] ECR I-4269)에서는 어느 회원국이 EC지침을 국내에 정확히 이행하지 않았다. 이 때 그 지침이 부여하는 권리에 대한 국내 행정소송의 출소기간(3개월 등)은 EC법상의 권리의 실효성을 보장하기 위한 지침이 정확하게 국내에 이행되기까지는 도과하지 않은 것으로 본다고 판시하였다. 이 선결적 판결에 대해서, 과도하게 회원국의 절차자율성에 개입하여 각국 법제도의 법적 안정성을 해친다는 비판이 뒤이었다. 이후 유럽사법재판소는 *Emmontt* 사건은 출소기한이 단기였기 때문에 EC법상의 권리의 침해에 대해서 국내에서의 구제조치가 전혀 없어지는 극단적인 사례였다면서 판례의 궤도수정을 하게 된다. 이에 시효나 출소기한이나 제척기간에 대한 것은 국내법상의 유사소송의 절차에 적용되는 것보다 불리하지 않으면 최소한의 실효성을 충족하는 것이라고 추정하고, 원칙적으로 EC법상으로도 허용된다는 입장으로 변화되었다.(Case C-188/95, Fantask [1997] ECR I-6783, paras. 47-51 등)

영국법에의 영향

Factortame 사건은 EC법상의 권리의 보장을 둘러싼 사안이었다. 그러나 그 후

이 선결적 판결이 계기가 되어, EC법과 관계없는 순수 국내법 사건에서 국가 대 개인의 관계에서의 잠정조치에서도 Common Law상의 변화가 생겼다. 1993년의 *M* 사건(M v. Home Office [1994] AC 377, [1993] 3 A11 ER 537)에서 자이르인에 대한 강제송환처분의 집행가처분이 다투어졌다. 영국 상원은 *Factortame* 사건에서의 재판소의 처분권한에 관한 Common Law 해석은 선례를 충분히 섭렵하지 않고 내려진 것으로 새로이 선례를 포괄적으로 검토한 결과, 국왕 본인의 행위에 대한 처분이나 가처분은 인정되지 않지만, 국왕의 가신(현대의 정부각료 등)에 대한 것은 가능하다는 것이 바른 Common Law의 준칙이라고 판단하였다.

(中村民雄)

9. Brasserie 사건: 회원국의 EC조약위반행위(작위·부작위)의 손해배상책임

Joined Cases C-46/93 and C-48/93, Brasserie du Pêcheur and Factortame III [1996] ECR I-1029

[사실·쟁점]

본 건은 *Brasserie du Pêcheur* 사건과 *Factortame III* 사건을 병합하여 내려진 선결적 판결이다. *Brasserie du Pêcheur* 사건에서는 EC조약에 반하는 입법을 회원국이 개정하지 않아서 (즉 회원국의 위법한 부작위) 손해를 입은 원고가 회원국에 배상을 청구하였다. 프랑스의 맥주회사인 원고는 독일에 맥주수출을 하고 있었는데, 당사의 맥주는 독일당국으로부터 순수맥주법의 요건에 맞지 않는다는 판정을 받았다. 그 결과 1981년에 수출정지를 당하게 되었다. 그러나 독일의 순수맥주법은 1987년에 유럽사법재판소의 순수맥주사건판결(본서 21번사건)에서 EC조약 제30[후의 제28, EU기능조약 제34]조에 위반된다는 것이 확인되었다. 이에 원고는 1981년부터 1987년까지 EC조약에 반하는 독일법이 개정되지 않았기 때문에 맥주를 수출할 수 없게 된 결과, 입게 된 손해의 배상을 독일정부에 구하는 소송을 독일재판소에 제기하였다.

Factortame 사건(본서 8번사건)에서는 회원국이 EC법에 반하는 입법을 하였기 때문에 (즉 회원국의 위법한 행위) 손해를 입은 원고가 회원국에 배상을 청구하였다. 스페인인 원고가 영국에 회사를 설립하고 회사의 이름으로 영국국적의 선박을 취득하여 영국의 어업할당을 이용하여 북해에서 어업을 하고 있었다. 이를 할당파괴라고 생각한 영국은 1988년에 상선법을 개정하여 선박취득의 요건으로서 어선소유자의 영국국적보유 등을 요구하였다. 그 결과, 원고는 영국선박을 취득할 수 없게 되어, 어업도 할 수 없게 되었다. 이에 원고는 영국의 상선법이 타회원국에서의 회사설립의 자유를 보장하는 EC조약 제52[후의 제43, EU기능조약 제49]조에 반하는 것이라고 주장하여, 상선법의 적용처분과 위법성확인, 손해배상을 구하며 영국재판소에 소송을 제기하였다 그 후 유럽사법재판소는 상선법이 정하는 국적요건이 EC조약 제52조 등에 위반한다고 판단하였다.(Case C-221/89, Factortame II [1991]

ECR I-3905) 이에 국내재판소에서의 다음의 초점은 EC조약에 반하는 위법한 입법으로 원고가 입은 손해의 배상책임의 존부가 되었다.

각 사건을 담당한 국내재판소는 각각의 국내법상으로는 국가배상책임은 성립하지 않는다고 판단하였지만, 유럽사법재판소가 1991년의 *Francovich* 사건(Joined Cases C-6/90 and C-9/90, Francovich & Bonifaci v. Italy [1991] ECR I-5357)에서 EC지침을 국내에 이행하지 않은 회원국에게는 EC법상의 배상책임이 생긴다고 판시하고, EC법상의 국가배상책임이 별도로 성립할 수 있다는 것을 고려하여 유럽사법재판소에 선결문제를 부탁하였다.

주요한 선결문제는 EC법상의 국가배상책임의 원칙은 회원국이 EC지침을 국내에 이행하지 않는 경우(Francovich 사건의 경우)에 그치지 않고, 회원국의 기관(예를 들어 입법기관)이 EC조약에 위반하는 행위(예를 들어 위법한 입법제정) 또는 부작위(예를 들어 위법한 입법방치)를 한 경우에도 미치지만, 그 경우 책임성립요건은 무엇인가, 책임성립에 과실이 있어야 하는가, 배상하는 손해의 물적 및 시적 범위였다.

선결적 판결 • • •

책임원칙의 적용범위

EC법상의 국가배상책임원칙은 직접효력이 없는 EC법에 대한 위반 뿐만 아니라 직접효력이 있는 EC법에 대한 위반에도 인정된다. 그 이유는 '회원국의 재판소에서 직접효력이 있는 EC조약규정을 개인이 원용할 권리(직접원용권)는 최소한도의 보장에 지나지 않으며, 그 자체로서는 EC조약의 전면적이고 완전한 이행(full and complete implementation)을 확보하기에는 불충분하기 때문이다. 그 권리(직접원용권)의 목적은 EC법의 규정이 국내법의 규정에 우선하는 것을 확보하는 것이다. 그 권리(직접원용권)는 EC법이 개인에게 부여한 권리의 혜택을 여러 사안에서 개인에게 보장한다고는 할 수 없으며, 직접원용권을 행사해도 특히 회원국의 EC법위반에서 개인이 손해를 입을 것을 회피할 수는 없다.

Francovich 사건에서 언급된 바와 같이 개인이 그 권리를 EC법 위반으로 침해받았을 때, 배상을 얻을 수 없다면, EC법은 전면적인 실효성(full effectiveness)이 훼손될 것이다.(20단) 이 논리는 직접효력이 없는 EC법 위반에 의해서 손해가 발생한 경우 뿐만 아니라, 직접효력이 있는 EC법 위반으로 생긴 경우에도 마찬가지로 적용할 수 있으며 후자의 경우 배상청구권은 직접효력의 필연적인 귀결이기도 하다.(21-22단)

EC법상의 국가배상책임원칙이 회원국 입법부의 작위·부작위에 대해서도 적용되는가에 대해서는 EC조약은 구체적인 명문을 두고 있지 않으므로 '일반적으로 받아들여질 수 있는 해석방법에 따라 특히 EC법제도의 기본원칙과 회원국의 법제도에 공통적인 일반원칙에 비추어 판단한다.'(27단)

EC조약 제215[후의 제288, EU기능조약 제340]조는 EC기관이나 직원의 위법행위에 대한 EC의 손해배상책임에 대해서 회원국 법에 공통된 일반원칙으로부터 성립을 판단한다고 정한다.(28단) 이 규정은

29. … 회원국들의 법제도에 스며든 일반원칙, 즉 위법한 행위 또는 부작위는 발생한 손해에 대해 배상할 의무를 발생시킨다는 일반원칙의 구체적인 표현의 하나에 지나지 않는다. 동조는 또한 공적기관이 직무집행에 있어 발생된 손해의 배상의무도 반영한다.

30. 어느 쪽이든 간에 국가배상책임에 관한 법준칙의 핵심부분은 많은 회원국의 법제도에서도 재판소가 발전시켜 왔던 것이다.

31. 이상의 고려에서 당 재판소는 *Francovich* 사건에서 국가는 스스로의 책임에 귀속하는 EC법위반의 결과, 개인에게 발생한 손실이나 손해에 대한 배상책임의 원칙이 EC조약 제도에 내재한다고 판단하였다.

32. 따라서 그 원칙은 국가의 어떤 기관이라도 그 작위 또는 부작위에 의하여 EC법위반을 범한 경우에 적용될 수 있다.

이에 더하여, 이 EC법상의 국가배상책임은 통일적으로 적용될 필요가 있으므로 각국법상의 통치기관의 권한배분에 의해서 좌우되어서는 안되며(33단), 또한 국제법에서는 국제법위반의 국가책임에서 국가를 하나의 단위로서 인정하고 있으므로 위반주체가 국내의 입법, 사법, 행정의 어느 통치기관인지를 불문한다.(34단) 따라서 회원국이 입법부에 의한 EC법위반의 행위에 대해서도 EC법상의 국가배상책임의 원칙은 적용된다.(36단)

책임성립요건

다음으로 배상책임의 성립요건은 손해를 발생시킨 EC법위반의 성격에 의해서 달라진다.(38단) 성립요건을 특정하기 위해서는 우선 국가배상책임의 기초가 되는 EC법질서에 내재하는 제원칙, 즉 EC법의 전면적인 실효성 및 그가 부여하는 권리의 실효적 보호의 원칙과 EC조약 제5조[후의 제10, EU기능조약 제4조 3항]가 회원국에 부과하는 협력의무에 주목해야 한다.(39단) 또한 EC의 배상책임에 대한 판례법도 반영하는 것이 적절할 것이

다.(40단) 그 이유는 EC조약 제215조 2단은 EC의 배상책임을 '회원국의 법에 공통되는 일반원칙'에 비추어 판단한다고 정하고 있지만, EC법의 다른 부문에서도 명문이 없는 때에는 당해 일반원칙에서 유럽사법재판소는 실마리를 얻을 수 있기 때문이며(41단), 회원국의 배상책임과 EC의 그것이 같은 상황에서 다른 요건을 요구한다는 것은 특단의 정당한 이유가 없는 한 인정될 수 없기 때문이다. 손해발생의 책임이 회원국에 있는지 EC에 있는지에 따라 EC법상의 권리의 보호가 달라져서는 안된다.(42단)

EC의 배상책임에 대한 판례법을 보면, EC기관이 정책을 이행할 때 가지는 재량의 광협(廣狹)에 착안하고 있다. 판례가 EC입법활동에서 배상책임을 한정적으로만 인정하는 입장을 취하고 있는 것은 첫째로 공동체의 일반이익을 위해서 개인의 이익이 해를 입더라도 입법을 해야 할 때에는 손해배상소송에 의해서 입법활동이 위축되지 않도록 하기 위한 것이다. 두 번째로 EC정책의 이행에는 광범위한 재량의 행사가 불가결하다는 특징이 있으므로 EC 기관이 권한행사의 한계를 명백하고 심각하게 무시한 경우에만 배상책임을 진다고 생각하기 때문이다.(44-45단)

그렇다고는 해도 회원국의 입법기관이 EC법이 적용되는 분야에서 입법할 때, 항상 광범위한 재량을 갖는 것은 아니다. 회원국이 입법해야 할 내용을 EC법이 특정하고 있는 경우도 있으며, 그 경우에는 회원국의 재량은 감소된다. 특정 내용의 EC지침을 국내에 이행해야 할 의무가 회원국에 부과되었던 *Francovich* 사건의 경우가 그러하다.(46단)

이와는 대조적으로 광범위한 재량이 있는 분야에서 회원국이 행위할 때에는 EC기관이 EC의 정책을 이행하는 경우와 유사하므로, 그 경우 회원국이 책임을 지기 위한 요건은 원칙적으로 EC기관이 같은 상황에서 책임을 지는 요건과 동일해야 한다.(47단) 본 건의 경우 독일과 영국의 입법기관은 광범위한 재량이 있는 분야에서 행동하고 있었다.(48-50단) '이러한 경우, EC법은 세 가지 요건이 충족될 때 배상청구권을 인정한다. 즉 위반된 법규가 개인에게 권리를 부여할 의도였을 것, 당해 위반이 충분히 중대할(sufficiently seirous) 것, 그리고 국가가 지는 의무의 위반과 피해자가 입은 손해와의 사이에 직접적인 인과관계가 있을 것이다.'(51단) 이 세 가지 요건은 EC법의 전면적인 실효성과 EC법상의 권리의 실효적 보호를 위한 요청을 만족시켜야 하며, EC 배상책임의 판례법상의 요건에도 대응한다.(52-53단)

제1요건은 본 건에 관계된 EC조약 규정은 모두 개인에게 권리를 부여하므로 충족된다. 제2요건인 '충분히 중대한' 위반은 '회원국과 EC관계기관이 그 재량의 한계를 명백하고도 심각하게(manifestly and gravely) 무시하였는가'로 판단한다.(55단) 이러한 판단에서 고려할 수 있는 요소로서는 예를 들어 '위반된 법규의 명확성(clarity and precision), 당해 법규가 회원국 또는 EC기관에 남긴 재량의 폭(measure of discretion), 위반 및 손해의 야기가 의도적인 것인지 여부, 법률의 착오에 대한 변명이 가능한지 여부, EC기관이 취한 입장이 회원국의 EC법위반의 부작위를 조장하거나, 회원국의 EC법위반의 국내조치 또는 이행의 채택이나 존속을 조장하였다는 사실 등이다.'(56단) 어느 쪽이라도 문제의 행위의 EC법위반을 인정하는 판결이 있거나 EC법 위반임이 선결적 판결이나 확립한 판례법에 비추어 명확함에도 불구하고 당해 행위가 존속하고 있는 경우에는 명백하게 충분히 중대한 위반이 된다.(57단) 제3요건이 충족되는지는 회원국 재판소의 사실인정에 맡겨진다.(65단)

상기의 세 가지 요건은 EC법상의 국가배상책임이 성립하기 위한 필요충분 조건이다. 또한 국내법상의 좀더 완화된 요건에 따라 국가배상책임을 인정하는 것을 배제하지 않는다.(66단) 세 가지 요건을 충족하여 배상책임을 지게 된 국가는 국내의 국가배상에 관한 법에 의하여 책임을 이행하게 되는데, 이 때 적용되는 법은 국내법상의 국가배상청구에 관한 법보다 불리해서는 안되며, 또한 개인이 배상을 받을 것을 현실적으로 불가능 또는 현저하게 곤란하게 하는 것이어서는 안된다.(67단) 예를 들어, 독일의 국가배상법은 손해를 발생시킨 입법기관의 행위가 개별적인 상황을 대상으로 한 것이라는 것을 입증하도록 요구하고 있지만, 입법기관의 임무는 원칙적으로 공공일반을 위한 활동으로 특정가능한 개인이나 인적집단을 위한 것이 아니므로 그러한 요건이 배상의 취득을 사실상 불가능 또는 현저하게 곤란하게 하는 것으로 인정되지 않는다.(69-72단) 또한 영국법에서는 입법기관에 배상책임을 묻기 위해서 공공기관의 직무남용(misfeasance in public office)의 입증을 요구하는데, 입법기관의 직권남용은 거의 생각할 수 없으므로 마찬가지로 인정되지 않는다.(73단)

과실책인인가

'과실(fault)'을 책임성립요건으로 하는가에 대해서는 '과실'의 개념이 각 회원국마다 각양각색이므로 한 마디로 말할 수는 없지만, EC법상의 국가배상책임의 성립여부에서 논하는 것은 과실의 존부가 아니라 EC법위반이 '충분히 중대한가' 여부이다. 따라서 '충분히 중대'한가에 대한 판단에 있어 이용되는 특정의 객관적 및 주관적 요인이 국내법상 '과실'의 유무를 판단에 이용되는 것과 중복되는 부분도 있겠지만, '충분히 중대한' 위반인가의 판단에 필요한 범위를 넘어서 '과실'을 요건으로 하는 것은 인정되지 않는다.(75-80단)

배상범위

배상의 범위는 관련된 EC법이 없으므로 회원국의 국내법에 의한다. 그러나 범위획정의 준칙은 유사한 국내사건에 적용된 법보다 불리해서는 안되며, 배상을 얻는 것이 사실상 불가능 또는 현저하게 곤란해져서는 안된다.(83단) 또한 배상범위의 획정에 있어 국내재판소는 피해자가 이용가능한 법적 구제를 소진하고 손해의 발생 및 확대를 회피하려는 합리적인 노력(reasonable diligence)을 하였는지 고려할 수 있다. 이는 회원국법에 공통된 일반원칙이기도 하다.(84단) 다른 한편 배상대상이 되는 손해항목을 일정한 종류로 한정하는 것(예를 들어, 재산손해만을 배상하고 일실이익은 배상대상에서 제외하는 등)은 배상획득을 현저하게 곤란하게 하는 것으로 인정되지 않는다.(87단) 세부적인 배상대상 항목에 대해서는 EC법에는 구체적인 기준이 없고 각국법에 비추어 유사한 국내사건의 적용법보다 불리하지 않고, 또한 배상획득을 불가능 또는 현저하게 곤란하게 하지 않는다는 조건을 충족해야 한다.(88단) 영국법상의 징벌적 손해배상에 대해서는 국내법의 유사사건에서 인정하고 있다면 인정될 수 있다.(89단) 배상의 시간적 범위에 대해서는 문제의 회원국의 행위가 EC법 위반이라는 것이 소송 등으로 확정된 시점보다 이전부터 '충분히 중대한' 위반이었다면, 그 시점까지 소급하여 배상의 대상으로 해야 한다. 그렇지 않으면 권리를 실효적으로 보호한 것이라 할 수 없다.(91-95단)

해 설

사건의 의의: 국가배상책임

EC법상의 국가배상책임원칙이란 회원국은 EC법에 위반하는 작위 또는 부작위에 의해서 개인에게 손해를 준 경우 그 손해를 배상할 의무를 진다는 EC법상의 원칙이다. 이는 EC조약의 명문에는 없고, 유럽사법재판소의 판례법리로서 확립되었다.

1991년의 *Francovich* 사건에서 EC지침을 국내에서 이행하지 않아서 발생한 개인의 손해를 회원국이 배상해야 한다고 하여 이 원칙이 처음으로 승인되었지만, 이는 지침의 이행이라고 하는 회원국의 입법재량이 없는 경우와 관련한 사안이었다. 이에 반하여 본 건 *Brasserie du Pêcheur* 사건은 회원국의 입법재량이 광범위한 경우임을 염두에 두고 일반적인 EC법상의 국가배상책임의 성립요건과 배상범위, 과실 개념의 지위 등을 판시한 중요한 선결적 판결이다.

판례법리등장의 배경

본 건 이전에는 회원국이 범한 EC법위반으로 개인이 입은 손해의 배상은 각국의 국내법에 따라 해결해야 할 문제라고 보았다. 그러나 이 각국별 해결로는 EC법상의 동일한 개인의 권리가 침해되었어도 나라마다 책임의 성립가부나 범위가 다를 가능성이 있었다. 또한 국내법은 많은 경우 행위자의 고의 또는 과실을 책임근거로 하기 때문에 입법에 관해서는 입법기관의 부작위의 위법성을 주장·입증하는 것이 매우 곤란하였다. 마찬가지로 일반적으로 적용되는 입법으로 특정인의 EC법상의 권리가 침해된 경우에도 그 위법성을 주장하여 입증하는 것은 매우 곤란하였다. 이렇게 EC법상 권리의 실효적 보장을 각국법에 의존하는 것은 구조적인 한계에 부딪쳤다. 유럽사법재판소는 1991년의 *Francovich* 사건과 1996년의 *Brasserie* 사건의 선결적 판결에서 이러한 실효적 구제의 결함을 EC법상의 책임법리의 창설로서 보완한 것이다.

EC법질서의 전체상을 명확히 한 *Van Gend en Loos* 사건(본서 1번사건)이나 *Costa v. E.N.E.L.* 사건(본서 2번사건) 등과 함께 EC법질서의 동태성, EC법질서형성에서의 유럽사법재판소의 적극적인 역할을 나타내는 좋은 예이다.

배상법리의 적용범위

본 건 선결적 판결은 *Francovich* 사건과는 다른 사실관계에서 국가배상책임의 성립가능성을 인정한 것으로 그 적용범위도 넓다.

우선 본 건 선결적 판결은 위반된 EC법이 직접효력을 갖는 규정이었던 본 건에서 동 원칙을 적용하였다. 몇몇 회원국정부는 *Francovich* 사건이 직접효력이 없는 EC지침의 사례였던 점을 지적하여 본 건에 동 원칙을 적용하는 것에 반대하였지만, 본 건 선결적 판결은 손해배상청구권은 EC법의 직접효력의 필연적인 귀결이라고 하여 그 주장을 받아들이지 않았다.

또한 본 건 선결적 판결은 어느 국가기관이 EC법위반의 주체이던 간에 동 원칙은 타당하다는 일반론을 전개하였다는 점에서 중요하며(본 건 선결적 판결 31-34단), 이 일반론에 기초하여 국내 입법기관의 귀책성을 인정하였다. 또한 입법기관의 귀책성은 *Francovich* 사건에서 이미 확인되었다고도 할 수 있지만(동 사건에서 문제된 지침의 기한 내의 불이행은 일반적으로는 입법기관에 따른 부작위를 의미한다), 본 건 선결적 판결은 이를 명확한 형태로 긍정한 점에서 의의를 가진다. 이후 판례에서도 EC법 위반 주체에 관해서 그 적용범위를 넓히고, 행정기관(Case C-5/94, Hedley Lomas [1996] ECR I-2553), 사법기관 (Case C-224/01, Köbler [2003] ECR I-10239), 모든 연방국가의 주(Case C-302/97, Konle [1999] ECR I-3099), 독립된 공법기관(Case C-424/97, Haim II [2000] ECR I-5123)에 동 원칙을 적용하고 있다.

책임요건

국가배상책임의 성립요건에 관해서는 본 건 선결적 판결이 제시한 성립요건이 모든 사안에 적용되는 일반적 요건으로 확립되어 있다.

유럽사법재판소는 *Francovich* 사건이나 본 건 *Brasserie du Pêcheur* 사건 당시까지는 책임의 성립요건을 EC법위반의 성격에 따라 개별적으로 설정하는 방침을 취하고 있었다. 이에 *Francovich* 사건에서는 회원국의 입법재량이 없는 경우(지침을 기한 내에 이행하지 않는 경우)의 배상책임의 성립요건을 ① 지침이 규정하는 결과가 개인에게 권리 부여를 동반할 것 ② 지침의 규정을 기초로 권리의 내용이 특정가능할 것 ③ 회원국의 의무위반과 손해와의 인과관계가 있을 것의 세 가지로 하였다.(동 선결적 판결 40단) 그리고 본 건에서는 회원국의 입법재량이 광범위한 경우에 다소 다른 세 개의 요건을 제시하였다.(본 건 선결적 판결 51단)

그러나 이렇게 회원국의 재량의 폭의 광협으로 책임요건을 나누는 방침은 본 건 후에 내려진 1996년의 *Dillenkofer* 사건의 선결적 판결(Joined Cases C-178/94, C-179/94, C-188/94 and C-190/94, Dillenkofer [1996] ECR I-4845)에서 변경되었고, *Brasserie du Pêcheur* 사건의 세 가지 요건이 일반적으로 이용된다는 것을 확인하였다. 이에 ① 위반된 EC법규가 개인에게 권리를 부여할 의도였다는 것 ② 당해 위반이 충분히 중대할 것 ③ 회원국의 의무위반과 손해와의 사이에 직접적인 인과관계가 있을 것의 세 가지가 일반적으로 적용되는 책임요건이 되었다.

재량수축론

이와 함께 회원국이 가지는 재량의 폭의 광협은 성립요건을 선택하기 위해서 쓰이는 것이 아니라 제2요건인 '충분히 중대한' 위반의 존부를 평가하는 단계에서 고려되게 되었다. 1996년의 *Hedley Lomas* 사건(Case C-5/94, Hedley Lomas [1996] ECR I-2553)은 재량의 폭의 광협이 '충분히 중대한' 위반인지를 판단함에 결정적이라고 판시하고 '당해 회원국이 위반한 때에, 입법적 선택의 여지가 없어 그의 재량이 상당한 정도 수축되어 있거나 전혀 없는 경우에는 공동체법의 단순한 위반으로 충분히 중대한 위반의 존재를 확립하기에 충분할 수 있다'(Hedley Lomas 판결 28단)고 보았다. 다른 한편 2000년의 *Haim II* 사건(Case C-424/97 Haim II [2000] ECR I-5123)은 반대로 회원국의 선결적 판결이 거의 또는 전혀 없는 경우에는 'EC법의 단순한 위반은 충분히 중대한 위반을 구성할 수 있지만, 반드시 그렇지만은 않으며 사안을 특징지우는 여러 요인을 고려하여 위반의 중대성을 평가해야 한다고 신중한 입장을 보이고 있다.(Haim II 판결 41-42단)

각국법과의 관계

국가배상책임은 본 건 선결적 판결의 성립요건이 충족되면 기타 요소를 고려할 필요 없이 EC법상 성립한다. 따라서 EC법상의 국가배상책임원칙은 그 책임의 성립에 있어서는 자기 완결적이며, 국내법으로부터 독립되어 있다. 그러나 이 책임원칙의 이행을 위해서는 국내법에 의존하는 측면이 남아 있다.(본서 8번사건 해설 참조) 우선 그 책임요건의 충족여부를 심사함에 있어, 국내법의 개념이 이용될 여지가 있다. 예를 들어 인과관계의 존재는 EC법에서 개념규정이 이루어지지 않는 한 국내법상의 인과관계 개념을 기초로 판단된다. 또한 성립요건 이외의 사항(특히 소송절차적 측면)은 규율하는 EC법이 없는 한 국내법이 적용된다. 그러나 여기에서 적용되는 국내법은 유사한 국내사건에서 적용되는 국내법보다 불리해서는 안된다는 동등성(equivalence) 원칙과 권리실현이나 책임추급이 사실상 불가능 또는 현저하게 곤란해서는 안된다는 최저한의 실효성(effectiveness) 원칙의 제약을 받는다.(본서 8번사건 해설 참조)

이와 같이 EC법상의 국가배상책임원칙은 일정한 자립성을 가지면서도 동시에 국내법에도 의존하고 있다. 나아가 EC법상의 성립요건이 충족되지 않는 경우에도 국내법상 국가배상책임의 성립요건이 유사한 사안에 관해서 EC법상의 그것보다도 개인에게 유리한 형태로 설정되어 있는 경우에는 동등성의 원칙에 따라 국내법이 적용되게 되므로 EC법에 의거하지 않아도 국내법에 기하여 배상받을 수 있게 된다. 따라서 이 원칙의 실제적 의의나 기능을 평가하려면, 유럽사법재판소 판례의 분석과 함께 각국의 국가배상제도나 각국에서의 실행을 아울러 검증하는 것이 중요하게 된다.

(西連寺隆行)

10. 환경입법 사건: 형사벌입법정비를 회원국에 의무지우는 EC의 권한

Case C-176/03, Commission of the European Communities v. Council of the European Union [2005] ECR I-7879

[사실 · 쟁점]

2003년에 이사회는 증가하는 환경침해행위에 실효적으로 대처하기 위해서 EU의 세 번째 기둥(경찰·형사사법협력제도)의 입법으로서 '형법에 의한 환경보호에 관한 이사회 골격결정 2003/80/JHA호'를 채택하였다. 이 EU골격결정은 일정한 환경침해행위를 열거하고(제2조 a~g호), 이것이 고의나 과실 또는 적어도 중과실에 의한 경우에는 그 행위를 국내법상의 형사범죄로서 다루는 조치를 취하도록 각 회원국에 요청하는 것이었다.(제2조·3조) 또한 이러한 행위에 대하여 부과되는 형벌은 실효적, 비례적, 억지적이어야 하며, 적어도 중대한 사안에는 자유형을 포함할 것을 각국에 요구하였다.(제5조)

이 EU골격결정은 덴마크의 발의에 의한 것이었다. 그러나 유럽집행위원회는 당초부터 EU조약의 세 번째 기둥의 입법이 아니라, EC의 입법으로서 즉, EC조약 제174[EU기능조약 제192]조 1항을 근거로 같은 내용을 EC지침으로 제정할 수 있다고 생각하였고, '형법에 의한 환경보호에 관한 유럽의회 및 이사회지침'안을 제안하였었다. 그러나 이사회는 이 EC지침안의 내용을 실질적으로 받아들이는 형태로 덴마크안에 수정을 가하기는 하였지만 결국 EU조약의 세 번째 기둥의 입법으로 제정하는 입장을 바꾸지 않았고, 최종적으로 EU조약 제29[EU기능조약 제67]조, 제31조 1항 e호[EU기능조약 제83조], 제34조 2항 b호[현재삭제]를 근거조문으로 하여 상기의 골격결정을 채택하였다. 이에 유럽집행위원회는 당해 골격결정의 목적 및 내용에 비추어 당해 입법은 본래 EC의 권한으로 입법해야 하는 것이었으므로 EC의 권한을 침해하였다는 이유로 유럽사법재판소에 당해 골격결정의 취소소송(EU조약 제35조 6항[현재삭제])을 제기하였다.

판결 • • •

[유럽사법재판소는 우선 EU조약과 EC조약의 관계를 설명한다. 즉 EU조약 제47[40]조 및 EU조약 제29조1단[cf EU기능조약 제67조1항·3항]은 EU조약의 규정은 EC조약에 영향을 줄 수 없다고 규정하고 있다. 따라서 EU조약을 근거로 하는 입법이 본래 EC조약에 기초하여 채택될 수 있었던 것이라면, 이는 EC의 권한에 대한 침해를 의미하는 것으로 EU조약 제47조에 위반하게 된다. 이에 EU조약 제47조 위반의 존부를 확인하기 위해서 골격결정 제1조 내지는 제7조가 EC조약 제175[EU기능조약 제192]조에 기초하여 채택되었는지를 심사할 필요가 있다.(38-40단락) 유럽사법재판소는 본 건의 논점을 이렇게 정리한 후에 검토를 하였고, 본 건의 EU골격결정은 EC조약에 기초하여 채택되었다고 결론짓고, 당해 골격결정을 취소하였다. 판례요지는 다음과 같다.]

환경보호는 EC의 불가결한 목적 중의 하나이다. EC조약 제2[EU조약 제3]조는 '높은 수준의 환경보호 및 질(質)의 개선'의 촉진을 EC 임무의 하나로 정하고, 제3조1항1호[cf EU기능조약 제4조2항e호]는 '환경분야의 정책'을 이행할 것을 정하고 있다.(41단) 또한 EC조약 제6[EU기능조약 제11]조는 '환경보호의 요청은 공동체의 정책 및 행동의 정의 및 이행에 반영되어야 한다'고 규정하고 있어, 환경보호라고 하는 목적이 횡단적(横斷的)이고 근본적인 성격을 가진다는 것을 강조하고 있다.(42단) 나아가 EC조약 제174조 내지 제176조[EU기능조약 제191조 내지 제193조]는 환경분야에서 EC정책의 이행의 골격을 이루고 있으며, 특히 EC조약 제174조1항은 EC의 환경행동의 목적을, 제175조는 이행절차를 정하고 있다.(43단)

유럽사법재판소의 일관된 판례법에 의하면 EC의 입법조치의 근거를 선택할 때에는 당해 조치의 목적과 내용 등의 사법통제가 가능한 객관적 요소에 기초하여야 한다.(45단)

본 건의 EU골격결정의 목적은 그 제명(題名) 및 전문에 따르면 환경보호에 있다. 이사회는 환경침해행위의 증가나 초국경적인 영향을 염려하여 이러한 위반이 환경에 대하여 위협이 되며, 이것은 회원국 공통의 관심사라는 것을 확인하고, 확고한 대응을 형사법분야에서 협력하여 행할 필요가 있다고(본 건 EU골격결정의 전문) 본다.(46단)

본 건의 EU골격결정의 내용을 보면, 그 제2조는 환경침해가 특히 중대하여 회원국이 형사벌을 과할 필요가 있는 행위의 목록을 들고 있다. 또한 실제로 제2조 내지 제7조는 회원국의 형사법의 일부를, 특히 환경을 침해하는 형사범죄의 구성요건을 부분적으로 조화시키고 있다. 그러나 형법도 형사소송법도 EC의 권한에는 속하지 않는 것이 원칙이다.(47단)

'그러나 전술한 마지막 요소(원칙적으로 형법도 형사소송법도 EC의 권한에 속하지 않는다는)는 권한있는 국내당국에 의한 실효적, 비례적, 억제적인 형사벌의 적용이 중대한 환경침해에 대한 불가결한 조치인 경우에는 EC입법기관이 회원국의 형사법과 관련한 조치로 환경보호에 관하여 제정한 규범의 완전한 실효성을 보장하기 위해서 필요한 조치를 취할 것을 방해하지 않는다'(48단)

나아가 본 건의 EU골격결정 제1조부터 제7조는 환경을 침해하는 특히 중대한 일정 행위의 처벌을 규율하고, 제5조1항에 실효적, 비례적, 억제적일 필요가 있다고 정하면서도 적용하는 형사제재의 선택은 회원국에 맡기고 있다.(49단) 이사회는 제2조가 열거하는 행위에 집행위원회의 EC지침안 부속서가 열거하는 EC입법에 대한 위법행위가 포함되는 점을 다투지 않고 있다. 또한 전문에서 이사회는 형사제재가 중대한 환경침해에 대항하기 위해서 불가결하다고 평가하고 있다.(50단) 이상에서 본 건 EU골격결정 제1조에서 제7조는 환경보호를 주요한 목적으로 하고 있으며, EC조약 제175조를 근거로 하여 적절하게 채택할 수 있었던 것이다.(51단)

이상의 판단은 EC조약 제135[cf EU기능조약 제33]조나 제280[cf EU기능조약 제325]조 4항이 관세협력이나 EC의 재산적 이익에 대한 침해의 대응에 대해서는 회원국에 국내형법의 적용과 사법행정을 맡기고 있다는 점에 좌우되지 않는다. 이들 조문은 환경정책을 이행할 목적에 형사법의 조화가 EC법의 실효성을 확보하기 위해서 필요한 경우에도 각국 입법의 조화를 일절 배제하는 것은 아니다.(52단)

이상에서 본 건 EU골격결정은 EC의 EC조약 제175조의 권한을 침해하고 있다. 또한 본 건 EU골격결정은 내용이 불가분하므로 그 전체가 EU조약 제47조에 위반된다. 따라서 본 건 EU골격결정은 취소된다.(53-55단)

해 설

사건의 의의

본 건의 논점은 일정한 환경침해행위를 국내법상 범죄행위로 다루어 그 행위에 대해서 형사벌을 부과하도록 각국에 요구하는 권한이 EC에 있는지에 대한 것이었다. 종래의 판결에 의하면 EC법 위반에 대해서 어떠한 제재를 과할 것인가에 대한 판단은 원칙적으로 회원국의 재량사항이며, 그 재량에 EC법상의 제약이 가해지는 일은 있어도 형사벌이나 기타 법적 제재에 의하는 등의 선택은 회원국에 맡겨진 것이었다. 이에 반하여 본 건 판결은 EC가 환경침해행위에 대하여 형사벌을 과할 것을 회원국에 의무지우는 입법을 채택할 수 있었던 것, 즉 EC에 일정범위의 형사벌 입법명령권한이 있다는 것을 명확하게 하였다.

EC 권한의 근거

그러면 이러한 EC 권한의 근거는 무엇일까. EC조약에는 형사법관련의 입법권한을 EC에 인정하는 일반적인 규정은 없으며, 또한 본 건에서 문제가 된 환경정책의 관련 규정(EC조약 제174-176[EU기능조약 제191-193]조)을 별개로 보더라도 환경보호의 실현수단의 하나로서 형사벌의 도입을 인정하는 규정은 존재하지 않는다. 따라서 EC조약의 명문만을 살피면 형사벌도입을 회원국에 의무지울 수 있는 권한을 EC에 인정하는 것은 어렵다. 그러나 본 건 판결은 EC법의 기본원리인 법의 실효적 확보의 원칙을 원용하는 것으로 그 권한을 긍정하였다.

즉 국내 당국에 의한 실효적, 비례적, 억제적인 형사벌의 적용이 중대한 환경침해에 대한 불가결한 조치인 경우에는 EC는 환경법의 '완전한 실효성'을 보장하기 위해서 필요한 조치를 채택할 수 있으며, 이를 EC법의 완전한 실효성의 확보를 이유로 정당화하고 있다.(본 건 판결 48단) (완전한) 실효성 확보의 원칙이란 주로 EC법을 국내에 이행할 때 판례법상 확인되어 온 것으로 회원국에 의한 EC법 위반에 대해서 사인이 원용할 수 있는 법적 구제의 종류·정도를 확대하기 위한 근거로서 사용되어 온 원칙이다.(본서 3번·8번사건 참조) 본 건에서는 이 원칙이 종래의 판례와는 달리, EC 입법의 근거로서 원용되었다.

그러나 EC법의 실효성 확보의 원칙에 따라 EC의 형사입법권한을 정당화하는 것에는 문제가 있다.(그 중 하나로서 선박원인 오염대책입법사건(Case C-440/05, Commission v. Council [2007] ECR I-9097)의 Mazák 재판연구관 의견 114-119단 참조) 그 중에서도 문제가 된 것이 EC법의 실효성 확보는 환경정책 이외의 분야에도 적용가능한 논리이므로, 그러한 논리로 형사입법명령권한을 인정하면 EC는 설립조약에서 부여된 범위에서만 권한을 가질 수 있다는 '권한부여의 원칙'(EC조약 제5조1항[EU조약 제5조 2항])에 반하지 않는가 하는 점이다.

선박원인 오염대책입법사건

그러나 이 문제점에 대해서는 언급하지 않은 채, 유럽사법재판소는 2007년의 선박원인 오염대책입법사건에서 공동운송정책에 대한 EC입법에도 형사입법명령권한을 EC에 인정하였다. 이 사건은 과거에 발생한 유조선난파사고에서 기인한 해양오염을 교훈삼아 이사회가 해상운항의 안전성의 확보와 환경보호를 목적으로 채택한 조치(EU골격결정 2005/667/JHA호)의 법적 근거가 문제가 된 사안이었지만, 유럽사법재판소는 이번에는 공동운송정책의 입법근거규정인 EC조약 제80[EU기능조약 제100]조 2항을 근거로 EC가 각국에 명할 형사벌을 정하는 지침을 채택할 수 있다는 것을 인정하였다.

이 2007년 판결은 어디까지나 환경정책과의 관계에서 EC의 형사입법권한을 인정한 것으로 좁게 해석하는 것도 가능하다. 이 사건에서 문제가 된 선박원인 오염대책입법은 해상운항의 안전성의 확보 뿐만 아니라 환경보호도 입법목적으로 하고 있으며, 판결도 2005년 판결 48단을 출발점으로 하여 동 판결을 거의 답습하는 형태로 본 건에서의 EC의 권한을 긍정하고 있기 때문이다. 그러나 판결문 중에는 EC의 형사입법권한을 환경정책에 한정하여 인정하는 취지의 설명은 없다는 것, 그리고 그렇게 해야 할 특단의 이유도 발견할 수 없다는 점에서 보면 오히려 2007년 판결이 결론적으로 운송정책에 관한 조문을 근거로 EC의 권한을 긍정한 점을 중시해야 하며, 환경정책 이외의 분야에도 EC의 형사입법권한이 미치는 것을 긍정한 판결로서 평가하는 것이 타당할 것이다. 이에 따라 전술한 '권한부여의 원칙'과의 긴장은 심화되었지만, EC법은 이러한 긴장관계 속에서 누적된 유럽사법재판소의 판례법에 의해서 동태적으로 발전하는 것임을 이 판결은 보여주고 있다.

형벌의 종류·정도에 관한 권한

그런데 이상의 판결들에서 긍정된 EC의 형사입법권한이란 회원국에 대하여 일정행위의 처벌방법으로서 형사벌을 도입하도록 의무지우는 권한이다. 이는 즉 형사벌의 도입을 일반적인 형태로 요구하는 권한에 그치며, 더욱 구체적으로 위반행위에 대하여 부과할 형벌의 종류 및 정도를 설정하는 권한은 아니다. 그러한 권한이 EC에 없다는 것은 2007년 판결에서 명확히 제시되었다.(판결 70단)

그 때문에 EC 정책의 실효성을 확보하는 조치로서 형사벌을 도입하는 경우, EC는 일정한 행위에 대하여 형사벌을 과하도록 회원국에 의무지울 수는 있지만 회원국이 도입해야 할 형벌의 종류·정도의 결정은 EU의 세 번째 기둥의 조치를 통해서만 할 수 있다. 따라서 EU입법기관은 관련조치를 EC와 세 번째 기둥, 쌍방에서(구체적으로는 지침과 골격결정을 결합하여) 채택해야 할 필요가 있다.

그럼 왜 EC에는 형벌의 종류·정도를 설정하는 권한이 없는 것일까. 2007년 결정은 그 이유를 전혀 밝히고 있지 않기 때문에 유럽사법재판소의 견해는 확실하지 않지만, Mazák 재판연구관은 보충성원칙에 따라 이를 설명하고 있다. 즉 형사법의 목적·역할에 관한 생각은 나라마다 다르므로, 특정한 행위에 대한 형벌의 종류·정도도 나라마다 다르다. 따라서 EC에서 입법을 하면, 국내형사법제도의 일관성을 해칠 우려가 있다. 또한 어떤 행위에 대한 형사벌의 중대성·실효성·억제력은 다른 행위에 대해서 과해지는 형사벌과의 관계에서 상대적으로 평가되는 것이기에 같은 처벌이라도 그 중대성을 받아들이는 방법은 나라마다 다르다. 이런 사정을 고려하면, EC보다도 회원국 쪽이 도입해야 할 형사벌의 종류 등을 결정하기에 적합한 입장이라고 할 수 있다.(의견 103-108단)

그러나 보충성원칙에 기초한 설명에 대하여 동 원칙이 EU의 세 번째 기둥에도 적용되는 것이라고 하면, EC뿐만 아니라 EU에 의한 입법도 배제해야 한다는 지적이 있다. 또한 동 원칙은 EC의 권한의 존부가 아니라 권한행사의 타당성을 판단하기 위한 기준이므로 EC의 권한을 부정하는 근거로서 동 원칙을 원용하는 것이 과연 적절한가 하는 의문도 남는다. 그렇지만 Mazák 재판연구관의 지적과 같이 (이를 보충성원칙으로 설명하는 것의 옳고 그름은 그렇다 치고) 형사법분야에서의 법통합(法統合)에 곤란함이 있다는 것은 확실하다. 2005년 판결에도 회원국의 재량에 대한 배려를 나타낸 곳(49단)이 보인다는 것을 종합하여 생각해보면, 유럽사법재판소의 판단에도 이러한 배려가 작용하였다는 것은 충분히 알 수 있다.

리스본조약 이후·역사적 의의

그런데 EU의 형사입법권한에 관한 제도는 리스본조약의 발효에 의해서 대폭 변경되었다. 우선 지금까지의 EU의 기본구조였던 3개의 기둥구조가 폐지되고, EU에 귀속되어 일체화되었다. 또한 EU기능조약 제83조 2항에 의하여 각국 형사법의 접근이 조화조치의 대상이 되는 분야로서 EU 정책의 실효적인 이행을 확보하기 위해서 불가결한 경우에는 EU가 지침의 형식으로 범죄 및 형벌의 정의에 관한 최소한의 법규를 정립할 수 있다는 것이 명기되었다. 또한 여기에서의 입법형식은 지침에 한정되며 규칙은 배제되었다. 지침이 선택된 것은 Mazák 재판연구관도 지적하고 있는 바와 같이 각국의 형사법제도의 다양성에 대한 배려, 또한 지침의 국내법화에 따라 국내의회가 법률을 제정·개정하여 민주적 정통성을 확보할 수 있다는 고려가 있기 때문이라고 생각된다.

이 개정에 의해서 형사입법권한이 EC와 EU(세 번째 기둥)의 어디에 귀속할 것인가 하는 본 건의 논의의 의미는 사라지게 되었지만, 본 건 판결의 EU법 형성상의 역사적인 의의는 아직 남아 있다. 상기의 리스본조약의 개정 내용은 2004년에 서명된 유럽헌법제정조약에서 이미 언급된 바 있지만, 동 조약은 프랑스·네덜란드에서 국민투표에 의한 비준 부결(否決)에 의해서 발효될 수 없게 되었다. 본 건 판결은 이러한 정체상태 중에 기존 조약의 해석을 통하여 개정내용을 일부 선행하여 실현하였다. 이 점에서 본 건 판결은 유럽사법재판소의 판례법이 EC법을 자율적으로 발전시킨 좋은 예가 되고 있다.

(西連寺隆行)

제2장
각국 재판소와 유럽사법재판소의 관계

11. CILFIT 사건: 선결적 판결의 부탁의무의 범위

Case 283/81, CILFIT and Lanificio di Gavardo SpA v. Ministry of Health [1982] ECR 3415

[사실·쟁점]

역외국가에서 이탈리아로 수입된 양모에 이탈리아 정부가 위생검역료를 부과하였다. 수입업자인 CILFIT사는 이 검역료가 관세와 같은 효과를 가지는 조치이고, EC법에 위반되므로 무효라고 주장하였다. 그러나 이탈리아 정부는 EC법이 금하는 것은 EC역내의 수출입에 대한 관세와 그와 동등한 효과를 갖는 조치이며, 본 건의 양모는 역외에서 수입된 것이므로 명백히 금지대상에서 제외된다고 반론하였다. 이탈리아의 최고재판소에 해당하는 파기원(Corte Suprema di Cassazione)에서 이 EC법상 논점이 부각되었다. 파기원은 그 답이 명백하다고 생각하였지만, EC조약 제177[후의 제234, EU기능조약 제267]조 3단에 의하면, EC법의 해석 또는 효력에 관한 문제에 대해서 국내의 최종심재판소는 유럽사법재판소에 선결적 판결을 청구하는 것이 의무였다. 이에 파기원은 최종심재판소의 의무는 여러 EC법의 해석 문제를 부탁하는 의무인지 아니면 합리적인 해석상의 의심이 있는 문제를 부탁할 의무로 축소 또는 한정되는 것인지를 유럽사법재판소에 문의하였다.

선결적 판결 • • •

5. 이 질문에 답하기 위해서는 EC조약 제177[후의 제234, EU기능조약 제267]조가 설계한 제도에 유의할 필요가 있다. 이 제도는 유럽사법재판소에 특히 설립조약과 EC기관의 채택조치를 둘러싼 해석에 대해서 선결적 판결을 내릴 관할권을 부여한 것이다.

6. 동조 2단은 회원국의 여러 재판소 또는 심판소가 판결을 내리기 위해서 해석문제에 관한 판단이 필요한 때에는 그 점에 대한 선결적 판결을 유럽사법재판소에 요청할 수 있다(may)고 한다. 동조3단은 회원국의 재판소 또는 심판소로서 각국법상 그 이상의 사법적 구제 단계가 없는 재판소 또는 심판소에 계류된 사안에서 해석문제가 나온 경우에는 해당 재판소 또는 심판소는 그 문제를 유럽사법재판소에 부탁하여야 한다(shall)고 정한다.

7. 사안을 유럽사법재판소에 부탁해야 하는 이 의무는 EC법의 적용에 책임을 갖는 재판소로서 회원국의 재판소와 유럽사법재판소가 협력하여 성립되는 것으로 이러한 협력은 모든 회원국에서 EC법의 적절한 적용(proper application)과 통일적 해석(uniform interpretation)을 확보하기 위한 것이다. 보다 구체적으로 말하자면 EC조약 제177조3단은 EC법상의 문제에 대하여 공동체 내에서 사법적 판단이 다양하게 나뉘는 것을 막고자 함이다. 따라서 EC조약 제177조의 해석문제가 제기되었을 때, 부탁의무의 범위는 상기의 제목적을 고려하는 한편, 회원국 재판소의 권한과 유럽사법재판소의 권한에 비추어 획정해야 한다.

8. 이에 각국법상 결정에 대하여 (보다 높은 사법적 구제가 존재하지 않는) 각국의 최고재판소 또는 심판소가 유럽사법재판소에 사안을 부탁할 의무가 발생하는 상황을 결정하기 위해서 '그와 같은 여하한 문제에서'라는 EC조약 제177조3단의 문언에 대한 EC법상의 의미를 명확히 할 필요가 있다.

9. 이러한 측면에서 첫 번째로 지적해야 할 것은 EC조약 제177조는 재판소가 이용할 수 있는 제도이며, 각국의 재판소 또는 심판소에 계류된 사안의 당사자가 이용할 수 있는 분쟁해결 절차가 아니라는 점이다. 따라서 당사자가 EC법상의 해석문제가 분쟁에 포함된다고 주장한 것만으로 소관재판소 또는 심판소는 그것이 EC조약 제177조에서 말하는 해석문제에 해당하는 것이라고 생각해야 한다는 의미는 아니다. 한편, 각국의 재판소 또는 심판소는 적당히 스스로의 의견에 따라 문제를 유럽사법재판소에 부탁할 수 있다.

10. 두 번째로 EC조약 제177조2단과 3단의 관계에서, 3단에서 말하는 재판소 또는 심판

소도 국내의 다른 재판소나 심판소와 마찬가지로 판결을 내리기 위한 EC법 관련문제 결정의 필요여부에 대한 판단재량을 갖는다. 따라서 당해 문제가 EC법과 관련이 없는 경우, 즉 당해 문제에 대한 대답이 무엇이든 간에 사안의 결론에 영향을 주지 않는 경우, EC법상의 해석문제를 유럽사법재판소에 부탁할 의무는 없다.

11. 그러나 당해재판소 또는 심판소가 사안의 판결을 내림에 있어 EC법을 적용할 필요가 있는 때에는 EC조약 제177조에 따라 발생할 수 있는 여러 해석문제를 유럽사법재판소에 부탁할 의무가 있다.

12. 파기원이 제기한 문제는 한 발 더 나아가 일정한 경우에 EC조약 제177조 3단에서 정하는 의무를 한정할 수 있는지를 확인하려는 것이었다.

13. 이점에 대하여 *Da Costa* 사건(Joined Cases 28-30/62, Da Costa [1963] ECR 31)의 재판소는 다음과 같이 선결적 판결을 내렸다. “EC조약 제177조 3단은 회원국의 재판소 또는 심판소에서 각국법상 그 결정에 대하여 그 이상의 사법적 구제를 할 수 없는 경우, 모든 해석 문제를 유럽사법재판소에 부탁할 의무를 전면적으로 부과하고 있지만, EC조약 제177조에 기초하여 유럽사법재판소가 판단한 해석이 이미 권위를 가지므로 그러한 의무의 목적과 실질이 없는 경우도 존재할 수 있다. 예를 들어 부각된 문제가 이미 동일한 사안의 선결적 판결에서 다루어진 문제와 실질적으로 동일(materially identical)한 경우를 들 수 있다.”

14. 이와 같이 당 재판소의 기존의 재판단이 해당 법적 논점을 다루고 있는 경우에는 그 판단에 이르게 된 소송의 종류를 불문하고 또한 법적 논점이 엄밀하게 동일하지 않다고 해도, EC조약 제177조 3단에서 정하는 의무가 한정되는 것을 인정할 수 있다.

15. 그렇지만, 그러한 경우에도 각국의 재판소 및 심판소는 EC조약 제177조 3단의 재판소 및 심판소를 포함하여 사안을 유럽사법재판소에 부탁하는 것이 적당하다고 생각되는 때에는 그러한 자유를 완전히 가지고 있다는 것을 잊어서는 안된다.

16. 마지막으로 EC법의 적절한 적용이 너무나 명백하여(so obvious), 발생한 문제를 어떻게 해결할 것인가에 대하여 합리적인 의문의 여지가 전혀 없는 경우(leave no scope for any reasonable doubt)가 발생할 수 있다. 그러나 그러한 결론에 도달하기 전에, 각국의 재판소는 그 문제가 다른 회원국의 재판소나 유럽사법재판소에서도 동일하게 명백하다는 확신을 얻어야 한다. 그러한 조건이 충족될 때에 비로소 각국의 재판소 또는 심판소는 문제를 유럽사법재판소에 부탁하지 않고 스스로 그 문제를 해결할 책임을 가질 수 있다.

17. 그러나 그러한 가능성이 있는지에 대해서는 EC법의 성격에 비추어, 또는 EC법의 해석에 대해서 발생하는 특별한 난점(難点)을 고려하여 판단되어야 한다.

18. 우선, 염두에 두어야 할 것은 EC입법이 수개국어로 기초되어, 각 언어가 동등하게 정본으로 인정된다는 점이다. 이와 같이 EC법 규정의 해석은 다른 언어의 정문(正文)과 비교검토를 해야 한다.

19. 다음으로 유념해야 할 것은 다른 언어의 정문이 상호 완전히 일치하는 경우에도 EC법은 그 독자의 용어를 사용하고 있다는 점이다. 그것도 EC법에서의 법개념과 각국법의 법개념이 동일한 의미를 가진다고 보장할 수 없다는 점이 강조되어야 한다.

20. 마지막으로 EC법의 여러 규정은 EC법의 제규정 전체의 문맥에 비추어 해석되어야 하며, EC법의 제목적을 고려하여 또한 다투어지는 규정이 적용되는 시점에서 EC법의 발전상황도 고려하여야 한다.

21. 이상의 고려에서, 파기원으로부터 제출된 질문에 대한 회답으로서 EC조약 제177조 3단은 다음과 같이 해석함이 합당하다. 즉 각국법상 그 결정에 대하여 사법적 구제가 없는 재판소 또는 심판소는 심리 도중 EC법상의 문제가 제기되었을 때, 사안을 유럽사법재판소에 부탁할 의무가 있다. 그러나 제출된 문제와 무관하거나 해당 EC법규정이 유럽사법재판소에 의하여 이미 해석되었거나 EC법의 적절한 적용이 너무나 명백하여 합리적인 의심의 여지가 전혀 없을 때, 이 중 어느 경우인가가 '확실한 경우'는 그러하지 아니하다. 이러한 가능성의 존재는 EC법의 특성, EC법의 해석에서 발생하는 특별한 곤란, 또한 공동체내에서 사법판단이 여러 갈래로 나뉘는 위험을 고려하여 판단되어야 한다.

해 설

선결적 판결

'선결적 판결'의 어원은 renoi préjudiciel(프); Vorabentscheidung(독); preliminary ruling(영)이다. 유럽사법재판소가 관할하는 중요한 절차 유형 중의 하나인 이 제도는 EC법의 (리스본조약 이후는 EU법의) 적절한 적용과 통일적인 해석을 확보하기 위해서 존재한다. EC법의 대부분은 각국에서 직접 적용되기 때문에 국내의 소송에서도 EC법의 해석이나 효력이 쟁점이 될 수 있다. 이 때 회원국의 재판소가 각각 EC법을 해석하고 적용하면, 다양한 법적 전통을 가진 국가들간에 EC법의 통일적 해석이나 적용은 약화된다. 이에 회원국의 재판소는 절차를 일시정지하고 EC법의 해석이나 효력의 쟁점을 유럽사법재판소에 부탁하고 일차적인 판단을 얻는다. 이에 기초하여 회원국의 재판소는 절차를 재개하고 종결판결을 내린다. 이렇게 EC법의 통일적인 해석과 적용이 달성되는 것이다. 선결적 판결은 이러한 각국 재판소 ⇒ 유럽사법재판소 ⇒ 각국 재판소라는 부메랑 비행궤도의 중간에 위치하는 유럽사법재판소에 의한 EC법상의 쟁점에 대한 판단을 말한다.

'선결적 판결'이라는 귀에 익지 않은 번역어에 대해서 설명하자면, '선결'이라는 것은 종국판결에 앞서는 선결문제를 대하는 판단이라는 의미이다. '선결적 판결'이라는 것은 다음의 이유에서 '판결'과 구별해야 한다. 즉 상술한 *CILFIT* 사건의 선결적 판결 9단에서도 보이는 바와 같이, 이 절차는 소송당사자에게는 이용권이 없으며 전적으로 회원국 재판소의 재량으로 이용되는 절차이므로, 당사자소송절차와는 구별된다. (따라서 선행소송이라고 번역하는 것은 부적절하다) 또한 선결문제의 판단은 회원국의 재판소가 내리는 사건의 종국 '판결'의 기초가 되는 경우도 있으나 그렇지 않는 경우도 있기 때문에 당해 사건의 '판결' 그 자체와도 다르다.(따라서 중간판결이라고 번역하는 것도 부적절하다) 또한 다음에 나오는 유럽사법재판소에서의 직접소송의 '판결'과도 구별해야 한다. 나아가 EC법상의 독자적인 제도를 나타내는 이 개념은 그러한 제도가 없는 국내소송제도의 용어에 강제로 이어 붙여서 이해하는 것이 아니라, 독자적으로 이해해야 할 것이다. 이에 '선결적 판결'이라고 본서에서는 번역하고 있다.

직접소송

선결적 판결의 관할권과 나란히, 유럽사법재판소에는 또 하나의 직접소송(direct actions)의 관할권이 있다. 예를 들어 EC기관에 의한 특정기업에 대한 처분(EC경쟁법 위반의 결정 등)의 취소를 유럽제1심재판소에 직접 요청하는 취소소송이 그 대표적인 유형이다.(EC조약 제230[EU기능조약 제263]조) 이렇게 어떤 EC기관을 피고로 하여 EC의 재판소(유럽사법재판소와 유럽제1심재판소)에 직접 제기된 각종 소송(취소소송, 부작위위법확인소송, 손해배상소송 등)을 강학상 직접소송이라고 총칭하고 있다. 직접소송은 EC기관이나 회원국이 원고가 된 경우에는 유럽사법재판소에 제기하며, 원고가 개인인 경우에는 유럽제1심재판소[일반재판소]에 제기한다.(재판소설립규정 제51조) 이 직접소송에서의 EC재판소의 판단은 '판결'이며, EC재판소에서의 심리절차도 '선결적 판결'과는 다르다. 가장 큰 차이는 직접소송에서는 증거조사(EC재판소 자신에 의한 사실인정)을 할 수 있지만, 선결적 판결에서는 불가하다는 것이다. 선결적 판결에서는 회원국의 재판소가 부탁한 사건조서에 있는 사실에 구속된다. 이렇게 절차가 다르며 소송의 성격도 직접소송은 당사자소송, 선결적 판결은 회원국재판소와 EC재판소간의 협력으로 이루어지는 점이 다르다. 이상의 여러 차이점 때문에 EC재판소의 '판결'에는 '기판력(*res judicata*)'이 발생하지만, '선결적 판결'에는 당사자소송에서 말하는 '기판력'에 상응하는 효과가 발생하지 않는다. '선결적 판결'을 간단하게 '판결'로 번역하지 않는 이유는 바로 이 때문이다.

선결적 판결 제도의 목적

그럼 *CILFIT* 사건의 선결적 판결이 명확하게 나타내고 있지만, 선결적 판결 제도는 회원국의 재판소와 유럽사법재판소의 신뢰와 협력으로 성립하는 제도이며, 상하관계에 있는 제도는 아니다. 그 목적은 회원국의 재판소와 유럽사법재판소가 상호협력하여 모든 회원국에서의 EC법의 적절한 적용과 통일적 해석을 확보하는 것이다.(선결적 판결 7단)

따라서 유럽사법재판소는 원칙적으로 회원국의 재판소가 사안을 부탁하였을 때, 그 당부는 판단하지 않고 수리하여 선결적으로 판결한다. 또한 수리하여 심리계속 중에 부탁처인 회원국의 국내에서 당해 소송사안이 해결되어도 회원국의 재판소가 부탁을 철회하지 않는 한 선결적 판결을 내린다.(그 예로서, Simmenthal 사건(본서 3번사건)) 한편, 부탁한 회원국의 재판소는 유럽사법재판소와의 협력관계를 유지하기 위해서 부탁이유를 조서에 서술해야 한다.(Case C-344/04, International Air Transport Association [2006] ECR I-403, para. 31)

그렇지만, 극히 예외적으로 유럽사법재판소가 선결적 판결의 행사를 거부하기도 한다. 예를 들어 진정한 쟁송성이 그 사안의 당사자간에 없는 가공(架空)소송 또는 우의(友誼)소송인 경우가 그것이다. *Foglia v. Mariella Novello* 사건(Case 104/79, Foglia v. Mariella Novello [1980] ECR 745)이 유명하다. 이 사건에서는 특정의 프랑스법을 EC법위반이라고 생각하는 점에서 의견이 일치하는 원고와 피고가 그 위반을 유럽사법재판소에 인정시키기 위하여 교묘하게 계약서를 작성하고, 한쪽이 다른 쪽을 이탈리아의 재판소에 제소하는 형태로 소송을 제기하여, 이탈리아의 재판소가 유럽사법재판소에 당해 프랑스법의 EC법적합성에 대해서 선결적 판결을 부탁하였다. 그러나 유럽사법재판소는 선결적 판결 제도는 모든 나라의 재판소에 대하여 이에 계류되어 있는 '진정한 쟁송'을 해결하기 위하여 필요한 EC법해석에 관한 정보를 제공함에 그친다고 말하면서, 본 건은 가공의 쟁송이라며 선결적 판결의 관할권 행사를 기각하였다.

재판소·심판소의 범위

선결적 판결 제도는 소송당사자가 이용할 권리를 갖는 소송절차가 아니다. 어디까지나 회원국의 재판소·심판소와 유럽사법재판소와의 신뢰와 협력관계에서 이들만이 이용할 수 있는 재판소간의 협력제도이다.

그러면 어느 범위의 재판소와 심판소가 이용할 수 있는가. 우선 국내법상 사법적 구제기관으로서 명확한 지위를 가진 재판소나 심판소는 선결적 판결 제도를 이용할 수 있다. 문제는 분쟁해결에 관여하는 사법적 기능을 발휘하는 다른 기관이 선결적 판결 제도를 이용할 수 있는가이다. 예를 들어 의사 등 전문직종단체의 자주적인 분쟁해결기관에 해당 직업의 자격인정이나 박탈에 대한 분쟁의 해결이 전적으로 일임되어 있는 경우, 그 자치적인 분쟁해결기관은 '재판소 또는 심판소'에 해당하여 선결적 판결을 이용할 수 있을 것인가.

이에 대하여는 Broekmeulen 판결이 일반적인 판단기준을 보여주었다.(Case 246/80, Broekmeulen [1981] ECR 2311) 네덜란드 의사회의 자주적 분쟁해결기관이 문제가 된 사건이다. 네덜란드인 B는 벨기에에서 의사면허를 취득하여 네덜란드 의사등록을 신청하였는데, 네덜란드의 의사회면허위원회가 거부하였기에 의사회상소위원회(commissie van beroep huisartsgeneeskunde(appeals committee for general medicine))에 불복신청을 하였다. 유럽사법재판소는 그 분쟁해결기관이 ① 당해 회원국에서 문제의 분쟁해결에서 담당하는 역할 ② 해결기관 외에 통상의 재판소에서의 분쟁해결이 보장되고 있는지 ③ 당해해결기관의 분쟁해결의 방법 ④ 해당 분쟁해결기관에 대한 국가의 관여 정도를 종합적으로 판단하여 네덜란드의 왕립의사협회가 설치한 의사회상소위원회는 EC조약 제234[EU기능조약 제267]조 3단의 '재판소 또는 심판소'에 해당한다고 판단하였다. ①과 ②에 대해서는 네덜란드에서의 의사개업은 네덜란드 왕립의사협회가 설치한 등록위원회에 등록하지 않으면 법적 또는 사실상 전문의로서도 사회보험의로서도 사적개업의로서도 개업할 수 없다. 이 때문에 네덜란드에서는 모든 의사등록이 등록위원회에 대한 등록신청에 의하며, 모든 등록거부결정은 상소위원회에서 다투어지며 통상의 재판소가 등록을 위한 분쟁에 판단관할권을 가지는지에 대한 결정을 한 전례가 없었다. 또한 ③에 대해서는 상소위원회가 대심절차에서 판단을 내리는 것을 들었고, ④에서는 상소위원회의 인원구성에서 국가(교육인적자원부·보건복지부)가 관여한다는 것, 왕립협회의 설치규정이나 내부규칙의 개정에는 교육부장관과 보건복지부장관과의 협의가 의무라는 것 등을 들었으며, 이 사건의 판단기준이 이후 정착되었다.

부탁의무의 범위

CILFIT 사건의 선결적 판결에서 가장 중요한 점은 국내에서 종심이 되는 재판소·심판소에는 원칙적으로 EC법문제의 부탁의무가 있는데, 예외적으로 ① 그 EC법문제가 사실의 종국적 해결에 관련이 없는 경우 ② 실질적인 동일 쟁점이 이미 선결적 판결으로 판단된 경우(Da Costa 사건) 또는 ③ EC법의 적절한 해석이 합리적인 의심의 여지를 남기지 않을 만큼 '명백한 경우'(본 건 CILFIT 사건), 부탁의무가 발생하지 않는다고 명언하였다는 점이다.

마지막의 '명백한 경우'란 프랑스행정법에서 말하는 '명백한 행위(acte clair)의 법리'(해석문제가 제기되지 않을 만큼 의미가 명백한 행위에 대하여 재판기관은 해석권한을 갖지 못한다는 학설상의 개념)에 유사하다. 그러나 어디까지나 EC의 제도목적에 비춘 법개념이므로, 프랑스법상의 개념과는 구별하여 이해해야 한다.

EC법상의 '명백한 경우'에 부탁의무가 없다는 준칙은 유럽사법재판소가 본 건의 선결적 판결 17-20단에서 요구하는 방법론에 의하는 한, 비현실적이며 실무상으로는 거의 적용될 기회가 없다. 이유는 (당시에 이미 10개국이었던) 현재 27개 회원국, 23개 언어가 공용어로 쓰이는 현 상황에서 EC법의 정문의 비교대조를 각국 재판소에 요청하고 명백성에 확신을 얻는 경우란 거의 전무하다. EC법상의 개념상으로는 이를 독자적으로 해석해야 한다면 각국 재판소는 해석문제를 부탁할 수밖에 없다. 따라서 '명백한 경우'는 부탁의무를 완화하는 것처럼 보이면서도 실제로는 완화하는 결과가 되지 않는다. 당시의 유럽사법재판소는 EC법의 통일적 해석과 적용의 확보에 강한 관심을 가지고 있었기에 부탁의무의 완화에는 극도로 신중하였다.

마찬가지로 EC법의 통일적 적용이라는 요청에서, 유럽사법재판소는 *Foto-Frost* 사건(본서 12번사건)에서 회원국의 재판소가 EC법규나 지침 등의 유효성을 확인하는 것은 허용되지만, 무효라고 인정하는 것은 허용되지 않으며 무효성의 쟁점은 선결적 판결의 부탁의무가 있다고 판단하였다.

통일적 해석과 신속한 해결의 대립

그러나 모순이 발생하였다. 통일성을 강조하는 것은 좋다. 그러나 그 때문에 부탁이 늘어나면 유럽사법재판소의 심리는 지연된다. 선결적 판결의 관할권은 현재 유럽사법재판소가 독점하고 있다. 선결적 판결의 부탁건수가 늘어나면, 유럽사법재판소의 처리능력을 넘어서게 되어 선결적 판결은 항상 지연될 것이므로(선결적 판결 소요기간의 평균은 1998년에 21.4개월, 2002년에는 24.1개월, 2007년에는 19.3개월) 소송당사자의 신속한 분쟁해결은 요원해진다. 그 때문에 각국의 재판소(종심재판소를 포함)에서, EC법상의 해석에 합리적인 의문이 남는 사건이라도 선결적 판결을 요청하지 않고 당사자를 위한 신속해결을 우선시켜 스스로 EC법을 해석하여 적용하는 사례도 나오고 있다.(영국의 사례로는 최종심인 상원의 Freight Transport Association 사건 [1991] 1 WLR 828, [1994] 3 All ER 915와 하급심인 고등법원의 Portman Agrochemicals 사건 [1994] 3 CMLR 18 등) 이렇게 EC법의 통일적 해석과 적용을 강조한 나머지 유럽사법재판소가 혼잡하게 되었고, 분쟁이 신속해결의 요청에 답할 수 없어 각국의 재판소가 선결적 판결의 이용을 포기하고 결과적으로 EC법의 통일적 해석과 적용이 뜻대로 되지 않는다는 모순이 발생한다. 물론 회원국의 재판소가 부탁해야 할 사안인데도 의도적으로 부탁을 피한 사례는 많지 않다. 그러나 통일적 해석의 적용과 신속한 분쟁해결 간에 긴장관계가 발생하고 있는 것 또한 사실이다.

지연해결책

이에 2000년 이후, 선결적 판결의 지연해소책이 몇 가지 고안되었다. 첫 번째로 유럽사법재판소의 소송절차규칙이 2005년도에 개정되어 예외적으로 가속처리를 요하는 선결적 판결사건에 대하여 각국 재판소에서 신속한 처리의 신청을 한 경우 유럽사법재판소의 재량으로 다른 사건보다 먼저 처리할 수 있다고 규정하였다.(절차규칙 제104조) 두 번째로 2008년부터는 '긴급선결적 판결절차'(PPU)도 도입되었다.(절차규칙 제104b조) 이것은 절차 전체를 간소화하여 신속처리를 목적으로 한다. (가속처리는 처리의 순서를 앞당길 뿐이다) 예를 들어 아동납치 등의 인신보호 사안에 사용된다. 세 번째로 EU직원에 관한 소송사건은 유럽제1심재판소에서 처리하고 있었지만, 2004년 11월에 신설된 EU행정법원(Civil Service Tribunal)에서 심리하게 되어 법률문제의 상소만을 유럽제1심재판소가 맡도록 되었다.([2004] OJ L

333/7) 유럽사법재판소의 혼잡해소에는 별로 공헌하지 못하였지만, 혼잡해소책의 하나이기는 하다. 네 번째로 선결적 판결의 관할권에 대해서는 2001년의 니스조약 이후, 유럽제1심재판소도 인정될 수 있다(재판소설립규정에서 인정되는 사건유형을 정한다)는 규정이 추가되었지만(EC조약 제225[EU기능조약 제256]조3항), 현시점에서 아직 이것은 실현되지 않고 있다.

(中村民雄)

12. Foto-Frost 사건: 선결적 판결의 의무적 부탁–EC파생법규의 무효판단

Case 314/85, Foto-Frost v. Hauptzollamt Lübeck-Ost [1987] ECR 4199

[사실 · 쟁점]

본 건에서는 동독(독일민주공화국) 제품에 대한 '통관 후 수입관세징수(post-clearance recovery of import duties)'가 다투어졌다. 이는 통관절차에 들어간 제품에 대하여 본래는 통관시에 이루어져야 할 납세의무자에 대한 관세지불청구가 없었던 경우, 후일 납세의무자에게서 관세를 징수하는 것을 말한다. 1979년의 EC이사회규칙 1697/79호가 이 징수절차를 규율하고 있었다. 동 규칙은 ① 수입관세의 미징수가 회원국의 관할당국의 과실에서 비롯된 경우 ② 관세의 납세의무자가 당해 과실을 인식하는 것이 불가능하였었고, 관세 납부의무자가 선의로 행동한 경우 ③ 규칙이 정하는 일정한 요건을 모두 준수한 경우에 관할당국은 이에 대해서는 징수하지 않는다고 정하고(동 규칙 제5조2항) ③의 '일정요건'에 대한 상세규정은 별도로 유럽집행위원회 규칙이 정하는 것으로 하였다. 그리고 유럽집행위원회는 1980년에 EC집행위원회규칙 1573/80호를 채택하여 그 자세한 내용을 정하고, 수입관세액이 2000 ECU이상인 경우에는 회원국의 관할당국은 유럽집행위원회에 당해 사안을 의무적으로 부탁하고 유럽집행위원회가 이의 징수 여부를 결정하도록 하였다.

또한 본 건 당시, 동서독 간의 상품거래는 EC법상 특별히 '독일역내통상에 관한 의정서'에 의해서 규율되고 있었다. 동 의정서는 독일의 재통일을 촉진하기 위해서 EC법의 적용상, 동서독 간의 상품거래를 무관세로 하고 있었다.

본 건의 원고는 서독에서 Foto-Frost의 사무실을 이용하여 사진용품의 무역업에 종사하고 있었다. 원고는 1980년 9월부터 1981년 7월에 걸쳐, 당시 역외국이었던 동독에서 제조된 프리즘 쌍안경을 당시 EC역내국이었던 덴마크와 영국의 업자에게서 구입하였고, 이들 제품은 통관 전에 덴마크와 네덜란드의 보세창고에서 원고에게 직접배송되었다. 원고는 당해 제품의 수입을 신고하였지만, 관할하는 서독 세무서는 동일 사례의 전례를 따라 당해 제품이 동독에서 제조되었다는 이유로 무관세로 수입을 승인하였다. 그러나, 이후 서독의 상급세무서는 동제품이 동독에서 EC회원국을 경유하여 서독에 수입되었으므로, 동제품의 수입에는 통관 후의 수입 관세징수가 필요하다고 판단하였다. 그렇다고는 해도 원고의 수입은 이사회규칙 1697/79호 제5조2항에서 정하는 징수면제의 세 가지 요건을 충족하고 있으므로, 결국에 징수는 면제된다고 생각하였다. 그리고 세액이 2000 ECU를 초과하였으므로 전술한 집행위원회규칙 1573/80호에서 정하는 절차에 따라 징수면제여부의 결정을 유럽집행위원회에 부탁하였다. 이에 집행위원회는 1983년 5월, 원고가 서독 세무서의 무관세처분의 잘못을 알고 있었다는 점과 원고의 신고가 법정의 요건을 충족하지 않고 있음을 이유로 징수면제를 인정하지 않는다는 결정을 상급세무서에 통고하였다. 서독의 상급세무서는 이 결정에 따라 1983년 7월, 원고에 대하여 수입 관세의 지불을 청구하도록 수정통지하였다. 이에 대하여 원고는 서독의 국내재판소인 재무재판소(Finanzgericht)에 상급세무서의 수정통지에 대한 집행중지와 그 무효확인을 요청하였다. 재무재판소는 동서독간의 특별 무관세협정('독일역내통상에 관한 의정서')의 취지에 비추어 본 건 거래는 독일 역내통상에 해당하므로 무관세가 마땅하다고 판단하고, 수정통지의 집행을 정지하였다. 그러나 원고가 구하는 수정통지의 무효확인에 대하여 상급세무서의 수정통지를 무효로 하려면 그 기초가 되는 본 건 집행위원회결정이 무효라는 것을 확인해야 한다고 생각하여, 선결적 판결절차에 의하여 4개의 선결문제를 유럽사법재판소에 부탁하였다. 그 중 제1문이 가장 중심적인 쟁점이다.

제1문은 유럽집행위원회가 행한 본 건 결정(징수면제를 인정하지 않는 결정)의 효력을 국내재판소(특히 하급심재판소)가 (유럽사법재판소에 선결적 판결을 구하지 않고) 독자적으로 심사할 수 있는가 여부에 대한 것이었다. 제2문은 국내재판소가 유럽집행위원회 결정의 효력을 심사할 수 없다면, 본 건의 유럽집행위원회결정이 유효한가 여부에 대한 것이었다.(제3문 이하는 생략)

선결적 판결 • • •

13. EC조약 제177[후의 제234, EU기능조약 제267]조는 국내법상 상소가능한 국내의 하급재판소가 {EC파생법규의} 해석 또는 효력의 문제에 관한 선결적 판결문제를 유럽사법

재판소에 부탁할 수 있다고 규정하고 있지만, 국내하급재판소가 스스로 EC기관의 행위(=EC기관이 채택한 결정 등의 파생법규)를 무효라고 선언할 수 있는가에 대해서는 정하고 있지 않다.

14. 국내하급재판소는 EC의 행위의 효력을 검토할 수 있으며, 당사자가 주장하는 무효사유의 근거가 없다고 생각될 때에는 다투어진 조치(EC기관의 행위)는 완전히 유효하다고 결론을 내리고, 청구를 기각할 수 있다. 이렇게 판단하여도 EC에 의한 조치의 존재를 의문시하는 것은 아니다.

15. 한편, 국내하급재판소가 EC기관의 행위를 무효라고 선언할 권리는 없다. … EC조약 제177조가 유럽사법재판소에 부여한 (선결적 판결)권한의 주요한 목적은 국내재판소에 의한 EC법의 통일적 적용을 확보하는 것이다. 이 통일성은 특히 EC기관의 행위의 효력이 문제가 되었을 때 절대적으로 필요한 요청이다. 회원국의 재판소 사이에서 EC기관의 행위의 효력에 대한 판단에 차이가 생기면 공동체법질서의 통일성 그 자체가 위험에 처하게 될 것이며, 법적 안정성이라는 근본적인 요건도 흔들리게 될 것이기 때문이다.

16. EC조약이 구축한 사법적 보호 제도에 필요한 일관성을 고려하는 측면에서도 같은 결론을 도출할 수 있다. 이 점에 대해서는 선결적 판결의 청구는 무효확인소송과 마찬가지로 EC기관의 행위의 적법성을 심사하는 수단이 되고 있다고 해야 한다. 당 재판소가 '녹색당'사건(본서 17번사건)에서 지적한 바와 같이, 'EC조약 제173[후의 제230, EU기능조약 제263]조(취소소송) 및 제184[후의 제241, EU기능조약 제277]조(위법성의 항변)와 제177조(선결적 부탁절차)를 양축으로 하여 EC조약은 사법적 구제 및 절차가 완결된 제도를 구축한 것이며, 이 제도를 통해서 유럽사법재판소는 EC기관이 채택한 조치의 적법성을 심사할 수 있는 것이다.'(Case 294/83, Parti écologiste "Les Verts" v. European Parliament [1986] ECR 1339)

17. EC조약 제173조가 유럽사법재판소에 EC기관의 행위를 무효라고 선언하는 배타적인 관할권을 부여한 이상, 제도의 일관성 유지 측면에서 EC기관의 행위의 효력이 국내재판소에서 다투어지는 경우에도 무효라고 선언할 권한은 유럽사법재판소에 유보되도록 해석되어야 한다.

18. 또한 강조되어야 할 것은 유럽사법재판소가 EC의 행위의 효력을 결정하기에 최적의 입장에 있다는 것이다. 유럽사법재판소설립규정의정서 제20[23]조에 기초하여 자기의 행위가 다투어지고 있는 EC기관은 당해 행위의 효력을 변호하기 위해서 심리에 참가할 수 있다. 또한 동 의정서 제21[24]조 2단에 기초하여 유럽사법재판소는 심리에 참가하지 않는 회원국들 및 EC기관에 대하여 재판소가 사안의 심리에 필요하다고 판단한

여러 정보를 제공하도록 의무를 부과할 수 있다.

19. 또한 국내재판소는 EC기관의 행위를 무효라고 선언할 수 없다는 준칙에도 잠정조치의 신청에 관한 소송의 경우에는 일정한 예외가 있다는 것을 더불어 알아두어야 한다. 그러나 그러한 경우에 대해 본 건의 국내재판소의 부탁에는 언급되어 있지 않다.

20. 따라서 제1문에 대해서는 국내재판소는 EC기관의 행위를 무효라 선언하는 관할권을 갖지 않는다고 답변하는 것이 합당하다.

[뒤이어 유럽사법재판소는 제2문에 대하여, 본 건에는 이사회규칙 1697/79호가 정하는 관세징수가 면제되기 위한 세 가지 요건을 충족하고 있다고 인정하고, 본 건의 유럽집행위원회결정을 무효라고 판단하였다.(28단)]

해 설

사건의 의의

본 건은 회원국의 재판소가 EC파생법규의 무효를 스스로 선언할 권리를 갖지 않는다는 것, 역으로 현행의 EC파생법규를 유효하다고 판단하는 것은 EC법의 통일적 적용의 실효적인 확보를 방해하지 않으므로, 각국의 재판소에서도 할 수 있다고 해석하였다는 점에서 중요하다. 이 해석은 EC조약 제234[EU기능조약 제267]조의 명문에서는 불명확하였던 점을 명확히 하였기 때문이다. 이 해석의 근거로서 EC법의 통일적 적용의 요청과 EC조약이 구축한 사법제도의 완결성을 강조한 점도 특징적이다. 이하, 이러한 결론에 이르는 논리를 순차적으로 해설하겠다.

문제의 배경

본 선결적 판결의 중심적 쟁점은 본래는 부탁의무를 지지 않는 회원국의 하급재판소가 EC기관의 행위의 유효성을 판단할 권한을 가지는가에 대한 것이다. 선결적 부탁절차를 정하는 EC조약 제234조의 문언을 문자 그대로 읽는 한, 하급재판소는 스스로 EC법을 해석함과 동시에 EC법(EC기관이 채택한 행위)의 유효·무효를 판단할 수 있는 것처럼 보인다. 그러나 본 선결적 판결은 국내재판소는 EC기관의 행위의 유효를 판단할 수는 있지만 무효라고 판단할 수는 없으며, 무효라고 판단한 경우에는 선결적 판결에 따라 유럽사법재판소에 사안을 부탁해야 한다고 판시하였다. 그 결과는 재판연구관 의견과도 일치하고 절차참가자도 지지하는 부분이었지만, 제234조의 문언자체에서 자명한 것이 아니어서 이해하기 힘든 것이 사실이다. 재판연구관 의견에 따르면, 실제로도 본 선결적 판결 이전에는 하급재판소의 판단권을 인정하는 국내판결이 상당수 존재하였다. 이들 판결의 논거는 첫 번째로 EC법의 '해석'과 '효력'을 병기하여 동등하게 취급하는 제234조의 문언이며, 두 번째로 국내최종심의 부탁의무만을 규정하고 있다는 점이다. 이에 더하여 학설에서도 유럽사법재판소의 배타적 권한을 규정하는 ECSC조약 제41조[현재실효]와의 상이함을 지적하면서 국내재판소에 판단권이 있음을 주장하는 의견이 있었다.(본 건의 재판연구관 의견 [1987] ECR at 4214-4217)

그러나 본 선결적 판결은 이들 견해와는 달리, 선결적 부탁절차의 목적인 'EC법의 통일적 적용', 동 수단의 전제가 되는 '유럽사법재판소와 국내재판소의 협력관계', 그리고 선결적 부탁절차와 직접소송의 조합에 따른 '개인의 권리보호'로부터 위의 결론을 도출하였다. 본 건의 선결적 판결을 통하여 EC에서의 유럽사법재판소와 국내재판소의 미묘한 협력관계의 존재양식을 알 수 있을 것이다.

선결적 판결의 수단

본 선결적 판결의 의의를 명백히 하기 위해서는 우선 EC조약 제234조가 규정하는 선결적 부탁절차의 내용을 검토할 필요가 있다.(본서 11번사건 해설 참조)

선결적 부탁절차는 구체적으로는 회원국의 국내재판소가 자기에게 계류된 소송중에 발생한 EC법상의 쟁점에 대해서 유럽사법재판소에 질문을 부탁하고, 유럽사법재판소가 선결적 판결이라는 형태로 질문에 대한 회답을 주는 절차이며, 국내재판소는 유럽사법재판소의 선결적 판결에 따라 당해 소송을 처리하게 된다. 그리고 (a) 설립제조약의 해석, (b) 기관, 기구, 독립부서 또는 전문행정기관의 행위의 효력 및 해석이 선결적 판결의 대상이 된다.(EU기능조약 제267조 1단)

국내재판소에 의한 부탁에는 '재량적 부탁'과 '의무적 부탁'의 두 종류가 있으며, 그 판결에 대한 상소가 가능하다. 회원국의 하급재판소로부터의 부탁은 재량적이며, 하급재판소는 스스로 판결을 내리기 위해서 필요하다고 생각되는 경우 유럽사법재판소에 선결적 판결을 구할 수 있다.(제267조 2단) 이에 대하여, 국내법상 그 결정에 대하여 사법적 구제를 구할 여지가 없는 회원국 최종심의 경우에는 부탁은 의무적이며, 최종심에 해당하는 재판소는 사안을 유럽사법재판소에 부탁해야 한다.(제267조3단) 이와 같이, 하급재판소에 대한 부탁의무가 규정되어 있지 않기 때문에, 하급재판소는 EC기관의 행위의 효력을 판단할 수 있지 않는가 하는 의문이 생긴 것이다.

선결적 부탁절차의 존재의의

이러한 선결적 부탁절차는 EC법질서에서 어떤 의미가 있는 것일까. 선결적 부탁절차의 존재가 나타내는 바와 같이, EC법은 EC재판소에서 적용될 뿐만 아니라, 각 회원국의 국내재판소가 적용하는 법이다. EC법이 EC 전 영역에서 동일하게 적용되는 'EC법의 통일적 적용'은 EC의 목적달성에 불가결한 원칙이지만, EC법이 각각 완결된 상이한 재판소 제도 하에서 적용되게 된다는 것은 통일적 적용의 실현을 위험에 빠뜨릴 수 있다. 이 때문에 도입된 것이 선결적 부탁절차이며, 이 절차는 'EC법의 통일적 적용'과 '회원국 주권의 존중', 구체적으로는 국내재판소의 권한을 존중한다는 상호 모순된 요청을 만족시키기 위해서 법의 '해석'과 '적용'을 구분하여 전자를 유럽사법재판소에 맡기고, 후자를 국내재판소에 유보하고 있다.

선결적 부탁절차의 특징은 'EC법의 통일적 적용'을 유럽사법재판소와 국내재판소라는 두 종류의 사법기관의 '실효적인 협력관계(effective cooperation)'을 통해서 실현하려는 것이다. 유럽사법재판소는 EC법에 공권적 해석을 부여하는 최종적 권한을 가지고 있지만, 이 절차가 국내재판소제도의 상소재판소와 같은 국내재판소에 대한 상급심인 것은 아니다. 양재판소간의 협력관계는 국내재판소가 질문을 부탁한 경우, 유럽사법재판소가 EC법의 적절한 적용을 위해서 국내재판소에 필요한 조언을 제공한다는 양재판소간의 신뢰관계에 기초를 두고 있다.

그리고 본 선결적 판결은 제234조의 문언보다도 상기와 같은 선결적 부탁절차의 제도취지에 착안하여 'EC법의 통일적 적용'이라는 관점에서 회원국의 하급재판소가 EC기관의 행위의 유효성에 대한 판단을 통해 회원국간 또는 하나의 국가 내에서 다른 판결이 나오는 사태를 회피하는 것에 중점을 두었다. 부탁의무를 부정하는 입장에서는 하급심의 무효판단에는 상소가 가능하며, 최종심은 부탁의무를 지므로 부탁의무를 부정해도 EC법의 통일적 적용이 흐려질 위험은 그다지 크지 않다고 주장하지만, 본 선결적 판결은 그러한 견해를 지지하지 않았다. 본 건의 원고와 부탁을 한 국내재판소를 포함하는 본 건 절차에 참가한 전 당사자가 하급재판소의 효력심사권한을 부정하고, EC기관의 행위를 무효라고 판단하는 권한은 유럽사법재판소에 전속한다는 결론을 지지하고 있었던 점은 통일적 적용에 대한 요청의 강도를 나타내는 것이며, 본 건의 재판연구관도 제234조의 문리해석이 부당한 결과를 초래할 수 있음을 지적하고 문언에 구애받지 않는다는 입장을 명확히 하였다.(재판연구관 의견 [1987] ECR at 4217-4218) 이러한 점들을 고려하면 무효를 판단하는 경우에 부탁의무가 부정될 여지가 실제로는 없었을 것이다.

EC기관행위에 대한 사법심사의 완결성

또한 '개인의 권리보호'를 위해서 EC조약이 취소소송과 부작위소송을 중핵으로 하는 직접소송과 선결적 부탁절차의 양자에 의하여 유럽사법재판소에 의한 EC기관의 행위의 적법성을 심사하는 체제를 보장하고 있다는 점에 유의해야 한다.

EC조약은 EC기관에 의한 위법행위의 시정을 목적으로 유럽사법재판소에 직접적으로 제기하는 복수의 소송유형을 정했는데, 이들 소송은 '직접소송'이라고 한다. 직접소송은 권리를 침해받은 개인을 법적으로 구제하는 직접적 방법이며, 전형적인 예가 EC조약 제230[EU기능조약 제263]조의 '취소소송' 내지 '무효확인소송'이다.

동조에 의하여 개인은 EC기관을 피고로 하여 EC재판소(현행법상으로는 일반재판소)에 소송을 제기할 수 있으며, 위법이라고 판단된 EC기관의 행위는 무효가 된다.(EC조약 제231[EU기능조약 제264]조) EC기관이 EC법을 직접 집행하는 경우에는 그 행위의 적법성은 이들 직접소송에서 다투어진다.

그러나 EC법을 집행하는 임무는 실제로는 그 대부분을 회원국이 담당하고 있다. 많은 규칙 및 모든 지침이 EC 영역 내에서 현실적으로 적용되기 위해서는 회원국이 일정한 국내적 이행조치를 취할 필요가 있다. 때문에 회원국 차원의 이행조치에 의하여 영향을 받은 개인은 당해 조치를 대상으로 국내법에 기초한 소송을 국내재판소에 제기하고, 그 소송에서 이행조치의 근거인 EC법의 위법성을 주장할 수 있다. 본 선결적 판결도 바로 그러한 사안이며, 쟁점이 된 EC법의 적법성은 선결적 부탁절차에 따른 국내재판소의 부탁에 의하여 유럽사법재판소가 판단한다. 이 경우에 선결적 부탁절차는 직접소송과는 다른 형태이면서도 개인이 EC재판소에 의한 심사에 도달할 수 있는 길을 제공하는 기능을 담당하고 있다. 다시 말하자면, 본 선결적 판결도 판시하는 바와 같이 개인의 권리보호에 관한 한 '직접소송'과 '선결적 부탁절차'의 양자는 상호 관련되어 같은 목적달성을 지향하고 있는 것이다.

본 선결적 판결은 그러한 사법심사제도 전체의 일관성과 최소소송과 선결적 부탁절차를 되도록 같이 취급해야 한다는 이유에서, 무효 판단자체는 유럽사법재판소에 한정한다고 결론짓고 있다. 또한 재판연구관도 마찬가지로 국내의 하급재판소에 EC파생법규를 무효로 하는 판단권을 인정할 수 있다는 해석론은 유럽사법재판소에 배타적 관할권을 부여한 EC기관의 행위에 대한 심사제도(EC조약 제230·231조)에 모순된다는 것을 지적하고 있다.(재판연구관 의견 [1987] ECR at 4218)

'해석'의 부탁과 '효력'의 부탁

본 건 선결적 판결의 결론에서 회원국의 하급재판소는 'EC법의 해석'과 'EC기관의 행위의 효력'의 경우에 각각 다른 대응을 해야 한다는 것을 알 수 있다. EC기관의 행위의 '무효'가 쟁점이 된 경우에는 하급심이라도 유럽사법재판소에 선결적 판결 부탁의무를 지지만, EC법의 '해석'이 쟁점일 때에는 국내의 최종상소심만이 유럽사법재판소에 부탁의무를 진다는 것이다.

한편, EC법의 통일적 적용을 강조하여 무효라고 판단하는 경우에 부탁의무가 있다고 하는 논리의 연장선상에는 EC법의 해석이 쟁점이 된 경우에 하급재판소에도 부탁의무를 지운 것이 아닌가 하는 의문이 들 수 있다. 그러나 해석과 효력에 대한 판단의 성격은 다르며, 양자를 동일하게 취급하는 것이 논리필연적인 것은 아니라고 생각한다. 첫째로 재판연구관이 말하는 바와 같이 규범의 해석은 유효한 규범의 적용을 전제로 하고 있으며, 하급재판소가 이를 잘못 해석한다 하여도 EC법의 본질적 핵심에는 피해가 없다.(재판연구관 의견 [1987] ECR at 4219) 이에 반하여 법 자체를 부정하는 것은 규범의 해석과는 달리, EC법의 본질적 핵심을 흔들게 된다. 두 번째로 해석은 법의 의미내용을 밝히는 것으로 당해 사안의 사실과는 직접적인 관계가 없다. 그러나 규범의 효력을 심사하는 경우에는 구체적인 사실의 검토까지 해야 하므로, 본 건의 선결적 판결에서 유럽사법재판소는 유럽집행위원회결정의 효력을 묻는 본 건의 제2문에 관하여 '유럽사법재판소는 EC기관의 행위의 기초가 되는 사실의 존재와 EC기관이 이 사실에서 도출한 법적 추론의 정당함을 확인하는 권한을 가지고 있다'고 판시하였다.(선결적 판결 23단) 이상의 두 가지 점에서 EC법의 '해석'이 EC기관의 행위의 '효력(유효성)'의 판단과는 본질적으로 다른 부분이 있다는 것을 나타내고 있다. 즉 해석과 효력판단이라는 상이한 성격을 가진 두 개의 작업을 EC조약 제234조라는 하나의 조문 내에 병기함으로써 혼란을 야기하고 있다.

각국 이행조치의 잠정적 집행정지

마지막으로 본 건 선결적 판결에서는 충분히 논해지지 않았던 논점인데, EC파생법규의 효력의 쟁점에 대한 부탁의무 원칙의 예외상황이 존재한다.(선결적 판결 19단) 예외적으로 각국의 하급재판소가 회원국에 의한 이행조치의 기초가 되는 EC파생법규의 무효가 의심되는 경우, 회원국의 이행조치의 집행정지를 잠정적으로 명할 수 있는가에 대한 문제이다. 본 건 선결적 판결 19단에서, 이 논점에 대해서 본 건에서는 답변하지 않는다고 명언하였다.

이 논점에 대한 회답은 이후 1991년의 *Zuckerfabrik* 사건(Joined Cases C-143/88 and C-92/89, Zuckerfabrik Süderdithmarschen and Zuckerfabrik Soest [1991] ECR I-415)에서 명확해졌다.(동지는 Case C-465/93, Atlanta Fruchthandelsgesellschaft mbH [1995] ECR I-3761; Case C-334/95, Krüger [1997] ECR I-4517 등에서 재확인되고 있다.) 이 *Zuckerfabrik* 사건에서 국내재판소는 자신이 회원국의 이행조치의 집행정지를 인정한다면 EC규칙이 직접적용성을 가지는 것과 모순된다는 의견을 표명하였지만(선결적 판결 15단), 유럽사법재판소는 이에 동조하지 않았고, EC규칙의 이행을 회원국 당국이 담당할 때 개인이 당해 규칙의 집행을 정지시킬 결정을 얻을 수 없다면, EC법이 보장하는 개인의 권리는 침해받게 될 것이라고 판시하였다.(선결적 판결 16-17단) 이러한 판단의 근거는 이미 소개한 *Foto-Frost* 사건의 선결적 판결과 마찬가지로 EC사법제도의 일관성에 있다. 즉, 직접소송인 취소소송을 제기하는 경우에 EC규칙의 잠정적인 집행정지를 유럽사법재판소가 명할 수 있다는 것을 EC조약 제242[EU기능조약 제278]조에서 정하고 있다. 따라서 EC사법제도의 완결성 때문에 잠정적인 구제제도도 일관되어야 하므로 선결적 부탁절차의 경우에도 국내재판소는 적법성이 다투어지고 있는 EC규칙에 기초한 회원국 행정조치의 집행정지를 명할 수 있어야 한다는 논리이다.(선결적 판결 18단)

나아가 유럽사법재판소는 집행정지의 요건도 명확히 하였다. 첫 번째로 회원국 행정조치의 근거가 되는 EC규칙의 효력에 심각한 의문이 존재해야 하고 집행정지는 어디까지나 잠정조치로서의 성격을 유지해야 한다는 것, 두 번째로 긴급성요건인데 심각하고 회복불가능한 손해를 회피하기 위한 것이어야 하며, 세 번째로 공동체의 이익에 대한 배려로서 집행정지에 의하여 EC법의 실효성이 완전히 몰각(沒却)되지 않아야 한다는 것이다.(선결적 판결 33단)

(須網隆夫)

●●●

제3장

유럽사법재판소의 법령심사·사법통제

13. UPA 사건: 취소소송의 개인의 원고적격 —'직접적·개별적으로 관련있는'의 한정적 해석

① C-50/00 P, Unión de Pequeños Agricultores v. Council [2002] ECR I-6677
② T-177/01, Jégo-Quéré & Cie SA v. Commission [2002] ECR II-2365
③ C-263/02 P, Commission v. Jégo-Quéré & Cie SA [2004] ECR I-3425

[사실·쟁점]

EC조약 제230[EU기능조약 제263]조는 EC기관의 행위의 적법성을 확보하기 위해서 회원국과 다른 EC제기관에 취소소송의 원고적격을 부여하고 있다. 회원국, 이사회, 유럽집행위원회, 유럽의회는 법적 효력을 갖는 EC기관의 여러 행위에 대해서 취소소송의 원고적격을 갖는다. 그러나 개인(자연인·법인 등)은 '직접적이고 개별적으로 관련있는' 규칙 또는 결정에 대해서만 취소소송의 제기가 허용된다.(동조 4단)

유럽사법재판소는 1963년의 *Praumann* 판결(Case 25/62, Plaumann [1963] ECR 95)에서 '개별적으로 관련있는'이라는 요건을 글자 그대로 한정적으로 해석하였다. 즉 '원고에게 특유의 속성이 있어 개별적으로 관련이 있는 경우 또는 원고가 놓인 사실관계 때문에 타자와는 구별되는 직접적인 수범자가 된 경우와 같이 개인적으로 특정되어 영향을 받을 수 있는 때에 한정된다'고 한 것이다. 이후 이 판결 해석이 확립되어 사실상 특정의 개인에만 적용되는 조치라도 이론상 잠정적으로 타자에게도 적용가능한 일반적인 규정처럼 보이는 조치를 이유로 해서는 개인이 EC재판소에 취소

소송을 직접적으로 제기할 원고적격이 없는 경우가 많았다.(경쟁법이나 반덤핑조치에서는 약간의 예외가 있다)

쟁점

그러나 이러한 한정적 해석에 따른 운용으로는 일반적으로 직접적으로 적용되는 규정처럼 보이는 EC규칙에 위법이 있는 경우 이로 인하여 불이익을 받는 개인이 실효적으로 사법적 구제를 받을 수 없는 경우가 생긴다. 바로 당해 EC규칙을 회원국 국내에서 이행하는 조치가 없는 때가 그러하다. 혹여 국내이행조치가 있다면, 그 위법성을 국내재판소에서 주장하고 기초가 되는 EC규칙의 효력에 대해서도 유럽사법재판소에 선결적 판결청구를 할 수 있다. 그러나 국내이행조치가 없으면 국내재판소에서 소송을 할 수 없으므로 EC규칙의 효력에 대해서는 선결적 판결을 청구할 수 없다. 한편, *Plaumann* 사건 이후 선례해석에 따르면 일반적인 규정처럼 보이는 EC규칙은 '개별적으로 관련'되지 않는다고 해석되므로, EC재판소에 취소소송을 직접제기할 수 없다. 남는 것은 EC로의 손해배상청구인데 규칙의 위법성판단과 규칙채택행위의 과실판단은 법적 평가의 관점도 다르고, 금전배상으로 회복하기에 부적절한 개인의 이익침해가 있는 때에는 실효적 구제는 이루어지지 않는다. 따라서 개인의 사법적 구제의 공백을 보완하기 위하여, 조약의 문언이 허락하는 범위에서 종래의 한정해석을 달리해야 한다는 것이 ①~③사건 원고의 공통된 주장이었다.

UPA 사건

UPA 사건은 EC공동농업정책의 올리브오일 생산자에 대한 보조금제도의 폐지에 관한 것이다. 1966년 이후, 올리브오일 생산자에게 일정조건 하에 EC의 보조금을 제공하는 제도가 있었는데, 1998년의 EC규칙(98년규칙)에서 이를 폐지하였다. EC의 규칙은 각국에 직접적용된다. 나아가 98년규칙은 급부를 폐지하는 내용이었다. 따라서 각국법상의 이행조치가 필요하지 않았다. 원고인 스페인의 올리브오일 중소업자연합(UPA)은 보조금제도의 폐지에 반대하고 있었지만, 폐지를 이행하는 국내법상의 조치가 없었으므로 국내재판소에서 소송을 제기할 수 없었다. 이에 98년규칙에는 이유부기(理由付記)의 불비(不備)와 원고의 기본권 침해 등의 위법이 있다고 주장하며, EC제1심재판소에 98년규칙의 취소소송을 제기하였지만 각하되었다. 올리브오일 생산자 일반에 적용되는 본 건 규칙에 대해서 취소소송을 개인이 제기할 수 없다는 이유에서였다. 원고는 유럽사법재판소에 상소하였다. 그 상소심 판결이 ①이며, 선례의 해석이 유지되었다.

Jégo-Quéré 사건

Jégo-Quéré 사건은 EC어업정책의 자원보호조치에 관한 것이다. 원고회사가 조업해왔던 남부아일랜드해역에서의 치어(稚魚)를 보호하기 위해서 유럽집행위원회가 채택한 신EC규칙은 이 해역에서 대형어선으로 하여금 10~12cm미만의 그물눈이 좁은 그물을 이용하여 어획하는 것을 금지하고 있었다. 원고는 당해 해역에서 대형어선으로 그물눈이 80mm인 촘촘한 그물을 이용해 작은 대구를 잡는 유일한 회사였다. 원고의 포획량의 67%가 작은 대구였다. 본 건에서도 EC규칙이 직접적으로 적용되어, 각국법상의 이행조치는 없었다. 원고는 본 건 EC규칙의 채택절차의 위법 등을 주장하면서 EC제1심재판소에 취소소송을 제기하였다. 동 재판소는 본 건에서 선례의 해석을 개정하여 원고의 원고적격을 인정하는 판결②을 내렸다. 피고인 유럽집행위원회가 상소하여, 유럽사법재판소는 판결③에서 원심인 ②판결을 파기하고, ①과 같이 선례의 해석을 유지하였다.

해석변경론

UPA 사건(①)의 Jacobs 재판연구관 의견과 *Jégo-Quéré* 사건의 EC제1심재판소 판결②는 종래의 한정적 해석을 변경할 것을 주창하였다. Jacobs 재판연구관은 개인의 원고적격에 대해서 'EC의 조치가 {일반적으로 적용되는 조치라고 하여도} 당해 개인의 특유한 사정으로 당해 개인의 이익에 실질적인 불이익을 주는 효력이 있거나 불이익을 줄 우려가 있는 경우' 개별적으로 관련이 있는 것으로 해석할 수 있다는 의견을 피력하였다.(의견 103단) EC제1심재판소는 '일반적으로 적용되는 공동체 조치가 자연인 또는 법인의 권리를 제한하거나 또는 그 자에게 의무를 부과하여 그 자의 법적 지위에 확실하면서도 현실적인 영향이 생기는 경우'에는 {같은 영향을 받을 우려가 있는 사람의 수나 법적 지위를 불문하고} 당해 공동체 조치가 개별적으로 관련있는 것으로 해석하는 것이 합당하다고 판시하였다.(판결 51단)

양자의 해석론은 미묘하게 다르지만, 종래의 한정해석을 변경하는 이유는 거의 같다. 여기에서는 EC제1심재판소의 근거를 보도록 하자. 재판소는 우선 재판을 받을 권리가 법의 지배에 기반한 EC의 불가결의 요소이며, 재판소에서 실효적 구제를 받을 권리는 EC법상의 기본적 권리임을 확인하였다.(판결 41-42단) 다음으로 취소소송 이외의 구제수단(선결적 부탁절차와 손해배상소송)은 일반적 조치에 의해서 법적 지위에 직접적인 영향을 받는 개인에게 실효적인 구제를 얻을 권리를 보장한 것이 아니라고 지적한다. 선결적 부탁절차에 대해서 살펴보면, 본 건에서는 원고에게 EC규칙이 직접적으로 적용되어 각국에서의 이행조치가 없었으므로 원고에게는 국내재판소에서 다툴 행위가 존재하지 않는다.(Jacobs 재판연구관도 지적하는 바와 같이) 국내재판소에 제소하기 위해서는 고의적으로 EC규칙을 위반한 다음 국내법상의 처분을 받아 그의 취소소송을 국내에서 제기할 수 밖에 없는데, 재판을 받기 위해서 법을 어길 것을 개인에게 강제하는 것은 정의에 반하는 것으로 용인될 수 없다. 한편, 손해배상소송은 손해의 발생을 전제로 하여 법규의 효력심사와는 시점이 다르다. 특히 일반적 적용조치에 관한 손해배상소송에서는 조치의 적법성을 좌우하는 요소 모두가 심사되는 것이 아니며, 개인에게 권리를 부여할 것으로 의도한 법규에 충분히 중대한 위반이 있었는지가 쟁점이 된다. 따라서 손해배상소송도 원고의 이익을 충분히 보호하지는 않는다.(판결 44-47단) 나아가 EC조약 제230조의 해석으로서 조치에 의하여 영향을 받는 사람들 중, 수범자 또는 그와 동등한 정도로 특정되는 자에게만 원고적격을 한정하도록 강제할 이유가 없다. EC조약이 EC행위의 적법성을 심사하는 실효적으로 완결된 제도를 규정해야 한다고 여긴다면, EC조약 제230조4단의 종래의 한정해석을 고쳐 생각하지 않으면 안된다.(판결 49단) 이와 같은 이유로 전술한 새로운 해석을 제시하였다.

유럽사법재판소의 UPA 사건 판결 •••

유럽사법재판소는 이상의 해석변경의 논조에 굴하지 않고, 개인의 원고적격에 대해서 선례의 한정적인 *Plaumann* 사건의 문리해석을 답습한다고 명언하였다.(UPA 사건 ①) 후일 *Jégo-Quéré* 사건의 상소심판결 ③에서도 이를 재확인하고, EC제1심재판소의 해석변경 판결 ②을 파기하였다. *UPA* 사건의 판결은 대략 다음과 같다.

본 건의 쟁점은 선례의 해석에 따르면 '개별적으로 관련있는' 자라고는 할 수 없는 단체가 회원국의 국내재판소에서 법적 구제를 받을 수 없다는 이유로 실효적인 사법적 보호를 받을 권리를 유일한 근거로 하여 EC조약 제230조[EU기능조약 제263]조4단에 적합한

EC재판소에 취소소송을 제기할 수 있는 자격을 갖는가 하는 것이다.(판결 33단)

결론은 부정적이다. 우선 *Plaumann* 사건 이후의 선례에서는 그러한 확대해석을 하고 있지 않다. 또한 다음의 이유가 있다.

분명 EC는 법의 지배에 기초한 공동체이며, 그 기관은 자신의 행위가 조약 및 기본권을 포함하는 법의 일반원칙에 적합한지에 대하여 사법심사를 받는다. 따라서 개인은 EEC 법질서에서 유래하는 권리의 실효적인 사법적 보호를 받을 권리를 갖는다. 그 권리는 회원국에 공통된 헌법적 전통에서 유래하는 법의 일반원칙의 하나이며, 유럽인권협약 제6조·13조에도 명기되어 있다.(판결 38-39단)

그러나 EC조약은 EC기관의 행위의 적법성을 심사하는 완결된 제도를 설계하고 있으며, 사법심사의 책무를 EC재판소에 맡기고 있다. 이 제도 하에서 자연인 또는 법인이 EC조약 제230조에서는 일반적으로 적용되는 EC조치를 직접적으로 EC재판소에서 다툴 수 없다고 하여도, 각국의 구체적인 이행조치를 국내재판소에서 다투고, 구체적 조치의 근거가 된 EC의 일반적 입법조치의 위법성을 선결적 부탁절차를 통해서 간접적으로 다툴 수 있는 등의 길이 있다.(판결 40단)

또한 선결적 부탁절차에서 실효적인 사법적 보호를 받을 권리를 존중하여 보장하는 것은 회원국의 책무이다. 'EC조약 제5조[EU조약 제4조 3항]에 규정된 성실협력의 원칙에 따라, 각국의 재판소는 소송권의 행사에 관한 국내의 절차준칙에 대하여 일반적으로 적용되는 EC의 조치를 자연인 및 법인에 적용하는 국내의 구체적 조치의 효력을 당해 자연인 및 법인이 EC조치의 무효를 주장하여 국내재판소에서 다툴 수 있는 방법으로 가능한 한 해석하고 적용할 의무가 있다'(판결 41-42단)

각국 내에서 제소할 수 없는 때에 EC의 일반적 조치의 효력을 다투는 취소소송을 예외적으로 직접 EC재판소에 제기할 수 있다는 해석은 인정되지 않는다. 그렇게 해석하면 유럽사법재판소가 각국 내에서 제소할 수 있는지 없는지를 확인하기 위해서 각국법제도의 해석을 해야 하기 때문이다. 이는 EC 조치의 적법성을 심사하는 EC재판소의 관할권을 넘어서는 것이다.(판결 43단)

'개별적으로 관련있는' 자를 해석함에 있어서, 실효적인 법적 보호를 위해 원고가 개인적으로 타자로부터 구별되어 특정될 만한 여러 상황을 고려하는 것은 필요하다. 그러나 EC조약 제230조의 명문에 있는 요건으로서의 '개인'이라는 개별특정성을 폐지하는 해석은 내릴 수 없다. '분명 일반적으로 적용되는 EC 조치의 위법성을 사법심사하는 제도에 대하여 기본 원칙을 유지하면서도 설립조약이 창설한 제도와 다른 제도를 고려하는 것은 가능하다. 그러나 EU조약 제48조에 따라 현행 제도를 필요에 따라 개혁하는 것은 회원국들의 몫이다.'(판결 44-45단)

해 설

유럽사법재판소의 *UPA* 사건의 판결 ① 및 *Jégo-Quéré* 상소심판결 ③의 결과, EC조약 제230[EU기능조약 제263]조의 취소소송에 있어 개인의 원고적격과 관련해 종래의 *Plaumann* 판결의 한정적 해석이 아직 유지되고 있다는 것이 확인되었다.

개인의 한정적격의 이유

왜 EC조약 제230조의 취소소송은 회원국 등에는 특권적인 관대한 원고적격을 부여하고, 개인에게는 한정적인 것일까. 현행 제도는 1957년의 EEC조약 제173조에서 유래한다. 당시의 EEC조약의 기초자는 회원국과 EEC기관을 EEC법질서의 중심적인 형성·유지·감시자로서 상정하고, 그 전제로 EC행위의 사법적 통제제도도 설계하였다. 다만 EC규칙 등 (회원국의 조치를 매개하지 않고) 직접적으로 개인에게 적용되는 EC법규도 있을 수 있다는 점에서, 개인에게도 자기의 불이익을 방어하고 직접적으로 EC 재판소에서 구제를 요청할 기회를 줄 필요가 주장되었다. 이에 한정적인 원고적격을 인정하는 조문이 기초되었다. 그러나 개인은 EC법의 형성과 유지, 감시의 주체로서 상정된 것은 아니다. 기초자는 취소소송이 민중소송(action popularis)으로 될 것을 염려하여, 개인의 원고적격을 한정하는 조문을 기초하였다.(Bebr, *Development of Judicial Control of the European Communities* (1981), p. 65)

EC행위의 사법심사의 완결성

한편 기초자는 EC규칙이 회원국 정부의 행위나 회원국의 국내법을 통해서 개인에게 작용하는 경우에 개인의 사법적 구제를 배려하였다. 회원국을 통해서 EC의 정책이 이행되는 경우, 회원국의 작위·부작위의 위법성을 둘러싸고 개인은 국내재판소에 국내법상의 민사소송이나 행정소송을 제기하고, 여기에서 당해 회원국의 행위근거가 된 EC규칙 등의 위법성을 다툴 수 있으며, 당해국의 재판소는 EC법의 효력에 대해서 유럽사법재판소에 선결적 판결을 구할 수 있다.(EC조약 제234[EU기능조약 제267]조) 따라서 일반적으로 적용되는 EC규칙(신법규)에 기초하여 회원국이 개별적인 이행조치를 취한 때에 개인은 당해 자(子)법규의 위법성을 국내소송에서 다투고, 그 때 친(親)법규의 위법성도 부수적으로 주장할 수 있다. 회원국의 재판소는 EC법의 통일적인 적용이라는 견지에서 친법규인 EC법규의 위법·무효를 스스로 인정할 권한은 없으며, 친법규인 EC법규의 무효가 의심되는 때에는 선결적 판결을 유럽사법재판소에 구해야 한다.(Foto-Frost 사건(본서 12번사건)) 이리하여 선결적 부탁절차에 의하여 친법규의 위법성에 대해서는 유럽사법재판소에 부탁하게 된다. 따라서 친법규인 EC규칙 등의 취소소송을 개인이 원고적격의 한정성을 이유로 EC 재판소에 직접 제기할 수 없어도 친법규를 각국에서 이행하는 단계에서 자법규인 각국법상의 조치를 공격하는 것으로, 간접적으로 친법규인 EC규칙 등의 효력을 다툴 수 있게 된다. 이것이 유럽사법재판소가 말하는 EC기관의 행위의 위법성을 사법심사하는 완결된 제도이다.

한정해석에 대한 비판

그러나 그 완결성은 각국법상의 이행조치가 없는 경우 사라지게 된다. *UPA* 사건이나 *Jégo-Quéré* 사건의 원고가 예증하고 있으며, 양 사건의 유럽사법재판소도 인정하고 있다. 그러나 지금, 유럽사법재판소는 한정해석 이외의 해석은 회원국의 국내법질서에 과도하게 개입하는 결과가 되거나(판결43단), EC조약 제230조의 문맥을 일탈하여 실질적인 조약개정의 결과가 되어(판결 44-45단) 현행 EC사법부의 권한을 넘어서는 것이라고 판단하였다. 그리고 현행법 하에서 할 수 있는 것은 각 회원국의 국내재판소가 EC에 대한 성실협력의무(EC조약 제10조[EU조약 제4조 3항])에 따라 국내 소송법규의 해석과 운용을 '가능한 한' 활용하여, *UPA* 사건이나 *Jégo-Quéré* 사건과 같이 개인이라도 EC법규의 무효를 국내재판소에서 주장할 수 있도록 해야 할 의무가 있음을 확인하는 것이라고 판단하였다.(판결 41-42단)

그러나 유럽사법재판소의 판단에는 비판이 가능하다. 무엇보다 여기에서 문제가 된 것은 EC의 사법부에 대한 개인의 접근권이며, EC법고유의 문제이다. 그 접근권의 부분적인 흠결을 각국법제도측의 '가능한 한'의 노력으로 보완하라는 것은 잘못된 것이다. 실제로 존재하지 않는 국내조치를 존재하는 것과 같이 해석하여 운용하라는 것은 법논리로서 부조리한 것이다.

두 번째로 유럽사법재판소는 개인에게 실효적인 사법보호를 받을 권리가 있다고 인정하면서도 한정해석에서 생기는 구제의 공백을 현 시점에서 방치하는 것을 정당화하는 실질론을 전개하고 있지 않다. 이 점에서 대조적인 입장이 Jacobs 재판연구관 의견(및 제1심재판소)이다. 재판연구관은 개인의 실효적 사법적 구제의 보장은 법의 지배에 철저한 EC의 요청이라고 생각하고, 현행 법제도에서의 구제의 공백을 EC조약 제230조의 해석변경으로 해소할 수 있다면 그렇게 해야 한다고 보았다. 그리고 유럽사법재판소와 같이 선결적 판결을 이용할 수 없는 때에 개인에게 취소소송의 원고적격을 인정한다는 해석론(Jégo-Quéré 사건 원고의 주장)은 각국법 질서에 EC사법부가 개입하여 판단하게 되어 부당하다는 이유로 채택하지 않으면서, 다른 해석론으로서 '직접적이고 개별적으로 관련있는'이라는 문언을 '직접적이고 개별적(이익에 실질적인 불이익을 줄 수 있는)으로 관련있는'이라고 읽는 것은 문언의 범위 내에서 가능하다는 것을 지적하였다. 현행의 한정해석에서는 일반적 문언에 적힌 직접적용가능한 EC법으로부터 영향을 받을 대상인 개인의 수가 늘어날수록 각 개인은 실효적인 사법심사를 이용할 수 없는 불합리함이 발생한다. 이를 해석변경으로 해소할 수 있다고 하면서 대국적인 관점에서 EC 기관의 권한 증대에 대응하여 사법적 보호의 범위를 확대하는 것은 판례법의 일반적인 경향과도 합치되며, 각 회원국의 국내행정소송에서도 사인의 원고적격이 완화되어 확대되고 있다.

EC재판소가 각국 재판소에 실효적인 법적 보호를 의무지운다면, EC의 사법부도 또한 실효적 법적 보호의 확보를 노력해야 한다고 말하였다.

이 재판연구관(및 동지의 제1심재판소)의 신해석론에 대한 유럽사법재판소의 반응은 EC조약 제230조의 명문의 '개별적'이라는 문언에서 나오는 개별 특정성을 폐지하는 해석을 할 수 없다는 부정형의 대답뿐이었다. 왜 이 문언을 자구 그대로 한정하는 것이 개인의 실효적 구제의 권리보다 우선할 정도로 중요한지에 대한 실질론은 전개되어 있지 않다.

리스본조약에 의한 개정

이후 리스본조약(2009년 발효)에서는 EC조약 제230조를 개정하는 신조문으로 본 건에서 문제가 된 사법적 구제의 공백을 보완하고 있다. 신조문은 이렇게 말한다. '여러 자연인 또는 법인은 그를 수범자로 하는 행위 또는 스스로 직접적이고 개별적으로 관련있는 행위에 대하여 <u>스스로 직접 관련있는 규제적 행위이며 이행조치를 동반하지 않는 것에 대하여</u> … (취소)소송을 제기할 수 있다.'(EU기능조약 제263조4단, 밑줄 부가)

이 조문 중의 밑줄 부분이 현 행위 구제의 공백을 보충하는 최소한의 개정부분이다. 개인은 종래와 같이 '직접적이고 개별적으로' 관련이 있는 행위에 대해서만 취소소송의 원고적격이 인정된다는 원칙은 유지되고 있다.

(中村民雄)

14. 98년담배광고지침 사건: 권한부여의 원칙과 EC입법근거의 적법성

Case C-376/98, Germany v. European Parliament and Council [2000] ECR I-8419

[사실 · 쟁점]

본 건에서 문제가 된 '담배의 광고 및 후원에 관한 회원국 법령의 근접에 관한 지침' 98/43호([1998] OJ L 213-9 이하, 98년담배광고지침)은 유럽의회 및 이사회가 각각 다수결방식에 의해서 입법권을 행사하는 공동결정절차(EC조약 제251[EU기능조약 제294]조)에 따라 1998년 7월 6일에 채택되었다. 채택 후, 독일이 이 98년담배광고지침에 대한 취소소송(EC조약 제230[EU기능조약 제263]조)을 유럽사법재판소에 제기하였다. 98년담배광고지침은 EC조약 제47조 2항[EU기능조약 제53조 1항], 제55[EU기능조약 제62]조, 제95[EU기능조약 제114]조를 근거로 제정되었다. 특히 제95조는 EC조약 중에서 '경쟁, 세금 및 법의 근접(approximation)에 관한 공통규정'을 정하고 있는 제6[EU기능조약 제7]편 3장 '법의 근접'에 위치하며, '역내시장의 확립 및 운영'을 위해서 회원국의 법령에 근접화가 이루어질 수 있음을 인정하고, '건강, 안전, 환경보호 및 소비자 보호'에 관련된 경우에 '특히 과학적 사실에 기초한 여러 새로운 발전을 고려하는 높은 수준의 보호를 기반으로 할' 것을 지향하고 있다.(제95조 3항) 또한 EC조약 제3조 1항 C호[cf EU기능조약 제4조 2항 a호]에 의하면, '역내시장'의 '특징'은 '회원국간의 상품, 노동자, 서비스 및 자본의 자유이동에 대한 장벽의 폐지'이다. 또 EC조약 제47조2항은 이사회에 개인의 자영업을 용이하게 할 목적으로 회원국의 관련 법규정을 조정하는 지침의 제정권을 부여하고 있다. EC조약 제55조는 서비스부문에 대한 EC조약 제47조 기타의 적용을 규정하고 있다. 어느 입법 근거에 의하든 EC지침이 EC조약 제251조가 규정하는 유럽의회와 이사회의 공동결정절차에 의하여 채택되는 점은 공통적이다.

98년담배광고지침의 전문에 따르면, 회원국간에 담배의 광고나 후원에 대한 입법이나 규제가 다르면, '역내에서 광고와 후원의 매개가 되는 제품의 이동, 동 영역에서의 서비스 제공의 자유에 장애가 되며 경쟁을 저해하고, 나아가서는 역내시장의 운영을 방해하는 요인이 되므로'(전문 1단), 담배의 광고와 후원에 관한 각국 법령의 개정을 통한 근접이 필요해진다.(전문 2단) (참고로 담배광고에 대한 각국의 규제와 관련, 핀란드, 이탈리아, 포르투갈에서는 완전히 금지되어 있는 반면, 독일에서는 비교적 자유롭다는 등의 적지 않은 차이가 있었다) 전문은 또한 이것이 개인 특히 광고의 영향을 받기 쉬운 젊은 연령층의 건강 보호를 고려한 것이라고 서술하고 있다.(전문 4단)

계속해서 98년담배광고지침의 본문에서는 담배제품, 광고, 후원, 담배소매점에 대한 넓은 정의가 규정되어 있다.(제2조) 특히 담배의 브랜드명, 상표, 표상 기타 특징을 사용하여, 직접적 또는 간접적으로 담배의 판매촉진효과를 가져오는 것은 모두 상업적 '커뮤니케이션'이 대상이 된다는 광의의 정의를 내리고 있다.(제2조 2항) 그리고 그러한 담배의 광고, 후원이 일절 금지됨(제3조 1항)과 함께, 담배를 선전할 목적 또는 그러한 직접적 또는 간접적인 효과를 갖는 일절의 거래가 금지된다.(제3조 4항) 예외적으로 담배업계 내부의 정보교환이나 담배소매점에서 판매시에 담배제품의 제시·가격의 표시, 담배전문점에서의 광고, 제3국에서의 판매를 목적으로 하는 출판물 등 적용이 제외된 것도 있다.(제3조 2항, 5항) 또한 건강보호를 목적으로 하여 회원국이 보다 엄격한 조치를 채택하는 것을 방해하지 않는다고도 정하고 있다.(제5조)

이러한 98년담배광고지침의 채택에 일관하여 반대해 온 독일은 이사회에서의 가중다수결(각국 인구를 감안하여 표수를 배분하고, 일정 표수 이상을 얻어야 하는 다수결)에 패하고, 유럽사법재판소에 당해 지침의 여러 위법 사유를 들어 취소소송을 제기하였다.

주장된 위법사유 중에서 중요한 것을 들자면, 첫 번째로 입법근거가 잘못되었다고 보았다. 98년담배광고지침의 목적과 내용은 역내시장 운영과는 거의 관계가 없으며, 청소년의 건강보호도 포함하고 있다. 그러한 목적과 내용을 위해서 역내시장의 경제활동에 관한 EC조약 제95조, 제47조 2항 및 제55조를 이용하는 것은 잘못된 것이며, 건강보호에 대해서는 EC조약 제152[EU기능조약 제168]조(당시 제129조)가 있으므로 이를 입법근거로 해야 한다는 주장이었다. 두 번째로 비례원칙·보충성원칙의 위반, 기본권 침해가 있어 위법이라는 것이 쟁점이 되었다.

유럽사법재판소는 제1쟁점을 검토하고 98년담배광고지침을 무효라고 판단하였다.

판결 •••

입법근거로서의 EC조약 제95조·47조 2항·55조[EU기능조약 제114·53조 1항·62조]의 선택과 그 사법심사

본 건의 98년담배광고지침에 의해서 개정해야 할 각국법의 대부분이 공중의 건강보호를 목적으로 한 입법이다.(76단) 공중의 건강보호에 관련해서는 EC조약 제152[EU기능조약 제168]조가 있지만, 동조 4항[cf. EU기능조약 제2조5항]은 사람의 건강을 보호하고 개선하려는 목적의 회원국 법이나 규제의 조화를 일절 금지하고 있다. 그러나 이 규정이 다른 규정에 기반하여 채택된 조화조치가 건강보호에 어떠한 영향도 주어서는 안된다는 것을 의미하지는 않는다. 실제로 동조1항은 건강보호의 요청이 EC의 다른 정책을 구성하는 한 요소라고 규정하고 있다. 그렇지만 EC조약 제153조4항이 명시적으로 정하고 있는 조화조치의 금지를 면탈하기 위해서 다른 EC조약 규정을 입법근거로 사용해서는 안된다고 해야 할 것이다.

본 건 98년담배광고지침은 입법근거로 EC조약 제95조, 제47조2항 및 제55조를 들고 있다. EC조약 제95조는 EC가 역내시장의 형성과 운영을 위한 입법을 할 수 있다고 규정하고 있지만, 역내시장의 특성을 말하고 있는 EC조약 제3조1항[cf EU기능조약 제4조2항a호]과 함께 읽으면, 당해 제95조는 역내시장의 형성과 운영을 위한 제반 조건을 향상시키는 것을 의도한 입법근거규정이라고 {한정적으로} 해석된다.(80-83단) 만약 보다 넓게, '이 규정[EC조약 제95조]을 역내시장을 규제하는 일반적인 권한(general power)를 의미하는 것으로 해석한다면, 위의 모든 규정 명문의 문언에 반할 뿐만 아니라 EC조약 제5[EU조약 제5]조에서 들고 있는 EC의 권한은 특정적으로 EC에 부여된 권한에 한정된다는 원칙에도 반하게 될 것이다.'(83단) 또한 EC조약 제95조에 기초한 입법조치는 역내시장의 형성과 운영을 위한 제반 조건의 향상을 '진정으로 목적으로 해야 한다(must genuinely have as its object)'. 왜냐하면 단순히 각국법이 상이하다는 것과 기본적 자유의 행사에 장애가 존재하여 추상적으로 경쟁왜곡이 발생할 수 있다는 것을 주장하는 것만으로 EC조약 제95조를 입법근거로 선택하는 것이 정당하고도 충분한 이유라고 해석된다면 입법근거가 적절하게 선택되었는지에 대한 사법심사가 공동화될 수 밖에 없으며, 이는 곧 EC조약 제220[EU조약 제19]조가 유럽사법재판소에 부여한 권한, 즉 EC조약의 해석과 적용에 있어서 법의 준수를 확보하는 임무 수행에 방해가 될 것이기 때문이다.(84단)

이상과 같은 고려는 EC조약 제47조 2항 및 제55조에 대해서도 마찬가지로 적용된다.(87단) 또한 입법근거를 선택함에 있어 공중의 건강보호가 결정적 요인이라는 것만으

로 EC조약 제95조, 제47조2항, 제55조가 이를 위한 입법근거가 될 수 없는 것은 아니다. EC조약 제152조 1항에서 건강보호는 EC의 다른 정책의 요소가 될 수 있다고 정하고 있으며, EC조약 제95조 3항이 명문으로 각국법의 조화로 사람의 건강을 높은 수준으로 보호하도록 규정하고 있기 때문이다.(88단) 이상에 비추어 본 건의 98년담배광고지침이 EC조약 제95조, 제47조 2항, 제55조를 근거로 입법화되는 것을 인정할 수 있을지 검증한다.(89단)

(이상과 같은 일반론 뒤에 유럽사법재판소는 본 건 지침의 입법목적과 실제 규정내용에 비추어, EC조약 제95조 등이 적절한 입법근거라고 할 수 있을지를 상세하게 심사한다. 우선 '상품의 자유이동이나 서비스제공 자유에 대한 장벽과 경쟁왜곡제거에 현실적으로 공헌하는지 여부'를 검토한다.(95단 이하) 그 결과 한편에서는 담배의 광고를 포함하는 정기간행물, 잡지, 신문에 대한 각국의 입법적 규제가 엄격화되어가는 경향이 실제로 있다는 점에서, 현재 수입장벽이 존재하지 않을지 언정 장래적으로 출판물의 자유이동에 대한 장벽이 생길 가능성이 있기 때문에, 이들 상품에서의 담배광고를 금지하는 역내공통의 규칙은 EC조약 제95조를 근거로 할 수 있다고 판단하고 있다.(97-98단) 그러나 다른 한편으로 포스터나 파라솔, 재떨이 기타 호텔이나 레스토랑 카페에서 사용되는 상품을 이용한 담배광고나 영화관에서의 담배 스팟 광고를 금지해도 이들 상품의 역내이동을 촉진하는 효과가 생긴다고는 생각할 수 없으므로, 이들 상품을 이용한 담배광고를 금지하기 위해서는 EC조약 제95조를 입법근거로 사용할 수 없다고 판단하였다.(99단) 또한 역내시장에서의 경쟁왜곡 제거에 현실적으로 공헌하는가에 대하여 98년담배광고지침이 제거하려는 경쟁왜곡이 인지가능한 정도(appreciable)인지 여부를 검토해야 한다(106단)고 하였으나, 담배광고의 각국 규제의 차이에 따른 경쟁왜곡 효과는 광고대리점이나 광고미디어의 제작자에게조차 미미한 것이므로 인지가능한 정도에 이르지 않았다고 판단하였다.(109-111단) 나아가 담배제품의 광고규제는 경쟁왜곡이 아니라, 규제가 있는 회원국에서는 모든 사업자에게 적용되는 경쟁의 형태의 제약이라고 평가한다.(113단) 따라서 광고부문에서도 담배제품부문에서도 EC조약 제95조, 제47조2항, 제55조에 기초하여 지침을 채택하기 위해서 경쟁왜곡의 제거를 이유로 삼는 것은 인정할 수 없으므로(114단), 본 건 지침은 적절한 입법근거가 없다고 판단하였다.(115단) 본 건 지침은 담배광고를 일반적으로 금지하는 것이며, 그 내용으로 보아 일부만을 무효로 할 수는 없으므로 본 건 지침 전체가 무효가 된다.(117단))

해 설

사건의 의의

본 건은 유럽사법재판소가 1990년대 전반까지의 판례의 경향에서 벗어나, EC입법 근거규정의 실체 내용면에서의 한계 설정에 관심을 가지는 태도를 선명하게 보여준 점에 의의가 있다. EC입법 근거규정 선택의 적법성에 대해서, 문제가 된 EC입법의 목적 및 내용이 선택된 입법근거와 현실적으로 진정한 관련성을 가지는가를 지금까지에 비해서 엄격하게 심사한 사례이다. EC입법권한이 EC조약에서 특정적으로 부여된 범위에 그친다는 것을 재확인하고, EC입법권한의 확대해석을 규율하려 하였다.

1990년대 전반까지, 유럽사법재판소는 EC입법의 근거에 대해서 특히 일반적인 입법근거규정(EC조약 제94조, 제95조, 제308조[EU기능조약 제115조, 제114조, 제352조]등)에 대해서는 근거규정의 실체적인 내용면에서 명확한 행사한계를 긋는 일이 거의 없었다. 가장 절차적인 시점에서는 종래 어떤 입법 근거규정에 의거하는가에 따라 이사회에서의 표결이 전원일치 또는 가중다수결로 나뉘게 된다. 또는 유럽의회의 입법절차에서의 관여도가 다른 경우도 있었다. 그 경우에는 입법의 취지나 내용에 비추어 주목적(중심)을 하나로 특정하고, 그 목적에 대응하는 입법근거를 선택하였는지를 엄격하게 심사한 예는 있었다.(예를 들어 노동시간지침의 입법근거의 적절함을 다툰 Case C-84/94, UK v. Council [1996] ECR I-5755; 체르노빌원전사고에서의 방사능오염농산물의 역내수입금지조치의 입법근거의 적절함을 다툰 Case C-70/88, European Parliament v. Council [1990] ECR I-2041) 그러나 입법 근거규정 그 자체의 실체적인 내용면에서 입법근거선택의 적법성심사는 그다지 엄격하지 않았다. 본 판결은 이 관대한 경향에 변화를 가져왔다.

본 건 판결에 따르면, 98년담배광고지침의 입법근거로서 EC조약 제95조가 적당한지를 판단함에 있어 유럽사법재판소는 '단순히 각국법이 상이하다는 것과 기본적 자유행사의 장벽과 이로 인한 경쟁왜곡의 발생이 추상적으로 우려된다는 것만으로' 또는 '미세한 경쟁왜곡을 제거하려는 목적으로'(107단), 'EC조약 제95조를 입법근거로 선택하는 충분히 정당한 이유가 된다고 해석한다면 입법근거가 적절하게 선택되었는지를 사법심사할 의미가 공동화될 수 밖에 없으며'(84단), EC조약 제220[EU조약 제19]조가 유럽사법재판소에 부여한 'EC조약의 해석과 적용에서 법의 준수를 확보하는 임무를 수행함에 방해가 된다'(84단)고 하면서 EC사법부의 역할을 강조하고 상기의 태도변화를 설명하고 있다. 이하에서는 유럽사법재판소가 EC조약 제220조에 기초하여 스스로의 역할을 강조한 배경을 생각해보자.

사법심사와 파생적 권한의 원칙

우선 주목되는 것은 본 건 지침에서 EC조약 제95조를 입법근거로 한 것이 EC조약 제5조에도 위반된다고 본 점이다. EC조약 제5조에 따르면, 'EC는 동 조약에서 부여된 권한 및 이에 부여된 목적의 범위 내에서 활동하고, EC의 '배타적 권한에 속하지 않는 분야에서는 보충성원칙에 따라 제안된 행동의 목적이 회원국에 의해서는 충분히 달성되지 않아 당해 행동의 규범 또는 그 효과라는 측면에서 EC에 의하는 쪽이 보다 잘 실현될 경우에만 그에 한정하여 활동을 해야 한다. EC의 여러 활동은 본 조약의 목적을 달성하기 위해서 필요한 범위를 넘어서는 안된다'. 이 조문은 1980년대까지의 유럽사법재판소의 판례에서 EC입법권한에 대한 실체적인 면에서의 한계 설정이 거의 되지 않아 결과적으로 EC입법의 범위가 확대되었던 것을 비판하는 회원국들이 마스트리히트조약에 의한 EC조약 개정시에 삽입하였던 조문이다.

본 건의 유럽사법재판소는 이 조문에는 EC가 EC조약에서 특정적으로 부여된 권한만을 갖는 권한한정적인 조직이라는 기본 원칙이 대전제가 된다고 해석하였다. 즉, EC조약 제95조가 '역내시장을 규제하는 일반적인 권한을 EC입법부에 부여하는 것이라고 해석하면, 위의 모든 규정의 명문의 문언에 반할 뿐만 아니라 EC조약 제5조에서의 EC의 권한은 특정적으로 EC에 부여된 권한에 한정된다고 하는 원칙에도 반하게 될 것이다'(83단)라고 한 것이다.(107단에서도 동지가 반복되고 있다) 이는 학설상 '파생적 권한의 원칙(Principle of conferred powers)'이라고 불리는 것이다. EC조약 제5조의 중심적 내용을 점하고 있는 보충성원칙은 부여된 권한을 어떤 경우에 행사하는가에 관한 원칙이므로, 개념적으로는 파생적 권한의 원칙과는 다른 측면을 다루는 원칙으로 정리된다.

따라서 본 건은 EC 제기관이 파생적 권한의 원칙에 따라 EC조약에 특정적으로 주어진 권한의 범위에서 활동할 것을 사법적으로 확보하는 사법심사기능을 종래보다는 {강화하여} 행사할 태도를 표명한 판결이라고 평가할 수 있을 것이다. 이 판결을 통해서 유럽사법재판소는 스스로의 '사법심사' 기능이 단순히 EC 제기관간의 권한배분과 회원국의 이익에 대항한 'EC고유의 법질서'를 옹호하기 위해서만 사용되는 것이 아니라, 역으로 EC 제기관이 권한을 일탈하는 것을 막아 각 회원국의 기본적 자유를 보장할 기능을 다할 것을 나타낸 것이라고 받아들여진다.

기본권 존중

다음으로 '법의 준수를 확보하는' 유럽사법재판소가 EU조약 제6조 2[3]항에 기초하여 기본권을 EC법의 일반원칙으로서 존중한다는 관점에서도 판결의 의의를 생각해보자.

98년담배광고지침이 제한하는 것은 광고의 자유를 시작으로 하는 영리적 표현의 자유이다. 본 건의 Fennelly 재판연구관 의견에 따르면, 이는 경제활동의 자유에만 관계되는 것이 아니라 '개인의 자유, 존엄 및 그 인격의 발전에 필요하다는 의미에서' 유럽인권협약 제10조1항이 정하는 표현의 자유에 포함된다는 점에서 유럽인권재판소의 판결도 이를 인정하고 있다고 한다.(의견 153, 154단) 따라서 그 제한에는 '합리적인 근거'가 필요하며, 보다 제한적이지 않은 조치로는 그 목적을 달성할 수 없다는 것을 증명하는 '수미일관(首尾一貫)된 증거'가 필요하다고 한다.(의견 159단)

또한 재판연구관 의견은 동일하게 공중위생과 관련된 것으로 광우병에 관한 영국 대 집행위원회사건(Case C-180/96, UK v. Commission [1998] ECR I-2265)을 비교한다. 동 사건에서는 위해나 위험의 불확실성, 조치의 긴급성과 잠정성 등을 배경으로 사람의 건강보호를 최우선한 결과 '과학적으로 정당한 이유(WTO 위생식물검역조치의 적용에 관한 협정 제3조)의 유무에 대하여 명확히 하지 않은 채, 영국산 우육 등의 전세계 무역 금지라는 예방적 조치가 인정되었던 것이다. 따라서 본 건과 같이 담배제품 그 자체의 유통금지가 아니라, 그 '광고'의 포괄적인 금지이며 담배에 의한 피해에 대해서도 장기적인 논의에도 불구하고 과학적인 의견의 일치가 이루어지지 않은 채로, '확실한 증거도 없이' 광우병사건과 같은 재량을 EC 제기관에 인정하는 것은 '표현의 자유를 충분히 존중하는 것이 아니'(의견 161단)라고 하여, 공중위생부문에서의 재량권의 확대에는 쐐기를 박고 있다.

표현의 자유라는 논점은 판결 내에서 명시적으로 논의되지는 않았다. 다만 입법근거로서 EC조약 제95조를 선택한 적법성을 심사할 때 경제적 자유에 대한 장벽과 경쟁왜곡 제거에 해당 지침이 실제로 공헌하는지를 유념하여 판단한 판결태도의 배경에는 실질적으로 기본권에 관한 재판연구관 의견의 이러한 인식이 있었던 것이라고 볼 수 있을 것이다.

EC담배광고규제 그 후

본 건 판결에서 무효가 된 98년지침을 대신하여 그 이후 신 지침 2003/33호([2003] OJ L 152/16)가 유럽의회 및 이사회에서 채택되었다. 역시 '담배제품의 광고 및 후원에 관한 회원국 법령의 근접에 관한 지침'이라는 제목으로 입법근거도 98년담배광고지침과 같이 EC조약 제47[EU기능조약 제53]조, 제55[EU기능조약 제62]조, 제95조에 두고 있다. 본 판결이 98년담배광고지침의 모든 내용에 관하여 그 입법근거와 관련지을 수 없다고 판단한 것은 아니며, 일정범위의 담배제품의 광고나 후원에 관해서 EC조약 제95조에 기초한 규제를 인정하였다는 것(판결 98, 100, 111, 117단)이 새로운 지침제도의 배경이 되었다. 동 지침은 본 판결을 극복하고, 영화·포스터 등에 의한 광고나 간접적인 광고를 규제대상에서 제외하고, 신문, 잡지 및 라디오나 정보관련 서비스의 담배광고를 금지하고 있다. 또한 이 신 지침의 전문에는 본 판결에 따라 98년담배광고지침이 무효가 되었다는 것(전문 16단), 신 지침의 내용은 EC조약 제5조 3항[EU조약 제5조 4항]에 근거하여 '조약의 목적달성에 필요한 범위를 넘지 않는다'는 것(전문 17단), 기본권을 존중하고 특히 EU기본권헌장에서 승인된 제원칙을 준수한다는 것, 무엇보다 표현의 자유의 존중을 확보할 것(전문 18단)을 말하고 있다.

(大藤紀子)

15. 국제상사 사건: EC법질서에서의 기본권 보호

Case 11/70, Internationale Handelsgesellschaft v. Einfuhr- und Vorratstelle für Getreide und Futtermittel [1970] ECR 1125

[사실 · 쟁점]

이사회 규칙 120/67호([1967] OJ Eng. Spec. ed. p.33) 제12조1항후단은 EC농업정책상의 곡물시장의 공동조직을 정하고 유럽집행위원회 규칙 473/67호([1967] OJ 204/16) 제9조는 곡물·곡물가공품 등의 수출입허가에 관한 예탁금제도를 규정하고 있었다. 즉 양 규칙이 구축한 수출입허가제도에 의하면, 곡물의 수출입 허가를 받을 때 허가신청자는 예탁금을 의무적으로 납입해야 하며, 기한 내에 허가된 대로 수출입이 이루어지지 않을 경우에는 그 예탁금 전액이 몰수되도록 되어 있었다.

원고인 '국제상사(Internationale Handelsgesellschaft mbH)'는 독일의 무역회사이다. 옥수수가루 2만톤분의 수출허가를 받았지만, 허가 기한인 1967년 12월 31일까지 모두 수출할 수 없었기 때문에 상기의 양 규정에 따라 예탁금 중 일부를 몰수당하였다. 원고는 몰수금액의 반환을 구하며, 예탁금제도의 효력을 다투는 소송을 독일의 행정재판소에 제기하였다.

동 행정재판소는 종래부터 양 규칙에서 정하는 예탁금제도는 무효라고 판단하고 있었지만, 독일 국내법과 EC법과의 관계에서 발생할 법적 불안정을 불식시키기 위해서 본 건에 대해서 유럽사법재판소의 선결적 판결을 구하였다.

독일의 행정재판소가 주장하는 선결문제는 첫 번째로 동 규칙이 구축한 수출입허가에 관한 예탁금제도가 독일의 기본법(헌법)에 보장되는 기본권과 기본적 제원리(특히 기본법 제2조1항 및 제14조에서 정하는 행동의 자유, 처분의 자유, 경제적 자유, 비례원칙)를 위반하는지 여부였다. 원고의 주장은 양 규칙이 곡물 '시장의 발전에 관하여 가능한 한 명확하게 전체적 조망을 마련한다'는 목적을 들고 있지만, 그 목적을 달성하는 수단으로서의 본 건의 예탁금제도는 무역활동에서 처분의 자유에 대한 과도한 개입이며, 전술한 독일 기본법상의 기본권과 기본적 원리를 침해한다는 것이었다. 두 번째 문제는 가령 본 건의 예탁금제도가 유효하다고 하여도,

규칙 473/67호 제9조가 기한 내에 당사자의 책임으로 돌릴 수 없는 사유에 의하여 수출할 수 없었던 경우에도 원칙적으로 예탁금은 몰수되고 예외적으로 불가항력(force majeure)인 경우에만 몰수가 면제된다는 것은 전술한 기본권 등을 침해하므로 무효가 되는 것이 아닌가 하는 점이다.

그러나 유럽사법재판소는 이러한 선결문제는 EC법을 국내법으로 재판하는 것이 되므로 EC법의 문제로서 적절한 쟁점(선결문제)이라고는 할 수 없다고 지적하면서, 다음과 같이 판단하였다.

선결적 판결 • • •

3. 국내법상의 규범 또는 법개념에 의거하여 EC제기관이 채택한 조치의 효력을 판단하면 EC법의 통일성 및 실효성을 해하게 될 것이다. 그러므로 EC기관의 조치의 효력은 EC법에 비추어서만 판단하는 것이 합당하다. 실제로 EC조약에 따른 법은 독립한 법원에서 유래한 것이며, 그러한 성격 때문에 어떠한 국내법규범에 의해서도 사법적으로 번복될 수 없다. 만약 번복할 수 있다면 EC법으로서의 성격을 잃고 EC자체의 법적 기반이 흔들리게 될 것이다.
   따라서 한 회원국의 헌법에 규정된 기본권과 국내 헌법구조상의 원칙의 침해는 EC조치의 효력 또는 당해국 영역 내에서의 그 효력을 해하지 않는다고 해석하는 것이 합당할 것이다.
4. 그러나 EC법에 내재하는 {국내헌법과} 유사한 {기본권과 기본원칙의} 보장이 간과되었는지에 대해서는 심사해야 한다. 실제로 기본권의 존중은 사법재판소가 존중을 보장하는 법의 일반원칙에 불가결한 일부를 구성한다. 그러한 권리의 보장은 회원국에 공통된 헌법적 전통에 의해 영감을 받고 EC의 구조와 목적의 범위 내에서 확보되어야 한다. 따라서 행정재판소에서 존중되어야 할 기본적인 성격을 갖는 권리를 침해하였는지에 대해서 확인해야 한다.

(이러한 일반론 뒤에 유럽사법재판소는 본 건의 예탁금제도에 대해서 적법하다고 판단하였다. 즉 본 건의 제도는 EC조약 제33[EU조약 제39]조의 공동농업정책의 목적에 적합하며, '자발적으로 약속의 실행을 보장하는 것이며, 형사재판에 상당하는 것이 아니다.'(18단) 또한 예탁금 몰수의 면제에 대해서도 '불가항력'의 개념을 넓게 해석하여, '불가항력'이란 '절대적인 불가능성에 한정되는 것이 아니라, 여러 가지 대응에도 불구하고 과도한

희생 하에서만 회피할 수 있을 결과를 가져오는 특수한 상황을 말하는 것이라고 해석되며, '수출업자가 수용해야 할 희생의 중대성에 대해서도 충분한 유연성을 담보하는' 개념이라고 해석하였다.(23단) 이에 더하여 불가항력에 대한 예탁금몰수의 면제규정은 EC조약 제33조의 목적에 적합하다고 판단하였다.)

해 설

사건의 의의

본 건의 최대의의는 EC법의 일반원칙이라는 불문법에 대하여 EC법상의 기본권 보호가 이루어짐을 재확인하고 보다 선명하게 언명하였다는 점이다.(선결적 판결 4단) 그 전제작업으로서 우선 EC법의 우위성원칙을 확인하고, 본 건의 독일 행정재판소와 같은 발상, 즉 국내 헌법규정을 가지고 EC법의 효력을 판단하는 발상을 전면적으로 배제하였다(선결적 판결 3단)는 점도 그 의의라고 할 수 있을 것이다.

EC법 우위성의 재확인

이미 1964년의 *Costa v. E.N.E.L.* 사건(Case 6/64, Costa v. ENEL [1964] ECR 585)(본서 2번사건)에서 회원국법에 대한 EC법의 우위성원칙은 명확하게 판시되었다. 본 건(국제상사 사건)의 선결적 판결도 'EC조약에서 유래하는 법은 어떠한 국내법규범에 의해서도 사법적으로 번복되지 않는다'고 하여 여러 계층의 국내법에 대한 EC법의 우위성원칙을 확인하였다. 또한 '한 회원국의 헌법에 규정된 기본권에 대하여 또는 국내의 헌법구조상의 원칙에 대한 침해를 이유로 EC조치의 효력 또는 당해국 영역내에서 그 효과가 저해되지 않는다'고 전개하고 있다. 즉 국내헌법상의 기본권규정도 역시 EC법보다 우위일 수 없다는 것이다. 사실은 본 건 이전부터, 예를 들면 *Stork* 사건(Case 1/58, Stork [1959] ECR 17)에서 유럽사법재판소는 '독일 헌법의 원칙에 위반된다는 이유만으로 소를 심사할 수는 없다'고 판시하였고, *Ruhr* 사건(Joined Cases 36/59 to 38/59 and 40/59, Ruhr [1960] ECR 423)에서도 '헌법이라 할지라도 어떤 회원국의 국내법에 기초하여 EC법을 무효로 할 수는 없다'고 판단하였다. 본 건은 이러한 선례의 결론을 EC법 우위의 원칙을 명시적으로 사용하여 재확인하고, 이론적으로 정당화한 것이다.

EC법상의 기본권 보호

그러나 EC의 입법에 의해서 각국 헌법에서 말하는 기본권에 상당하는 법익이 침해될 경우를 상정할 수 있다. 이를 방지하고 그 침해에 대한 사법적 보호를 EC법상 어떻게 할 것인지에 대한 의문이 당연히 나오게 된다. 특히 당초 1957년의 EC조약에는 기본권에 관한 언급이나 명문 규정은 거의 없었기 때문에 이 의문은 실무적으로도 중요한 문제가 되었다.

특히 기본권 규정인 것처럼 해석가능한 규정도 없지 않았다. EC조약 제119[후의 제141, EU조약 제157]조에 규정된 남녀노동자의 평등임금원칙이 그 중 하나였다. 이는 그 배경에 남녀평등원칙이라기 보다는 일반적인 법원칙이 있다고 해석될 여지가 있었다. 그러나 당시부터 이 규정은 EC국가들의 노동자의 노동조건의 균등성을 확보하기 위한 규정이라는 협의의 경제목적의 규정으로서 해석하는 설이 유력하였다. 뒤에 *Defrenne* 사건(본서 5번사건)에서 경제목적과 사회목적(노동자보호목적)의 이중적인 목적을 가진 규정이라고 해석되기에 이르지만, 이러한 해석도 정면에서 기본권 규정이라고까지는 말하지 않았다.

법의 일반원칙에 의한 기본권 보호

이와 같이 EC조약이 각국 헌법상의 기본권에 상당하는 것을 명문으로 정면에서 보장하지 않는 것은 초기의 EC법질서에서는 심각한 문제가 되었다. 기본권 규정의 결여를 주된 이유로 하여, 독일과 이탈리아를 중심으로 EC법의 절대적 우위성 인정에 의문을 제기한 것이다. 유럽사법재판소는 기본권 보장이 EC법의 일반원칙에 포함되어 EC입법의 적법성의 판단기준이 된다는 것을 1969년의 *Stauder* 사건(Case 29/69, Stauder [1969] ECR 419)에서 처음으로 밝혔다. 유럽집행위원회의 결정에 관해서 선결적 판결을 부탁받은 유럽사법재판소는 해당 결정을 한정해석하여 '이렇게 해석하는 한, … EC법의 일반원칙에 포함되며, 당 재판소에 의하여 보호되는 … 기본권을 침해하는 내용은 아무것도 포함되어 있지 않다'고 간략하게 판시하였다.

본 건 선결적 판결은 이 EC법상의 기본권 보호의 논리구성을 보다 선명하게 표현한 것으로 중요한 것이다. 즉 '기본권의 존중은 사법재판소가 보장하는 법의 일반원칙에 불가결한 일부를 구성한다'고 하여, '그러한 권리의 보장은 회원국에 공통된 헌법적 전통에 의해 영감을 받고, EC의 구조와 목적의 범위 내에서 확보되어야 한다'는 논리가 명시되었다. 이것은 첫 번째로 기본권 보장의 근거인 일반원칙의 내용상의 기원으로서 '회원국에 공통된 헌법적 전통'에서 구하고 있다는 점에서 참신하다. 두 번째로 법의 일반원칙에 따른 기본권 보호가 'EC법에 내재'한다고 한 점이 중요하다. 기본권 보호는 '회원국에 공통된 헌법적 전통'에 의해 영감을 받았음을 인정하면서도 어디까지나 'EC의 구조와 목적의 범위 내에서 확보'된다고 보았다. 유럽사법재판소는 이에 의하여 그 법질서의 자율성을 보전하는 것이다. 즉 유럽사법재판소는 회원국의 헌법이나 재판소의 해석에 구속됨이 없이, '유사한 보장'을 EC의 구조와 목적을 감안하여 스스로의 재량으로 판례법상 확보할 수 있는 것이다.

참고로 기본권이 EC법의 일반원칙을 통해서 보호된다는 것은 EC 제기관에서만 그 보호의 의무가 생긴다는 것을 의미하는 것은 아니다. 회원국이 EC법을 이행할 때에도 기본권을 보호하는 EC법상의 의무를 동반하게 된다. 유럽사법재판소는 규칙의 유효성의 심사에서 규칙은 '국내의 관할기관이 {EC규칙을} 이행함에 있어 기본권 보호의 요청에 따른다는 의미이며, 충분한 재량의 여지를 부여하는 것이다'라고 판시하였다.(Case 5/88, Hubert Wachauf [1989] ECR 2609) 유럽사법재판소는 이렇게 EC법질서의 자율성을 확보하면서도 제권리·자유간의 조정을 포함한 기본권 보호에 따르는 구체적인 판단을 대폭적으로 회원국의 '재량'에 맡기고 있다.

또한 반대로 EC법의 범위 내에 속하지 않는 문제는 EC법질서 밖의 일이며, 기본권에 대해서도 유럽사법재판소는 심사권을 갖지 않는다.(Case 12/86, Meryem Demirel [1987] ECR 3719; Case C-260/89, E.R.T [1991] ECR I-2925; Case C-299/95, Kremzow [1997] ECR I-2629; Case C-309/96, Annibaldi [1997] ECR I-7493; Case C-159/90, Grogan [1991] ECR I-4685 참조) 유럽사법재판소는 이러한 판단에 의하여 회원국법에 대한 EC법의 우위성을 EC법의 영역에 한정하고, 그 영역을 넘어 회원국 법질서 전체에 EC법이 재차 개입하는 것을 회피한 것이라고 생각된다.

기본권 보장 그 후

본 건 선결적 판결 후에 내려진 *Nold* 사건(Case 4/73, Nold [1974] ECR 491)에서는 '(기본적) 권리보호를 확보함에 있어 (유럽사법재판소는) 회원국의 공통된 헌법적 전통으로부터 영감을 받아야 하며, 당해 회원국에서 헌법상 승인되고 보장되는 기본권에 위반되는 EC의 조치는 인정할 수 없다'(13단)고 판시하였다. 또한 법의 일반원칙의 내용상의 기원으로서는 새로이 국제규범도 상정되었다. *Rutili* 사건

(Case 36/75, Rutili [1975] ECR 1219)에서는 유럽인권협약이 명시적으로 적용되고 있다. *Hauer* 사건(Case 44/79, Hauer [1979] ECR 3727)에서는 기본권의 보호는 무조건적인 것이 아니라, 'EC의 구조 및 목적의 범위 내에서 확보되어야 한다'는 것을 확인하고, 유럽인권협약과 각국 헌법의 규정을 구체적으로 분석하여 재산권 행사에 대한 공익에 기초한 제한을 용인하고 있다. 또한 헥스트 사건(Joined Cases 46/87 and 227/88, Hoechst [1989J ECR 2859)에서 유럽사법재판소는 법의 일반원칙에 따른 기본권의 보호에서 유럽인권협약은 '특히 중요하다'고 인정하고 있다.

이와 같이 유럽인권협약의 규정은 회원국에 공통된 헌법적 전통과 함께 기본권에 관한 EC법의 일반원칙의 법원으로서 중요한 지위를 차지하고 있다. 그러나 그 내용은 어디까지나 'EC법의 일반원칙'이라는 불문의 판례법을 통해서 밝혀지는 것이므로 유럽사법재판소는 유럽인권협약의 조문 또는 유럽인권재판소의 해석에는 구속되지 않으며, 기본권 보장을 둘러싼 해석에 대한 독자적인 재량을 담보하고 있는 것이다.

또한 유럽집행위원회는 1990년에 EC의 유럽인권협약 가입을 제안하고, 이를 위해서 의정서의 작성을 이사회에 요구하였다. 그러나 유럽사법재판소는 1996년의 의견(Opinion 2/94 [1996] ECR I-1759)(본서 39번사건)에서 EC조약의 개정이 필요하다는 견해를 표시하고, 이 안은 제쳐두게 된다.

1977년에 유럽의회, 이사회, 유럽집행위원회에서 '기본권공동선언'(OJ [1997] C 103/1)이 채택된다. 유럽사법재판소의 판단에 의하여 회원국에 공통된 헌법적 전통이나 유럽인권협약에서 유래하는 기본권의 준수를 선언한 것이다.

이후, 1992년의 EU조약(마스트리히트조약)에서는 명시적으로 '연합은 … 유럽인권협약으로 보장되고, 회원국에 공통된 헌법적 전통에 규정된 기본권을 EC의 일반원칙으로 존중한다'(EU조약 F조[후의 제6조2항, 제6조3항])라고 정하였다. 그리고 1997년의 암스테르담조약에 의한 EU조약 개정에서 첫 번째로 'EU는 자유, 민주주의의 제원칙, 기본적 인권 및 자유의 존중, 법의 지배, 회원국에 공통하는 제원칙에 기초하고 있다'고 하는 규정이 부가되었고(EU조약 제6조1항[2항]), EU조약 제49조는 동 원칙 제6조1항의 제원칙의 존중을 EU의 가입요건으로 한다. 또한 EU조약 제7조는 회원국이 제원칙에 대하여 중대하고 지속적으로 위반하는 경우 권리정지의 제제조치를 인정하고 있다. 2000년에는 법적 구속력은 없었지만, 유럽의회, 이사회, 유럽집행위원회의 공동선언이라는 형태로 EU기본권헌장이 채택된다. 리스본조약(2009년 발효)은 이 헌장을 EU조약과 '동일한 법적 가치를 가진다'고 정하고 구속력있는 규범으로 다루기로 하였다.

본 건 이후

유럽사법재판소에 의한 본 건 선결적 판결에 납득하지 못한 독일의 행정재판소는 독일기본법 제100조 1항에 의한 구체적 규범통제의 절차로 독일 연방헌법재판소에 판단을 구하였다. 판단을 요청받은 연방헌법재판소는 1974년 이른바 'Solange I' 사건(BVerfGE 37, 271)에서 독일헌법에 규정된 기본권이 EC법에 우월하며, 그 문제에 관한 심사권이 헌법재판소에 있다고 판시하였다. 이유는 ① 당시의 EC는 직접선거를 거쳐 입법권을 가지는 의회가 제정한 성문의 기본권 목록이 없다는 것, ② 유럽사법재판소의 불문의 판례법만으로는 법적 안정성이 달성되지 않는다는 것이었다.

그러나 그 후 연방헌법재판소는 1986년의 'Solange II' 사건(BVerfGE 73, 339)에서 판례를 변경하였다. 즉 동 헌법재판소는 유럽사법재판소를 '그 법률이 정하는 재판관'(독일기본법 제101조 1항)으로 보고, 기본법하에서 보호되는 기본권이 EC 차원에서도 보호되고 있으며, 그 문제에 관한 심사권이 EC파생법에 의해서 유럽사법재판소에 있다고 하였다. 또한 *Solange I* 사건에서 지적된 기본권 목록의 요청은 유럽사법재판소의 판례법의 전개에 있어서 법의 일반원칙 및 회원국 헌법, 유럽인권협약에 규정되는 기본권의 보장이 결합되어 충족되었다고 판단하였다. *Solange I* 사건 이후, ① EC의 모든 회원국이 유럽인권협약에 가입한 것과 ② 1977년의 '기본권공동선언'이 의회에 의하여 승인된 기본권 목록에 상당한다고 본 것이 그 배경이 되었다.

(大藤紀子)

16. 이소글루코스 사건: 민주주의 원칙과 유럽의회의 자문의무

Case 138/79, Roquette Frères v. Council [1980] ECR 3333

[사실 · 쟁점]

이소글루코스 사건이라고 불리는 본 건은 이소글루코스를 생산하는 프랑스기업인 원고 로케트형제사가 이사회 지침의 일부취소를 구하여 제소한 사건이다. 동 시기에 독일의 회사도 같은 소송을 제기하였지만(Case 139/79, Maizena v. Council [1980] ECR 3393), 유럽사법재판소가 본 건과 동일한 결론을 내렸기에 통상은 본 건이 소개된다.

EC는 1970년대 초에 많은 농산물과 그 파생상품에 대하여 공동시장조정제도를 도입하였다. 이는 개개의 농산물의 시장가격을 가능한 한 EC역내에서 일정하게 유지하는 통일적인 가격지지제도이다. 이 제도 하에서는 생산과잉이 일어나도, EC가 일정한 '매입가격'으로 농산물을 구입하는 것이 보장되므로 농가는 가격하락으로 인한 피해를 입을 일이 거의 없다. 그 때문에 시장가격의 등락에 따라 농가자신이 생산을 조정해야 할 유인이 사라지고, 생산은 과잉되기 일쑤였다. 1970년대를 지나면서 EC농업정책은 '버터의 산, 와인의 호수'를 낳았다는 야유를 받았다. 본 건에서 문제가 된 이소글루코스도 생산과잉에 의한 산물 중의 하나였다.

이소글루코스는 옥수수를 주 원료로 한 감미료로서 설탕의 대용품이다. 이소글루코스의 생산과잉대책으로서, EC는 과잉생산분에 세금을 부과하는 EC규칙 1111/77호([1977] OJ L 134/4)를 1977년에 채택하였다. 이 규칙에 대해서는 별건에서 취소소송이 제기되었다. 유럽사법재판소는 1978년 10월 25일의 판결을 시작으로 복수의 판결로, EC규칙 1111/77호 제8조 및 제9조에 규정된 이소글루코스 과잉생산에 대한 세금이 그 대용품으로서 마찬가지로 과잉생산되고 있었던 설탕생산자에게는 부과되지 않고 있다는 점에서 같은 농업자를 평등하게 취급해야 한다는 원칙(EC조약 제40조 3항[후의 제34조 2항, EU기능조약 제40조 2항])에 위반되며, 이소글루코스의 생산자만을 차별하는 위법인 무효의 조치라고 판단하였다.(Joined Cases 103/77 and 145/77, Royal Scholten-Honig (Holdings) Limited

v. Intervention Board for Agricultural Produce; Tunnel Refineries Limited v. Intervention Board for Agricultural Produce [1978] ECR 2037; Case 125/77, KSH [1978] ECR 1991) 그러나 이들 판결에서는 이사회가 이미 설탕만으로도 과잉생산이었던 감미료 상품시장을 적절하게 기능시키기 위하여 EC법에 적합한 여러 조치를 강구할 수 있다고 부언하고 있었다.

이 판결에 따라 유럽집행위원회는 EC규칙 1111/77호를 개정하여, 이소글루코스 생산자에 대하여 이번에는 설탕생산자와 같은 생산할당제도를 도입하는 EC의 규칙안을 1979년 7월 1일부터 1980년 6월 30일의 곡물연도에서 적용하도록 하였다. 이는 생산사업자마다 1978년 11월부터 1979년 4월의 생산고의 배(倍)를 목표로 설정하여 기본 할당량과 최대 할당량을 산출하고, 최대 할당량을 넘어서 생산된 이소글루코스의 판매를 금지하고, 또한 기본 할당량과 최대 할당량의 범위 내의 생산에는 세금을 부과하는 것이었다.

당시 EC조약 제43조 2항에 따르면, '이사회는 유럽집행위원회의 제안에 기하여 유럽의회와 협의 후에 가중다수결에 따라 규칙이나 지침 또는 결정을 채택하여야 한다'. 이사회는 1979년 3월 19일에 이 조약 규정에 기하여 유럽의회에 자문 의견을 구하는 서간을 발송하였고, 새로운 '규칙이 1979년 7월 1일부터 적용될 예정이기에, 4월의 본회의에서 의견을 제출하도록' 요구하였다. 유럽의회는 3월 22일에 서간을 수령하고, 즉시 예산위원회 및 농업위원회에서 검토에 들어갔다. 그러나 최종적인 자문의결의 동의(動議)가 5월 10일의 본회의에서 심의되었지만 11일의 본회의에서 부결되었고, 재고를 위해서 농업위원회에 환송되었다. 그러나 그 해 7월 17일에 예정되었던 유럽의회 의원의 첫 직접선거 때문에 유럽의회 사무국은 3월 1일부터 5월부터 7월까지는 본회의를 열지 않기로 결정하였고, 5월 11일은 선거 전의 마지막 본회의가 되었다. 물론 긴급한 안건에 대응하기 위해서 유럽의회절차규칙 제1조 4항에 기하여, 이사회 또는 유럽집행위원회의 판단에 의하여 유럽의회에 임시의회를 개회하도록 하는 것은 가능하였지만, 이사회는 유럽의회에 그러한 요청을 하지 않았고 유럽의회 사무국은 5월 10일의 본회의에서 임시의회의 개최를 타진하는 결정을 내렸다.

그 후 이사회는 유럽의회의 자문 의견을 얻지 못한 채로 유럽집행위원회의 제안에 기하여 1979년 6월 25일 EC규칙 1293/79호를 채택하고, 그 부칙 II 에서 각 생산자의 구체적인 생산할당량을 정하였다. 통상적으로 유럽의회의 자문절차를 거쳐

결정되는 EC규칙에는 그 전문에 '유럽의회의 의견을 물어'라는 어구가 들어가지만, 이 EC규칙 1293/79호의 전문 제3단에는 그러한 경위를 대신하여 '1979년 3월 19일에 유럽집행위원회의 제안에 대하여 자문을 받았음에도 불구하고 유럽의회는 5월의 본회의에서 의견을 채택하지 않았다'고 기재하고 있다.

본 건은 EC조약 제173[후의 제230, EU기능조약 제263]조에 기초하여, 원고 로케트형제사가 이 EC규칙 1293/79호(이하 본 건 규칙이라 함)에 실체적·절차적 위법성을 이유로 일부취소를 구한 사안이다. 유럽의회는 본 건의 EC규칙의 절차적 위법성에 대해서 원고를 지지하여 소송에 참가하였고, 유럽집행위원회는 이사회를 지지하며 소송에 참가하였다.

쟁점은 ① 원고에게 본 건 규칙의 일부취소를 구할 적격이 있는가(원고 적격) ② 유럽의회가 본 건 소송에 소송참가할 수 있는가 ③ 본 건 규칙이 평등원칙 및 비례원칙에 반하는가(실체적 위법성) ④ 본 건 규칙의 채택에서 유럽의회의 의견을 청취하지 않은 채로 채택하였던 것은 필수절차요건의 위반에 해당하는가(절차적 적법성)의 4개이다. 이하에서는 ④ 절차적 적법성의 쟁점을 중심으로 소개한다.

판결 • • •

(유럽사법재판소는 ①~③의 쟁점에 대하여 다음과 같이 판단하였다. ① 개인은 '직접적이고 개별적으로 관련'있는 한도 내에서 규칙의 취소소송을 제기할 수 있는데, 본 건 규칙은 동 규칙 제9조4항 및 부칙 II 에 의하여 기본 생산할당량의 기준치가 원고 등의 개별 사업자에게 적용되기 때문에 로케트형제사는 '직접적이고 개별적으로 관련'이 있다고 할 수 있으며, 원고적격을 갖는다.(판결 13-16단) ② 유럽의회의 소송절차 참가도 인정되었다. 유럽사법재판소설립규정 제37조가 무조건적으로 '회원국 및 EC기관'에 소송참가권을 인정하고 있기 때문이다.(판결 21단) ③ 실체적인 위법성도 없다. 원고는 본 건의 EC규칙 1293/79호가 평등원칙에 위반한다고 주장하지만(23-24단), 이소글루코스와 설탕의 양 시장은 비교 가능할지언정 진정 동일한 것은 아닌 복잡한 상황에 놓여 있으며, 이러한 복잡한 상황에 대하여 이사회는 넓은 판단의 재량을 가지며, 재량의 위법성은 '명백한 잘못(manifest error)'의 존재여부에 대한 심사에 한정된다. 본 건에서는 이소글루코스와 설탕의 양 시장의 유사성이나 상호의존성 및 발전단계의 새로운 시장인 이소글루코스 시장의 특유한 성격을 따져, 과도한 규칙이 단기간에 책정된 것일 뿐 본 건 규칙의 내용은 이사회

의 재량의 범위 내에 있으며 평등원칙에 반하지 않는다.(25-27단) 원고는 또한 생산할당이 매년 기술적인 생산규모로 결정되고, 날씨의 변화를 고려하지 않고 있다는 것과 이전의 EC규칙을 무효화한 별건 판결의 영향으로 불안정하였던 정책 때문에 생산과 투자를 하지 못하고 있었던 원고에게 불리하다는 것을 지적하고, 본 건 규칙은 경쟁을 가공화(架空化)시키는 것으로 비례원칙에 반한다고 주장한다.(28단) 그러나 이소글루코스의 무제한적인 생산으로 공동체의 설탕정책이 위협받는 것을 방지하는 일반적 이익을 위한 조치를 이사회가 채택할 때, 각 개별사업의 논리, 상업적 판단과 내부정책을 감안할 것까지는 기대할 수 없으며(30단), 원고 자신도 현실적으로는 할당량 기준을 소진하지 않고 있었으므로 실제로는 경쟁제한을 주장할 이익을 갖지 않는다.(31단) 따라서 비례원칙에도 반하지 않는다.)

필수 절차적 요건 위반에 대하여

33. EC조약 제43조 2항 3단에서 정하는 자문절차는 동 조약의 다른 규정과 마찬가지로 공동체의 입법절차에서 유럽의회가 현실적으로 기능하도록 하는 수단이며, 이러한 권한은 동 조약이 의도하는 기관간의 균형에서 필수적인 요소이다. 한정적이긴 하지만 이는 공동체 차원에서 모든 인민이 대표제인 의회를 통하여 권력을 행사하는 민주주의의 기본원칙을 반영한다. 따라서 동 조약이 정하는 경우에 유럽의회로의 적정한 자문은 필수적 형식요건이며, 이를 무시하는 것은 해당조치의 무효를 의미한다.

34. 이 점에서 강조해야 할 것은 당해 요건의 준수가 의미하는 것은 유럽의회가 의견을 현실적으로 표명하는 것을 뜻한다는 점이다. 이사회가 단순히 유럽의회에 의견을 구한 것만으로 이 요건이 충족된다고 해석할 수는 없다.

35. 이사회도 유럽의회의 자문이 필수의 절차적 요건임을 부정하지는 않지만, 본 건의 사실관계에서는 유럽의회 자신이 이 요건의 충족을 불가능하게 한 것으로 이 요건이 충족되지 않은 것을 유럽의회 스스로가 주장하는 것은 타당하지 않다고 이사회는 주장한다.

36. 이사회의 주장이 말하는 원칙론은 차치하고, 본 건에서 이사회가 유럽의회의 의견을 얻지 못한 채로 1979년 6월 25일에 EC규칙 1111/77호를 개정하는 EC규칙 1293/79호를 채택하였을 때, 이사회는 유럽의회의 의견을 얻기 위한 여러 방법들을 모두 시도하지 않았다. 우선 이사회는 유럽의회의 의사규칙에서 정하는 임시절차의 적용을 요구하지 않았다. 그러나 이사회는 동 시기에 다른 정책분야의 다른 규칙안에서는 당해 권한을 이용하였다. 또한 이사회는 EC조약 제139[후의 제196, EU기능조약 제229]조에 기하여 임시회의를 요구하는 선택도 할 수 있었을 것이다. 이에 대하여는 유럽의회 사

무국이 1979년 3월 1일과 5월 10일에 그 가능성을 시사하고 있었다.

37. 이상에서 EC조약 제43조상의 의무인 유럽의회의 의견을 결한 이상, EC규칙 1111/77호를 개정하는 1293/79호는 무효로 선언하는 것이 합당하며, 이사회는 …본 판결에 따르기 위해서 여러 적절한 조치를 취해야 한다.

해 설

사건의 의의

본 판결의 중요한 의의는 유럽의회가 인민을 대표하는 민주주의 기관이며, 그러한 유럽의회의 자문절차를 생략한 채, 이사회가 규칙을 채택한 것은 기관간 균형의 원칙과 민주주의 원칙에 반하여 위법이라고 판단한 점이다.

기관간 균형의 원리

기관간 균형(institutional balance)의 원칙이란 본 건에서 문제가 된 EC입법과 관련해서 말하면 입법에 관여하는 유럽집행위원회, 이사회, 유럽의회가 EC조약상 각각 가지는 권한의 존재와 행사를 실효적으로 보장하려는 원칙이다. 이는 EC에서 입법권과 행정권이(가령 행정권은 유럽집행위원회에, 입법권은 유럽의회라는 식으로) 기관마다 배분되어 있지는 않으며, 이들 세 기관이 각각 부분적으로 입법권과 행정권을 분리소유·행사하는 체제로 되어 있기 때문에, 이들 세 기관의 상호 감시하에 권력남용을 방지하기 위해서 각 기관의 고유의 권한이 엄격하고 실효적으로 보장되어야 한다는 사고방식에서 유래한다. 본 건에서 '자문절차는…공동체의 입법절차에서 유럽의회가 실제로 기능할 수 있게 하는 수단이며, 그러한 권한은 동 조약이 의도하는 기관간 균형의 필수요소이다'(판결 33단)라고 유럽사법재판소가 말하고 있는 부분은 이 기관간 균형의 원칙을 근거로 판단하고 있는 부분이다.

특히 1957년의 EEC조약이래 본 건 당시까지 유럽의회는 '자문적'인 역할 밖에 없는 입법절차의 하류에 놓여 있었다. 따라서 유럽의회로의 자문이 입법절차상 의무지워진다해도 기관간 균형의 원칙만을 근거로 한다면, 본 건과 같이 이소글루코스 생산과잉을 억제하기 위하여 관련 작물의 재배시기 전에 입법하는 타이밍이 중요하고, 유럽의회가 제1회 직접선거 때문에 어수선하여 심의할 분위기가 아니라는 정치상황이 겹치는 등의 특별한 사실관계가 있는 때에는 의견을 구하는 것만으로 자문의 의무는 달성되고, 현실적으로 유럽의회가 의견 표명을 완료하기까지를 구하는 것은 불가능한 것 아닌가 하는 의문도 발생할 수 있다. 하지만 이러한 의문에는 철저히 함구한 채, 유럽의회의 '자문'이란 유럽의회가 의견을 현실적으로 표명할 것까지 청구하는 것을 말하는 것이라고 한 유럽사법재판소는 한 발 더 나아가 민주주의의 원칙을 명시적으로 꺼내들었다. 바로 여기에 본 건의 최대의 의의가 있다.

민주주의의 원칙

특히 1957년의 EEC조약(EC조약의 전신)은 민주주의 원칙에 의한 통치를 EEC의 통치원리로서 명시하고 있지는 않았다. 그렇지만, 예를 들어 EEC의 파생법규의 입법절차에서 유럽의회(당초에는 각국의회의 의원대표로 구성, 1979년부터 직접선거)나 경제사회이사회(기초자는 상공업자·노동자 등의 이익대표로 구성)로의 자문절차를 규정하는 등 입법과정의 민주적 조달을 배려하고 있었다. 또한 유럽사법재판소는 1963년의 *Van Gend & Loos* 사건(본서 1번사건)에서 이미 EC가 다른 국제기구와 달리 인민이 직접적으로 통치권력을 행사하는 조직체이며, 인민도 또한 EC의 통치에 직접적으로 참가하는 제도로 설계되었다는 것을 지적하고 있다. 따라서 민주주의에 의한 통치의 원칙은 본 건 당시까지 EC의 제도에 내재된 원칙이라고 할 수 있을 것이다.

이러한 배경 하에 1979년부터 유럽의회에 의원의 직접선거가 도입되었다. 이에 따라 유럽의회는 EC기관 중에서도 특출나게 유럽 제인민의 민주적 대표기관으로서의 성격을 명확히 갖게 되었다. 이들 사건의 축적과 제도 운용의 변화를 거쳐, 본 판결에서는 유럽의회는 '한정적이기는 하지만 공동체 차원에서 제인민이 대표제의 의회를 통하여 권력을 행사하는 민주주의의 기본원칙을 반영하는'(판결 33단) 기관으로 자리잡았다. 민주주의는 '기본'원칙이므로 본 판결에서 유럽집행위원회의 제안에 대한 유럽의회의 자문절차에서 이사회가 유럽의회에 단순히 의견을 '구하였다'는 것만으로는 그 절차적 요건을 충족한 것이 아니며, 이사회는 {유럽의회의} 의견을 실제로 얻을 수 있도록 여러 합리적 조치를 취해야 한다. 이사회가 여러가지 합리적 조치를 강구해야 하므로 유럽의회가 이사회가 요구한 기한까지 신속하게 의견을 제출하지 않았다고 해도 자문적 의견을 얻지 못한 것을 유럽의회의 책임으로 돌릴 수는 없다고 유럽사법재판소는 판단한 것이다.

본 판결의 정치적 효과

본 판결의 효과를 정치적으로 보면, 유럽의회에 '시간'이라는 교섭무기를 어느 정도 부여하였다고 할 수 있다. 이 점을 설명하자면, 원래 EC의 입법절차 중에서도 '자문절차'는 유럽의회가 유럽집행위원회가 제출한 법안에 대한 의견을 말하는 것뿐이었으므로 표명된 의견(반대하는 부분에 수정안을 부치는 등의 구체적인 의견 표명이 통상적이다)은 이사회를 구속하지 않으므로 이사회의 입장에서 보면 유럽의회의 의견은 극단적으로 말하자면 실체적 내용에 영향을 끼치지 않는 의례적인 절차에 지나지 않는 것처럼 보였다. 본 건에서조차 사실은 절차적으로 위법이 있다는 것일 뿐, 법안의 실체적 내용 그 자체에 유럽의회가 반대하고 있었던 것은 아니다. 그러나 본 판결의 결과, 아무리 긴급한 이유가 있어도 유럽의회의 의견을 실제로 얻을 수 있도록 최대한 노력해야 한다는 것이 밝혀졌다. 자문에서는 의견을 실제로 얻었는가가 중요하다고 본 판결이 말하고 있으므로 실제적으로는 의견표명이 완료될 것을 요청하고 있다고도 볼 수 있다. 이는 유럽의회의 입장에서 보면 이사회가 본 건과 같이 입법의 타이밍이 중요하여 입법을 서두르는 법안의 경우, 스스로 의견을 표명할 시기를 조정하는 것으로 사실상 유럽의회의 의견을 이사회가 반영하도록 압박하는 정치적인 교섭 압력을 가질 수 있게 된 것이다. 현재 EC조약은 자문절차에 대해서 시간적인 제약을 명문으로는 전혀 규정하지 않고 있다.

하지만 유럽의회에 법안 거부권이 있는 것은 아니므로 영원히 의견을 표명하지 않을 수는 없다. 이에 유럽의회가 어느 정도의 기간 동안 그의 의견 표명을 유보할 수 있을지 또는 이사회는 유럽의회의 의견 표명을 얼마나 기다려야 되는지에 대한 해석문제가 새로이 대두되었다. 결론적으로는 '합리적인' 기간의 대기 내지는 의견 표명 준비기간이 인정된다고 할 수 있겠지만, 그 합리성은 긴급함의 정도를 포함하여 각 사건에서의 개별적인 사정에 의존하여 판단된다. 다시 말하면, 합리적인 기간 내에 합리적인 조치를 소진한 뒤라면 유럽의회의 자문적 의견이 없는 채로 EC파생법규가 채택될 경우도 상정할 수 있다. 본 건의 경우 새로운 곡물년도에 맞추어 규칙을 채택하려 하였으므로 그야말로 긴급한 사태였지만, 판결은 이사회가 기한 내에 의견을 제출할 수 있도록 합리적인 노력을 하였다고는 할 수 없다고 판단하였다. 이 점에 비추어 보면 합리성은 단순히 기간의 길이로만 판단되는 것은 아니며, 이사회와 유럽의회의 각각의 입법에 대한 적극적이며 건설적인 협력적 태도를 어느 정도로 소진하였는가라는 행동에서도 판단된다고 할 수 있을 것이다. 본 건에서 유럽의회는 긴급절차와 임시의회의 가능성을 시사하는 협력적 태도를 나타내고 있었지만, 이사회가 이를 무시하고 강행하였기 때문에 이사회의 행동에 많은 잘못이 있었다고 이해되었고, 이러한 판단은 타당하였다고 볼 수 있다.

그 후의 전개: 유럽의회의 지위향상

유럽의회를 대표제 민주주의의 기관으로서 자리잡게 한 본 판결은 그 후 EC조약의 명문에 없는 (도리어 반대하는 것처럼 보이는 조문의) 해석을 통해서 유럽의회가 다른 EC기관에 대한 권리 주장을 가능케 하는 판례가 나올 수 있는 기초를 제공하였다. 예를 들어 유럽의회가 다른 EC기관의 행위의 위법성을 제소하는 취소소송의 원고적격에 대해서 EC조약의 조문은 도리어 유럽의회의 원고적격을 부정한 것처럼 보였지만, 유럽사법재판소는 유럽의회를 위해서 적극적으로 조문의 공백부분을 보충하여 원고적격을 일정범위에서 인정하였다.(본서 17번사건 해설)

또한 본 건은 유럽공동체에서의 '민주주의의 적자'를 메우고 한 발 나아가는 계기가 되는 사건이었다. 실제로 직접보통선거가 실현된 이 시기를 경계로 유럽의회의 위상은 EC 내에서 서서히 그 중요성을 더해갔다. 유럽의회는 EC조약 제142[제199, EU기능조약 제232]조에 의하여 의사규칙을 정하는 권한을 가지고 있었지만, 대표민주제의회로서의 역할이 증대됨에 따라, 1981년의 의사규칙개정에서는 그 의사규칙의 수를 54개에서 116개로 비약적으로 증대시켰다. 1980년에는 EC의 예산을 부정하거나, 유럽집행위원회 위원의 임명이나 제3국과의 조약교섭 때에 자문절차를 거치도록 요구하는 결의를 채택하기도 하였다. 기타 기구 개혁 문제에 관한 위원회의 설치, 이사회와의 관계, 회원국의 국내의회와의 관계, 경제사회이사회와의 관계, EC입법과정에서의 유럽의회의 역할, 유럽정치협력(1970-80년대 EC의 범위 밖에서 EC국가들의 외교안보 분야의 정부간협력)과 유럽의회의 역할에 대해서 차례로 결의를 채택하였다.

취소소송의 논점

마지막으로 취소소송 상의 논점을 살펴보자. 본 건은 법인이 취소소송을 제기한 사례 중의 하나이며, 그 원고적격은 자연인과 함께 규칙 또는 타자를 수범자로 하는 결정으로, 자기에게 '직접적이고 개별적으로 관련있는' 것에 한정되어 있다. 본 건에서 유럽사법재판소는 규칙이 각 사업체에게 생산할당량을 구체적으로 정하고 있는 점을 들어 원고에게 '직접적이고 개별적인 관련'이 있는 것으로 보았다.

또한 원고가 취소를 주장한 것은 본 건 규칙의 일부분이었음에도 불구하고, 판결은 본 건 규칙 전체를 무효라고 판단한 점도 주목된다. 이러한 결론의 이유에 대하여 판결 자신은 함구하고 있지만, 중대한 절차적 요건의 침해가 규칙 전체에 미치므로 전체를 무효로 한 것으로 평가하는 설이 유력하다.

또한 본 판결이 본 건 규칙을 무효로 한 이유는 절차적인 요건을 침해하였다는 한 가지 점에서였다. 따라서 판결은 규칙 1293/79호의 실체적 내용을 문제로 한 것은 아니다. 이 때문에 이사회는 그 후 절차적 요건을 충족시키려고 의회의 자문절차를 거쳐 규칙 387/81호를 채택하고, 이소글루코스 생산자를 대상으로 규칙 1293/79호와 같은 생산량 할당제도를 부활시켰다. 새로운 규칙 387/81호는 전문에서 본 건을 언급하며 '해당 할당제도를 소급적으로 부활시키는 것이 적절'하다고 말하고 있다.

(大藤紀子·中村民雄)

17. 녹색당 사건: 철저한 '법의 지배'— 유럽의회의 사법통제와 보호

Case 294/83, Parti écologiste 'Les Verts' v. European Parliament [1986] ECR 1339

[사실 · 쟁점]

유럽의회의 의원은 1979년부터 직접선거로 선출된다. 그래서 1977년 이래, 직접선거준비를 위한 정보캠페인(campaign) 비용이 EC예산의 한 항목으로 계상(計上)되었다. 유럽의회에 배분된 이 비용의 예산은 유럽의회 사무국이 정하는 기준에 따라, 의회 내의 정치단체에 소속되지 않는 무소속의원을 포함하는 전의원에게 배분되었다. 이렇게 제1회 직접선거가 이행되었다.

본 건은 제2회 직접선거(1984년)를 위한 준비비용의 배분에 관련된 것이다. EC예산은 1982년부터 1984년까지 제2회 직접선거를 위해서 준비비용(EC예산 '비목 3708')을 계상하여, 유럽의회 사무국이 배분을 결정하게 되었다. 이에 유럽의회 사무국은 ① 1982년 10월 12일 결정(1982년 결정)에서 제2회 직접선거 준비비용으로 예산 계상된 경비를 3분할하여, 당시에 존재하였던 7개의 정치단체·무소속의원·예비자금으로 각각 배분하기로 하였다. 참고로 제2회 직접선거에서 다투어진 유럽의회의 총의석수는 434석이었다. 여기에서 구체적인 배분은 각 정치단체가 경비총액의 1%를 수령하고, 경비총액에서 이를 공제한 잔액의 434분의 1을 단체소속의원이 수령하고, 무소속의원도 마찬가지로 잔액의 434분의 1을 수령하는 것이었다. 이와 같이 정치단체·의원에게 배분된 것은 총경비의 69%정도이며, 남은 31%는 예산자금으로 충당되어 선거이행 후에 일정수 이상의 득표를 얻은 정치단체에게 득표수에 비례하여 배분한다는 방식이었다. ② 예산자금의 배분에는 1983년 10월 29일에 유럽의회 사무국이 내규를 제정하여 배분방법을 정하였다.(1983년 내규) 이에 따르면 비용상환에 대해서 유럽의회 의원에게는 이미 선출된 경우와 그렇지 않은 경우로 나누어 다른 준칙이 적용된다.

본 건의 원고 '녹색당(Parti écologiste 'Les Verts')'은 파리에 본부를 둔 프랑스의 환경보호단체인데, 제1회 직접선거에서는 의석을 얻지 못하였던 신흥정당이었다. 원고는 상기 ①②의 배분이 총경비의 31%만을 예비자금으로 유보하는 것 때문에 이미 의원을 가진 정당에게 유리하게, 의원이 없는 신규참여정당에게는 불리하도록 배분권한을 사용하였다고 주장하면서 EC조약 제173조 2단[후의 제230조 4단, EU기능조약 제263조 4단]에 의하여 유럽의회를 피고로 하여 경비배분에 관한 상기 ① 1982년 결정과 ② 1983년 내규의 무효확인을 구하는 취소소송(무효확인소송)을 유럽사법재판소에 제기하였다.

또한 본 판결 당시의 EC조약 제173조는 이사회와 유럽집행위원회의 행위에 대한 취소소송(무효확인소송)을 명문으로 규정할 뿐이었다. 이에 첫 번째 쟁점으로서 EC조약 제173조를 근거로 하여 원고가 과연 유럽의회의 행위에 대하여 취소소송을 제기할 수 있는가(이른바 유럽의회의 피고적격)가 다투어지게 되었다. 부차적으로 만약 제기할 수 있다면 소송의 대상으로 할 수 있는 행위, 즉 본 건의 ①②의 조치가 녹색당 등의 제3자에게 법적 효과를 발생시키는 조치인가 여부(두 번째 쟁점), 원고가 그 위법을 제소하기 위하여 필요한 '직접적이고 개별적으로 관련있는' 이라는 요건을 충족하는지 여부(세 번째 쟁점), 나아가 의회의 조치는 위법이라는 본 건 원고의 주장이 인정될 수 있는지(네 번째 쟁점)가 문제가 되었다. 이하에서는 가장 중요한 첫 번째 쟁점을 중심으로 소개한다.(본 판결에서 유럽사법재판소가 제3자에게 법적 효과를 갖는 유럽의회의 행위에 대하여 취소소송 제기를 허용하였기 때문에, 뒤에 마스트리히트조약에 의하여 EC조약 제173조는 개정되었고, 현재의 명문과 같이 제3자에 대한 법적 효과의 발생을 의도하는 유럽의회의 행위에 대해서 취소소송을 제기할 수 있다고 명시되었다.)

판결 • • •

(판결 중의 EC는 엄밀하게는 EEC이지만, 현재와의 연속성을 따라 EC라고 기재하였다)

20. … 1982년 결정 및 1983년 내규는 유럽의회의 기관이 채택한 것이며, 따라서 유럽의회 자체가 채택한 조치라고 보는 것이 합당할 것이다.

21. 원고는 (유럽사법재판소가 법의 준수를 확보한다고 정하고 있는) EC조약 제164[후의 제220, EU조약 제19]조의 규정을 고려하면, 동 조약 제173[후의 제230, EU기능조약 제

263]조에 의하여 EC기관이 채택한 조치의 위법성을 심사하는 당 재판소의 권한은 이사회 및 유럽집행위원회가 채택한 조치에 한정되지 않는다고 이해해야 하며, 그렇지 않다면 사법의 부재가 발생할 것이라고 주장한다.

22. 유럽의회도 EC조약 제164조가 정하는 당 재판소의 법의 옹호자로서의 일반적 역할에 의하여 당 재판소는 이사회 및 유럽집행위원회 이외에서 채택한 조치에 대해서도 심사할 수 있다고 해석해야 한다고 주장한다. 이에 따르면 EC조약 제173조에서 열거된 피고가 될 수 있는 자 또한 한정적인 것이 아니다. 유럽의회는 예산과 직접선거의 이행방법에 관한 문제 등에서 조약개정에 의하여 권한이 부여되어 권한이 늘어난 부분과 유럽의회가 법적 조치를 채택할 수 있는 부분에서 유럽사법재판소의 사법심사에 복종한다는 점에 대하여 다투고 있지 않다. 제2회 직접선거의 정보캠페인촉진을 위한 비용배분에 있어서 유럽의회는 그 비용배분권을 직접적으로 행사하였으므로 유럽의회가 채택한 당해 조치가 사법심사의 대상에서 제외된다고 주장하는 것도 아니다. 그러나 유럽의회는 만약 EC조약 제173조를 넓게 해석하여 취소소송에 의해서 유럽의회가 채택하였던 조치의 적법성을 다툴 수 있게 되면, 그에 대응하여 이사회와 유럽집행위원회가 채택하는 조치에 대해서 유럽의회가 동일한 소송을 제기할 수 있어야 마땅하다고 주장한다.

23. 이 점에서 우선 강조해야 할 부분은 유럽경제공동체는 법의 지배에 기초한 공동체이며(the European Economic Community is a community based on the rule of law), 회원국이나 공동체기관이 채택하는 조치는 기본적 헌법적 헌장인 EC조약(the basic constitutional charter, the Treaty)의 합치여부심사에서 벗어날 수 없다는 점이다. 구체적으로 EC조약은 제173조(취소소송)와 제184[후의 제241, EU기능조약 제277]조(위법성의 항변)를 한 축으로, 제177[후의 제234, EU기능조약 제267]조(선결적 부탁절차)를 다른 축으로 하여 사법적 구제와 절차가 완결된 제도를 구축한 것이며, 이 제도를 통해서 유럽사법재판소는 EC기관이 채택한 조치의 적법성을 심사할 수 있는 것이다. 이로써 자연인이나 법인은 EC조약 제173조 2단[후의 제230조 4단, EU기능조약 제263조 4단]에서 정하는 한정적인 원고적격요건 때문에 당 재판소에 직접 제기할 수 없는 일반적 조치로부터 자신을 보호할 수 있게 된다. 즉 공동체기관이 일반적 조치를 구체적으로 이행할 책임을 지는 경우에는 자연인 또는 법인은 당해 구체적 이행조치가 그들을 수범자로 하거나 그들에게 직접적이고 개별적으로 관련있는 한 당해 구체적 이행조치에 대한 직접소송을 당 재판소에 제기할 수 있다. 그리고 그 소송에서의 주장을 보강하기 위해서 당해 구체적 이행조치의 기초가 되는 일반적 조치의 위법성을 주장할 수 있다.(위법성의 항변) (일반적 조치의) 구체적 이행이 회원국 소관기관의 책임

인 경우에는 일반적 조치의 무효를 국내재판소에서 주장할 수 있으며, 국내재판소가 유럽사법재판소에 선결적 판결을 요청하도록 할 수 있는 것이다.

24. 물론 EC조약 제177조가 공동체기관의 행위라고 일반적으로 정하고 있는 것에 반해, 동 조약 제173조는 이사회 및 유럽집행위원회의 행위만을 언급하고 있다. 그러나 당 재판소가 1971년 3월 31일의 AETR(ERTA) 판결에서 강조하였듯이, EC조약의 전체적 체계는 '공동체기관이 채택한…법적 효력이 있는 여러 조치'에 대하여 직접소송을 할 수 있게 하는 것이라고 이해하는 것이 합당하다.(Case 22/70, Commission v. Council [1971] ECR 263)(본서 38번 사건) 유럽의회에서 그 조치가 소송의 대상이 된다고 명문으로 씌여진 이유는 EEC조약의 기초시 유럽의회에 자문과 정치적 통제권한만을 부여하였고, 제3자와의 관계에서 법적 효과를 발생시킬 의도로 조치를 채택할 권한은 없었기 때문이며, ECSC조약 제38조[현재실효]와 같이 유럽의회가 채택하는 조치는 원칙적으로 취소소송에서 벗어날 수 없기 때문이다.

25. ECSC조약 하에서는 공동체기관이 채택한 조치에 대한 취소소송은 두 개의 별개의 규정에 따르지만, EC조약에서는 제173조 뿐이다. 따라서 이 제173조는 일반적으로 적용되는 규정이다. 제173조의 해석에 있어 소송의 대상이 되는 조치에서 유럽의회가 채택한 조치를 제외한다면, 제164조에 나타난 EC조약의 정신과 EC조약 전체의 제도 양방에 반하게 될 것이다. EC조약에서 유럽의회가 채택한 조치는 회원국의 권한 또는 다른 공동체기관의 권한을 제약할 가능성이 있으며, 또는 유럽의회의 권한으로 설정된 한계를 초월할 가능성도 있는데, 이들 조치에 대하여는 당 재판소에 심사를 부탁할 수 없게 되기 때문이다. 따라서 유럽의회가 제3자에 대한 법적 효력의 발생을 의도하여 채택한 조치에 대해서 취소소송을 제기할 수 있다고 결론지어야 할 것이다.

(유럽사법재판소는 이어서 두 번째 쟁점인 1982년 결정과 1983년 내규가 제3자에게 법적 효력을 발생시키려고 의도한 조치인가를 검토하였고 이를 긍정하였다. 즉 본 건에서 다투어진 상기 조치는 양쪽 모두 유럽의회 예산에 계상된 경비인 유럽의회 의원선거의 준비비용의 배분에 관한 것이다. 이들 조치는 유럽의회 밖에서의 활동비용에 대하여 제3자에게 경비를 배분하는 것이며, 이 점과 관련하여 1979년의 제1회 선거에서 선출된 의원을 포함하는 정치단체와 제2회 선거에 참가를 예정하고 있는 정치단체 양방의 권리의무를 정하고 각 단체의 수령액을 결정한다. 이에 따라 상기 조치는 제3자에 대한 법적 효력의 발생을 예정하는 것이며, 따라서 취소소송의 대상이 된다.(27단)

다음으로 유럽사법재판소는 세 번째 쟁점인 본 건 원고의 원고적격을 검토하고 이를 긍정하였다.

마지막으로 네 번째 쟁점인 상기 ①②의 조치의 실체적 검토를 하고, 유럽의회 의원선거에 앞서 선거운동비용을 공급하는 권한은 아직 회원국에 속하기 때문에 유럽의회가 정한 구조는 '유럽의회 의원선거에 관한 의정서'에 위반하여(54단) 무효라고 판단하였다.)

해 설

사건의 의의

첫 번째 의의는 EEC[EC]가 '법의 지배에 기초한 공동체'라고 명언하고, 현실적으로 이를 논거로 하여 조약의 명문에 없는 해석을 전개한 점이다. 두 번째 의의는 EEC[EC]조약에 '기본적·헌법적 헌장'이라는 EC법질서 상의 지위를 부여하고 1960년대부터 반복되어 온 국제조약의 헌법론적인 해석을 재확인하고(본서 1~3번사건 참조) 확립함과 동시에, 그 후의 국가헌법에 대한 논의를 포함한 민주주의·입헌주의의 관점에서의 EC에 대한 논의를 근거짓고, EC의 초국경적 통치체로서의 발전을 준비하였다는 점이다. 그리고 세 번째 의의는 EC조약 제173[후의 제230, EU기능조약 제263]조에서 유럽의회가 제3자에 법적 효력을 발생시킬 의도로 채택한 조치가 취소소송의 대상이 될 수 있다고 적극적으로 해석한 점이다. 이는 유럽사법재판소가 일관되게 취하고 있는 창조적인 헌법=조약의 해석태도이다. 본 건에서 유럽의회는 EEC설립시부터 본 건 당시까지 실제의 역할도 보유하는 권한도 변하였다. 설립 당시는 각국의회 의원의 대표가 겸임하는 자문기관일 뿐이었던 유럽의회는 1979년부터 직접선거에 의한 민주주의 대표기관이 되었다. 또한 1970년대 초반부터 EC의 예산 기타에 대한 실질적인 권한을 행사하는 기관으로 변모하였다. 이러한 유럽의회의 현실적인 변화, 권한의 확대와 변화에 조약개정이 적절하게 따라가지 못한 부분에서도 '법의 지배'를 관철하기 위해 적극적인 해석으로 흠결을 보정하는 유럽사법재판소의 헌법창조적인 역할을 인식할 수 있다.

헌법적 헌장인 조약

본 판결이 EC는 '법의 지배에 기초한 공동체'이며, EC조약이 '기본적 헌법적 헌장'이라는 지위를 부여한 것은 EEC조약 자체에 대한 유럽사법재판소의 인식을 나타내고 있다. 본 판결은 충분한 설명없이 EEC조약을 '헌법적 헌장'이라고 하였는데, '헌법적 헌장'의 의미가 반드시 명확한 것은 아니다. 무엇보다 '헌법'이라는 개념은 매우 다의적이다. 본 판결에서의 '헌법적 헌장'이라는 표현은 회원국·EC기관이 채택한 조치에 대한 유럽사법재판소의 EEC조약 적합성 심사라는 문맥에서 사용되었다는 것을 고려하면, 여기에서는 EC법질서에서의 EEC조약의 최고규범성에 중점을 둔 것이라고 이해할 수 있을 것이다.

EEC조약의 최고규범성에 대한 본 판결의 인식은 이미 *Costa v. ENEL* 사건(본서 2번사건)이나 *Simmenthal* 사건(본서 3번사건)에서 명확히 확립되었으며, 본 판결은 이를 재확인한 것에 지나지 않는다. 이 점에서 본 판결의 의의는 한정적이다. 그러나 본 판결이 최고규범성을 기초로 EC조약을 새로운 '헌법적 헌장'이라고 규정한 것은 EC조약이 국제기구의 조직법 이상의 것이라는 것을 시사함과 동시에 EC법과 국가헌법을 둘러싼 논의를 연결하는 계기를 제공하고, 그 후의 EC에서의 기본적 인권보호·민주주의를 둘러싼 논의에 적지 않은 영향을 주었다.

본 판결의 인식은 유럽사법재판소에 정착되어 1990년의 유럽경제지대(EEA) 조약체결에 대한 유럽사법재판소의견(Opinion 1/91, [1990] ECR I-6079)에서는 여기서 한 걸음 더 나아가, EC조약이 국제합의라는 형태로 체결되었지만 그럼에도 불구하고 법의 지배에 기초한 공동체의 헌법적 헌장이라고 판시하였다. 이렇게 축적된 유럽사법재판소의 판례 속에서, EC조약이 단순한 국제조약의 범주를 넘는 다양한 헌법적 가치를 포함한 규범으로서 다시 한 번 제시되었다는 점이 발효되지 못하고 사라져버린 2004년의 '헌법제정조약'의 조인의 전제를 구성한다고 평가할 수 있을 것이다.

취소소송의 대상이 되는 조치

'법의 지배에 기초한 공동체'라는 본 판결의 인식은 유럽의회의 행위에 대한 취소소송의 결론에도 직접적으로 영향을 주고 있다. 다시 말하면, '법의 지배'가 단순한 명목이 아니라는 것이 유럽의회의 피고적격에 관한 본 판결의 판시였다.

전술한 바와 같이 취소소송을 규정하는 EC조약 제173조는 취소소송의 대상이 되는 기관을 이사회와 유럽집행위원회라고 규정하고 있어, 여기에는 유럽의회는 포함되어 있지 않았다. 따라서 통상의 문리해석에 의한다면, 유럽의회의 행위에 대해서 취소소송을 제기할 여지는 없을 것이다.

그러나 본 건의 관계자는 이미 유럽의회에 대한 취소소송에 호의적이었다. 피고인 유럽의회 조차도 EC법이 준수될 것을 확보한다는 EC조약 제164[후의 제220, EU조약 제19]조의 일반준칙을 고려하면, 제173조를 넓게 해석하여 취소소송의 피고가 되는 EC기관에 의회를 포함해야 하며, 특히 유럽의회의 권한이 확대되고 있는 예산·선거운영의 분야에서는 더욱 불가결하다고 주장하고 있다. 그리고 본 건의 Mancini 재판연구관도 지금까지의 유럽사법재판소의 판례가 개인의 법적 보호를 확보하기 위해서 제173조를 포함한 직접소송 요건의 제한적 해석에 반대해 왔다는 것을 지적하며, 문언에 충실한 해석은 EEC조약의 전반적인 구조와 모순된다고 말하였다.(재판연구관 의견 7단) 학설도 당초의 EEC조약에서는 법적 효력을 발생시킬 조치를 채택할 수 있는 기관이 이사회와 유럽집행위원회 밖에 없었다는 점이 유럽의회를 규정하지 않았던 이유라고 밝힘과 동시에, 그 후 특히 예산에 관한 상황의 변화를 지적하고 있다.(재판연구관 의견 7단)

이들 요소를 고려하면, 본 판결이 재판연구관 의견에 따라 EC조약 제173조의 문언에 관계없이 유럽의회에 대한 취소소송의 제기를 인정한 것은 당연하며, 법에 의한 권력의 행사를 통제한다는 '법의 지배'의 이념에도 합치되는 결론이었다고 평가할 수 있을 것이다.

유럽의회의 취소소송의 제소권

그러나 취소소송에 대해서는 숙제가 남아 있다. 즉 유럽의회의 취소소송의 제소권의 유무이다. 본 판결에서 유럽의회는 취소소송의 피고가 될 수 있다고 보았다. 그럼 원고도 될 수 있을까. 제173조의 취소소송을 제기할 수 있는 EC기관에는 유럽의회가 포함되어 있지 않다. 그러나 제175[후의 제232, EU기능조약 제265]조의 부작위위법확인소송에서는 여러 EC기관이 이를 제기할 수 있다고 정하고 있었다. EC조약의 기초자는 명백하게 제173조와 제175조에서 유럽의회의 취급을 달리하고 있었다. 따라서 제173조에서 유럽의회의 행위를 제소할 수 있게 되었다고 해서, 즉시 유럽의회가 제173조의 제소권을 가진다고 해석될 수 있는지는 불확실하다.

유럽의회의 제소권은 본 소송에서의 쟁점이 아니었기 때문에 본 판결에서는 아무것도 판시하고 있지 않다. 그러나 유럽의회는 취소소송을 제기할 수 없는데, 취소소송을 제소당할 수 있다는 것은 일관성이 없으므로 의회의 조치에 대한 취소소송을 가능케 한 것처럼 제173조도 넓게 해석하여 유럽의회가 이사회 및 유럽집행위원회의 조치에 대한 취소소송을 제기할 능력을 가진다고 주장하며(판결 22단), 본 건의 Mancini 재판연구관도 취소소송의 원고적격과 피고적격을 대응시키는 해석을 지지하고 있다.(재판연구관 의견 7단)

유럽의회의 취소소송 제소권에 대해서는 유럽사법재판소의 판결의 변화가 있었다. 처음에는 부정적인 판단이 내려졌다. 본 판결의 2년 뒤인 1988년에 내려진 유럽의회와 이사회간의 판결에서였다.(Case 302/87, European Parliament v. Council [1988] ECR 5615) 동 사건은 EC기관간의 소송을 규정하는 제173조1단[EU기능조약 제263조1·2단과 상당]을 근거로 유럽의회가 이사회 결정의 취소를 구한 사건이다. 유럽사법재판소는 제173조1단을 해석하면서 유럽의회의 피고적격을 병행적으로 다룰 것을 부정하였다.(판결 21단) 이 사건에서 유럽의회가 취소소송을 제기할 수 없다면 다른 EC기관에 대해서 자기의 '고유의 권리(prerogative)'를 지킬 수 없다고 주장하였지만, 유럽사법재판소는 한편으로 EC조약의 개정에 의해서 유럽의회의 '고유의 권리'가 증대하였다는 것을 지적하면서도(판결 26단), 다른 한편으로는 유럽의회가 스스로 제기할 수 있는 부작위위법확인소송(제175조) 뿐만 아니라, 유럽의회 이외의 EC기관이 제기하는 각종의 소송 – EC조약 제155조[후의 제211조, EU조약 제17조1항]에 기하여 유럽의회의 '고유의 권리'를 확보할 책임을 지는 유럽집행위원회가 제기하는 취소소송 등 – 에 의하여 유럽의회의 '고유의 권리'에 대한 침해의 사법심사가 이루어진다고 지적하며(판결 27단), 유럽의회의 취소소송의 제소권(원고적격)을 부정하고 청구는 부적법각하되었다.

그러나 유럽사법재판소는 2년 뒤에 그 때까지의 입장을 변경하여 유럽의회의 취소소송 제소권을 인정하기에 이른다. 1990년의 유럽의회와 이사회간의 사건(이른바 1990년 체르노빌사건)이 그것이다.(Case C-70/88, European Parliament v. Council [1990] ECR I-2041) 이 1990년 판결은 유럽의회가 이사회규칙의 무효확인을 구하여 취소소송을 제기한 사안인데, 동 판결은 1988년 판결을 인용하면서도 1988년 판결이 상정하였던 유럽집행위원회가 유럽의회의 '고유의 권리'를 항상 옹호한다는 전제가 꼭 올바른 것은 아니라는 것을 인정하였다. 실제로 이 사건에서는 당시의 소비에트연방(현 우크라이나)의 체르노빌사고로 누출된 방사능에 오염된 동유럽산의 야채의 EC역내 수출입을 금지하는 조치를 다루었는데, 금지조치의 입법시에 유럽집행위원회와 유럽의회는 의견을 달리하고 있었다. 이러한 경우 1988년 판결의 전제가 된 유럽집행위원회가 유럽의회의 '고유의 권리'를 옹호하기 위해서 취소소송을 대신 제기한다는 것은 있을 수 없는 일이다. 이렇게 현실적으로 1988년 판결의 약점이 폭로되었기에, 유럽사법재판소는 1990년 판결에서는 EC 조약이 명문으로 정하는 여러 법적 구제수단은 반드시 실효적인 것이 아니어서 불확실하고(판결 16단), 이들 법적 구제수단이 모든 경우에 확실히 유럽의회의 '고유의 권리'의 침해에 대한 사법심사를 보장하기에 충분하지 않음을 인정하였다.(판결 20단) 이에 동 판결은 원고적격에 대하여 기본 조약에 의하여 권한이 배분된 EC 기관간의 균형유지의 관점으로 접근한다. 동 판결에 의하면 유럽의회의 '고유의 권리'는 기본 조약에서 정하는 'EC 기관간의 균형(institutional balance)'의 한 요소이며(판결 21단), 각 기관은 타기관의 권한을 배려하여 자기의 권한을 행사해야 한다.(판결 22단) 따라서 법의 준수를 확보할 것을 임무로 하는 유럽사법재판소는 기관간의 균형을 유지해야 하며, 적절한 법적 구제수단을 취하여 유럽의회의 '고유의 권리'가 지켜지고 있는지를 심사해야 한다.(판결 23단) 그러므로 유럽의회에 제소권을 부여하는 규정의 결여라는 절차적 공백이 EC조약이 정하는 기관간 균형의 유지와 준수라는 근본적인 이익에 우선할 수 없다.(판결26단) 따라서 첫 번째로 유럽의회가 그 '고유의 권리'의 보호만을 구할 때, 두 번째로 그것이 '고유의 권리'의 침해를 주장하는 서면에서 인정될 것이라는 두 가지 조건이 인정되는 한 유럽의회도 취소소송을 제기할 수 있다고 판단하여(판결 27단) 소송을 수리하였다. 또한 동 판결은 EC의 입법절차의 하나인 '협력절차'에 참가하는 유럽의회의 권리를 '고유의 권리'라고 인정하고 있다.(판결 28단)

1990년 판결은 1988년 판결을 정면으로 번복한 것은 아니지만 그 판결이유와 판단변경의 실제적인 이유를 보면, 실질적인 판례변경이라고 평가할 수 있을 것이다. 그리고 마스트리히트조약에서 개정된 EC조약 제230조 3단에는 1990년 판결의 내용이 포함되어 유럽의회 뿐만 아니라 유럽중앙은행에도 동종의 한정된 제소권이 부여되었으며, 그 후 암스테르담조약에서 감사원에도 마찬가지의 제소권을 부여하여 오늘날에 이르고 있다. 이러한 흐름을 보면 유럽사법재판소의 판례가 기본조약 개정시에 명문화·실정화되어 정착한다는 역동성(Dynamism)을 엿볼 수 있다.

EC의 헌법적 원칙의 역할

본 판결(녹색당사건)과 1990년의 판결(체르노빌사건)의 양 판결에 의하여 유럽의회는 최종적으로 EC조약 제173조에 기한 취소소송에서 피고적격과 한정적인 제소권(원고적격)을 획득하였다. 녹색당사건의 지도이념이 '법의 지배'라면, 1990년의 체르노빌사건의 지도이념은 'EC 기관간의 균형'이었다. 이들은 모두 추상적인 헌법원칙임에도 불구하고, 구체적인 EC조약의 조문의 문언에 반하는 해석을 가능케 할 정도의 효과를 발휘하고 있다. 여기에는 EC법상의 헌법원칙이 조약의 명문에 구애받게 되는 불합리함을 극복하기 위해서 필요하다면 헌법원칙의 실현을 관철한다는 유럽사법재판소의 의연한 태도가 나타나고 있다.

최근에도 유럽사법재판소는 EC법상의 의무에 위반한 회원국에 대한 의무위반소송의 판결에 따르지 않는 회원국에 대한 금전적 제재에 대해서(EC조약 제226·228[EU기능조약 제258·260]조), EC조약 제228조 2항의 문언('또는')에 반하여 일시불(lump sum) '및' 이행강제금(penalty payment)을 동시에 부과할 수 있다고 인정하였다.(Case C-304/02, Commission v. France [2005] ECR I-6253) 이러한 결론은 회원국이 의무위반소송의 패소판결 후에도 장기간에 걸쳐 위법상태를 방치하고 있었던 사안에서 유럽사법재판소가 EC법의 준수를 현실적으로 확보할 것을 중시한 결과이다. 동 사건의 판결에서 유럽사법재판소는 '법의 지배'라는 어휘를 사용하고 있지는 않지만, '법의 지배'를 준수하기 위한 유럽사법재판소의 완고한 의사를 엿볼 수 있다. 진정으로 EC는 현재도 '법의 지배'를 기초로 하는 공동체가 되려고 하는 것이다. 다음의 본서 18번사건은 최근의 좋은 예이다.

(須網隆夫)

18. GPA & Segi 사건: ‘법의 지배’와 EC 제3기둥 조치의 사법심사

Case C-354/04P, Gestoras Pro Amnistía and others v. Council [2007] ECR I-1579; Case C-355/04P, Segi et al v. Council [2007] ECR I-1657

[사실·쟁점]

2001년 9월 11일에 미국에서 동시다발적인 테러사건이 발생하였다. UN안전보장이사회(안보리)는 결의 1373호를 채택하여 (동년 9월 28일) 전세계의 테러행위자에게 자금제공이나 지원을 하는 단체·개인에게 형사수사 또는 형사소송에 필요한 증거수집과 사법공조를 최대한도로 할 것을 요청하였다. 이에 호응하여, EU이사회는 동년 12월 27일에 EC와는 법적으로 구별된 EU의 ‘공동외교안보정책’(EU의 제2기둥) 및 ‘경찰사법협력’(EU의 제3기둥) 조치를 몇 건 채택하였다.

그 중 하나가 본 건과 관련된 것으로 테러관계자의 형사수사공조에 관한 공동입장 2001/931호이다. 이 조치는 EU조약 제15[29]조와 제34조[현재삭제]에 기하여 채택되었다. 공동입장 2001/931호에 따르면 테러행위에 관여한 사람, 그룹, 단체 및 부가한 리스트에 열거된 사람들, 그룹 및 단체(제1조1항)에 대하여 회원국은 EU의 경찰사법협력제도(세 번째 기둥)를 통해서 가장 광범위한 공조를 테러행위예방과 대책을 위해 상호제공한다.(제4조) 그러나 부가된 리스트에 열거된 사람들의 이름은 정기적인 (적어도 6개월에 한 번은) 갱신된다(제1조6항)는 것이었다.

또한 EU이사회는 공동입장 2001/931호에 관한 의사록에 부속된 ‘보상권에 관한 선언’에서, 공동입장 2001/931호 제1조6항에서 ‘언급된 자, 그룹 또는 단체에 대해서 무언가 잘못이 있는 때에는 피해자는 사법적 구제를 구할 권리를 가진다’고 정하고 있었다.

본 건(2건)의 중요한 사실은 거의 동일하다. 첫 번째의 *GPA*(Gestoras Pro Amnistía, 정치범석방지원협회) 사건의 원고는 정치범이나 망명자의 권리보호활동을 하는 바스크지방의 인권보호단체(1976년 설립)와 관계자이다. 두 번째의 *Segi* 사건 원고는 바스크지방의 청년, 아이덴티티, 문화, 언어유지를 지원하는 단체와 그 관계자이다. 스페인 국내재판소의 예심판사는 GPA를 2001년 11월에, Segi를 2002년 2월에 바스크지방의 분리독립운동조직 ETA의 불가결한 부분을 이루는 단체로 설정하였다. 이미 스페인 정부는 ETA를 테러조직으로 인정하고 있었으므로 ETA와 양 원고는 EU의 공동입장 2001/931호의 대상자 목록에 게재되었다. 양 원고는 정기적인 목록개정작업에서도 목록에서 제외되지 않았다.

양 원고는 목록게재행위에 의한 손해배상을 EU이사회에 구하였고, 유럽제1심재판소에 소를 제기하였다. 그러나 제1심재판소는 다음의 이유로 양 소송을 각하하였다. 첫째, EU재판소는 EU의 두 번째·세 번째 기둥에 의한 행위에 의하여 개인이 받은 손해배상을 구할 소송관할권을 갖지 않는다. EU조약에 의하면 EC의 재판소(유럽사법재판소 및 유럽제1심재판소)는 EU의 두 번째 기둥에 대한 관할권이 배제되고, EU의 세 번째 기둥에 대해서는 제한적으로 관할권을 갖는다. 본 건 조치의 입법근거는 EU조약 제15조(EU의 두 번째 기둥의 규정) 및 제34조(EU의 세 번째 기둥규정)이지만, 전자에 대해서는 EU재판소의 관할권이 배제되어 있다. 후자의 규정에 대한 EU재판소의 관할권은 선결적 판결, 취소소송, 그리고 회원국간의 분쟁의 해결에 한정된다.(EU조약 제35조[현재삭제]) 손해배상에 관한 관할권은 존재하지 않는다. 둘째, 본 건의 조치가 원고의 EC법상의 권리를 침해하였는지는 대해서는 EC의 재판소로서 판단할 관할권은 있지만, 양 원고는 EC조약상의 권리침해를 구체적으로 입증하고 있지 않다. 따라서 본 건 청구는 각하된다.

양 원고는 유럽사법재판소에 상소하였다. 쟁점은 첫 번째로 EU조약 제6편(EU의 세 번째 기둥)의 제규정의 해석에 잘못이 있는지 여부이다. 두 번째로 원고들이 가진 '실효적인 사법적 보호를 받을 권리'의 침해여부, 세 번째로 이사회 의사록에 부속된 보상선언을 무시한 위법의 존재여부에 대한 것이다.

판결 • • •

(유럽사법재판소는 원고의 주장을 실질적으로 받아들였으면서도 상소는 기각하였다. 재판소의 판단과 판시이유는 양 사건에서 동일하였기에 *GPA* 사건의 판결을 살펴보도록 하겠다)

EU조약 제6편 규정의 해석의 위법

유럽사법재판소의 권한에 관한 EC조약·Euratom조약의 규정은 EU조약 제6편에서 'EU조약 제35조[현재삭제]에서 정하는 조건에 의하여' 적용된다고 EU조약 제46조[현재삭제]가 규정하고 있다.(44단) 동조는 다음의 세 가지 경우에 유럽사법재판소가 관할권을 갖는다고 규정한다. 첫 번째로 EU조약 제35조1항에 의한 선결적 판결. 두 번째로 EU조약 제35조6항의 회원국·유럽집행위원회가 제기하는 골격결정·결정의 효력에 관한 취소소송. 세 번째로 EU조약 제35조7항의 회원국 간의 분쟁(45단). EU조약 제35조는 손해배상소송에 대해서는 아무것도 규정하지 않았다.(46단) EU조약 제41조1항[현재삭제]도 EC조약 제288조나 제235조[EU기능조약 제349조나 제268조]에 언급되지 않았다.(47단) 따라서 EU조약 제6편에서는 손해배상청구소송은 규정되어 있지 않다고 한 제1심재판소의 판단에 잘못은 없다.(48단)

'실효적인 사법적 보호를 받을 권리'의 침해 유무

상소인(=원고)은 제1심재판소에서 기본권의 준수, 특히 EU조약 제6조2[3]항에서 실효적인 사법적 보호를 받을 권리를 보장할 것을 주장하였다. 즉 공동입장 2001/931호의 목록에 원고가 게재된 것의 부당성을 다툴 수단이 전혀 없어 제1심재판소의 판단은 실효적 사법적 보호를 받을 권리를 침해한다는 것이다.(49단)

그러나 유럽사법재판소의 EU조약 6편에 관한 관할권은 EC조약에서의 관할권보다도 좁다. EU조약 5편에서의 관할권은 더욱 좁다. 설립제조약이 정하는 사법적 구제 이외에도 특히 불법행위책임 등을 예상할 수 있지만, 현행 제도를 EU조약 제48조에 따라 개정하는 것은 회원국들의 몫이다.(50단)

51. 그렇지만 여러 가지의 사법적 보호가 상소인에게서 박탈되었다고 하는 상소인의 주장은 정당하지 않다. EU조약 제6조에서 밝히고 있는 바와 같이 EU는 법의 지배의 원칙을 기초로 하고 있으며, EU는 기본권을 EC법의 일반원칙으로 존중한다. 따라서 EU의 기관은 그 행위가 설립제조약 및 법의 일반원칙에 적합한지에 대한 심사에 따르고 있는 것이며, 이는 회원국이 EU법을 이행할 때 심사에 따르는 것과 마찬가지이다.

52. EU조약 제34조[현재삭제]에서 정하는 바에 따라, 이사회는 성격과 범위가 각양각색인 행위를 채택할 수 있다. EU조약 제34조2항a호에 기초하여, 이사회는 '구체적인 사안에 대해서 EU의 입장을 명확히 하는 공동입장을 채택'할 수 있다. 회원국은 성실협력의무의 원칙에 따라 공동입장을 준수해야 한다. 따라서 회원국은 여러 가지 적절한 일반적 또는 구체적인 수단을 취하여 EU법상의 의무를 이행해야 한다.(Pupino 사건 42단) 또한 EU조약 제37조[현재삭제]에 따라 회원국은 '회원국이 참가하는 국제기구와

국제회의에서' 공동입장을 옹호해야 한다. 그러나 공동입장은 그 자체로는 제3자에 대하여 법적 효력을 발생시키지 않는다. 따라서 EU조약 제6편에서 정하는 제도 중에서도 골격결정과 결정만이 유럽사법재판소의 취소소송의 대상이 된다. EU조약 제35조1항이 정하는 유럽사법재판소의 선결적 판결의 관할권도 공동입장까지를 그 대상으로 하지는 못한다. 이는 골격결정 및 결정의 효력과 해석 및 EU조약 제6편에 기초하여 체결된 조약의 해석, 그리고 그것을 이행하는 조치의 효력과 해석에 그친다.

53. EU조약 제35조1항은 공동입장에 대해서 선결적 판결을 구하여 국내재판소가 질문을 부탁할 수 있다고 한 것이 아니라 동조에 열거된 행위에 관한 질문에 한정하여 선결적 판결을 구할 수 있다고 규정하고 있으므로, 이사회가 채택한 여러 조치 중에서 제3자에게 법적 효력을 부여할 의도를 가진 것은 선결적 판결의 부탁의 대상으로 할 수 있는 행위로 취급되고 있다. 유럽사법재판소에 선결적 판결을 가능하게 하는 이 절차가 EU조약의 해석과 적용에 의하여 법의 준수를 보장하는 목적이라는 것을 감안하면, EU조약 제35조1항을 좁게 해석하는 것은 그 목적에 반하게 될 것이다. 따라서 유럽사법재판소에 선결적 판결을 부탁할 권리는 이사회가 채택하는 여러 조치 중, 제3자에게 법적 효력을 부여할 의도를 가진 것은 그 성격이나 형식을 불문하고 존재한다고 보아야 한다.(비슷한 예로서는 Case 22/70, Commission v. Council (ERTA) [1971] ECR 263, 38단부터 42단 (본서 38번사건) 및 Case C-57/95, France v. Commission [1997] ECR I-1627, 7단 이하)

54. 따라서 공동입장이지만 그 내용으로 보아 EU조약이 지정한 범위를 넘어선 것에 대해서는 유럽사법재판소의 심사대상으로 할 수 있다고 보아야 한다. 따라서 본 건과 같이 공동입장 2001/931호의 일부분, 적어도 그 제4조와 부칙에 대하여 진정한 의도가 제3자에게 법적 효력을 발생시키는 것으로 강하게 의심되는 경우, EU조약 제34조를 근거로 채택된 공동입장의 효력 또는 해석의 문제를 간접적으로 발생시키는 분쟁을 다루는 국내재판소는 EU조약 제35조에서 정하는 조건에 따르는 한편, 유럽사법재판소에 선결적 판결을 구할 수 있다고 하는 것이 합당하다. 그러한 경우 유럽사법재판소는 당해 공동입장이 제3자에게 법적 효력을 발생시킬 의도인가를 판단하여, 적절한 분류 하에 선결적 판결을 하게 된다.

55. 또한 유럽사법재판소는 EU조약 제35조6항에서 정하는 조건에서 회원국 또는 유럽집행위원회가 소송을 제기할 때에는 그러한 행위의 적법성을 심사할 관할권도 갖는다.

56. 마지막으로 회원국, 특히 그 재판소 및 심판소는 자연인 및 법인이 국내재판소에서 EU행위의 기초(起草)나 EU행위의 해당인에게 적용되는 국내의 여러 결정 기타 조치의 적법성에 대하여 제소할 수 있도록 제소권 행사를 규율하는 국내절차법을 해석 적

용하여야 하며, 그가 입은 피해의 배상을 청구할 수 있도록 해석 적용해야 한다.

따라서 실효적인 구제가 없다는 상소인의 주장은 부당하다.(57단)

이사회의 보상선언에 위반되는 위법의 유무

유럽사법재판소의 확립된 판례법이 밝히고 있는 바와 같이, 적용되는 법문에 규정되지 않은 법적 구제를 창설하기에는 선언만으로 불충분하다. 따라서 선언에는 어떠한 법적 중요성도 부여할 수 없다. 또한 본 건의 계쟁의 규정에는 해당 선언의 내용이 언급되어 있지도 않기 때문에 EU조약에 따른 법의 해석에서 이용할 수도 없다.(60단) 따라서 이 점에 대한 상소는 이유없다.(61단)

해 설

사건의 의의

본 건의 의의는 EU를 법의 지배가 준수되는 제도로 성장시켜야 한다는 유럽사법재판소의 입헌적 입장이 표명된 것이다. 유럽사법재판소는 EU의 세 번째 기둥인 '경찰사법협력'제도에 대하여 유럽사법재판소에 인정된 재판관할은 선결적 판결, 취소소송, 회원국간의 분쟁해결의 3종류에 불과하지만, 그 관할권 내에서 대상으로 할 수 있는 법적 행위는 '이사회가 채택한 여러 조치 중 제3자에게 법적 효력을 발생시킬 의도를 가진 것'이라면 '그 성격이나 형식을 불문'한다고 넓게 해석하였다. 이는 EU조약의 명문에서 예상되는 것보다 넓은 범위의 사법심사를 가능케 하는 해석이다.

이 적극적인 해석의 근거는 설립초기부터 EC에 대하여 유럽사법재판소가 반복하여 언급하였던 '법의 지배'의 원칙을 준수한다는 명제이며(예를 들어 녹색당 사건(본서 17번사건)), 또한 이를 통한 개인의 권리에 대한 실효적인 보장을 위한 것이다.(예를 들어 본서의 모든 사건) 이들 판단은 EU를 입헌적인 질서로 구축하려는 목적론적인 해석을 낳았다. 본 건에서 유럽사법재판소는 이러한 EC에 관한 입헌적인 해석을 EU의 경찰사법협력제도에 대해서도 준수할 것을 명언하였다.

EU의 세 번째 기둥이 EC에 근접하다

회원국들은 의도적으로 EC와 구별된 제도로 EU의 경찰사법협력(세 번째 기둥)

을 만들었지만, 유럽사법재판소는 2000년대에 들어서면서 세 번째 기둥에 사법권이 관여하는 범위에 대해서 EC를 유추하는 해석론을 취하기 시작하였다. 처음으로 그러한 입장이 나타난 것은 2005년의 *Pupino* 사건(Case C-105/03, Maria Pupino [2005] ECR I-5285)에서였다. 이 사건에서 EC의 선결적 판결 제도가 EU의 세 번째 기둥에도 준용될 수 있다는 점, EU의 세 번째 기둥의 법적 행위의 하나인 '골격결정'은 그 법적 효과가 EC의 '지침'과 극히 유사한 점 등을 이유로 EC에서 회원국의 국내재판소에 부여된 국내법을 EC법에 가능한 한 합치되게 해석해야 하는 의무가 EU의 제3기둥인 '골격결정' 등의 법적 조치에도 발생한다는 논리를 펼쳤다. 제도가 유사하므로 의무도 유사하다는 것이다.

이에 대하여 본 건에서는 한층 헌법원칙으로 돌아가 원리적인 논리로서, EC 판례를 유추하여 EU의 세 번째 기둥에 적용하는 논리를 취하고 있다. 즉 EC 뿐만 아니라 EU도 법의 지배에 철저한 조직이어야(EU조약 제6조) 하므로, EC 판례가 인정한 것처럼 EC기관 행위의 표면상의 명칭이 무엇이건 그것이 현실적으로 제3자에게 법적 효력을 발생시킬 의도를 가진다고 평가할 수 있다면, 모두 EC조약에 대한 적합성심사(사법심사)의 대상이 되어야 하고, 이는 EU의 세 번째 기둥에 해당하는 기관의 행위에 대해서도 마찬가지로 적용되어야 한다는 것이다.

'법의 지배'에 관한 EC의 선례

사실 EC조약에 '법의 지배'의 원칙이 명기되어 있지도 않았던 시절부터 유럽사법재판소는 EC를 '법의 지배'가 준수되는 공동체로 형성하려는 입장을 명언해 왔다. 본 건에서도 비슷한 예로서 언급되고 있지만, 1970년의 *ERTA* 사건(본서 38번사건)에서 EC이사회에서의 '심의(Beschluss; Délibération)'가 유럽집행위원회의 권한을 침해하는 법적 효과를 가질 수 있다는 이유로 EC조약이 예정하고 있는 명칭의 법적 조치에는 포함되지 않지만, 취소소송의 대상이 될 수 있다고 판단하였다.(Case 22/70, Commission v. Council (ERTA) [1971] ECR 263, paras. 38 to 42(본서 38번사건)) 이 때의 EC조약 규정의 해석의 근거가 된 것이 '유럽사법재판소는 법의 준수를 확보한다'는 EC조약 규정의 뒷면에 숨은 (유럽사법재판소가 그렇게 판단한) '법의 지배'의 원칙이었다.

이후 이 판례의 입장이 확립되고, 유럽의회의 선거운동보조금의 배분결정행위 (Case 294/83, 'Les Verts' v. European Parliament [1986] ECR 1339 para. 25 (본

서 17번사건))나 유럽집행위원회의 'Communication(통보)'라는 이름의 행위(Case C-57/95, France v. Commission [1997] ECR I-1627, paras. 7-8) 등도 제3자에게 법적 효력을 발생시킬 의도를 가진다고 평가된다면 유럽사법재판소에서 취소소송의 대상으로 할 수 있다는 판단이 반복되었고, 현재는 EU조약 제6조에 '법의 지배'가 EU전체의 헌법원칙으로서 명시되고 있다. 본 건에서 유럽사법재판소가 EU의 세 번째 기둥에 EC의 선례논리를 유추한 점에서 유럽사법재판소의 장기적으로 일관된 태도를 재인식할 수 있다.

세 번째 기둥에서의 구체적인 사법구제

본 판결 후, 원고들에게는 어떤 사법적 구제가 생겼을까. 본 건에서 세 번째 기둥의 조치에 의한 손해배상은 개인이 EU기관에 대해서 직접적으로 청구할 수 없다는 것이 확정되었다.(첫 번째 쟁점에 대한 판결) EU조약이 세 번째 기둥의 제도에 대하여 인정하는 소송유형 중, 개인에게도 이용가능한 것은 '선결적 판결'뿐이다.(EU조약 제35조[현재삭제])

그러나 선결적 판결은 국내재판소에서의 소송에 부수되는 것이다. 따라서 본 건의 원고는 스페인법상 모종의 소송을 국내재판소에 우선 제기하고, 그에 부수하여 본 건에서 문제가 된 '공동입장'의 EU조약 합치성을 쟁점으로 국내재판소가 부탁을 하게 된다. 예를 들어 스페인 정부에 대하여, 문제의 '공동입장'의 정기적 갱신에서 목록으로부터 원고를 제외할 것을 요청하고, 이에 대하여 스페인 정부가 부정적인 답변을 할 경우에 그러한 갱신거부의 처분에 대한 취소소송을 제기할 것이다. 또한 요청을 하였으나 정부가 이에 대하여 침묵한 채로 EU차원에서의 정기 갱신회의가 열리고, 그 결과 EU의 '공동입장'의 목록에 원고가 계속 게재된 경우에도 스페인 정부로부터의 갱신거부 처분이 있었던 것으로 보아 그 취소소송을 국내에서 제기할 수 있을 것이다. 마찬가지로 그러한 스페인 정부의 행위를 불법행위로 구성하여 손해배상을 구하는 소송을 제기하는 것도 가능할 것이다.

리스본조약 이후

무엇보다 리스본조약(2009년 발효)에 의하여 EU의 세 개의 기둥은 일체화된 제도가 되었고, EU에 단일 법인격이 부여되었다. 세 번째 기둥은 EC에 흡수되어, EC의 법제도는 새로이 일체화된 EU제도 전체의 기본이 되었다. 그러나 종래 EU의 두 번째 기둥이 다루고 있었던 '공동외교안보정책' 분야만은 새로운 EU제도 하에서도 '특별한 준칙과 절차'에 따르므로 EC형의 법제도가 전면적으로는 미치지 않는다.(신EU조약 제24조) 이러한 제도 개혁의 문맥상, 본 건을 세 번째 기둥에 대한 선결적 판결의 해석판례로서만 받아들인다면, 선례적 가치는 없어진다. 이미 본 건과 같은 해석론은 불필요하며, EC 수준의 사법심사가 옛 세 번째 기둥의 조치에서도 보장되기 때문이다. 그러나 본 건의 근거에 있는 판례의 취지, 즉 EU법질서에서 사법심사를 관철시켜 법의 지배를 확보한다는 취지는 새로이 일체화된 EU제도에서도 살아남을 것이다. 가령 새로운 EU제도에서 '특별한 준칙과 절차'에 따르는 '공동외교안보정책' 분야에 미약하게 인정되는 유럽사법재판소의 관할권(특히 개인에 대한 경제제재조치의 효력심사-EU조약 제24조1항2단 및 EU기능조약 제275조)에 대하여 이를 확대하여 해석할 수 있는 선례로서 본 건이 여전히 의의를 가질 가능성은 충분하다. 동 판례의 근거의 취지야말로 본 건에 역사적 가치를 지니게 하는 것이다.

(中村民雄)

19. Schöppenstedt 사건: EC기관의 입법에 의한 손해배상책임

Case 5/71, Aktien-Zuckerfabrik Schöppenstedt v. Council [1971] ECR 975

[사실·쟁점]

EC이사회는 EC 설탕공장의 공동조정제도(가격지지제도)를 1968년 7월에 설정하면서 동월 이후에 적용되는 공동설탕가격과 그 이전의 국내설탕가격의 차액을 조정하기 위한 조치로서 EC규칙 769/68호를 채택하였다. 이 공동조정제도란 설탕 등의 일정 농산물의 시장실제가격을 상한(지표가격)과 하한(개입가격)의 폭 안에 수렴하여 안정화시키기 위하여 EC가 시장에 개입하는 제도이다. 본 건에서는 제도이행 이전의 국내가격이 EC의 개입가격(하한)보다 낮은 경우에 사업자에게 과징금을 부과하고(가격을 인상하고), 역으로 국내가격이 EC의 지표가격(상한)보다 높은 때에는 관련 회원국에 대하여 보상금을 사업자에게 급부(하여 가격을 안정)시키는 권한을 부여하기로 한 것이다.

이 제도에 의하여 독일 국내시장을 산정한 바, 국내가격이 개입가격과 지표가격 사이에 있었기 때문에 독일은 백설탕 및 조당(粗糖) 보상금의 대상에서 제외되었다.

이에 조당제조공장을 운영하는 원고는 당해 EC규칙에 의하여 손해를 입었다며 EC조약 제215조[후의 제288, EU기능조약 제340]조 2단에 기하여 이사회에 대하여 손해배상을 청구하는 소송을 유럽사법재판소에 제기하였다. 원고의 주장으로는 동 EC의 규칙이 과징금은 개입가격을 기준으로 계산하고 보상금은 지표가격을 기준으로 계산하고 있는데, 이는 '공동가격정책은 공통기준 및 통일적 산정방법에 기초한다'라고 규정하는 EC조약 제40조 3항[후의 제34조 2항, EU기능조약 제40조 2항] 3단에 위반된다는 것이었다.

쟁점은 EC기관이 광범위한 재량을 갖는 정책분야에서의 입법행위로 인하여 개인에게 발생한 손해를 EC가 배상해야 하는 것은 어떠한 경우인가 하는 것이었다.

판결 • • •

공동체의 계약 외의 손해배상책임은 손해의 원인이 되는 행위의 위법성을 전제로 한다. 또한 '경제정책의 선택을 동반하는 입법행위'가 문제가 된 경우에는 공동체는 '개인보호를 위한 상위 법규에 대한 충분히 중대한 위반'이 발생하지 않은 한, EC조약 제215[후의 제288, EU기능조약 제340]조 2단에 의한 책임을 지지 않는다. 이 때문에 어떤 위반이 있는지를 먼저 심사할 필요가 있다.(판결 11단) 본 건 원고는 EC의 공동조정제도가 설정되기 이전의 국내조당가격이 EC의 지표가격보다 높은 경우에 보상금이 급부되는 것에 반하여 이전의 국내가격이 개입가격보다 낮은 경우에 과징금이 부과되는 제도에 대하여, 각각의 금전산정의 기준이 다른 것은 차별이라고 주장한다.(12단) 그러나 이러한 산정기준의 차이는 차별이라고 할 수 없다. 이유는 새로이 설립된 설탕의 공동조정제도는 단일의 고정가격이 아니라 최고가격(지표가격)과 최저가격(개입가격)을 설정하여 그 폭 안에서 시장의 전개에 대응하여 실제의 가격수준을 결정하는 새로운 제도를 도입한 것으로 다른 기준이 설정된 것은 그러한 신 제도의 귀결이기 때문이다.(13단) 또한 기타 원고의 주장은 이유없다.(14-15단)

따라서 본 건에서는 위법성의 존재가 입증되지 않았으므로 청구는 기각한다.(16단)

해 설

사건의 의의

본 건은 EC기관이 채택한 일반입법에서 손해가 발생한 경우에 EC조약 제288[EU기능조약 제340]조 2단에서 정하는 EC기관의 불법행위배상책임이 성립하는지를 처음으로 검토한 것이다. EC기관에 광범위한 재량이 있는 경우의 재량행사에 대해서 불법행위에 의한 손해배상책임이 성립하기 위한 요건은 본 건의 사건명인 'Schöppenstedt 공식(Schöppenstedt formula)'으로 정착되어 이후 판례법의 전개에 크게 영향을 주었다.

배상책임의 요건

EC의 계약 외의 손해배상책임을 정하는 EC조약 제288조 2단에 따르면 '계약 외의 책임의 경우, 공동체는 회원국법에 공통된 일반원칙에 따라 기관 또는 직원이 그 의무의 수행시에 야기한 손해를 배상한다.' 그러나 이 규정은 추상적인 형태로 EC가 '회원국의 법에 공통된 일반원칙'에 따라 배상책임을 진다고 정한 것에 지나지 않는다. 때문에 배상책임의 구체적인 성립요건은 유럽사법재판소의 판례를 통해서 특정되었다.

우선 1971년의 *Lütticke* 사건(Case 4/69, Lütticke v. Commission [1971] ECR 325)은 EC의 배상책임이 ① 당해행위의 위법성 ② 손해의 발생 ③ 인과관계의 3개의 요건을 충족하는 경우에 성립한다는 것을 명확히 하였다. 이어서 본 건 판결은 *Lütticke* 사건과는 달리, 손해의 원인행위가 '경제정책의 선택을 동반하는 입법행위'인 경우의 책임성립요건을 제시하고(본 건 판결 11단), 이 경우에는 상술한 3개의 요건에 더하여 '개인보호를 위한 상위법규에 대한 충분히 중대한 위반'의 존재를 입증할 필요가 있다고 판시하였다.(동단)

본 건 이후의 판례경향

특히 본 건 판결은 상기요건의 충족성을 심사하기 전에, EC기관의 입법행위에 위법성이 없다고 하여 본 건 청구를 기각하였다. 따라서 책임성립요건을 둘러싼 기초적인 문제는 검토되지 않았고, 과제로서 남겨지게 되었다. 예를 들어 (a) '경제정책의 선택을 동반하는 입법행위'란 무엇인가 (b) '개인보호를 위한 상위법규에 대한 충분히 중대한 위반'이란 무엇인가 하는 점이었다. 이들은 그 후 판례에 의하여 밝혀지게 되었지만, 판례는 (a)를 넓게 해석하여(이에 따라 (b)의 입증을 요하는 경우는 확대되었다) (b)의 요건이 충족되는 경우를 한정적으로 해석하였다. 그 결과, 실제로 EC기관의 재량이 광범위하게 인정되는 정책분야에서는 EC기관의 정책조치의 채택에 대하여 손해배상책임이 긍정되는 예는 희소하다.

공식의 내용

판례법상 정착된 Schöppenstedt 공식은 일반적으로 다음과 같이 분석된다.

첫 번째로 이 공식의 적용여부를 판단하는 기준이다. 손해의 원인이 되는 행위가 '경제정책의 선택을 동반하는 입법행위'인지 여부는 당해 행위가 추상적으로 규정되는 일반적인 조치라는 의미에서의 입법적 성격을 가지는가 여부, 그리고 EC기관이 광범위한 재량을 갖는 분야에서 채택한 행위인가 여부로 평가된다.

EC기관에 광범위한 재량이 있는 때의 입법행위에 대하여 배상책임이 성립하기 위해서 당해 행위의 위법성, 손해의 발생, 인과관계의 세 가지 요건에 더하여 '개인보호를 위한 상위법규에 대한 충분히 중대한 위반'이 존재한다는 네 번째 요건이 가중되는 이유는 EC기관이 개인에게 불리한 공익상의 입법조치를 채택할 때에 손해배상청구를 우려하여 결정권의 행사가 억제되지 않도록 하기 위한 것이다.(Joined Cases 83 and 94/76, 4, 15 and 40/77, HNL v. Council and Commission [1978] ECR 1209, para. 5)

두 번째로 '개인보호를 위한 상위법규에 대한 충분히 중대한 위반'이라는 요건은 일반적으로 세 개의 요소로 구분된다. 즉 ① 위반된 법규가 '개인보호를 위한' 것이어야 하며, ② 위반된 법규가 '상위'법규일 것 ③ 위반이 '충분히 중대'할 것이 그것이다.

①의 보호법규성을 판례가 인정한 예로는 평등원칙, 비례원칙, 신뢰보호의 원칙 등을 들 수 있다. 반대로 EC기관 상호간의 권한배분규정, 행위 채택시의 이유부기 의무는 부정된다. 다음으로 ②의 위반된 법규의 '상위'성인데, 학설은 그 의미에 대하여 단순히 법질서 상의 상위규범이 아니라 이에 더하여 일정한 중요성을 갖는 법규라고 설명하는 것이 일반적이다. 그러나 판례에서 보이는 바에 한정하면, 위반된 법규의 중요성은 도리어 ③충분히 중대한 위반의 심사에 대해서 고려하고 있으므로 ②를 독립적인 요건으로 다뤄야 할 의의는 적다.

마지막으로 ③의 충분히 중대한 위반인데, 이것이 가장 입증이 곤란한 요소이다. 우선 이 개념은 판례에서 다시 공식화되어 EC기관이 '그 권한행사의 한도를 명백하고 심각하게 무시한' 경우가 이에 해당한다고 한다.(HNL 사건의 판결 6단) 그리고 그 존부를 판단할 때에는 EC기관이 야기하였다는 손해의 요소와 EC기관의 행동이라는 요소를 심사한다. 전자는 ① 손해를 입은 원고가 '명확하게 정의되는 집단'에 소속될 것(손해의 특별성), ② 원고가 입은 손해가 '그 활동에 고유한 통상의 경제적 위험의 한도'를 넘었을 것(손해의 중대성)이 요구되며, 후자의 관점에서는 ③ 일정한 중요성을 갖는 EC법규를 위반하였을 것, ④ 당해 행위를 채택한 때에 EC기관의 행위에 중대한 과오가 있어 이를 정당화할 사유가 없어야 한다.(Opinion of A.G. Van Gerven in Joined Cases C-104/89 and C-37/90, Mulder v. Council and Commission [1992] ECR I-3061, paras. 16-18) 그리고 이들 두 가지 요소를 심사하여 어느 요소인가가 흠결된 경우에는 EC법위반의 충분한 중대성은 부정되는 것으

로 이해되고 있다.(그러나 판례에는 손해의 요소를 이러한 평가와는 다르게 인정한 것도 있다)

법리에 대한 비판점

충분히 중대한 위반의 개념은 입증이 아주 어렵기 때문에 판례에 대해서는 EC의 손해배상책임의 성립을 과도하게 제약하고 있다는 비판이 많아졌다. 책임의 존부를 손해의 특별성이나 중대성과 연결짓는 평가방법은 적법행위에 기초하는 손실보상이 문제가 되는 경우에 사용되는 것이 일반적이기 때문에 EC조약 제288조 2단이 '회원국의 법에 공통된 일반원칙'에 따라 EC가 손해배상책임을 진다고 규정한 것과 양립하지 않는다는 비판도 강하다.

회원국의 배상책임법리의 성립

본 건 판결에서 시작된 이상의 요건론은 1990년대에 새로운 전개를 보였다. 그 계기가 된 것이 유럽사법재판소의 판례법인 EC법상의 국가배상책임원리의 확립·발전이었다.

1996년의 *Brasserie du Pécheur* 사건 및 *Factortame III* 사건(본서 9번사건)(이하 Brasserie 사건)은 EC법 위반의 회원국 행위에 대하여 당해 회원국의 배상책임의 성립요건을 제시하였지만, '충분히 중대한 위반'이라는 Schöppenstedt 공식의 요건을 반영하고 있다. 그 이유는 회원국이나 EC가 동일한 상황 하에서 활동하는 경우에는 원칙적으로 같은 책임성립요건에 따라야 한다는 것이 유럽사법재판소의 사고이기 때문이다.(동 선결적 판결 39-42단) 그렇다고는 해도 *Brasserie* 사건이 제시하고 그 후의 판례가 발전시킨 국가배상책임의 성립요건은 Schöppenstedt 공식과 완전히 일치하는 것은 아니다. 이 때문에 양 책임제도의 정합성(整合性) 문제가 지적되었고, 이번에는 EC의 손해배상책임에 관한 판례에 국가배상책임의 판례를 도입하려는 움직임이 나타나게 되었다.

EC기관과 회원국의 배상책임의 근사화(近似化)

2000년의 *Bergaderm* 사건(Case C-352/98P, Bergaderm v. Commission [2000] ECR I-5291)은 성립요건의 적용범위의 차이에 대하여 다음과 같은 대응을 보였다.

EC의 손해배상책임에 관한 판례법에 따르자면 Schöppenstedt 공식을 적용하려면 일정한 조건을 충족할 것을 전제로 하지만(전술한 (b)의 성립요건 참조), 국가배상책임에 관한 판례법에서는 *Brasserie* 사건의 세 가지 요건이 모든 사안에 적용가능한 일반적 요건이 되어 있었다. 따라서 *Bergaderm* 사건에서 *Brasserie* 사건의 선결적 판결과 마찬가지로 양 책임제도의 성립요건이 원칙적으로 같다는 것을 확인하자, 유럽집행위원회의 손해배상책임을 묻는 본 건에서도 *Brasserie* 사건의 성립요건을 적용하였다.(Bergaderm 사건의 판결 41-42단) 또한 이 사건에서는 손해원인행위의 일반적용성의 심사는 하지 않았으며, 도리어 그 필요성을 부정하고 있다. 즉 충분히 중대한 위반의 존부의 판단에는 당해 기관이 가진 재량의 정도가 중요하다고 보고, 손해원인행위의 일반적용성은 그 재량의 범위를 특정하는 결정적인 기준이라고는 볼 수 없다고 판단하였다.(동46단)

그 후에도 제1심재판소의 판례에는 일부의 예외가 보이지만, *Brasserie* 사건의 성립요건은 EC의 손해배상책임의 사안에서 적용되고 있으며(Case C-312/00P, Commission v. Camar and Tico [2002] ECR I-11355; C-472/00P, Commission v. Fresh Marie [2003] ECR I-7541), 이 점은 판례법상 확립되었다고 볼 수 있다. 하지만 양 책임제도의 정합성 문제가 모두 해결된 것은 아니다. 예를 들어 EC의 손해배상책임의 판례에서는 충분히 중대한 위반을 평가함에 있어, 손해의 특별성·중대성의 관점에서 평가하는 예가 있는데 반해, 국가배상책임의 판례에서는 그러하지 않다. 이러한 차이가 가지는 의미 — 차차 해소될 것인지 아니면 양 책임제도의 본질적인 차이를 반영하였다고 볼 것인지 — 를 명확히 하는 것이 EC 및 회원국의 손해배상책임 분야의 과제로 남겨져 있다.

(西連寺隆行)

제2부

상품의 자유이동

20. Cassis de Dijon 사건: 비차별적 조치와 '수량제한과 동등한 효과를 갖는 조치'

Case 120/78, Rewe-Zentral AG v. Bundesmonopolverwaltung für Branntwein [1979] ECR 649

[사실·쟁점]

독일의 Rewe 주식회사(Rewe-Zentral AG)는 프랑스에서 Cassis de Dijon 이라는 리큐르주를 수입판매하려고 소관관청(Bundesmonopolverwaltung für Beanntwein)에 수입허가를 신청하였다. 일반적으로 수입허가는 필요치 않지만, 이러한 종류의 주류는 알코올을 최저 25% 함유해야 한다는 독일 법규정 때문에 알코올 함유율이 15-20% 밖에 되지 않는 Cassis de Dijon은 독일판매가 금지되었다. 이 처분에 대하여 Rewe가 행정소송을 제기하였다. Hessen재정법원(Finazgericht)은 본 건 규칙의 EC합치성에 대하여 2개의 선결문제를 유럽사법재판소에 부탁하였다. 제1문은 EC조약 제28[EU기능조약 제34]조에서 금지되는 '수입에 대한 수량제한과 동등한 효과를 갖는 조치'에 주류의 최저 알코올 함유량을 규정하는 본 건 독일법이 포함되는지 여부였다.(제2문은 생략)

선결적 판결 • • •

(유럽사법재판소는 다음과 같이 최저 알코올 함유량에 관한 본 건 독일의 규제는 EC조약 제30[후의 제28, EU기능조약 제34]조 위반이라는 선결적 판결을 내렸다.(15단 및 주문))

알코올 음료의 제조판매에 대한 (EC차원의) 공통의 규율이 존재하지 않은 때에는 국가 내의 제조판매에 관한 모든 사항을 규제하는 것은 각 회원국이다. (그러나) 당해 제품의 판매에 관한 각국의 입법의 차이에서 발생하는 공동체 역내에서의 상품의 이동에 대한 장벽이 인정되는 것은 이들 규제가 필수적 요건(mandatory requirements or imperative requirements), 즉 조세에 대한 감시의 실효성, 공중의 건강보호, 상거래의 공정, 소비자보호라는 목적을 달성하기에 필요하다고 인정되는 경우에 한정해야 한다.(8단)

이 일반론에 기초하여 재판소는 9단 이하에서 본 건 독일의 규제가 역내에서의 자유이동에 대한 장애가 된다는 것을 전제로 독일의 규제가 필수적 요건으로 정당화될 수 있는지에 대한 독일정부의 주장을 둘로 나누어 검토한다.

우선 알코올이 약한 술이 약한 만큼 대량으로 음용되어 국민에게 알코올 중독을 가져오므로 본 건 규칙은 공중의 건강보호를 목적으로 한다는 독일 정부의 항변(10단)은 본 건 규칙의 알코올 25% 미만의 술이 독일에서 널리 판매되고 있으며, 또한 강한 술도 일반적으로 희석하여 음용되고 있다고 하여 일축되었다.(11단)

알코올 함유량에 대한 기망적 표시와 같은 불공정한 거래에서 소비자를 보호하는 것이 본 건 규칙의 목적이라는 항변(12단)도 최저 알코올 함유량 규제가 상거래의 투명성을 높이는 것에 도움이 된다고 인정하면서도, 그러한 목적은 제품의 포장에 원산지와 알코올 함유량에 대해 표시하면 달성되는 것이므로 인정할 수 없다.(13단)

이상에서 본 건 규칙은 공동체의 기본원칙의 하나인 상품의 자유이동보다 우위에 있는 공익목적을 추구하는 것이라고 볼 수는 없으며, 그 실제상의 효과는 이 규제를 충족하지 못하는 다른 회원국 상품을 자국시장에서 몰아내기 위한 것이므로 EC조약 제30조 위반이며, 어떤 회원국에서 합법적으로 제조판매되고 있는 상품은 다른 모든 회원국에서 유통을 방해받지 않는다.(14단)

해 설

본 건까지의 연혁

문제가 된 술의 명칭으로부터 'Cassis de Dijon 사건'이라고 알려진 본 건은 EU 통치기구법에서 *Van Gend en Loos* 사건(본서 1번사건)과 *Costa v. ENEL* 사건(본서 2번사건)에 필적하는 중요성을 가진다. EU역내시장에서 가장 유명한 판례라고도 할 수 있다. 이는 본 건 선결적 판결에 의하여 유럽집행위원회의 코멘트가 발표되었던 것(당시로서는 이례적)에서도 알 수 있다.([1980] OJ C256/2)

역내의 경제통합을 이루기 위해서 EC는 역내관세의 금지와 공동대외관세의 설정으로 구성된 관세동맹을 EC조약 제23-27[EU기능조약 제28-32]조에서 정하고 있지만, 이것만으로는 회원국간의 상품의 수출입금지나 수량할당 문제가 남게 된다. 이에 EC조약 제28[EU기능조약 제34]조는 회원국간에 수입에 대한 수량제한 및 그와 동등한 효과를 갖는 조치를 금지하고 있으며(수출에 대해서는 EC조약 제29[EU기능조약 제35]조), 이 규정은 공동시장의 확립을 위한 주요한 규정으로 자리잡고 있다.

EC조약 제28조의 '수량제한과 동등한 효과를 갖는 조치'의 개념에 대하여 유럽집행위원회는 1969년에 당시의 EEC조약 제33조 7항[현재삭제]을 근거로 지침 70/50호([1970] OJ L 13/29, [1970] OJ Eng. Sp. Ed. (I), p.17)를 채택하였다. 이 지침은 수량제한과 동등한 효과를 갖는 조치로서 제2조에서 수입품에 대한 차별적 조치의 예를, 제3조에서 비차별적으로 적용되는 조치에 대해서 정하고 있다. 이 지침은 이행기간(EEC성립부터 12년간)만 적용되는 것이었지만, 유럽사법재판소의 판례에도 영향을 주었다.

Dassonville 사건

EC조약 제28조의 수량제한과 동등한 효과를 갖는 조치에 대해서 유럽사법재판소의 정의는 *Dassonville* 사건(Case 8/74, Procureur du Roi v. Benoît and Gustave Dassonville [1974] ECR 837)에 나타났으며, 이것이 오늘날까지 사용되고 있다. 이 사건에서는 Dassonville 부자(父子)가 프랑스로 일단 정규수입되었던 스카치 위스키를 벨기에로 병행수입하여 판매하고 있었는데, 정식 원산지증명서 첨부를 요구하는 벨기에법 위반으로 기소되었고(이렇게 제3국에서 이미 유통되고 있는 상품에 대해서 증명서를 취득하기는 어렵다), 브뤼셀 제1심재판소는 본 건 벨기에법의 EC법 합치성에 대해서 유럽사법재판소에 선결적 판결을 부탁하였다. 유럽사법재판소는 제28조의 수량제한과 동등한 효과를 갖는 조치를 '직접적·간접적, 현실적·잠재적으로 공동체 역내통상을 저해할 수 있는 회원국에서 제정된 모든 통상규제'(선결적 판결 5단)라고 정의하고, 벨기에법을 EC법위반으로 판단하였다.

이 Dassonville의 기준은 통상저해라는 효과에 착안하였고, 이것이 간접적이거나 잠재적이라도 저해할 가능성만으로 족하다는 매우 넓은 의미를 가진다. 또한 이 기준은 당해 조치가 수입품에 차별적으로 적용되는 것인지를 불문하며, 수입품에도 국산품에도 비차별적으로 적용되는 것도 포함하는 것이다.(이 점에서 전술한 지침 70/50호도 마찬가지)

상호승인의 원칙

본 건 선결적 판결의 의의는 크게 세 가지로 나누어 고찰해 볼 수 있다. 첫 번째로 회원국법의 차이에서 발생하는 상품의 자유이동의 장벽을 제거하여 역내시장의 확립에 크게 기여하였다는 본래의 의도이다. 본 선결적 판결은 14단에 표시된 바와 같이, 공동체 시장이 각 회원국마다 분할되는 것을 막기 위해 어떤 회원국에서 합법적으로 제조판매되는 상품은 원칙적으로 다른 회원국의 시장에서도 받아들여져야 한다는 기본적 입장을 가지고 있다. 이것은 상품에 대하여 법적 규제를 하는 회원국의 입장에서 보면 회원국은 다른 회원국이 상품에 대하여 행하는 규제를 원칙적으로 상호 승인해야 한다는 의미이며, 이는 상호승인원칙이라고 불린다.

이러한 입장이 적용되자, 상품에 대한 회원국의 각종 규제는 수입품이나 국산품을 불문하고 비차별적으로 적용되는 것이라도 유럽사법재판소에 의한 제28조 위반으로 배제되었다. 예를 들어 마가린의 포장은 입방체여야 한다는 벨기에법(Case 261/81, Walter Rau Lebensmittelwerke v. De Smedt PVBA [1982] ECR 3961)이나 맥주의 원료를 보리·홉·이스트·물에 한정하고 이외의 다른 원료를 사용한 것은 맥주라는 명칭을 사용할 수 없다는 독일법(Case 178/84, Commission of the European Communities v. Federal Republic of Germany [1987] ECR 1227(본서 21번사건)) 등을 들 수 있다. 특히 그 이후, 이들 사례 — 수입품이 그 수출국인 회원국(본국)에서의 규제를 만족시키고 있는데, 수입국인 회원국의 규제를 받게 되는 2중의 부담을 지우는 사례 — 가 아닌 경우에 대하여, Dassonville/Cassis de Dijon 기준의 한계가 문제되었다. 이것이 Keck 사건(본서 22번사건)이다.

또한 비차별적 적용조치라도 원칙적으로 EC조약 제28조의 적용범위에 들어간다는 본 선결적 판결의 입장은 제28조에서의 상품의 자유이동에 그치는 것이 아니라, 사람·서비스의 자유이동 등 EC조약이 정하는 다른 기본적 자유에도 적용된다는 것이 명백하며(노동자에 대해서는 Case C-415/93, Union royale belge des societes de football association and others v. Bosman [1995] ECR I-4921(본서 27번사건), 개발에 대해서는 Case C-55/94, Reinhard Gebhard v. Consiglio dell'Ordine degli avvocati e Procuratori di Milano [1995] ECR I-4165, 서비스에 대해서는 Case C-384/93, Alpine Investments BV v. Minister van Financien [1995] ECR I-1141), 그러한 의미에서도 본 선결적 판결은 역내시장법에서의 기본적 판결이다.

합리성이론

본 건 선결적 판결의 두 번째 의의는 비차별적 적용조치가 원칙적으로 EC조약 제28조의 적용범위에 들어간다고 하여도, 일반적 이익에 필적하는 필수적 요건으로 객관적으로 정당화되는 경우에는 동조 위반이 아니라고 한다. 이른바 합리성이론(rule of reason)(내지는 '필수적 요건의 법리')을 확립한 점이다. 특히 이 점도 이미 Dassonville 사건의 선결적 판결 6단에 그 전조가 있었다.

이 합리성이론에 의한 정당화는 비차별적 적용조치에만 가능한 것이지만, 그 판단과정은 항변으로서 주장되는 목적의 정당성과 당해 조치가 그 목적 달성에 필요하고 과도한 것이 아니어야 한다는 비례성의 두 단계로 나뉘어 진행된다. 본 선결적 판결은 필수적 요건으로서 조세에 대한 감시의 실효성, 공중의 건강보호, 상거래의 공정, 소비자보호를 열거하고 있지만, '일단은'이라는 문언에서도 알 수 있듯이 이는 한정 열거가 아니며, 그 이후의 판례에서는 환경보호(Case 302/86, Commission of the European Communities v. Kingdom of Denmark [1988] ECR 4607) 등이 추가되어 있다. 다만 이 환경보호에서도 그렇지만, EC가 EU로 발전하여 경제통합 뿐만 아니라 사회·정치통합으로 진화함에 따라 자유이동의 장벽을 제거함으로 발생하는 경제적 이익간의 형량이 요구되는 이러한 정당화 사유가 환경보호 등의 비경제적 이익에 미칠 때에 유럽사법재판소가 어떤 식으로든 균형을 잡아야 하는 곤란에 직면하였다고 볼 수 있을 것이다.(기본적 인권이 문제가 된 사례로서, Schmidberger 사건(본서 24번사건)이나 Omega 사건(본서 29번사건))

회원국법의 조화

세 번째로 본 선결적 판결은 회원국법의 조화에 관한 접근법에도 영향을 주었다. EC조약 제28조에 대한 유럽사법재판소의 광의의 해석은 회원국의 차별적 및 비차별적 조치에서 발생한 역내통상의 장벽제거에 매우 큰 공헌을 하였다. 그러나 이것은 장벽을 제거한다는 소극적 통합의 측면 뿐이었기에 경제통합을 진행하기에 충분하지 않았다. 상품에 관한 기술적 규제에 대해서 상이한 각 회원국법의 조화를 획책하는 적극적 통합의 측면도 필요한 것이다.

그런데 회원국법의 조화에 관한 1980년대 중반까지의 EC의 접근법은 입법절차라는 제도적 문제가 있었지만, 내용적으로도 세부에 이르기까지의 상세한 조화를 꾀하려는 것으로 성립까지 시간과 비용이 투입되고, 또한 조화가 성립되어도 이미 기술의 진보에 의하여 쓸모없게 되는 등의 문제가 있었다. 이러한 종래의 접근법은 Jacques Delors가 유럽집행위원장에 취임하고 1985년에 역내시장통합백서(COM (1985) 310 final)가 발효되어 이른바 새로운 접근법이 채용되자 크게 변화하였다. 새로운 접근법에는 본 건에서 나타난 상호승인원칙이 전제되어 있다. 즉 상호승인원칙에 의하여 세부에까지 이르는 통일을 하지 않더라도 원칙적으로 회원국의 독자적인 규제는 EC조약 제28조 위반이므로 유지될 수 없으며, 예외적으로 합리성의 이론에 의해서 정당화될 수 있을 뿐이기 때문에, 적극적으로 회원국법의 조화를 이루어야 하는 것은 필수적인 부분에 국한된다. 이와 같이 주로 건강과 안전에 관한 부분에 조화를 한정하는 것으로, 단일유럽의정서에서의 EC조약 제95[EU기능조약 제114]조의 도입에 따른 가중다수결의 채용이라는 제도 개혁에 더하여 1992년 역내시장 통합완성을 위한 회원국법의 조화가 매끄럽게 진행되었다.

최근에는 담배광고지침 사건(본서 14번사건)에서 볼 수 있는 바와 같이, 비경제적 분야에도 미치게 된 EU의 정책실현에서 역내시장의 확립과 운영을 위한 경제통합촉진 규정인 EC조약 제95조의 입법근거규정으로서의 한계라는 전술한 두 번째 의의의 말미와 동일한 접근법상의 문제도 발생하고 있다.(이 점에 대해서는 담배광고지침사건(본서 14번사건)에서 당해 지침과 상품의 자유이동간의 관계에 대한 검토 부분을 Dassonville의 기준 등 EC조약 제28조에 관한 판례와 대비하여 참조할 것)

(中西 康)

21. 독일순수맥주 사건: 상품의 자유이동에 대한 제한과 정당성의 심사

Case 178/84, Commission v. Germany [1987] ECR 1227

[사실·쟁점]

독일법(맥주조세법)은 보리맥아·홉·효모·물만을 사용하여 제조된 맥주(순수맥주)를 'Beer'라고 하며, 이외의 원료를 사용한 맥주제품(비순수맥주)를 'Beer'라는 명칭으로 판매하는 것을 금지하고 있었다.(명칭·원료 규제) 또한 다른 법률로는 맥주에 첨가물을 사용하는 것도 금지하고 있다.(첨가물 규제) 한편, 독일 이외의 많은 EC 국가에서는 보리맥아 대신, 다른 곡물(옥수수 등)을 부분적으로 사용하는 제조법이나, 맥주의 거품, 향기, 색상, 보존성을 높이기 위해서 첨가물을 더하는 제조법이 적법하게 사용되고 있었다. 그러나 이러한 맥주는 순수맥주가 아니기 때문에, 타국산 맥주는 'Beer'라는 명칭으로 독일에 수입하는 것을 금지하고 있었다. 유럽집행위원회는 상기 두 가지의 규제가 EC조약 제30[후의 제28, EU기능조약 제34]조가 금지하는 '수량제한과 동등한 효과를 갖는 조치'에 해당한다고 판단하고, 조약의무위반의 확인을 구하는 소송[EU기능조약 제258조]을 제기하였다.

첫 번째 쟁점은 명칭·원료 규제가 소비자보호를 이유로 정당화될 수 있는가이다. 피고 독일은 다음과 같이 규제의 정당성을 주장하였다. 즉, 독일의 소비자는 'Beer'라고 하면 순수맥주를 뜻한다고 생각할 만큼 'Beer'의 명칭은 원료와 불가분의 관계에 있다. 비순수맥주를 'Beer'라고 부르게 되면, 소비자는 상품의 성격을 오해하여 구매할 것이다. 따라서 본 건의 명칭·원료 규제는 소비자보호의 목적으로 정당화된다. 또한 순수맥주의 정의를 충족하는 맥주라면, 타국의 상품도 'Beer'라는 명칭을 사용할 수 있으므로 본 건의 명칭·원료규칙은 차별적이지 않다.(판결 26단)

두 번째 쟁점은 맥주에 대한 전면적인 첨가물 규제가 건강보호의 이유로 정당화될 수 있을 것인가 하는 점이다. 독일은 다음과 같이 주장하였다. 즉 식품첨가물이 인체에 미치는 장기적 영향은 밝혀지지 않았으며, 특히 맥주의 소비량이 많은 독일에서는 알코올과의 상승효과에 의한 악영향을 줄 수 있다. 따라서 식품첨가물 규제도 건

강보호 목적으로 정당화될 수 있으며, 규제수단도 목적에 비례하고 있다.(39단)

그러나 유럽사법재판소는 본 건 규제를 EC조약 제30조 위반으로 판단하였다.

판결 • • •

당 재판소의 일관된 판례에 의하면 '수량제한과 동등한 효과를 갖는 조치'란 직접 또는 간접적으로 현실적 또는 잠재적으로 수입을 저해하는 조치이다.(Dassonville 사건(본서 20번사건 해설 참조))(27단) 또한 당 재판소가 (Cassis de Dijon 사건(본서 20번사건) 이래로) 일관되게 판시해 온 바와 같이, 계쟁 상품의 유통에 관해서 EC에 공통된 규율이 없을 때, EC역내에서 상품이동에 관한 각 회원국의 입법의 차이에서 발생하는 장벽이 허용되는 경우는 이들 규제가 국산품과 수입품을 구별하지 않고 적용되며, 그 규제가 소비자보호라는 필수적 요건을 충족하기 위해서 필요하다고 인정되는 범위에 한정되며, 그 규제법규는 달성하려는 목적에 비례해야 한다. 회원국에서 같은 목적을 달성하려는 몇몇 수단을 선택할 수 있는 경우에는 상품의 자유이동에 대해 가장 덜 제한적인 수단을 취해야 한다.(28단)

본 건의 독일의 맥주조세법은 대체원료(특히 옥수수)를 적법하게 사용한 타국산 맥주의 독일 수입을 저해할 수 있다. 이 점에 대하여는 다툼이 없다.(29단) 이에 소비자보호에 관한 필수적 요건을 이유로 본 건의 독일법의 적용이 정당화될 수 있는지를 검토해야 한다.(30단)

소비자의 의식 속에서 맥주라는 이름과 순수맥주가 불가분의 관계에 있으므로 본 건의 명칭·원료 규제가 불가결하다는 독일정부의 주장은 받아들일 수 없다.(31단) 첫째로 소비자의 의식은 회원국마다 다르므로, 일국 내에서도 세월의 흐름에 따라 변화하기 때문이다. 공동시장의 설립은 이 변화를 촉진하는 주요 요인의 하나이다. 이러한 변화를 고려하면서 소비자가 오해하지 않도록 보호하는 규제는 가능하지만, 본 건의 명칭·원료 규제는 이러한 변화를 도리어 저지하려는 것처럼 보인다. 회원국법에 의해서 일정한 소비자습관을 고정화하고, 이에 대응한 국내산업의 입장은 이미 유리한데 이를 점점 강화하려 해서는 안된다.(32단) 두 번째로 회원국에서는 (100%가 아니라도) 보리맥아를 사용해서 양조한 것을 Beer라고 부르고 있다. 보리맥아로만 양조한 맥주도 이를 부분적으로 다른 곡물로 대체한 것과 구별없이 일반적으로 Beer라고 칭하고 있다. EC의 공동관세분류에서도 마찬가지이므로(33단), 'Beer'라는 명칭을 독일법상의 제조법에 따른 맥주에만 한정해서는 안된다.(34단)

특정의 원료로부터 제조된 맥주에 특별한 품질을 인정하는 소비자에 대하여 선택의 가능성을 주는 것은 허용된다. 그러나 이것은 다른 회원국에서 적법하게 제조되고 유통되는 상품의 수입을 방해하지 않는 수단, '즉 판매제품의 종류에 대하여 적절한 라벨을 붙일 의무'를 통해서 달성되어야 한다. 또한 이 강제적인 소비자정보의 표시제도는 비순수맥주에 대해서 부정적인 평가를 야기하는 것이어서는 안된다.(35단) 이상에서, 본 건 명칭·원료 규제는 정당하다고 볼 수 없다.(37단)

첨가물 규제

본 건의 첨가물 규제가 다른 회원국에서는 적법하게 제조판매된 비순수맥주의 수입을 방해하기에, EC조약 제39[후의 제30, EU기능조약 제36]조를 근거로 정당화될 수 있는지를 판단해야 한다.(40단)

당 재판소가 일관되게 판시한 바와 같이, '과학연구의 현상에 대해서도 불확실성이 존재하며, 조화조치를 취하지 않은 경우 공동체 역내에서의 상품의 자유이동의 요청을 고려하면서 사람의 건강 및 생명을 어떻게 보호할 것인가'는 회원국이 결정할 사항이다.(41단) 이러한 경우, 회원국은 입법으로 사전허가제에 의하여 특정한 첨가물의 사용을 제한한다는 건강정책의 진정한 필요에 대응할 수 있다.(42단)

그러나 제조지의 회원국에서는 허가되었으나, 수입국인 회원국에서는 금지된 첨가물을 포함하는 제품에 대하여 수입국에서의 판매를 금지하는 경우, EC조약 제36조의 요건을 충족해야 한다.(43단) 첫째로 선례에서 판시한 바와 같이, EC조약 제36조 2문의 근저에 있는 비례원칙에 따라 제조지인 회원국에서는 허가되고, 수입하는 회원국에서는 금지된 첨가물을 포함하는 제품의 수입국에서의 금지는 공중의 건강보호에 실제로 효과있는 범위에 한정되어야 한다. 따라서 다음과 같은 경우, 다른 회원국에서 허가된 특정의 첨가물의 사용은 그 나라에서 수입된 제품에 대해서는 허가되어야 한다. 즉 한편으로 국제적 과학연구의 성과(특히 EC과학식품위원회나 UN식량농업기구(FAO)와 세계보건기구(WHO)의 합동의 Codex Alimentalius Commission의 연구성과)를 고려하고, 다른 한편으로 수입국의 식습관을 고려하여 계쟁의 첨가물이 공중의 건강에 위험이 없으며, 진실한 필요성, 특히 기술적인 필요성에 의한 것일 경우에는 허가되어야 한다.(44단) 두 번째로 비례원칙에서 유통업자가 특정의 첨가물을 사용하는 것을 일반적으로 적용되는 조치에 따라 허가하는 것처럼, 합리적인 기간 내에 종료되고 쉽게 이용가능한 절차가 준비되어야 한다.(45단) 또한 부당하게 허가가 내려지지 않은 경우에는 재판상의 절차로 다툴 수 있어야 한다. 이 때, 건강보호의 이유에서 첨가물의 사용금지가 정당화됨을 입증하는 책임은 수입국의 소관관청에 있다. 그러나 당국측은 유통업자에 대하여 사실의 판단에 이용할 수 있는 소유정보의 제공을 요구할 수 있다.(46단)

본 건의 독일의 규제는 다른 회원국에서 허락된 첨가물을 모두 배제한다. 이는 독일인의 식습관에 따라, 특정의 첨가물에 대하여 그 첨가물이 갖는 위험 때문에 규제가 정당화되는 개별적인 규제가 아니다. 게다가 전술한 바와 같은 개별적인 첨가물의 사용허가절차도 정비되어 있지 않다.(47단)

독일은 첨가물 일반의 섭취에 내재하는 위험성에 근거하여, 예방적인 건강보호의 관점에서 첨가물의 섭취량을 최소화할 것이 중요하다고 주장하며, 특히 맥주는 독일에서는 대량으로 소비되는 것이므로 첨가물의 사용을 전면적으로 금지하는 것이 바람직하다고 주장한다.(48단) 그러나 다른 회원국의 맥주에 사용되는 첨가물은 독일에서도 맥주 이외의 거의 모든 음료에 사용되고 있다. 따라서 단순히 첨가물 섭취의 내재적 위험성에 일반적으로 근거하여, 또한 맥주가 대량으로 소비된다는 사실에 근거하는 것만으로는 맥주에 대하여 한층 엄격한 규제를 정당화할 수 없다.(49단) 독일은 첨가물의 필요성에 대하여 첨가물 없이도 맥주는 제조할 수 있으므로 그 필요성을 부정하고 있지만, 그것만으로 기술적으로 필요한 첨가물이 달리 있을 수 있다는 것을 부정하는 논거가 되지는 않는다. 독일이 주장하는 기술적인 필요성의 해석은 국내의 제조방법을 유리하게 하는 결과가 되어, 회원국간의 통상에 대한 위장된 제한의 수단이 된다.(51단) 기술적 필요성은 사용되는 원료에 비추어, 그리고 제품을 적법하게 제조·판매하였던 회원국의 소관관청에 의한 평가나 국제적 과학연구의 성과도 고려하여 판단하여야 한다.(52단) 따라서 본 건의 첨가물 규제는 정당하지 않다.(54단)

해 설

사건의 의의

상품의 자유이동과 회원국의 공익목적에서 규제는 어떻게 양립할 수 있을까. 본 건은 이 둘의 양립가능성에 대한 입증방법을 각각 전형적으로 보여준 사례이다. 하나의 경로가 EC조약 제30[EU기능조약 제36]조이며, 다른 하나가 *Cassis de Dijon* 사건의 필수적 요건의 법리(합리성의 이론)이다.

제30[EU기능조약 제36]조에 의한 정당화

EC조약은 상품의 자유이동을 원칙(제28·29조[EU기능조약 제34·35조])으로 하고, 회원국이 이동을 제한할 수 있는 예외적인 정당화 사유를 명시하였다.(제30조) 본 건에서 말하는 사람의 '건강보호'가 그 정당화 사유의 하나이다. 유럽사법재판소는 제30조가 원칙에 대한 예외이므로 엄격하게 해석해야 한다는 입장에서 제30조에 열거된 정당화 사유는 한정적인 것이라고 해석하였다. 또한 EC조약 제30조2문이 정당하게 보이는 규제적 조치라도 위장된 통상제한이나 자의적 차별의 수단이 되지 않을 것을 요구하는 점에 비례원칙이 반영되어 있다고 해석하였다. 이에 회원국에 의한 규제적 조치는 정당한 목적을 달성하기 위해서 규제하는 것이 합리적이라는 것(목적 정당성), 목적의 달성에 필요한 범위 내의 조치일 것(필요성), 그리고 목적 달성에 비례하는 수단을 선택할 것(목적·수단의 균형성·비례성)(보다 무역제한적이지 않은 다른 방법이 없을 것)을 필요로 한다고 해석하였다. 이 점은 예외적인 규제조치를 취하는 회원국이 입증책임을 진다.

그러나 EC조약 제30조의 정당화 사유를 한정적으로 해석하면, 열거되지 않은 다른 공익목적에 의한 규제조치를 정당화할 수 없게 된다. 1957년의 EEC조약 체결 시, 예를 들어 환경보호나 소비자보호는 공익적인 규제목적으로서 EC의 모든 국가에서 거의 논의되지 않았다. 이들은 1960년대의 경제성장기 이후, EC의 모든 국가에서 처음으로 문제화되었다. 그러나 EC조약의 개정은 전 회원국의 비준을 요구하기에 빈번하게는 할 수 없다. 사회는 변하는데, 조약은 변하기 힘들다.

Cassis de Dijon 사건 법리에 의한 정당화

1979년 유럽사법재판소는 판례법을 전개하면서 새로운 공익목적의 규제를 정당화할 수 있는 경로를 열었다. *Cassis de Dijon* 사건(본서 20번사건)이 그것이다. 이 사건에서 EC조약 제28조의 해석을 통하여 제30조에 규정된 예외사유가 아닌 다른 정당화 사유(필수적 요건이 요청되는 제사유)도 있을 수 있다고 인정한 것이다. 미세(微稅)의 감독, 공정한 상거래의 확보, 소비자의 보호 등이 여기에 해당된다. 이들은 EC의 목적에 비추어 정당한 공익목적으로 평가된 것이며, 예시적으로 규정된 것이므로 이후의 각국법과 EC법의 발전에 대응하여 새로운 정당화 사유를 포함할 수 있는 열린 개념이다. 이 점에서 EC조약 제30조의 정당화 사유가 한정적·폐쇄적인 것과는 좋은 대조를 이룬다.

또한 *Cassis de Dijon* 사건의 법리에 의한 정당화가 EC조약 제30조에 의한 정당화와 다른 부분이 또 하나 있다. *Cassis de Dijon* 사건의 법리로 정당화하는 경우, 회원국의 규제조치는 비차별적 조치(국내·국외의 생산품을 동등하게 규제하는 조치)여야 하지만, 제30조로 정당화하는 경우의 회원국의 조치는 차별적이어도 된다.(명문으로 수입품만을 규제하는 등) 그 이유는 EC조약 규정에 의하여 제28조 위반의 조치(차별적 조치가 전형적)가 제30조의 정당화 사유로 위법성이 조각될 수 있기 때문이다. 이에 대하여 *Cassis de Dijon* 사건의 법리는 제28조 위반이 아님을 실질적으로 심사하기 위한 입증을 해야 하므로 해당 조치는 비차별적이어야 한다.

무엇보다 큰 차이는 이상의 2가지이며, 정당화 사유(정당한 규제목적)를 달성하는 수단의 적법성을 심사하는 것은 *Cassis de Dijon* 사건의 법리나 제30조가 동일하다. 정당한 목적의 달성을 위해서 조치를 취하는 것이 합리적이며, 조치는 필요한 범위 내에 있고, 또한 사용된 수단은 목적에 비례·균형적이라는 것을 회원국이 입증해야 한다.

이상의 판례법을 염두에 두고 본 건 순수맥주사건에서의 명칭 규제의 부분('소비자보호'목적으로 정당화하려 한 부분)을 살펴보면, *Cassis de Dijon* 사건의 법리에 의해서 정당성 심사를 하고, 첨가물 규제의 부분은 제30조에 의한 정당성 심사를 하고 있다. 따라서 독일은 명칭 규제에 대해서는 규제조치가 비차별이라고 주장하는 것이다.(26단)

명칭 규칙

많은 회원국에는 각국의 전통에 근거한 제품명칭 규제가 존재한다.(식초, 맥주, 파스타 등) 그러나 특정한 원료나 제법에 의한 제품에만 특정의 명칭을 허락하는 규제는 지나치게 엄격하여, 타국산의 동종제품 수입의 장애가 될 뿐 아니라 공동시장의 분열을 초래할 수 있다. 따라서, 기존의 소비자습관을 고정화하는 보호주의적인 회원국법은 허용되지 않는다.(32단) 다만, EC법이 요구하는 것은 명칭 규제의 전면적 폐지가 아니다. 도리어, 공동관세의 분류나 타회원국에서의 당해 제품의 명칭을 판단의 기초로 하면서(33단), 공동시장의 발전에 대응하여 명칭 규제를 상품의 자유이동의 원칙에 합치되게 완화시켜 가는 것이다.

특히, 명칭 규칙에는 소비자에 의한 오인을 방지한다는 기능이 있다. 또한 특정의 명칭이 제품의 품질을 추인(推認)한다는 소비자도 있다.(35단) 따라서 본 건의 명칭 규제가 판례상 정당화 사유의 하나인 '소비자보호'에 기여하는 점은 일응 인정할 수 있다. 그럼에도 불구하고 본 건의 명칭 규제가 부당하다고 한 것은 일반명칭인 Beer라는 단어를 억지로 순수맥주에만 한정하는 규제의 합리성이 규범적으로 승인되지 않았기 때문이다.(31-34단) 또한 규제의 목적인 소비자보호가 '판매제품의 종류에 따른 적절한 라벨 부착의 의무'라는 보다 덜 제한적인 다른 규제방법으로 확보할 수 있었기 때문이다.(35단)(보다 세세한 부분이긴 하지만, 본 건 판결 28단에서 유럽사법재판소는 '가장(least) 제한적이지 않은 수단'이라고 말하고 있다. 그러나 오늘날까지 계속되는 확립된 판례법에서는 '보다(less) 제한적이지 않은' 다른 방법이며, 본 건도 이를 변경하는 취지라고는 해석되지 않는다.) 그러나 국산품과 수입품을 불문하고 당해 제품을 동등하게 규제하는 것이 적법한 규제의 조건이며, 비 순수맥주의 수정적 평가를 가져오는 표시를 하도록 규제하는 것은 인정되지 않는다.(35단)

첨가물 규제와 건강보호

'사람의 건강 및 생명의 보호'는 EC조약 제30조의 정당화 사유 중에서도 가장 중요한 위치를 차지하는 법익이며(EC조약 제95조 3항도 참조), 회원국도 빈번하게 이 정당화 사유를 원용하고 있다. 그 배경으로서는 제품의 안전성 평가가 회원국 간에 엄청난 차이를 보이고 있다는 점을 들 수 있다. 본 건에서 문제가 된 첨가물에 대해서는 그 부작용에 관한 과학적 지식, 최대 섭취량이나 위험성의 평가방법, 규제의 필요성 등 각국의 견해의 차이가 크다. 이렇게 각 회원국의 규제법이 동등하다고 할 수 없는 경우에는 규제의 상호승인도 성립하기 힘들다. 본 건의 유럽사법재판소는 이러한 사안에서 각 회원국에 의한 규제조치의 EC법 합치성을 판단하는 체제를 보이고 있다.

우선 유럽사법재판소는 다음의 원칙을 확인한다. 즉 (자유이동상태에 있는 상품이 가져오는 위험에 대하여) '과학적 연구에서도 위험 여부가 불확실하여 조화조치를 취하지 않은 경우, 공동체 역내에서 상품의 자유이동이라는 조약상의 요청을 고려하면서 사람의 건강 및 생명을 얼마나 보호할 것인가'는 회원국이 결정할 사항이라는 원칙이다.(41단) 따라서 회원국은 인간의 건강에 대한 위험에 대처하는 조치를 취할 때, 광범위한 재량을 가지며 상당한 과학적 지식에 근거한 예방적 조치를 취할 수도 있다. 본 건에서 유럽사법재판소는 식품첨가물의 무절제한 섭취를 제한하는 것도 정당한 건강정책상의 조치라고 평가하고 있다.(42단)

다음으로 사람의 건강보호를 위한 국내규제가 EC법상 정당화되기 위해서는 실제로 '사람의 건강에 대한 위험'에 대처하기 위해서 필요한 범위에 그치는 것이어야 한다. 이에 본 건 판결은 국제적인 과학적 연구의 성과와 수입국민의 식습관을 위험성 평가의 판단기준으로 고려하였다.(44단) 이러한 고려에서 특정 첨가물의 위험성이 부정된다고 하여도, 첨가물 사용에 대한 '진실한 필요성과 당면한 기술적 필요성'이 없는 때에 첨가물 사용제품의 수입유통 허가는 수입국의 의무가 아니다. 기술적 필요성의 개념은 사용되는 기본 원료에 따라 제품의 원산지국의 기관에 따른 평가를 고려하여 판단한다.(52단)

본 건의 첨가물 규제가 정당화되지 못한 이유는 첫 번째로 맥주 이외의 음료에는 독일 내에서도 사용되는 첨가물이 맥주에만 금지되는 합리적인 근거를 독일이 입증할 수 없었기 때문이다. 독일은 맥주가 다른 음료보다 더 대량으로 소비된다는 자국의 식습관을 근거로 들었지만, 설득력은 빈약하였다. 두 번째로 타국에서 허가된 첨가물의 사용을 독일에서 허가받기 위한 간이허가 신청제도가 정비되어 있지 않았다는 점이다. 이는 규제 수단상 보다 덜 제한적인 다른 규제수단이 있는데도 이를 취하지 않았다고 판단한 것이다. 한편 본 건 판결 이 후, 식품첨가물에 관한 조화지침 95/2호([1995] OJ 61/1)가 채택되었다. 또한 비타민 증량식품규제에 대해서 최근 유럽사법재판소의 판례도 있는데(Case C-192/01, Commission v. Denmark [2003] ECR I-9693; Case C-387/99, Commission v. Germany [2004] ECR I-3751; Case C-150/00, Commission v. Austria [2004] ECR I-3887; Case C-41/02, Commission v. Netherlands [2004] ECR I-11375), 여기에서도 첨가물 규제의 EC법 합치성에 대하여 본 건 판결이 판시한 판단기준을 거의 답습하고 있다.

(小場瀨琢磨)

22. Keck 사건: EC조약 제28[EU기능조약 제34]조의 적용범위 −제품관련규제와 판매태양규제의 구별

Joined Cases C-267/91 and C-268/91, Criminal Proceedings against Keck and Mithouard [1993] ECR I-6097

[사실·쟁점]

프랑스의 알자스지방에서 소매점을 경영하는 Keck과 Mithouard는 다른 상품과 함께 커피와 맥주의 두 품목을 매입가 이하의 가격으로 판매하였다. 프랑스법은 소매점의 원가이하 판매를 금지하고 있었기에 둘은 이에 위반되어 형사소추되었다. 피고인은 원가이하판매금지법이 EC법상의 상품의 자유이동원칙에 반한다고 주장하였다. 스트라스부르대심재판소(Tribunal de grande instance de Strasbourg)는 원가이하 판매규제가 EC조약의 제원칙에 합치되는지에 관한 선결문제를 유럽사법재판소에 부탁하였다.

직접적인 쟁점이 된 것은 원가이하판매금지법이 EC조약 제30[후의 제28, EU기능조약 제34]조가 금지하는 '수입수량제한과 동등한 효과가 있는 조치'(이하에서는 '동등효과조치'라 함)에 해당하는지 여부이다. 본 건에 입각하여 말하자면, 회원국간의 상품자유이동 자체를 규제하는 목적은 없이 도리어 일국의 유통판매활동에서 제품의 원산국과 무관한 규제법이라 하더라도 동등효과조치에 해당하는가 하는 점이 다투어지게 된 것이다. 이에 더하여 이러한 국내규제 또한 동등효과조치에 해당한다고 해석하였던 종래의 *Dassonville* 사건의 입장(본서 20번사건 해설 참조)을 수정하여 EC조약 제28조의 적용범위를 한계지우는 모종의 기준을 두어야 할 필요성에 대한 문제도 보다 구체적으로 논의되었다.

선결적 판결 • • •

(유럽사법재판소는 본 건의 원가이하판매금지법은 EC조약 제30[후의 제28, EU기능조약 제34]조의 적용범위에서 제외된다고 판단하였다. 대강의 내용은 다음과 같다.)

EC조약 제30조는 동등효과조치를 금지하고 있다. 문제가 된 국내규제가 금지되는 조치에 해당하는지는 당해 규제가 '공동체 역내통상을 직접적 또는 간접적으로 현실적 또는 잠재적으로 저해하는 조치'에 해당하는가 하는 기준(Dassonville 기준)에 의해서 심사된다.

그러나 원가이하 판매를 일반적으로 금지하는 국내법규칙은 회원국간 상품거래의 규제를 목적으로 하는 것이 아니다.(12단) 이러한 법규칙은 거래업자의 판매촉진의 한 방법(원가이하 판매에 의한 고객유인 판매전략)을 제한하게 되므로, 총매상고를 제한하여 각 회원국 상품의 매상고총량에 제한을 가하는 것이기는 하다. 그러나 제한의 가능성이 있다는 것만으로 당해 법규칙을 동등한 효과가 있는 조치라고 보는 것이 합당한가 하는 의문이 든다.(13단) 상품거래업자는 스스로 상업활동의 자유에 제한적 영향을 미치는 여러 규제를 배척하기 위해서 빈번하게 EC조약 제30조를 원용해 왔다. 또한 이러한 원용은 국내규제가 타회원국 상품에 대한 것이 아닌 경우에도 이루어졌다. 따라서 유럽사법재판소는 상품자유이동원칙에 관한 종래의 판례를 재검토하고 명확화시킬 필요가 있음을 인정한다.(14단)

Cassis de Dijon 사건의 선결적 판결(본서 20번사건)에 의하면, 다음과 같은 상품자유이동의 제한은 동등한 효과를 갖는 조치로 본다. 즉 ① 회원국 법규칙의 조화조치가 취해지지 않은 경우에 ② 다른 회원국에서 적법하게 생산되어 유통되는 제품을 ③ (가령 그것이 타국의 상품에 대한 차별이 아니라고 하여도) 수입국의 일정한 법규칙(제품의 호칭, 형상, 크기, 중량, 조성, 가공, 라벨링, 포장 등에 관한 규제)에 적합하도록 해야 한다는 점에서 발생하는 제한이며, 또한 ④ 해당 제한이 상품자유이동의 요청보다 우위에 있는 필수적 요건으로도 정당화되지 않는 등의 요건을 충족해야 한다.(15단)

다른 한편, 다음과 같은 규제에 대해서는 '종래의 판례와는 달리' 다른 기준이 적용된다. 즉 '일정한 판매태양'를 제한·금지하는 국내법 규정의 적용은 다음의 요건을 충족하는 한, Dassonville 기준에서 말하는 동등효과조치에 해당하지 않는다. 그 요건이란 첫 번째로 '당해 규제가 일국 내에서 활동하는 모든 관련거래업자에게 적용될 것', 두 번째로 '당해 규제가 국내상품과 타회원국 상품의 유통에 법적, 사실적으로 동등하게 영향을 미칠 것'이다.(16단) 이들 요건이 충족되는 경우, 판매태양규제는 제품의 시장진입을 더욱 어렵게 하는 것이 아니다.(17단) 따라서 이러한 규제는 (또한 본 건의 규제도) EC조약 제28조의 적용범위에 포함되지 않는다.

해 설

사건의 의의

본 건은 제품관련규제와 판매태양규제를 구분하고 일정한 판매태양규제가 EC조약 제28[EU기능조약 제34]조에서 말하는 수량제한과 동등한 효과를 갖는 조치에 해당하지 않는다는 것을 처음으로 밝혔다. 본 판결은 장래효 밖에 없지만, 일관성 있는 판례구축을 위해서 상품자유이동에 관한 판례를 '재검토하고 명확화시킨' 것이 주요한 의무이다.(14단)

이전 판례의 문제점

본 건 판결의 판시이유에 대해서는 본 건 이전의 판례가 가진 문제점과 비교하면 더욱 명확하게 이해될 수 있다. 예를 들어 소매점 일요영업금지규제는 회원국간의 통상규제의 목적으로 하는 것이 아니며, 수입산품(産品)과 국산품을 동등하게 취급하고 타국 상품의 유통을 보다 곤란하게 하는 것도 아니다. 따라서 본 건 선결적 판결의 16단에서 말하는 '일정한 판매태양에 대한 규제'에 해당한다고 볼 수 있다. 그러나 종래의 판례는 이 조치에 대해서 '타회원국 상품의 매상고총량에 제한을 가한다'는 이유에서 Dassonville 기준을 기계적으로 적용하고 있었다. 다른 한편으로 정당화 가능성을 심사해보면 반드시 EC법에 부적합한 것만은 아니라고 판단하고 있었다. 즉 일요영업규제와 같은 노동시간이나 영업판매시간의 규제는 경제정책 및 사회정책상 정당한 결정이며, 여기에 국가와 지역의 사회적·문화적 독자성에 적합한 노동시간 배분을 확보한다는 일반적 이익이 인정된다. 따라서 국내규제의 통상제한적 효과가 당해 규제가 추구하는 목적 달성에 필요 이상으로 제한적이지 않으며, 다만 동 규제가 가지는 고유의 효과에 지나지 않는 경우에는 EC법위반이 아니라고 한다.(Case C-145/88, Torfaen [1989] ECR 3851)

그러나 이러한 판례에는 문제가 있다. 첫 번째로 본래 적용범위가 넓은 Dassonville 기준은 적용상의 한계가 없으므로 역내통상에 제한적 영향을 미치는 여러 조치를 EC조약 제28조의 적용범위에 편입시킬 가능성을 남긴다. 그 결과로서 두 번째로 상품의 자유이동을 제한하는 조치를 정당화하는 법률구성이 어려워진다. 따라서 일요영업규제와 같이 넓은 사회적 관련성을 가지며 회원국간 통상규제에 반드시 직접적인 연관성이 없을 듯한 규제를 Cassis de Dijon 기준으로 정당화하는 것은 어렵다. 실제로 상품거래업자가 수입상품의 판매기회 감소를 가져오는 규제의 적용을 배제하려는 목적으로 빈번하게 EC조약 제28조를 원용하는 경향이 있고, Dassonville과 Cassis de Dijon의 기준만으로는 이들 문제에 대응할 수 없다고 인식하기에 이르렀다. 이에 본 건의 유럽사법재판소는 Dassonville 기준을 유지하면서도 적용범위를 좁히는 기준(이하에서는 Keck 기준이라고 칭한다)를 설정함과 동시에, Cassis de Dijon 기준의 적용범위에 드는 규제를 '제품관련규제'로 명확화 시켰다.

새로운 판단기준

Keck 사건에서 나타난 새로운 판단체제의 구성은 다음과 같다. 국내규제에 의한 역내통상 제한의 유무가 Dassonville 기준에 따라 검토된 후에 Keck 기준을 적용한다. 가장 먼저 문제가 된 국내규제가 '제품관련규제' 또는 '판매태양규제'의 어느 것인지 확인한다.(15·16단) '판매태양규제'에 해당하는 경우에는 이어서 '당해 규제가 일국 내에서 활동하는 모든 관련 거래업자에게 효력을 미칠 것' 및 '당해 규제가 국내상품과 타회원국 상품의 매상에 법적 및 사실적으로 동등한 영향력을 가질 것'이라는 2개의 요건(이하에서는 '비차별성 요건'이라 칭한다)을 중첩적으로 심사한다.(16단 후단) 양 요건을 충족하는 '일정의 판매태양규제'는 EC조약 제28조의 적용범위에서 제외된다.(17단) 판매태양규제라고 하여도 비차별성 요건을 충족하지 않는 것은 여전히 EC조약 제28조의 적용범위 내에 머물며, 이에 대하여는 EC조약 제30[EU기능조약 제36]조로 정당화할 수 있는 길이 남게 된다.

이하에서는 Keck 기준의 요건별 기준을 명확히 하겠다.

① 제품관련규제와 판매태양규제는 다음과 같이 구별된다. 제품관련규제란 '제품의 호칭, 크기, 중량, 조성, 가공, 라벨링, 포장 등에 관한 규제'를 말한다.(15단) 제품관련규제는 다른 나라에서 적법하게 생산되어 유통상태에 놓인 제품이 수입될 때 수입국측의 규제에 맞추기 위해서 다시 한 번 사양을 변

경하도록 강제당하게 되는 것을 말한다.(이중의 규제부담) 제품관련규제는 수입품을 불리한 상태에 놓이게 할 뿐 아니라, 각국내 시장을 분리시키게 되므로 역내통상을 저해하는 성격을 가지는 것은 명백하다. 따라서 조약상의 예외규정(EC조약 제30조) 또는 *Cassis de Dijon* 사건(본서 20번사건)에서 말하는 필수적 요건에 의하지 않으면 정당화될 수 없다. 이러한 규제와는 일반적으로 성격을 달리하는 것이 판매태양규제이다. 판매태양규제란 '누가 무엇을 언제 어디서 어떻게 또는 어떠한 가격으로 판매할 수 있는가에 대한 법규칙'(Tesauro 재판연구관 의견, Case C-292/92, Hünermund [1993] ECR I-6800 at 6810)으로 널리 이해되고 있다. 즉 유통이나 유통·판매조직, 제품판매활동, 판매촉진방법을 규율하는 법규칙을 포괄하는 개념이다. 판매태양규제는 일단 수입된 제품이 그 후 어떻게 수입국 '내'에서 유통되는가 하는 점에 대해서 국산품과 동등한 조건으로 규율한다.(균등한 규제부담) 즉 회원국 '간' 통상자체를 제한하는 것은 아니다. 이것이 판매태양규제의 개념을 정립하는 이유이다. 양자의 구별에 어려움이 발생하는 경우에는 (가령 제품포장의 '+10%'라는 표시나 잡지인쇄물의 일부를 이루는 현상(懸賞)퍼즐을 금지하는 조치) 판매태양과 제품의 일체성에 착안할 필요가 있다.(Case C-470/93, Mars [1995] ECR I-1923; Case C-368/95, Heinrich Bauer Verlag [1997] ECR I-3689 등) 이들 양자가 일체화된 경우, 국내규제는 어김없이 유통지에 맞추어 제품구성부분을 변경하거나 추가적 비용의 지출을 강제한다. 여기에서는 도리어 이중의 규제부담이라는 사고방식이 타당하며, 따라서 판매태양규제에는 해당되지 않는다.

② 판매태양규제와 '일정한 판매태양규제'는 Keck 기준에서의 비차별성 요건(16단 후단)의 심사를 통해서 구별된다. 판매태양규제라도 수입품의 유통에 불리하게 되는 판매태양을 정하는 것이라면 역시 회원국간 통상의 제한을 가져오는 것에 지나지 않는다. 따라서 제품관련규제와 판매태양규제와의 구별만으로는 EC조약 제28조의 적용범위 획정기준으로서는 불충분하다. 따라서 수입품의 '시장진입'이 국산품과 비교해서 균등하게 보장되고 있는가 하는 점(17단)을 비차별성 요건으로 보다 구체적으로 검토해야 한다. 또한 국내규제가 차별적이라는 것을 증명할 책임은 EC조약 제28조를 원용하려는 당사자측이 진다.

'당해 규제가 일국 내에서 활동하는 모든 관련 거래업자에 적용된다'는 제1요건은 당해 규제가 상품의 원산지에 관계없이 모든 판매업자에게 평등하게 적용되는 경우에는 충족되게 된다.

'당해 규제가 국내상품과 타회원국 상품의 유통에 법률상·사실상 동일한 영향을 미칠 것'이라는 제2요건은 법률상·사실상 모든 점에 있어서 수입상품의 시장진입이 국내상품과 같은 조건으로 보장되고 있는가에 대한 검토를 요구하는 것이다. 이 요건을 실마리로 하여 근래의 유럽사법재판소는 광범위한 제품에 영향을 미치는 경제활동의 근본조건인 판매태양규제의 경우(가령 본건 규제나 일요일 영업규제)와는 대조적으로 특정제품(군)의 판매태양규제에 대해 시장진입제한 여부를 상세히 검토하는 경향이 있다. 이 때 고려되는 사실로서 우선 규제가 진입시장의 구조에 미치는 영향을 들 수 있다. 가령 스웨덴에서는 소비자에 대한 주류광고를 금지하고 있는데, 소비자가 종래부터 익숙한 국산품과 비교해보면 수입상품의 시장진입을 더욱 어렵게 한다고 하였다. 이에 더하여 국영 주류판매회사의 광고가 일부허용된다는 점에서도 차별성이 인정되었다.(본서 23번사건) 타국 상품의 시장진입시에 추가적 비용의 지출을 강제하는 규제도 시장진입을 방해하는 것이라는 판례도 있다. 이 경우 국내상품의 일부도 같은 제약에 따른다는 것은 차별성 부정의 근거가 될 수 없다고 하였다. 이들은 비차별성 요건의 검토시에 제품의 소비경향, 경쟁자의 사업활동 및 시장진입의 난이도와 같은 수입국 시장의 분석에 의거한 것이다. 또한 거래업자가 사용하려는 판매촉진방법의 특성도 고려사실이 된다. 가령 인터넷을 통한 시판약(藥)통신판매는 타회원국으로부터의 '유일하게 유효한 시장진입방법'이므로 이를 전면금지하는 것은 수입 상품의 시장진입을 차단한다.(Case C-322/01, Deutscher Apothekerverband [2003] ECR I-14887)

본 건은 판매태양규제에 대해서 시장진입의 균등보장을 구체적으로 검토하는 계기가 되었다. 이후의 판례는 새로운 판매촉진방법, 기술의 투입정도, 진입시장의 구조 등에 비추어 역내통상의 제한을 현실적으로 파악하려고 한다.

(小場瀨琢磨)

23. Gourmet 사건: 주류광고규제와 상품의 자유이동

Case C-405/98, Konsumentombudsmannen v. Gourmet International Products [2001] ECR I-1795

[사실·쟁점]

스웨덴의 알코올광고법 제2조는 '알코올 소비는 건강에 위험하기 때문에 주류는 소극적으로 판매되어야 한다. 구체적으로는 광고 기타의 판매방법은 집요하거나, 일방적 매도 또는 알코올 소비를 촉진하는 것이어서는 안된다'라고 규정하면서, 일정한 도수 이상의 주류를 방송이나 잡지에서 소비자에게 광고하는 것을 원칙적으로 금지하고 있었다. 그러나 예외로서 업계지에 광고를 게재하는 것이나, 술의 취재기사 게재, 주류판매점에서의 간행물 배포는 허용하고 있었다. 이러한 금지를 위반하는 행위는 불공정거래로 취급되어 정지대상이 되며, 소비자옴부즈맨이 정지를 청구할 수 있게 되어 있었다.(동법 제3조)

본 건의 피고 Gourmet International Products사는 잡지 'Gourmet'를 발행하고 있었다. 정기구독자판과 일반판매판의 내용이 서로 약간 다른 잡지였는데, 본 건에서 문제가 된 잡지의 해당 호의 정기구독자판에는 적포도주 1건과 위스키 2건의 도합 3건의 광고를 게재하였고, 일반판매판에는 게재하지 않았다. 정기구독판의 독자 중 9할은 사업자(판매업자나 레스토랑)였지만 1할은 개인이었다.

본 건의 원고인 소비자옴부즈맨은 해당 호의 정기구독자판에 있던 광고가 알코올광고법 제2조에서 금지하는 잡지광고에 해당한다고 하여 스웨덴의 국내재판소에 잡지발행의 정지를 청구하였다. 이에 대하여 피고는 알코올광고법 제2조에 기초한 정지청구는 상품의 자유이동에 관한 EC조약 제30[후의 제28, EU기능조약 제34]조와 서비스의 자유이동을 보장하는 제59[후의 제49, EU기능조약 제56]조에 위반한다고 항변하였고, 정지청구의 기각을 신청하였다. 스웨덴 재판소는 유럽사법재판소에 선결적 판결을 청구하였다.

쟁점은 먼저 EC조약 제30조 또는 제59조가 주류광고를 일반적으로 금지하는 국내법을 배제할 의도였는가. 두 번째로 그러한 경우 해당 국내법은 EC조약 제36[후의 제30, EU기능조약 제36]조 또는 제56[후의 제46, EU기능조약 제52]조의 예외규정(특히 공중의 건강보호목적)에 의하여 정당화될 수 있는가이다.

선결적 판결 • • •

(유럽사법재판소는 본 건의 광고규제가 상품 및 서비스의 자유이동에 관한 장벽이 될 수 있으므로 EC조약 제30[후의 제28, EU기능조약 제34]조와 EC조약 제59[후의 제49, EU기능조약 제56]조가 적용된다고 판단하였다. 그러나 본 건 규제는 공중의 건강보호를 목적으로 한 정당한 규제이며, EC조약 제36[후의 제30, EU기능조약 제36]조 또는 EC조약 제56[후의 제46, EU기능조약 제52]조에 기하여 허용될 여지가 있다고 하였으며, 이 외의 사실인정에 기한 최종적인 판단은 국내재판소에 맡겼다. 상품의 자유이동에 관한 선결적 판결은 대략 다음과 같다.)

Keck 사건(본서 22번사건) 17단에 따르면, 일정한 판매방법을 제한 또는 금지하는 국내법이 다른 회원국 상품의 시장진입(access)을 방해하거나 국산품 이상으로 그 진입을 저해하는 것이어서는 안된다.(18단) 또한 어떤 회원국에서 적법하게 판매되는 제품에 대한 판매촉진의 어떤 형태를 그 회원국이 전면적으로 금지한 경우, 그러한 금지가 다른 회원국 제품에 대해서 더 큰 영향을 줄 가능성은 부정할 수 없다.(Joined Cases C-34/95 to C-36/95, De Agostini [1997] ECR I-3843)(19단)

본 건의 광고규제는 제품의 판매촉진의 일정한 형태를 금지할 뿐 아니라, 몇몇 사소한 예외를 설정하고는 있지만 실제로는 제조자나 수입업자가 소비자에게 선전하는 것을 금지하고 있다는 것이 명확하다.(20단) 스웨덴 고유의 사정을 상세히 분석해 보지 않아도 판단할 수 있는 것은 알코올 음료와 같은 제품의 경우, 그 소비가 전통적인 사회관행이나 지방의 관습과 연결되어 있기 때문에 출판·라디오·텔레비전·전단지·길거리 포스터부착 등의 광고형태에 의한 소비자 광고를 금지하면, 소비자가 비교적 익숙한 국산제품과 비교하여 다른 회원국 상품의 시장진입을 한층 저해할 가능성이 있다는 것이다.(21단)

분명 광고가 들어간 간행물을 주류판매점에서 배포하는 것은 허용되어 있다. 그러나 실제로 스웨덴에서는 국영기업이 소매점을 독점하고 있어 당해 기업의 잡지만 배포한다.(23단) 또한 본 건의 입법은 제품의 직접광고는 금지하면서도 취재기사의 형태로 광고하는 것까지 금지하지는 않는다. 이러한 광고방법은 문화적인 이유 등으로 국내 제조자가 다른 회원국의 경쟁업자에 비해서 진입하기 쉽다. 이러한 사정은 직접광고를 전면적으로 금지하는 조치에 내재하는 것으로(국내제조자와 타국제조자의 시장진입상의) 불균형을

조장할 가능성이 있다.(24단)

따라서 본 건의 광고금지는 국산제품의 판매보다 다른 회원국의 제품의 판매에 대하여 큰 영향을 주며, EC조약 제30조의 대상이 되는 회원국간 통상의 장벽이 된다고 해석함이 합당하다.(25단)

그러나 이 장벽은 EC조약 제36조가 허용하는 공중의 건강보호를 이유로 정당화될 여지가 있다.(26단) 이 점에서 과잉음료대책을 위하여 주류의 광고를 제한하는 법규는 공중의 건강보호를 근거로 본 건의 광고금지가 야기하는 통상 저해를 정당화하기 위해서는 당해 조치가 달성하려는 목적에 비례한 조치여야 하며, 자의적인 차별적 수단이나 회원국간 통상에 대한 위장된 제한이 되어서는 안된다.(28단)

본 건에서 첫 번째로 스웨덴당국이 주장하는 공중의 건강보호목적이 그 목적에서 일탈하여 다른 회원국 제품에 대한 차별 또는 간접적으로 국산제품을 보호하려는 목적으로 이용되고 있음을 증명할 증거는 없다.(32단) 두 번째로 본 건에서 광고금지가 비례성이 있는지, 추구하는 목적을 보다 범위 한정적인 금지 또는 제한에 의해서 달성될 수 있는지, 또는 공동체 역내의 통상에 보다 적은 영향을 끼치는 금지 또는 제한으로 달성될 수 있었는지를 판단하기 위해서는 관계된 회원국의 고유사정인 법과 사실의 분석을 필요로 하는데, 이는 당 재판소보다 국내재판소가 하는 것이 적합할 것이다.(33단)

이상에서 상품의 자유이동이라는 측면에서 EC조약 제30조 또는 제36조는 알코올광고법 제2조에서 정하는 주류의 광고금지를 배제하지는 않는다고 해석하는 것이 합당하다. 다만 관련 회원국의 고유사정인 법률 및 사실관계에서 공동체 역내통상에 보다 영향이 적은 조치로도 알코올의 유해효과로부터 공중의 건강을 확보할 수 있다는 것이 밝혀지면 그러하지 않다.(34단)

해 설

사건의 의의

본 건 선결적 판결은 주류광고규제가 최종적으로는 공중의 건강보호를 이유로 정당화될 여지를 인정하는 한편, 그 전단계의 문제인 EC조약 제28[EU기능조약 제34]조의 적용가능성에 대해서 긍정하고 있다. 이 점에서 본 건 선결적 판결은 상품의 자유이동원칙의 기본 개념인 '수량제한과 동등한 효과를 갖는 조치'를 새로 정의한 1993년의 *Keck* 사건의 적용범위를 판단할 때 주요한 의미를 지닌다.

Keck 사건의 비판

Keck 사건(본서 22번사건)은 *Dassonville* 사건(본서 20번사건 해설)이나 *Cassis de Dijon* 사건(본서 20번사건) 등의 상품의 자유이동에 관한 판례를 거치면서 무제한적으로 확장되는 경향을 보이고 있었던 '수량제한과 동등한 효과를 갖는 조치'의 개념에 대하여, 일정한 제약을 더하여 그 범위를 명확히 한 것이었다. 즉 판매태양을 규제하는 국내법이 '국내에서 활동하는 모든 관련 사업자에게 적용되며'(제1요건), '법률상·사실상 국내 제품과 타회원국 제품의 유통에 같은 방법으로 영향을 주는'(제2요건) 경우에는 EC조약 제28조의 적용범위에서 제외된다고 한다.(선결적 판결 16단)

다른 한편으로 이 *Keck* 사건의 선결적 판결에 대한 비판이 있는데, 예를 들어 Jacobs 재판연구관은 *Leclerc-Siplec* 사건(Case C-412/93, Leclerc-Siplec [1995] ECR I-179)에서 다음과 같이 문제점을 지적하고 있다. 그 하나는 '제품자체'·'판매태양'이라는 이분법은 지나치게 형식적이라는 것이다. *Keck* 사건의 선결적 판결은 일정한 판매태양에 관한 규제를 EC조약 제28조의 적용범위에서 제외하였는데, 이러한 규제도 역내통상에 대한 중대한 장벽이 될 수 있으며, 경우에 따라서는 수입금지에 필적할 만큼의 장벽이 될 수 있다. 가령 일정제품의 판매를 지극히 한정된 점포에서만 인정하는 경우나 광고의 전면적 금지를 들 수 있다. 또 하나의 문제점은 *Keck* 사건의 선결적 판결의 두 번째 요건과 관련이 있다. 이 요건에 의하면 판매태양을 규제하는 국내조치가 EC조약 제28조의 적용대상에서 제외되는 경우에는 법률상·사실상 국산제품과 수입제품의 판매에 동일한 영향을 주어야 한다. 즉, 국내조치에 EC조약 제28조가 적용되는지 여부는 이 조치가 국산제품과 수입제품간에 차별을 구성하는지 여부를 기준으로 판단되어야 한다. 그러나 Jacobs 재판연구관에 의하면 이러한 차별기준으로는 차별이 존재하지 않아도 EC역내통상을 제한하는 효과가 있는 판매태양조치를 규제할 수 없게 됨을 지적하였다.

이에 Jacobs 재판연구관은 새로이 '시장진입(market access)'기준을 제안하였다. 이는 회원국의 조치가 역내통상에 대한 실질적인 제한이 되는지에 따라 EC조약 제28조의 적용여부를 결정한다는 것이다. 실질적인 제한이 되지 않는다면, 동조의 적용대상에서 제외하므로 실제로는 de minimis rule(최소허용기준)을 채용한 것이다. 또한 상기의 비판에서 미루어 이 시장진입기준을 도입하는 의의는 ① EC조약 제28조의 적용여부를 문제가 되는 국내법이 '제품자체'를 규제하는 것인지 '판매태양'을 규제하는 것인지의 형식적인 측면이 아니라, 그 국내법이 '시장진입'에 대한 장벽이 될 것인지의 관점에서 판단하는 점 ② 당해 국내법이 차별적 요소를 포함하지 않는 경우라도 제28조의 적용가능성을 인정하고 있는 점이라고 볼 수 있다.

본 사건의 의의

이러한 비판을 염두에 두고, 본 사건의 선결적 판결을 보면 우선 주목되는 것은 당해 광고규제를 판매태양에 관한 조치라는 이유로 즉시 EC조약 제28조의 적용대상에서 제외하는 것이 아니라, 당해 규제가 수입제품에 미치는 영향을 구체적으로 심사하여 동조의 적용을 인정한 점이다.

Keck 사건의 선결적 판결에 따르면 판매태양에 관한 규제는 그 모두가 EC조약 제28조의 적용범위에서 제외되는 것이 아니며, 동 선결적 판결 16단의 두 개의 요건을 충족해야 적용대상에서 제외된다. 그러나 실제로 동 선결적 판결을 포함하는 일부의 판례는 문제의 국내법이 판매태양에 관한 조치라고 인정되면 요건의 충족여부를 구체적으로 심사하지 않고 동조의 적용범위에서 제외하는 경향이 있었다. 이러한 대응이 상술한 바와 같은 제품자체·판매태양의 구분은 지나치게 형식적이라는 비판으로 이어진 것 같다. 그러나 판례는 점차 *Keck* 사건의 선결적 판결 16단의 제2요건을 중시하는 자세를 보이게 되었고, 이를 충족하지 않은 경우에는 판매태양에 관한 규제라도 동조가 적용됨을 명확히 하기에 이르렀다. 가령 1997년의 *De Agostini* 사건(Joined Cases C-34/95 to C-36/95, De Agostini [1997] ECR I-3843)은 문제가 된 광고규제가 제2요건을 충족하지 않을 가능성이 있다고 지적하였고(다만, 사실인정이 결합되어 있기에 최종적인 판단은 국내재판소에 맡겼다), 2000년의 *Heimdienst* 사건(Case C-254/98, TK-Heimdienst [2000] ECR I-151)은 식료품의 순회판매규제에 관한 사안이었는데, 당해 규제가 제2요건을 충족하지 않음을 인정하고 당해 조치에 EC조약 제28조의 적용대상이 될 수 있다는 것을 명확히 하였다.

시장진입의 시점

다음으로 본 건 선결적 판결에서 주목되는 것은 종래의 판례와 비교하여 시장진입에 대한 영향을 중시하고 있다는 점이다.

구체적으로는 본 건 선결적 판결은 주류광고규제가 일반론적으로 소비자가 잘

아는 국산제품에 비해 수입상품의 시장진입을 저해하는 성격을 갖는다는 것(본 건 선결적 판결 21단), 규제의 대상에서 제외된 기사광고는 국내업자 쪽이 외국업자에 비해 쉽게 이용할 수 있는 입장이라는 것(24단) 등을 지적하며, 본 건 규제가 상품의 자유이동에 대한 장벽이 된다는 것을 인정하고 있다.

또한 본 건 선결적 판결은 *Keck* 사건의 선결적 판결을 언급할 때, 종래의 판례와는 달리 동 선결적 판결 16단이 드는 두 개의 요건이 아닌 17단을 언급하고 있으며, EC조약 제28조의 적용범위에서 제외하려면 '타회원국 제품의 시장진입(access)을 방해하거나 국산제품 이상으로 그 진입을 저해하는 것이어서는 안된다'는 것을 확인하고 있다.(본 건 선결적 판결 18단) 이 점에서 특히 앞부분을 중시하면 시장진입을 실질적으로 방해하는 국내조치는 (차별적 요소가 없는 경우에도) 동조의 대상이 될 수 있다는 의미에서 시장진입기준이 *Keck* 사건의 선결적 판결 자체에서 도출될 수 있다는 것을 시사하고 있는 듯 해석된다.

그러나 본 건 선결적 판결이 시장진입이라는 관점을 강조하고 있다 해도, Jacobs 재판연구관이 서술한 바와 같은 차별기준과 대비되는 의미에서의 시장진입기준을 그대로 채용하였다고는 볼 수 없다. 여기에서 시장진입이라는 관점은 국산제품과 수입제품이 시장에 진입할 때의 곤란함을 비교하여 수입제품 쪽이 불리한 영향을 받고 있음을 확인하기 위해 꺼내 든 것으로 당해 광고규제가 (국산제품·수입제품을 불문하고) 시장진입에 대한 장벽이 되는지, 또한 그 장벽이 역내통상을 실질적으로 방해하지는 않는지의 관점에서 당해 규제를 평가하고 있는 것은 아니기 때문이다. 본 건 선결적 판결에서 서술하는 바와 같이, 주류는 국산제품 쪽이 일반적으로 잘 알려져 있다면 광고의 목적이 소비자가 통상 구입하고 있는 제품에서 자사제품으로 변경시키는 것인 이상, 광고규제는 소비자에게 익숙하지 않은 외국업자에게 필연적으로 불리한 조치라는 결론이 난다. 그러한 상황에서는 당해 광고규제가 시장진입에 대한 실질적인 방해가 되었는지의 곤란한 문제(이 경우에는 무엇을 '실질적'으로 방해한다고 평가할 것인지의 문제가 발생한다)를 검증하지 않아도 국산제품과 수입제품을 비교하여 당해 규제가 후자에 불리한 영향을 주므로 EC조약 제28조의 적용범위 내에 있다고 결론지을 수 있을 것이다.

이상에서 보면, 본 건 선결적 판결은 차별적 요소가 없는 경우에도 EC조약 제28조의 적용을 인정한다는 의미의 시장진입기준을 채용하였다고 볼 수는 없고, 시장진입기준을 적용할 여지는 남기면서도 실제로는 국산제품과 수입제품의 시장진입의 곤란함을 검증하고 후자에 불리한 영향이 있다는 것을 이유로 EC조약 제28조의 적용가능성을 인정한 것이라고 평가된다.

(西連寺隆行)

24. Schmidberger 사건: 상품의 자유이동원칙과 기본적 인권과의 대립

Case C-112/00, Eugen Schmidberger, Internationale Transporte und Planzüge v. Republic of Austria [2003] ECR I-5659

[사실·쟁점]

오스트리아·이탈리아 국경에 위치하는 Brenner Corridor를 통과하는 도로는 이탈리아와 독일 간의 트럭통행의 최단·최적의 경로로서, 유럽운송망의 중요한 통로이다. 다른 한편으로 교통집중에 따른 환경 및 공중건강에 대한 악영향이 염려되고 있다. 때문에 오스트리아정부는 이미 주말·공휴일의 일정시간대에 트럭통행을 원칙적으로 금지하는 법률을 제정하고 있었다. 동 지역의 환경보호단체는 트럭통행의 제한 및 환경보호조치의 강화를 호소하기 위하여 관계행정청의 허가를 얻어 해당도로에서 시위를 벌였다. 금요일부터 토요일까지 30시간에 걸쳐 개최된 동 집회는 법률에 의한 트럭의 통행제한과 맞물려서, 결과적으로 목요일(공휴일)부터 일요일까지의 물류에 엄청난 피해를 끼쳤다.

원고인 Schmidberger는 Brenner Corridor를 통해 독일·이탈리아 간에 국제도로운송을 하는 독일회사이다. 원고는 오스트리아정부가 집회활동을 금지하지 않았고, 물류차단에 대하여 대책을 강구하지 않았기 때문에 영리기회의 상실 등의 손해를 입었다며 오스트리아정부에 손해배상청구를 제기하였다. Innsbruck 고등법원은 유럽사법재판소에 선결적 판결을 청구하였는데, 본 건은 EC법을 위반한 회원국에 대한 손해배상청구사건이므로 그 요건으로 회원국이 EC법상 보호되는 개인의 권리를 충분하고 중대한 정도로 침해하였는가라는 점에 대한 검토가 필요하게 된다.(본서 9번사건 해설 참조) 본 건의 중요 쟁점은 이 요건에 관련한 다음의 2개이다. 첫 번째로 오스트리아 관할관청에 의한 집회허가조치가 상품의 자유이동의 제한에 해당하는가이며, 두 번째로 제한에 해당한다면 기본권 존중을 목적으로 하는 당해 허가조치가 정당화될 수 있을 것인가 하는 점이다.

선결적 판결 • • •

(유럽사법재판소는 본 건과 같은 상황하에서는 기본권 존중이 상품의 자유이동에 대한 제한의 정당화 사유에 해당한다고 판단하였다. 선결적 판결의 대략은 다음과 같다.)

상품의 자유이동은 공동체의 기본원칙이며(EC조약 제3조1항c호[cf EU기능조약 제4조2항a호] 및 제14[EU기능조약 제26]조2항), EC조약 제28[EU기능조약 제34]조 및 제29[EU기능조약 제35]조에서 한층 구체적으로 규정하고 있다. 공동체 역내통상은 특히 다른 회원국의 상품을 표적으로 한 사인의 행위에 의하여 자유이동이 저해되었을 경우에 회원국이 상품자유이동의 장벽제거를 위하여 적절한 조치를 취하지 않은 부작위 또는 태만을 한 경우에도 마찬가지로 제약을 받는다. 따라서 EC조약 제10조[EU조약 제4조3항]와 EC조약 제28조 및 제29조를 중복적으로 적용하게 되므로 회원국에는 '영역 내에서 기본적 자유의 존중을 확보하기 위해서 여러 가지 필요·적절한 조치'를 취할 의무가 있다고 해석함이 합당하다.(59단) 공동체 제도에서 상품자유이동의 기본적 의의에 비추어, 사인의 행위에 의한 방해를 막기 위해서 필요한 적절한 조치를 취하여 상품자유이동을 확보해야 할 의무는 수출·수입 또는 통상의 경우를 불문하고 모든 회원국에 타당하다.(60단) 당해 의무는 Brenner Corridor와 같은 역내 육상교통의 요충지에서 특별한 의의를 갖는다.(63단) 따라서 회원국의 관할행정청이 거의 30시간에 이르는 중요 운송경로의 차단을 금지하지 않은 것은 정당화되지 않는 한 역내통상의 제한에 해당한다.(64단)

본 건은 손해배상책임의 유무를 검토하기 위해서 회원국의 공동체법 위반을 문제삼고 있다. 따라서 고려해야 할 것은 환경보호 등의 집회 그 자체의 목적이 아니라, 집회를 금지하지 않은 회원국 조치의 목적뿐이다.(66단) 당해 오스트리아 당국의 조치는 유럽인권협약 및 오스트리아 헌법상의 기본권인 '의사표명의 자유' 및 '집회의 자유'의 존중에서 비롯된 것이라고 한다.(69단) 확립된 판례에 의하면 기본권은 법의 일반원칙에 속하는 것이고 나아가 이것은 EU조약의 제6조2[3]항에 의해서 확인되고 있다. 이렇게 승인되고 보장된 EC법상의 기본권의 존중과 양립하지 않는 조치는 공동체에서는 적법하게 인정되지 않는다.(73단)(본서 15번사건도 참조) 기본권은 EC 및 회원국의 쌍방에 의하여 존중되어야 한다. 따라서 기본권 보호는 상품자유이동을 시작으로 하는 역내시장의 기본적 자유를 제약할 수 있는 정당화 사유에 해당한다.(74단)

본 건과 같이 일정한 국내사정이 EC법의 적용범위에 들어가는 경우에는 당해 상황 하에서 기본권이 존중되었는가에 대하여 국내재판소가 판단할 수 있도록 유럽사법재판소가 선결적 판결절차를 통해서 '여러 가지 해석을 시사'해 준다.(75단) 이 사건에서 문제가 된 것은 기본권 보호와 (상품의 자유이동이라는) 기본권 자유의 쌍방의 요청을 어떻게 조화시킬 것인가 하는 것이다.(77단) 한편으로 상품의 자유이동은 EC조약 모든 제도의 기본원리이지만, EC조약 제30[EU기능조약 제36]조에 열거된 예외사유와 일반적 이익보호를 위한 필수적 요건에 의한 제약을 받는다.(78단) 한편 본 건에서 문제된 기본권도 민주적 사회의 본질적 기초이며, 법률로서 정해지고 공공의 복지에 기여하는 정당한 제약에 따른다.(79단) 그러나 그러한 제약은 비례원칙을 충족해야 하며, 나아가 기본권의 본질적 내용을 침해하는 것이어서는 안된다.(80단) (어찌되었든 자유도 권리도 절대적인 것은 아니다) 따라서 양자를 둘러싼 이익이 형량되어야 하며, 각각의 개별사건의 여러 사정을 실마리삼아 관련 이익간의 올바른 균형이 지켜지고 있는지를 확정해야 한다.(81단) 이 점에 대하여 회원국의 관할관청은 광범위한 재량을 갖는다. 그러나 기본적 자유의 제한과 기본권 보호라는 정당한 목적 사이에 적절한 관계가 지켜지고 있는지에 대해서 심사를 받아야만 한다.(82단)

본 건의 상황은 원고가 선례로서 의거하고 있는 농민항의사건의 사실과는 다음의 점에서 명백하게 차이가 있다. 첫 번째로 집회는 가입국법에 의하여 허가신청을 거쳐 이를 금지하지 않겠다는 관할관청의 뜻에 따른 것이다.(84단) 두 번째로 집회는 하나의 경로만을 1회 30시간에 걸쳐 봉쇄한 것으로, 그 지리적인 넓이와 물류저해의 심각성은 한정적이다.(85단) 세 번째로 집회는 시민에 의한 기본권 행사에 의한 것으로, 특정태양 또는 원산지의 상품 거래를 방해할 목적이 아니다.(86단) 네 번째로 질서있는 집회진행을 확보하기 위해서 자동차운전자협회 및 경찰과의 협력 하에 근린국에의 정보 사전발신이나 대체경로의 제안 등의 제제적·부수적 조치가 취해졌다.(87단) 또한 공공질서를 심각하고 반복적으로 교란하여 통상(通商)의 흐름 전체에 악영향을 미치는 불안상황을 가져온 것도 아니었다.(88단) 단순한 집회금지는 집회참가자의 기본권에 수용될 수 없는 침해가 되었을 것이고, 집회 허가에 한층 엄격한 조건을 붙이면 집회의 효과를 감소시키는 과잉의 제한이 되었을 것이다.(89-90단) 적법한 방법으로 의견을 공적으로 표현하는 것을 본질적인 목적으로 하는 집회의 소극적 영향은 감수되어야 한다.(91단) 집회허가 이외의 여러 대체적 해결법은 한층 규제가 곤란한 반응을 낳았을 것이다. 당해 사항에 관한 광범위한 재량에 비추어 집회를 통하여 적법하게 추구된 목적을 '역내통상에 대하여 보다 덜 제한적인 다른 조치'에 의해서 달성할 수 없었다고 국내관할관청이 판단한 것은 합리적이다.(93단)

해 설

사건의 의의

본 건은 인권·기본권 보호와 상품자유이동의 확보가 상반되게 대립하는 상황하에서 기본권 보호가 상품이동의 자유를 제약하는 정당한 이유가 된다는 것을 유럽사법재판소가 인정한 최초의 사례이다.(기본권 보호와 서비스 제공의 자유가 대립한 예로서 *Omega* 사건(본서 29번사건)도 참조할 것)

본 건의 유럽사법재판소는 회원국의 자유이동확보의무를 전제로 하고, 기본권 보호와 역내상품이동의 자유의 양립에 대한 회원국의 판단재량(행사)의 적절성을 심사하는 방법으로 회원국에 의한 기본권 행사의 허용조치가 EC법에 합치되는지를 판단하였다. 이는 본 건에서 다음과 같은 관련 EC법의 적용관계를 전제로 하고 있다.

자유이동과 기본권의 대립

EC조약 제28[EU기능조약 제34]조 및 제29[EU기능조약 제35]조는 수출입수량제한 및 이와 동등한 효과가 있는 회원국의 조치를 금지하고 있다. 이에 더하여 사인이 회원국간의 통상을 방해한 때에는 회원국이 자유이동을 확보하기 위해서 실효적인 조치를 취해야 한다. 이를 태만히 하는 경우에는 회원국 자체에 EC법 위반이 인정된다.(Case C-265/95, Commission v. France [1997] ECR I-6959, 이하 '농민항의사건판결') 본 건의 유럽사법재판소는 EC조약 제10조[EU조약 제4조 3항]와 제28조 및 제29조의 중복적용이라는 법률구성을 취하고, 회원국의 자유이동확보의무를 재확인하였다. 때문에 회원국 국내에서의 사인의 기본권 보호를 당해 의무(자유이동확보의무)의 감면이유로 주장하는 본 건과 같은 경우에, 우선은 상품의 자유이동을 확보할 '여러 가지 필요하고도 적절한 조치'를 취할 의무가 회원국에 있다는 것이 대전제가 된다. 따라서 회원국은 사인이 의견표명 및 집회의 자유에 의거하여 집회시위활동을 할 때, 사인의 방해를 배제하고 상품의 자유이동을 확보하거나 사인의 기본권 행사를 제한적으로나마 인용하는 등의 이율배반적인 판단을 하게 되었다. 여기에서 자유이동권과 기본권간의 대립을 어떻게 판단하고 어느 것을 선정·조정할지는 일차적으로 회원국 관할관청의 조치에 의한다. 본 건의 회원국은 자유헌법에 기초하여 집회활동을 허가하는 조치를 선택하였다. 그러나 이 회원국의 조치는 상품자유이동을 제한하므로 EC법에서 발생하는 조건과 제한에 따라야 한다. 본 건은 이점에 대해서 유럽사법재판소가 당해 관청 판단의 EC법 합치성을 심사한 것이다.

기본권에 의한 자유이동의 제한

본 건은 사인에 의한 기본권 행사를 회원국이 허용한 결과 기본권과 상품의 자유이동권이 대립하게 되었을 때, 기본권에 의한 자유이동제한이 정당화될 수 있다는 점을 명확히 하였다. 기본권의 존중은 회원국에 공통된 헌법적 전통 및 유럽인권협약(본 건의 관련규정은 동 조약 제10조 및 제11조)에서 도출된 EC법상의 '법의 일반원칙'(본서 15번사건 참조)의 요청이다.(EU조약 제6조 2[3]항) 따라서 기본권 존중과 양립하지 않는 조치는 공동체에서는 적법하다고 인정받을 수 없으며, 기본권은 공동체 및 회원국의 쌍방에 의해서 존중되어야 하므로(Case C-260/89, ERT [1991] ECR I-2925) 자유이동확보의무의 감면사유가 된다. 그러나 본 건에서 판시한 바와 같이, 가령 기본권 보호를 목적으로 한 회원국의 조치라도 이에 의하여 자유이동의 제한은 각 개별사건에서 필요하고도 적절한 정도에 그쳐야 한다. 즉 공동체 제도에서 근본적인 의의를 갖는 상품자유이동원칙과 EU의 기본적 가치인 기본권은 공히 최대한의 존중을 요구하는 것으로 본 건은 양자의 우열관계를 추상적으로 판단한 것은 아니다.

형량판단의 체제

본 건은 상품자유이동과 기본권의 균형적인 실현방법에 대해서 개별사건에 입각한 실제적이고 유연한 판단체제를 제시하고 있다. 본 건의 유럽사법재판소는 본 건을 '일정한 국내사정이 공동체법의 적용범위에 들어가는 경우'라고 특징짓고, 선결적 판결절차에서 유럽사법재판소의 역할이 EC법체계 내부에서의 기본적 자유와 기본권의 규범대립을 해결하는 것이라는 관점에서 국내재판소에 '여러 가지 해석을 시사하는' 것에 그친다고 하였다. 이상을 전제로 하여 유럽사법재판소가 채용한 규범대립해결법은 기본적 자유 내지 기본권의 어느 쪽인가에 추상적인 우위를 인정한 것이 아니라, 개별사건에 입각하여 회원국의 재량을 통제하는 방법이다. 즉 역내시장의 기본적 자유권이나 기본권의 대부분은 공히 절대적인 보장을 요구하는 것이 아닌 이상 회원국은 이를 둘러싸고 존재하는 이익을 형량해야 하며, 여러 사정을 실마리삼아 이들의 이익 간에 정당한 균형을 실현해야 한다. 이 때, 사실의 평가, 집회허가의 가부, 집회이행에 부수적으로 취하게 되는 조치를 선택함에 있어 균형 실현방법에 관한 회원국의 광범위한 재량권이 인정된다. 본 건에서 재량권일탈의 사례로서 농민항의사건이 재론되고 있다는 점은 재량권의 한계를 획정하는 데 참고가 된다.(83-88단) 유럽사법재판소의 재량통제의 기준은 자유이동의 제약과 기본권 보호라는 정당한 목적 사이에 적절한 관계가 지켜지고 있는가 하는 점이며, 회원국 조치의 합목적성과 '자유이동에 보다 덜 제한적인 다른 수단'의 존재여부에까지 유럽사법재판소의 심사가 미치게 된다.

본 사건의 적용범위

본 사건이 자유이동의 예외사유로 기본권을 원용하는 것을 일반적이고 광범위하게 인정하는 이후의 판례에 발전 계기가 될 수 있을 것인가에 대한 검토가 필요하다. 이미 판례도 자유이동원칙의 적용에 기본권 보호 요청을 도입해 왔지만, 확립된 판례라고 할 만큼의 수는 아니다. 조약 규정상의 예외사유(예를 들어 '사람의 건강 내지 생명의 보호')를 기본권 확보에 비추어 해석하도록 국내재판소에 지시하는 판례, 기본권 보장을 일반적 이익보호 목적의 정당한 필수적 요건에 해당한다고 하는 판례(Case C-368/95, Familiapress [1997] ECR I-3689)가 그것이다. 자유이동권의 행사시에 발생하는 기본권 침해가 양자를 동렬에 놓고 비교형량케 하는 상황이 현실적으로 발생하고, 국내조치가 기본권 보호를 확보하기 위해서 필요하고도 적절한 것이라는 것을 회원국이 입증할 경우가 발생할 수 있는가 하는 점을 정밀하게 심사하는 것이 이후 판례의 발전가능성을 가늠하는 열쇠가 된다.

전망

리스본조약은 EU기본권헌장을 EU조약·EU기능조약과 '동일한 법적 가치를 가지는' 것이라고 정하며 기본권공동체로서 발전시키고 있다.(EU조약 제6조1항) 동 헌장과 함께 본 건은 기본권을 역내시장의 기본적 자유와 조화롭게 해석하고 적용하기 위한 법적 논리구성을 정밀화하는 계기를 마련할 것이다.

(小場瀨琢磨)

25. Centrafarm 사건: 지적재산권행사와 상품의 자유이동원칙 – 역내소진법리의 형성

① Case 15/74, Centrafarm BV and Adriaan De Peijper v. Sterling Drug Inc. [1974] ECR 1147
② Case 16/74, Centrafarm BV and Adriaan De Peijper v. Winthrop BV [1974] ECR 1183

[사실 · 쟁점]

이들 2개 사건에서 공히 다투어진 것은 국내법에 기초한 지적재산권을 행사하여 EC역내에서의 병행수입을 막을 수 있는가 하는 점이다. 지적재산권의 대상인 제품(특허제품, 상표제품, 저작권 등)도 어떤 회원국에서 유통된 후에는 타회원국으로의 자유이동을 인정해야 할 것인가. 또한 각국마다 지적재산권의 행사가 이를 막을 수 있다면, 지적재산권 보호와 상품자유이동원칙과의 관계는 어떻게 정리할 것인가가 쟁점이 되었다.

①사건에서는 특허제품의 병행수입이 문제가 되었다. 제약기업의 Sterling Drug Inc.(이하 원고)는 자회사를 통해서 (일부는 스스로) 동일한 의약품에 대하여 각국마다 제법특허(=병행특허)를 취득하였다. 피고들(Centrafarm BV사와 De Peijper 이사)은 원고의 특허제품을 원고의 승락없이 네덜란드에 수입하였다. 당해 제품은 원고의 자회사가 이미 타회원국에 판매한 것이었다. 피고들은 각국마다 약값에 큰 편차가 있다는 것에 착안하여 저렴한 타국 상품을 수입판매해서 이익을 얻으려고 한 것이다. 원고는 이 병행수입에 의해서 네덜란드에서의 자신의 특허권이 침해되었다고 주장하며 국내재판소에 특허제품의 수입금지를 청구하였다.

②사건은 ①사건과 마찬가지로 병행수입에 관한 분쟁이다. 다만 ②사건은 상표상품(진정상품)의 병행수입을 문제삼았고 수입금지청구의 근거로 삼은 것도 상표권이다. ②사건의 원고인 Winthrop BV사는 ①사건 원고의 네덜란드 자회사이며, 수입된 약품에 대해 네덜란드 상표를 등록하고 있다. 원고는 상기 병행수입이 네덜란드에서의 자신들의 상표권 침해에 해당한다고 하여 동 상품의 수입금지를 국내재판소에 청구하였다. 양 사건의 국내재판소는 EC조약 제30조 및 제36조[후의 제28조 및 제

30조, EU기능조약 제34조 및 제36조]의 해석문제를 유럽사법재판소에 부탁하였다.

선결적 판결 • • •

(유럽사법재판소는 본 건에서 국내지적재산권의 행사는 상품자유이동원칙에 반하므로 인정할 수 없다고 판단하였다. 선결적 판결의 대강은 다음과 같다. 이하에서 특히 구별하지 않는 경우에는 특허권자 내지는 상표권자를 '권리자', 특허제품 및 상표상품을 '권리품'이라고 한다.)

양 사건에서 지적재산권의 권리자는 권리품이 제3자를 통해서 수입되는 것을 막으려고 하였다. 국내지적재산권의 행사에 의한 수입금지는 각 사건의 상황 하에서 상품자유이동에 관한 EC조약의 규정과 양립한다고 할 수 있을 것인가. 이것이 양 사건에서 제기된 문제이다.(① 선결적 판결 4단, ② 선결적 판결 3단)

EC조약 제30[EU기능조약 제36]조는 회원국간의 수량제한 및 그와 동등한 효과를 갖는 조치를 금지한다.(본서 20번사건 해설 참조)

한편 EC조약 제36[후의 제30, EU기능조약 제36]조는 공업적·상업적 소유권의 보호를 위해서 정당화되는 수입제한조치를 허용한다. 이 EC조약 제36조의 문언(특히 동조2문) 및 EC조약에서의 양 조항의 위치에서 알 수 있듯이 분명히 EC조약은 회원국 국내법이 인정하는 공업적 보호권의 '존재'를 판단하지는 않는다. 그러나 이들 권리의 '행사'는 상황에 따라 역시 EC조약의 금지규범(여기서는 EC조약 제30조)의 영향을 받는다.(① 선결적 판결 7단, ② 선결적 판결 6단) EC조약 제36조가 정하는 것은 상품자유이동원칙이라는 '공동시장의 기본원칙'에 대한 예외이다. 따라서 제한이 허용되는 것은 '공업적·상업적 소유권의 구체적 보호대상을 이루는 권리'를 보호하기 위하여, 그러한 제한이 정당화된다고 인정되는 것에 지나지 않는다.(① 선결적 판결 8단 ② 선결적 판결 7단)

특허법 분야에서의 공업적 소유권의 구체적인 보호대상은 다음과 같은 특징을 갖는다. 첫 번째로 스스로의 창조적 발명 활동의 대가로서 특허권자가 공업제품을 생산하여 유통할 배타적 권리를 갖는 것, 즉 발명을 자기가 행사하거나 또는 라이센스 제공의 방법으로 환가할 배타적 권리를 얻는 것이다. 두 번째는 특허권자가 여러 특허침해에 대하여 스스로 방어할 권리를 얻는 것이다.(① 선결적 판결 9단) 상표법 분야에서의 공업적 소유권의 구체적 보호대상은 다음과 같은 특징을 갖는다. 첫 번째로 상표권자가 어떤 제품을 유통할 때, 상표를 이용할 배타적 권리를 갖는 것이다. 두 번째로 이 권리를 통해서 상표권자가 일정한 보호를 받을 수 있을 것, 즉 상표로 인하여 획득된 지위와 신뢰를 남용하여

동 상품을 처분하는 경쟁자로부터 상표권자가 보호를 받을 권리를 얻게 되는 것이다.(② 선결적 판결 8단)

공업적·상업적 재산권 보호에 관한 국내법이 다음과 같은 내용의 권리를 권리자에게 부여한다면, 이는 상품자유이동의 장벽으로서 작용한다. 즉 타회원국에 권리품을 유통하는 것으로 권리가 소진되는 것이 아니라 타회원국에서 유통되는 제품을 권리자 본국에 수입하는 것(=병행수입)을 막을 권리도 있다고 하는 경우이다.(① 선결적 판결 10단, ② 선결적 판결 9단) 특허권에서 유래하는 상품자유이동의 장벽은 다음의 경우에 '공업적·상업적 재산권 보호'(EC조약 제36조)를 이유로 정당화될 수 있다. 특허등록을 할 수 없는 회원국을 원산지로 하는 제품, 또는 제3자가 특허권자의 동의를 얻지 않고 생산하는 제품에 대해서 수입국 측에서 권리보호가 청구되는 경우이다. 또한 법적·경제적으로 무관한 본래의 특허권자의 특허가 문제되는 경우도 마찬가지이다.(① 선결적 판결 11단 전단)

이상과는 달리, 특허제품이 제품원산지인 회원국에서 '특허권자 스스로의 손으로' 또는 병행특허권리자에 의하는 등으로 '특허권자의 동의 하에' 적법하게 시장에 놓인 경우에는 정당화를 이유로 상품자유이동원칙에서 벗어날 수 없다.(① 선결적 판결 11단 후단) 상표권에 대해서도 상표상품이 수입한 회원국에서 '상표권자 자신의 손에 의해서' 또는 '상표권자의 동의 하에' 적법하게 시장에 놓인 경우에는 상표의 남용이나 상표권 침해는 문제되지 않으며, 상품자유이동의 방해는 정당화될 수 없다.(② 선결적 판결 10단)

이상과 같이 '공동시장에서의 지적재산권 소진법리'를 채용하는 이유는 다음과 같다. 타회원국에서 권리자 자신에 의하여 또는 권리자의 동의를 얻어 유통상태에 놓인 권리품을 수입금지하면, 권리자에게 각국 국내시장을 차단하고 회원국간 통상에 제한을 가할 가능성을 주게 되기 때문이다. 또한 그러한 회원국간 통상의 제약은 병행특허나 상표권에서 발생하는 배타적 권리를 실질적으로 보호하기 위하여 필요한 것이라고 할 수 없기 때문이다.(① 선결적 판결 12단, ② 선결적 판결 11단) 특허권에 대해서는 병행특허가 무엇인가에 대해서 지적해 둘 필요가 있다. 공업적 권리보호에 관한 각 회원국의 법이 통일되지 않는 한, 특허에 관한 각국 간의 차이는 존속하게 된다. 그러나 재판상의 평가를 위한 병행특허개념은 특허의 본질적 요소, 즉 보호되는 발명의 동일성에 의해서 특징지워진다.(① 선결적 판결 14단)

해 설

역내소진법리의 형성

본 건은 특허권 및 상표권에 대해서 EC역내에서의 권리소진원칙(exhaustion of

rights doctrine)을 인정한 최초의 선결적 판결이다. EC조약 제28[EU기능조약 제34]조가 회원국에서의 상품자유이동을 보장하는 한편, EC조약 제30[EU기능조약 제36]조는 그 예외로서 '공업적·상업적 소유권의 보호를 위해서 정당화되는' 수입제한 조치를 허용한다. 그러나 다음에서 보는 바와 같이 상품자유이동과 회원국 지적재산권의 보호는 서로 대립하기도 한다. 이에 본 건에서의 유럽사법재판소는 지적재산권에 의한 EC조약 제30조상의 정당한 수입제한조치의 범위를 한정적으로 해석하는 것으로 대립해소를 꾀하였다.

각국의 지적재산권 보호와 자유이동원칙

각국의 지적재산권 보호와 상품자유이동원칙은 어떻게 대립하는 것일까. 각국의 지적재산권은 각국의 국내법을 근거로 성립하고 국내법에 기하여 효력을 가지며, 국내법의 영토적 적용범위 내에서만 해당국의 보호를 받는다.(국내법의 속지성) 이 입장을 관철하면, 각국의 지적재산권법이나 각국에서 성립한 각 지적재산권은 서로 무관하다. 따라서 특허제품 또는 진정상품의 병행수입은 수입국의 지적재산권의 침해에 해당하며, 권리자는 수입금지를 할 수 있게 된다. 본 건 원고의 청구는 바로 이러한 점에 대한 것이었다. 그러나 이러한 각국 지적재산권의 행사를 EC법상으로 용인하면 어떻게 될까. 지적재산권 행사에 따른 병행수입 저지가 가능하다면, 권리품의 자유로운 유통(=EC조약 제28조가 보장하는 상품자유이동)은 방해받게 된다. 이에 더하여 권리자가 각국마다 지적재산권을 행사하여 공동시장을 각국시장으로 분할하는 것을 허용하는 결과가 된다.(① 선결적 판결 10단, ② 선결적 판결 9단) 또한 현대의 제품개발·유통은 고도의 발명기술의 응용이나 상표에 의한 상품의 인지식별을 기초로 하여 성립한다. 따라서 만약 지적재산권 권리품의 자유로운 유통이 확보되지 않으면, 공동시장의 실현이 극히 한정적인 것에 그칠 것임은 쉽게 상상할 수 있다.

대립해소의 시도: 기본3원칙

본 건의 유럽사법재판소는 '지적재산권의 존재(existence)와 행사(exercise)의 구별', '지적재산권의 구체적인 보호대상의 식별', '지적재산권의 권리소진'이라는 3원칙을 설정하고, 각국법상의 지적재산권의 행사를 제한하여 지적재산권 보호와 EC역내에서의 상품자유이동과의 조화를 꾀하였다.

권리의 존재와 행사의 구별

'지적재산권의 존재와 행사의 구별'은 본 건에서는 ① EC조약 제30조의 문언(특히 동조 2문) 및 EC조약에서의 동조의 위치, 그리고 ② EC조약 제30조는 어디까지나 상품자유이동원칙이라는 '공동시장의 기본원칙'의 예외규정이라는 점에 근거를 두고 있다.(① 선결적 판결 7-8단, ② 선결적 판결 6-7단) 즉 지적재산권 행사에서 발생하는 통상제한은 예외규정인 EC조약 제30조에 의해서 즉시 정당화되는 것이 아니다. 또한 EC조약 제295[EU기능조약 제345]조도 지적재산권의 존재와 행사를 구별하는 근거이다. 그러면 어떤 조치가 금지되거나 정당화되는 것일까. 위에 정리한 바와 같이 상품자유이동의 장벽은 지적재산권의 남용에 의해서 발생한다. 따라서 EC조약 제28조의 금지가 미치는 범위도 일단은 지적재산권의 '행사'에 속할 수 있다. 이러한 2분론에 대하여, 지적재산권의 존재는 그 행사를 통해서만 명백해진다는 비판적 견해도 있다. 그러나 본 건의 유럽사법재판소는 존재와 행사의 2분론에 이어, '공업적·상업적 소유권의 구체적 보호대상을 이루는 권리'를 보호하기 위해서 … 제한이 정당화되는' 경우에는 수입제한조치도 허용된다고 한다.(① 선결적 판결 8단, ② 선결적 판결 7단) 즉 구체적 보호대상의 내용과 맞추어 보면, 2분론은 공동시장의 경제적 발전에 필요한 지적재산권의 '존재'를 무시하려는 것이 아니라, 도리어 공동시장의 기능을 저해하는 지적재산권 '행사'를 제한하려는 이론으로 이해할 수 있을 것이다.

구체적 보호대상

구체적 보호대상(objet spécifique(불); spezifischer Gegenstand(독); specific subject matter(영))이란 각각의 지적재산권마다 EC법상으로도 보호의 대상이 되어야 하는 지적재산권의 권리내용을 특정한 것이다. 특허권의 구체적 보호대상은 ① 선결적 판결 9단, 상표권의 구체적 보호대상은 ② 선결적 판결 8단에 각각 나타나 있다. 다만 상표권에는 상품의 원산지 보장 및 혼동방지라는 기능이 있다. 예를 들어 상표권자의 동의를 얻지 않고 제품을 재포장하여 수입한 경우, 상표권의 구체적 보호대상과 기능을 해하게 되므로 권리자는 원칙적으로 재포장제품의 수입을 막을 수 있다.(자세한 것은 Case C-102/77, Hoffmann-La Roche v. Centafarm [1978] ECR 1139)

권리소진원칙

권리소진원칙은 구체적 보호대상 이론의 실제적 귀결이다. 특허권이건 상표권이건 간에 보호되어야 할 권리에 공통된 구체적 보호대상은 권리품을 최초로 유통상태에 둘 배타적 권리이다. 따라서 권리자 자신의 손으로 또는 권리자의 동의를 얻어 권리품이 유통상태에 놓이게 되면 권리는 소진되고, 권리자(특허권자 자신, 병행특허권자, 타국의 상표권자 등)는 그 이후에는 권리를 행사하여 병행수입을 막을 수 없게 된다. 이것이 소진의 법리이다. 그 근거로는 일단 유통상태에 놓인 후의 권리행사가 '병행특허나 상표권에서 발생하는 배타적 권리의 실질적 보호에 불필요하다'는 점에서 구하고 있다.(① 선결적 판결 12단, ② 선결적 판결 11단) 따라서 지적재산의 대상인 제품도 공동체 역내에서 일단 유통상태에 놓이게 되면, 그 이후에는 역내에서의 자유이동이 인정되어야 한다. 다만 권리소진은 어디까지나 최초에 유통시키는 시점에서의 권리자의 동의를 요건으로 하므로 강제라이센스방식으로 제조·유통된 제품에 대해서는 권리소진원칙이 적용되지 않는다.(Case 19/84, Pharmon v. Hoechst [1985] ECR 2281) ① 선결적 판결 11단 전단은 권리소진원칙이 적용되지 않는 경우를 들고 있다. 이와 관련하여 발명자 자신이 특허권의 보호가 없는 나라에서 제조하여 유통한 제품에 대하여 특허권의 보호가 있는 나라에서 수입금지를 구할 수 있는지가 다투어지고 있는데, 판례는 이를 부정한다.(Case 187/80, Merck v. Stephar [1981] ECR 2063) 발명자 스스로 제품을 어디에서 유통할 것인가를 자유로이 선택할 수 있는 이상, 그러한 귀결을 받아들여야 하기 때문이다.

국제적 소진의 부정

두 개의 *Centrafarm* 사건에서 유럽사법재판소는 EC역내에서의 권리소진을 인정하였다. 이에 반하여, EC와 제3국간의 거래에서 지적재산권의 국제적 소진에 대해서 유럽사법재판소는 ***Silhouette*** 사건(Case C-355/96, Silhouette International Schmied GmbH & Co. KG v. Hartlauer Handelsgesellschaft mbH [1998] ECR I-4799)에서 이를 부정하였다.

조화입법

지적재산권의 보호와 공동시장 형성간의 대립을 해소하는 방법으로는 단일한 공동체 지적재산권을 창설하여 EC역내에서의 통일적 권리보호와 권리품의 자유로운 유통을 보장하는 방법이 있다. 오늘날에는 이러한 방법에 의한 EC규제도 성립하고 있다.(EC상표규칙 제40/94호([1994] OJ L 11/1) 여기에서는 본 건에서 제시한 소진원칙이 명문화되어 있다. 그러나 현재에도 각국법상의 지적재산권이 존속하고 있으므로 각국의 지적재산권과 EC법과의 관계에 대해서는 본 건이 원칙적 판례로 남아 있다.

(小場瀬琢磨)

제3부

사람·서비스의 자유이동

26. Reyners 사건: 자영업자의 자유이동원칙과 그 예외

Case 2/74, Reyners v. Belgium [1974] ECR 631

[사실·쟁점]

원고는 네덜란드국적이지만, 벨기에에서 태어나 그곳에서 교육을 받고 벨기에의 법학박사학위를 취득하였다. 그 후 원고는 벨기에에서 변호사로 활동하려고 변호사회에 등록을 신청하였으나 거부되었다. 벨기에법에서는 변호사회에 등록하려면 벨기에 국적을 가질 것을 요건으로 하고 있었기 때문이다. 벨기에법은 예외로서 신청자의 국적국이 국내법 또는 국제조약으로 상호주의를 채용하고 있을 것 등을 조건으로 국적요건을 면제하고 있었지만, 원고의 국적국인 네덜란드법은 이러한 예외조건을 충족하지 못하였다. 이에 원고는 당해 국적조항 및 상호주의조항은 EC조약 제52[후의 제43, EU기능조약 제49]조 이하의 규정에 반한다는 이유로 무효확인소송을 벨기에 행정재판소인 국무원에 제기하였다.

국무원은 다음의 선결문제를 유럽사법재판소에 부탁하였다. 첫 번째로 EC조약 제52조가 직접적용가능한 것인가. 특히 EC조약 제54[44]조 2항[현재삭제]·제57[후의 제47, EU기능조약 제53]조1항이 이행기간 내에 제52조의 내용을 변호사 등의 특정자격자에 대하여 지침으로 이행할 것을 예정하고 있는데, 그러한 지침이 이행기간 종료 후에도 아직 제정되고 있지 않은 경우, EC조약 제52조를 무조건적이고 명확한 내용을 갖는 규정으로 보아 직접 적용가능하다고 할 수 있을 것인가. 두 번째로 EC조약 제52조의 예외를 정하고 있는 EC조약 제55[후의 제45, EU기능조약 제51]조1단은 '당해국에서 일시적 여부를 불문하고 공권력의 행사(exercise of official authority)에 관한 활동'에는 자유이동원칙이 적용되지 않는다고 정하고 있는데, 변호사(avocet)의 경우 공권력 행사에 관한 활동만이 제외되는 것인가, 아니면 직업 전체가 공권력의 행사에 관한 활동을 동반하는 것으로 보고 (직업 전체를) 제외할 것인가.

선결적 판결 •••

(유럽사법재판소는 EC조약 제52[후의 제43, EU기능조약 제49]조의 직접효력을 긍정하고 변호사는 EC조약 제55[후의 제45, EU기능조약 제51]조에서 말하는 '공권력의 행사에 관한 활동'에 해당되지 않는다고 판단하였다. 판례요지는 다음과 같다)

EC조약 제7[후의 제12, EU기능조약 제18]조는 공동체의 제원칙의 일부를 이루고 있으며, 본 조약의 적용범위에서 국적차별을 금지하는 것이 특별규정을 침해하지 않는다고 규정한다.(15단) 또한 EC조약 제52조는 이 일반규정을 개업의 권리라는 특별한 분야에서 규정하고 있다.(16단)

그런데 EC조약 제52조에 있는 '이하에서 정하는 규정의 범위 내에서'라는 문언은 개업의 권리에 관한 장 전체를 지칭하고 있다. 따라서 동조의 해석은 이 일반적 골격 안에서 이루어져야 한다.(17단)

우선 EC조약 제52조는 개업의 자유에 대한 제한이 이행기간 내에 단계적으로 폐지되어야 한다고 규정한다. 그리고 개업의 권리에는 '개업국의 법률이 그 나라의 국민에 대하여 정한 조건 하에서' 자영업자로서 기업(起業)하고, 활동할 권리가 포함된다는 지도원리를 표명하고 있다.(18단) 또한 EC조약 제54[후의 제44, EU기능조약 제50]조는 이 목적을 단계적으로 달성하기 위해서 이사회가 일반계획이나 그 이행을 위한 지침을 책정하도록 정하고(19단), 나아가 EC조약 제57[후의 제47, EU기능조약 제53]조는 학위 등의 상호승인을 위한 지침이나 자영업자의 개업 등에 관한 각국법의 조화를 예정하고 있다.(20단)

이상으로부터 개업의 권리에 관한 장의 제도상, EC조약이 정하는 일반계획이나 지침은 두 개의 기능을 담당하고 있다. 하나는 이행기간 중에 개업의 자유실현에 대한 장벽을 제거하는 것, 또 하나는 공동체에서 자영업자의 활동분야의 경제적·사회적인 상호침투를 촉진하기 위해서 이러한 자유의 효과적인 행사를 촉진하기 위한 규정을 국내법에 도입하는 것이다.(21단) 이 중 두 번째 목적은 EC조약 제54조3항[후의 제44조2항, EU기능조약 제50조2항]의 일부 규정과 EC조약 제57조에 언급되었다.(22단) EC조약 제52조의 효과는 이러한 제도적 골격 내에서 판단되어야 한다.(23단)

그런데 평등대우에 관한 규정은 공동체의 근본법이다.(24단) 이 규정은 수입국(輸入國)이 자국민에게 적용하고 있는 법에서 언급하고 있으며, 그 본질상 타회원국 국민에게 직접 원용될 수 있다.(25단)

EC조약 제52조는 개업의 자유를 이행기간 종료시에 실현한다고 규정하여 명확한 결과 달성의무를 과하고 있다. 그 실현은 분명 단계적 조치를 정하는 계획을 이행하는 것으로

촉진되겠지만, 이(계획)를 조건으로 하는 것은 아니다(26단). 이러한 진전이 없어도 부여된 의무자체에는 영향이 없다.(27단) 또한 반론으로서 이사회가 EC조약 제54조나 제57조에서 정한 지침을 제정하지 않았다는 것이나 실제로 채택된 지침이 EC조약 제52조가 요구하는 국적차별금지목적을 달성하기에 충분하지 않다는 것을 주장할 수는 없다.(29단) 이행기간 후에는 직접효력을 갖춘 조약 자체에 의하여 확립될 것이므로 평등대우에 관한 규칙·지침은 그 필요성을 잃게 된다.(30단) 하지만 지침의 의의가 완전히 사라지는 것은 아니며, 개업의 자유의 권리를 실효적으로 행사하기 위한 조치로 중요성을 유지한다.(31단)

결론적으로 EC조약 제52조는 이행기간 종료 후, EC조약 제54조 2항[현재삭제]과 제57조1항에서 정하는 지침이 없이도 직접적용가능하다.(32단)

다음으로 EC조약 제52조의 예외규정인 EC조약 제55조1단에서 말하는 '공권력의 행사에 관한 활동'의 정의가 문제가 된다. 구체적으로는 변호사에게는 이 직업 고유의 공권력 행사에 관한 활동만 제외되는 것인지, 아니면 이 직업 전체가 공권력의 행사에 관한 활동을 동반하는 것으로 보아 직업 전체가 제외되는 것인지를 묻고 있다.(33-34단)

개업의 자유와 회원국 국민의 평등대우원칙이 가진 기본적 성격에 비추어 EC조약 제55조1단의 목적을 넘는 범위에서 예외를 인정할 수는 없다.(43단)

EC조약 제55조1단은 타국민이 공권력의 행사를 동반하는 임무에 취임하는 것을 배제하는 것을 인정하고 있지만, 이러한 필요성은 공권력의 행사와 '직접적이고 구체적인 관련성(direct and specific connection)'이 있는 활동에 한정하여 타국민을 배제하는 한 충분히 충족된다.(45단) 직업 전체로까지 EC조약 제55조의 예외를 확대하는 것은 문제가 되는 직업이 그러한 활동과 연결되어 있어 개업의 자유를 인정한 결과, 회원국이 공권력에 속하는 임무수행을 일시적이라도 타국민에게 인정하도록 의무지우게 되는 경우에 한정된다.(46단) 반대로 공권력의 행사와 관련된 활동이 당해 직업활동 전체로부터 분리 가능한 때에는 예외는 인정되지 않는다.(47단)

변호사에 관한 국내법을 조화하는 지침은 없기 때문에 변호사 활동을 규율하는 것은 각 회원국법이다.(48단) 따라서 EC조약 제55조1단을 적용할 때에는 각 회원국에서 당해 직업의 조직 및 행사에 적용가능한 국내법에 비추어 개별적으로 고찰해야 한다.(49단) 그러나 이를 고찰할 때에는 회원국의 일방적인 규정에 의해 조약의 실효성이 침해당하지 않도록 개업의 자유원칙의 예외에 EC조약 제55조가 부과하고 있는 한계에 맞추어 공동체적 성격을 고려해야 한다.(50단)

재판소와의 접촉이 따르는 직업활동은 그것이 정기적·조직적으로 접촉하는 경우라도 (협력이 강제적인 경우를 포함하여) 공권력 행사와 무관하다.(51단) 따라서 조언, 법률부조, 나아가 대리, 소송당사자의 변호라는 변호사업의 전형적인 활동은 변호사의 개입 또는 부조가 강제적이거나 법률상 독점상태라고 하여도 공권력의 행사와 관련된 것으로 보

지 않는다.(52단) 이러한 활동은 사법당국의 재량이나 사법권의 자유로운 행사가 아니기 때문이다.(53단)

결론적으로 EC조약 제55조 1단에서 정하는 예외는 EC조약 제52조에서 정하는 활동 중, 그 자체로 공권력의 행사와 직접·구체적인 관련성을 가지는 활동에 한정되어야 한다.(54단) 변호사와 같은 직업은 가령 그 활동이 강제적이거나 법률상 독점상태에 있는 경우라도 위와 같은 공권력 행사에 관련된 활동으로서의 성격을 인정할 수 없다.(55단)

해 설

사건의 의의

본 건 선결적 판결은 개업의 자유(자영업자의 이동의 자유)를 정한 EC조약 제43[EU기능조약 제49]조의 직접효력을 처음으로 인정하고, 또한 그 자유에 대한 예외를 정한 EC조약 제45[EU기능조약 제51]조의 해석을 처음으로 보여 준 중요한 선결적 판결이다. EC의 기초인 자유이동원칙을 실효적으로 보장함과 동시에 이동의 자유를 제한하는 예외규정은 엄격하게 해석한다는 유럽사법재판소의 기본적인 해석 태도를 명확하게 보여준다.

기본원칙의 직접효력

직접효력의 논의에 관한 본 건의 특징은 EC조약 제43조가 과도기간 내에 개업의 자유가 실현될 것을 정하는 한편, EC조약 제44[EU기능조약 제50]조나 제47[EU기능조약 제53]조에서는 이 목적을 단계적으로 달성하기 위해서 일반계획이나 지침의 책정을 예정하고 있다는 점이다. 이 점에 대해서 벨기에 정부는 EC조약 제54조는 일반원칙의 표명에 지나지 않으며, 그 구체적인 실현을 위해서는 공동체나 회원국에 의한 보완조치가 필요하다면서 제43조의 직접효력을 부정하는 주장을 전개하였다. EC조약 제43조의 의무는 개업의 자유를 1969년말의 과도기간 종료시까지 실현한다는 명확한 결과의 의무이며, 과도기간 후에도 국적조항을 유지하는 것은 지침의 제정을 기다릴 필요도 없이 EC조약 제43조 자체에 의해서 금지된다고 한 것이다. 다른 한편으로 과도기간 후의 지침은 EC조약 제43조가 보장하는 개업의 자유를 향유하기 위한 전제조건이 아니라 개업의 자유의 권리를 실효적으로 행사하게 한다는 점에서 의미를 갖는다.(구체적인 예로서, 학위·자격의 상호승인제도의 구축) 이에 따라 개인은 EC조약 제43조의 보완·구체화조치의 유무를 불문하고 본조를 국내재판소에서 직접원용하는 것이 가능하며, 그 결과 개업의 자유를 제한하는 국내조치가 과도기간 후에 남아 있는 경우라 해도, 재판을 통해서 배제할 수 있게 되었다. 입법작업이 정체되어 있던 당시의 상황에서 본 건 선결적 판결은 EC조약 제43조의 직접효력을 인정하여 그 실효성을 확보하고 시장통합의 추진을 가능케 하였다는 점에서 의의가 크다.

개업에 대한 국적차별금지의 범위

또한 본 건은 직접적인 국적차별의 사안인데, 그 후 판례는 EC조약 제43조를 넓게 해석하여 국적이외의 기준을 이용하여 국적차별과 같은 결과를 가져오는 간접차별의 사안에도 동조의 적용을 인정하고 있다. 예를 들어 다른 회원국의 변호사가 자국의 학위를 취득하고 있지 않거나 자국의 사법시험에 합격하지 않았음을 이유로 자국에서의 사법연수를 거부하는 것은 EC조약 제43조에 위반될 수 있다. 회원국은 특정한 직업활동에 종사하기 위한 조건으로서 자국의 학위나 자격취득을 요구할 수 없으며, 타국의 학위 등이 자국의 그것에 대응하는지를 개별적으로 비교검토해야 한다.(Case C-340/89, Vlassopoulou [1991] ECR I-2357)

공권력 활동에 대한 좁은 예외

본 건 선결적 판결은 개업의 자유의 예외규정인 EC조약 제45조의 해석을 보여주고 있는 점에서도 의의를 찾을 수 있다. 개업의 자유는 EC의 기본원칙이기는 하지만, 무조건적으로 인정되는 것이 아니라 EC법상의 일정한 제약에 따른다. 그 하나가 동조에서 정하는 '공권력의 행사에 관한 활동' 이며, 회원국은 타국민을 그 활동에서 제외할 수 있다. 같은 규정은 노동자의 자유이동분야에도 있으며, EC조약 제39[EU기능조약 제45]조 4항이 '본조의 규정은 공공서비스(公役務); public service)상의 고용에는 적용되지 않는다'고 정하고 있다.

본 건 선결적 판결에 의하면 개업의 자유는 EC의 근본원칙인 이상, 이에 대한 예외규정은 필요 최소한에 그치는 형태로 엄격하게 해석되어야 하며, 그 목적의 범위를 넘어서까지 예외를 인정해서는 안된다. 이 해석원칙은 EC조약 제45조에 한하지 않으며, 자유이동원칙에 대한 예외규정 — '공서, 공공의 안전, 공중위생'을 이유로 한 제한을 인정하는 EC조약 제39조 3항 등 — 에서도 똑같이 채용되었다. 또한 예외규정이 EC법으로서의 성격을 갖는 점도 고려되어야 한다. 분명 각국법을 조화하는 지침이 EC차원에서 채택되지 않는 한, 직업활동의 규제는 국내법에 의한다. 그 결과 예외규정인 EC조약 제45조의 적용에 대해서도 국내법을 고려하여 각국이 평가하게 된다. 그러나 예외가 인정되는 한계는 어디까지나 EC법상 설정되어 있는 것이며, 각국이 일방적으로 EC법상의 예외규정을 해석할 수는 없다.

이상을 염두에 두고 이루어진 본 건 선결적 판결의 해석에 따르면 EC조약 제45조의 예외는 공권력의 행사와 모종의 관련성이 있는 것만으로는 충분치 않으며 '직접적이고 구체적인 관련성'이 있는 경우에 한하여 허용된다. 또한 어떤 직업이 그 관련성을 가진 활동을 포함한다고 해도 즉시 예외가 인정되는 것이 아니라, 그 활동이 직업 전체에서 분리가능하다면 직업전체를 예외로 인정할 수 없다. 따라서 EC조약 제45조에 의한 정당화심사에서는 문제가 된 활동과 공권력의 행사와의 '직접적이고 구체적인 관련성'과 해당 활동과 직업전체와의 불가분성을 따지게 된다.

이에 우선 문제가 된 것은 '직접적이고 구체적인 관련성'의 평가이다. 이 표현자체가 추상적이어서 해석의 여지를 남기지만, 판례를 보면 엄격한 운용이 이루어지고 있다. 실제로 본 건을 포함한 많은 판례가 해당 관련성이 없다는 이유로 EC조약 제45조의 적용을 부정하고 있다. 따라서 후자의 불가분성의 문제가 상세하게 논해진 일은 없었다.

예를 들어 본 건에서 문제가 된 변호사, 기타 교통사고 감정인도 그 감정서가 재판소를 구속하는 것이 아니며, 사법당국의 재량과 사법권의 자유로운 행사에 영향을 주지 않기 때문에 공권력의 행사에 참가하고 있다고는 볼 수 없다.(Case C-306/89, Commission v. Greece [1991] ECR I-5863) 또한 데이터 처리시스템의 구축업무는 기술적인 성격을 띄므로 공권력의 행사와는 무관하다.(Case 3/88, Commission v. Italy [1989] ECR 4035) 기타 보험회사의 공인감사(approved commissioner)는 공권력을 행사하는 보험검사관의 감독 하에서 활동하는 것으로 그 임무는 보조적·준비적이며, 공권력에 직접적·구체적인 관련성을 가진다고는 볼 수 없다.(Case C-42/92, Thijssen [1993] ECR I-4047)

(西連寺隆行)

27. Bosman 사건: 노동자의 자유이동 –프로축구선수의 이적금과 외국인선수 출장기준

Case C-415/93, Union Royale Belge des Sociétés de Football Association ASBL v. Bosman [1995] ECR I-4921

[사실·쟁점]

Bosman선수는 벨기에의 프로축구클럽과의 계약기간이 만료된 후, 프랑스의 클럽으로 이적하려고 하였다. 그런데 벨기에의 축구연맹(URBSFA)과 유럽축구연맹(UEFA)의 규칙이 장벽이 되었다. 우선 연맹소속클럽선수가 이적하기 위해서는 이적할 클럽(획득측)이 소속원클럽(방출측)에 이적금을 지불해야 했다. 또한 연맹공식시합에 출장할 수 있는 외국인선수는 1팀당 5인까지라는 규칙이 있었다. 이적할 클럽은 이미 외국인선수를 많이 보유하고 있었기에 Bosman선수의 소속클럽에서 제시한 고액의 이적금을 거부하였다. 이리하여 Bosman선수는 이적이 불가능하게 되었다. 그는 이적금규칙과 외국인선수 출장규칙 때문에 EC법상의 권리인 노동자의 자유이동권(EC조약 제48[후의 제39, EU기능조약 제45]조)가 침해되었다고 주장하고, 문제의 규칙의 적용금지와 손해배상을 양 축구연맹에 청구하며 벨기에의 재판소에 소송을 제기하였다. 양 축구연맹은 이적금규칙과 외국인선수규칙은 클럽간의 재정 및 경쟁력 균형을 유지하고, 젊은 선수의 발굴·육성을 위해서 필요하고 정당한 조치라고 반론하였다.

EC조약 제48조가 Bosman선수와 같은 입장의 사인에게 권리를 직접적으로 부여하는 것은 이미 선례가 긍정하고 있었다. 민간단체인 국제경륜협회가 경륜선수의 국적차별에 대한 판결(Case 36/74, Warlave and Koch [1974] ECR 1405)에서 유럽사법재판소가 영리를 위한 고용 또는 서비스 제공을 집단적으로 규율하는 민간단체와 사인의 관계에서도 동조는 직접효력을 가지며, 사인에게 권리를 직접적으로 발생시킨다고 판단하였다. *Bosman* 사건에서도 이 점은 재확인되고 있다.(본 건 선결적 판결 81-84단)

따라서 본 건의 주요 쟁점은 다음과 같다. ① 문제의 이적금규칙은 노동자의 자유이동을 저해하여 EC조약 제48조에 위반되는가 ② 외국인선수 출장기준은 EC조약 제48조에 위반되는가 ③ 아니면 이적금규칙이나 선수규칙은 스포츠활동 고유의 이유로 정당화되는가의 3가지 점이다.

선결적 판결 • • •

이적금규칙에 대하여

노동자의 이동의 자유는 공동체의 기본원칙의 하나이며, 이 자유를 보장하는 EC조약 제48[후의 제39, EU기능조약 제45]조는 과도기간의 종료시부터 직접효력을 갖는다.(93단) 사람의 자유이동규정은 공동체시민이 공동체 전역에서 여러 가지 종류의 직업활동에 종사하는 것을 촉진하려는 취지이다. 따라서 공동체시민이 다른 회원국에서 경제활동을 하려고 할 때, 공동체시민을 불리하게 할 수 있는 조치는 EC조약 제48조 위반이 될 수 있다.(94단) 따라서 회원국의 국민은 EC조약에서 직접적으로 발생하는 권리로서 모국을 나와 다른 회원국의 영토에 들어가 경제활동을 위해 그곳에서 거주할 권리를 가진다.(95단) 회원국의 국민이 자유이동권을 행사하기 위하여 모국을 나오는 것을 금지 또는 억제하는 규정은 가령 노동자의 국적과는 무관하게 적용되었다고 해도 이동의 자유에 대한 장벽이 된다.(96단) 이에 대하여는 출국을 금지하면 타국에서 회사를 설립할 수 없게 되며, 타국에서의 설립의 자유(EC조약 제52[후의 제43, EU기능조약 제49]조 이하)를 정한 EC조약 규정이 무의미해지기 때문에 출국금지는 허용되지 않는다고 한 판결(Case 81/87, Daily Mail [1988] ECR 5483)이 있으며, 이와 같은 고려가 노동자의 이동에 관한 본 건에도 적용되기 때문에다.(97단) 본 건의 이적금규칙은 다른 회원국의 신(新)클럽이 구(舊)소속클럽과 합의한 이적금 또는 스포츠연맹의 규정에 따라 결정된 이적금을 구소속클럽에 지불하지 않는 한, 프로축구선수는 신클럽에서 활동할 수 없다고 규정하고 있기 때문에 이 이적금규칙은 노동자의 이동의 자유에 대한 장벽이 된다.(100단)

이적금규칙의 정당성 유무

분명 EC 내의 스포츠활동, 특히 축구의 사회적 중요성의 크기에 비추어 축구클럽간의 균형을 유지하고 젊은 선수의 발굴과 육성은 EC법상으로도 정당한 목적으로 인정될 수 있다.(106단) 그러나 본 건의 이적금규칙은 축구클럽 간의 재정 및 경쟁력 균형을 유지하려는 목적에 대한 수단으로서는 충분하지 않다. 이유는 이 이적금규칙 하에서도 당연히 가장 부유한 클럽이 최고의 선수들을 획득하는 것을 막을 수 없고, 재정 경쟁적 스포츠의 결정타가 되는 것도 금지할 수 없기 때문이다.(107단) 다른 한편, 이적금이나 육성훈련료에 대한 기대가 축구클럽이 신인을 발굴하고 젊은 선수 육성을 장려할 수 있다는 점은 인정된다.(108단) 그렇지만 젊은 선수의 장래성은 예측불가하며, 프로가 될 수 있는 선수의 수도 한정되어 있으므로 이적금이나 육성훈련료는 우연성에 좌우되는 불확실한 것이다. 장래 프로가 될 선수나 될 수 없을 선수를 훈련하기 위해서 클럽이 실제로 부담하는 비용과 이적금 및 육성훈련료는 대응하지 않는다. 따라서 이적금 등을 얻을 기대는 젊은 선수의 획득과 훈련을 촉진하는 것에 결정적인 요소는 아니며, 특히 소규모클럽에서는 발굴육성활동의 재정수단으로서는 충분하지도 않다.(109단) 또한 노동자의 이동의 자유를 해하지 않는 다른 수단(축구연맹에서 이적보상을 공동기금으로 만드는 등)에 의해서 같은 목적을 달성할 수 있다.(110단) 또한 축구의 전세계조직을 지키기 위해서 이적금규칙이 필요하다고도 주장하고 있지만, 이것도 받아들일 수 없다. 본 건은 EC역내의 규칙의 적용에 관한 사안이며, EC역내국과 역외국과의 관계와는 관련이 없다. 또한 가령 EC역내에서 적용되는 이적금규칙과 역내와 역외간에 적용되는 이적금규칙이 다르다고 하여도 특단의 지장은 발생하지 않는다. 이는 축구연맹의 역내 이적금규칙과 역내·역외간 이적금규칙이 본래 다르기 때문이다.(111-112단) 이상으로부터 본 건의 이적금규칙은 특단의 정당화도 할 충족하지 못하므로 EC조약 제48조 위반이 된다.

외국인선수 출장한도

노동자의 이동의 자유는 회원국 노동자간에 국적에 기초한 고용, 보수, 노동조건에 대한 여러 가지 차별을 폐지하는 것을 포함한다.(EC조약 제48조 2항)(117단) 이 조약 규정을 구체적으로 이행하는 이사회규칙 1612/98호 제4조는 여러 사업자가 다른 회원국의 국민에 대하여 외국인고용의 수와 비율을 제한하는 회원국의 법령, 규칙, 행정행위의 정함을 적용해서는 안된다고 정한다.(118단) 이와 같은 원리가 스포츠단체 규정의 외국인선수의 출장인 수제한조항에도 적용되는 것이며, 해당 수제한은 EC조약 제48조 위반이다.(119단) 연맹은 그 제한이 시합출장인수의 제한에 불과하여, 외국인선수의 클럽고용인수를 제한하는 것이 아니므로 이동의 자유를 해하지 않는다고 주장하지만, 프로축구선수에게 있어 공식시합에 출장하는 것이야말로 고용의 중심적인 의의가 되므로 당해 인원제한이 선수의 고용기회를 제한하는 것은 명백하다.(120단)

외국인선수 출장제한의 정당성유무

연맹들의 주장에 따르면 외국인선수 출장제한은 각 클럽과 그 소속국과의 전통적인 결합을 유지하고, 국제시합에서 각국 대표로서 참가하기 위해서 필요하다. 또한 국가대표팀을 구성하도록 각국의 클럽에 자국선수를 보유하기 위해서도 필요하다. 또한 최고선수가 부유한 클럽에 집중되는 것을 방지하여 클럽간 경쟁력 균형을 이루기 위해서도 필요하다는 스포츠에 고유한 비경제적인 이유로부터 정당화된다고 한다.(122-125단) 또한 외국인 5인제한은 유럽집행위원회와 공동으로 EC법의 발전에 비추어 정한 경위가 있다고도 항변한다.(126단)

분명 선례(Case 13/76, Donà [1976] ECR 1333)에서도 인정하는 바와 같이, 경제활동이 아닌 국제대항(對抗) 스포츠활동에 한정해서 외국인선수를 배제하는 규칙이나 실례가 있다는 점을 EC조약도 부정하지는 않는다.(127단) 그러나 본 건의 선수출장제한은 그러한 활동에 제한된 것이 아니라, 연맹의 공식시합 모두에 적용되는 것이므로 프로선수의 경제활동을 규율하는 규칙이다. 따라서 EC조약 제48조의 적용대상이 된다.(128-129단)

연맹이 주장하는 정당화 사유는 어느 것도 인정할 수 없다. 첫 번째로 각 클럽과 소속국과의 결합인데, 이는 각 클럽과 본거지와의 결연과 마찬가지로 미약하다. 국내대항이건 국제대항이건간에 시합에 출장하는 선수는 클럽 본거지 이외의 지방이나 외국출신의 선수도 당해 클럽 본거지의 선수로서 출장한다. 국제시합도 국내리그에서 이겨서 진출한 클럽팀이 그 나라의 대표로서 출장하는 것이며, 선수의 국적은 그 팀이 대표하는 국가와의 연관성 판단에 무관하다.(131-132단) 두 번째로 국가대표팀은 그 국가의 국적선수로 구성되는데, 그 나라 클럽의 선수일 필요는 없다. 연맹의 범위에서는 외국 클럽소속의 선수도 모국에 돌아가 모국의 국가대표팀의 멤버가 될 수 있기 때문이다.(133단) 세 번째로 클럽간 경쟁력 균형이라는 목적을 달성하는 수단으로서 외국인선수 출장제한은 불충분하다. 그러한 한계에도 불구하고 부유한 팀은 최고선수들을 획득하기 때문이다.(135단) 마지막으로 유럽집행위원회와 연맹이 공동으로 EC법의 발전상황에 비추어 5인규칙을 책정하였다는 항변도 인정할 수 없다. 유럽집행위원회는 명문이 없는 한 각 행위의 EC조약 합치성을 보장하는 권한이 없고, EC조약에 반하는 행위를 인정할 권한도 없기 때문이다.(136단) 이상으로부터 외국인선수 출장제한도 정당화될 수 없으며 EC조약 제48조의 위반을 구성한다.

선결적 판결의 소급효 여부

또한 이적금규칙에 대해서 본 건 선결적 판결의 법적 효력은 소급하지 않는 것으로 한다. 이적금규칙은 선수가 타국에 이적할 경우 뿐만 아니라 동일국 내의 클럽간 이적의 경우에도 이용되고 있으므로 후자에까지 EC조약 제48조가 적용되는지는 불명확하기 때문이다. 한편 외국인선수 출장제한의 위법성은 이미 명확하였다. 따라서 이 부분에 대해서는 선결적 판결의 법적 효력을 소급하여 인정한다. 또한 본 건 선결적 판결시까지 자기의 권리를 옹호하기 위해서 이미 동일한 논점에 대하여 소송을 제기하고 있는 당사자에게는 양쪽 다 소급하여 법적 효력을 인정한다.(139-146단)

해 설

노동자의 거주이동권

EC법은 1957년의 EEC조약 이래 1992년의 조약개정에서 EU시민권규정이 추가되기까지 사람 일반이 아니라 경제활동을 하는 사람(광의의 노동자)의 역내이동과 거주의 권리를 보장해왔다. 노동형태나 내용에 의하여 고용인[EU기능조약 제45조], 자영업자[49조], 서비스제공자[56조]로 구분되어 누구라도 다른 회원국에 이동하여 경제활동에 종사하기 위해서 자국을 떠나 다른 회원국(수입국(受入國))에 입국하여 그곳에서 거주하고 그곳의 국민과 동등한 대우(내국민대우)를 받을(=국적차별을 받지 않을) 권리를 직접적으로 조약규정으로부터 부여받았다.(Case 2/74, Reyners [1974] ECR 631 (자영업자, 본서 26번사건); Case 33/74, Van Binsbergen [1974] ECR 1299 (서비스제공자); Case 48/75, Royer [1976] ECR 497 (고용인)) 또한 고용인과 자영업자에 대해서는 EC규칙이나 지침에 따라 본인과 부양가족의 거주이동의 권리, 수입국에서의 평등대우, 사회보장급여의 이동수반성 등이 보장되어 왔다.(규칙 612/68호 [1968] OJ L 257/2, [1968] OJ Eng. Sp. Ed. 475)

Bosman 사건은 스포츠 활동일지언정, EC역내의 프로 스포츠사업에 종사하는 EC 모든 국가의 국민인 선수는 고용인으로서 EC법상 보장되는 노동자 일반의 이동의 권리와 국적차별을 받지 않을 권리를 보장받는다는 것을 보여주고 있다. 법적으로는 대부분이 당시까지의 EC법의 재확인 내지는 명확화에 그치고 있다. 그럼에도 불구하고 본 건이 주목을 받는 것은 당시까지 채용된 선수 개인의 이적의 자유를 엄격하게 제약하는 세계 규모의 축구사업자들의 운영방법과 관련하여, 유럽사법재판소가 선수 개인의 자유의 보장을 주장하며, 운영방법의 재고를 촉구한 결과가 되었기 때문이다.

EC조약 제39[EU기능조약 제45]조의 수평적 직접효력

법적으로 본 건은 선례를 계승한 부분과 새로이 전개한 부분이 있다. 계승된 부분 첫 번째 사항은 EC조약 제39[EU기능조약 제45]조의 사인간의 직접효력에 대한 것이다. 본 건 당시까지 다음 사항은 확립되어 있었다. ① 국가기관에 대하여 주장할 권리를 사인에게 직접부여하는 효력(수직적 직접효력)이 있다는 것 ② 국제경륜협회와 같이 '집단적으로' 고용이나 서비스를 제공하는 것을 규율하는 '단체'

에 대해서 주장하는 권리를 사인에게 직접 부여하는 효력이 있다는 것(Case 36/74, Warlave and Koch [1974] ECR 1405)(일정한 수평적 직접효력). '집단적' 규율의 '단체'에 대해서도 사인이 권리주장을 할 수 있다고 한 것은 당해 단체가 국가기관과 실질적으로 동등한 통치기능을 사인에게 미치려고 하였기 때문이라는 이유에서였다. 본 건 *Bosman* 사건도 축구연맹이라는 '집단적으로' 고용을 규율하는 '단체'에 대한 사안이기에 선례를 계승한 것이다. 달리 말하면 ③ 국가기관과 동일시할 수 없는 사인에 대해서도 EC조약 제39조의 수평적 직접효력이 인정되는지에 대해서는 본 건에서 다루고 있지 않다. 이 점을 긍정한 것은 *Angonese* 사건(Case C-281/98, Angonese [2000] ECR I-4139)이다. 여기에서 사인이 국가기관과 동일시할 수 없는 사인(민간의 지방은행)에 대하여 동조의 권리를 주장할 수 있다고 하였다. 이렇게 현재에는 EC조약 제38조의 노동자의 자유이동권은 국가기관에 대한 관계나 여러 사인에 대한 관계에서도 직접적으로 주장할 수 있는 권리라는 것이 확정되었다.

국적차별의 원칙적 금지

선례 계승부분의 두 번째 사항은 외국인 출장선수제한에 대한 판단이다. 일반 노동자와 마찬가지로 스포츠선수도 국적에 기초하여 선수의 경제활동의 자유를 직접적으로 제한하는 조치는 국적과 관계없이 특단의 정당화 사유가 없는 한 EC법 위반이 된다.(경륜선수에 관한 전술의 선례) 정당화하려면 EC법상 정당하다고 인정되는 목적에 대해서 충분한 관련이 있는 필요한 수단을 목적에 비례되는 범위에서 취했음을 이를 수단으로 취한 쪽이 입증해야 한다. 본 건의 축구연맹은 여러 가지 이유를 들었지만, 재판소는 목적을 달성하기 위해서 충분히 관련된 수단이 아니라고 판단하였다.

비차별조치

선례보다 법을 명확하게 한 부분은 본 건의 이적금규칙의 판단부분이다. 이적금규칙은 각국내의 클럽 간의 이적이나 유럽 클럽 간의 국제적인 이적에도 적용되고 있었다. 또한 이적하는 선수의 국적과도 무관하게 적용되었다. 여기에는 어떤 한 나라의 시장을 보호하거나 특정 국적의 선수를 우대하려는 요소는 없었다. 본 건의 이적금규칙에는 본질적으로 차별적인 성격은 아무것도 없었다. 지금 EC조약 제39

조를 보면 동조는 노동자가 이동할 나라에서의 평등대우 등 국적차별을 받지 않고 이동하여 거주하며 노동할 권리를 규정함에 그치고 있다. 이는 차별적인 조치를 금지하는 규정이라고 읽는 것도 가능하다. 이러한 해석에서는 이적금규칙은 적법하다고 할 수 있다. 축구연맹의 주장은 거기에 있었다.

그러나 유럽사법재판소는 다른 해석을 보였는데, 즉 국내·국외의 이적 양방에 평등하게 관계하는 규제조치(비차별조치)로서, 이렇듯 선수의 국적에 관계없이 적용되는 조치라도 고용인(선수)의 이동의 자유를 저해하는 효과를 가진 것은 그러한 조치를 취한 측에서 특단의 정당화 사유를 입증하지 못하는 한, EC조약 위반이 된다고 판단하였다. 적용상 비차별적인 조치라도 그것이 야기하는 이동저해효과를 제거하지 않는 한, EC조약의 목적인 공동시장을 실현할 수 없다는 실효성확보라는 논리이다.(선결적 판결 97단 참조)

이러한 저해효과의 금지를 넓게 해석하는 것은 자영업자에 관한 선례에서 이미 발견된다. 그리고 유럽사법재판소는 1970년대부터 노동자(고용인, 자영업자, 서비스제공자)에 대한 EC조약의 제규정은 원칙적으로 동일하게 해석된다는 입장을 취하였다.(Case 48/75, Royer [1976] ECR 497) 그렇지만 본 건 이전에는 고용인에 대해서도 자영업자와 같은 저해효과금지설을 취하고 있는지가 불분명하였다. 이 점에서 본 건은 긍정적 답변을 한 것이다. 후의 고용인 사안에서도 본 건의 입장이 재확인되고 있다.(Case C-18/95, Terhoeve [1999] ECR I-345)

더 넓게 말하자면 유럽사법재판소는 상품, 사람, 서비스, 자본의 자유이동권(원칙규정)에 대해서는 거의 병렬적인 해석을 전개하고 있다. 어떤 경우에도 차별적 조치 뿐만 아니라 비차별조치라도 이동저해효과가 있는 것은 원칙적으로 EC조약 위반이라고 해석한다. 따라서 상품이동의 사건에서 발전한 *Keck* 사건의 법리(이동저해효과가 있는 비차별규제조치라도 상품의 판매태양에 관한 규제는 EC조약 위반에 해당하지 않는다는 법리, 본서 22번사건 해설 참조)의 유추적용까지 본 건에서는 논의되었다. 즉 축구연맹의 주장으로는 이적금규칙이 축구선수의 이적권 그 자체의 규제(상품의 이동권 규제와 같은 것)가 아니라 이동의 방법을 규제하는 것(상품의 판매태양규제와 같은 것)이므로 EC조약 위반은 아니라고 한다.(선결적 판결 102단) 그러나 유럽사법재판소는 본 건의 이적금규칙이야말로 선수가 타국시장에 접근하는 것을 직접적으로 제한하는 것이며, 선수의 이적권을 침해하고 있다고 하여 연맹의 주장을 받아들이지 않았다.(선결적 판결 103단)

단체스포츠 존립의 필수의 이익

본 건에서 새로이 전개된 것은 단체스포츠 특유의 보호이익으로서 클럽 간의 균형유지 그리고 젊은 선수를 발굴하고 육성한다는 클럽의 역할을 EC법상 정당하다고 인정한 점이다. EC조약 등의 명문에는 없는 당해 이익을 정당하다고 인정한 논거는 EC내의 '스포츠활동' 즉 축구의 '사회적 중요도'(106단)에 있다고 유럽사법재판소는 말하지만 이는 조악한 논리이다. 클럽간의 균형유지는 스포츠일반의 사회적 중요도에서 즉시 도출되는 것이 아니다. 여기에서 말하는 스포츠는 단체스포츠이다. 여기에서는 선수 개인 뿐만 이나라 팀의 선수 구성도 경쟁에 있어 중요하다. 클럽조직은 팀의 경쟁력 유지나 향상을 목적으로 하며, 선수 각자에게 있어서도 팀으로서 경쟁력을 유지하려면 클럽화가 유효한 수단이다. 따라서 클럽은 경쟁적 팀을 장기적으로 존속시키기 위해서 유력선수의 온존(溫存)과 젊은 선수의 발굴육성에 힘쓴다. 그리고 클럽간의 경쟁력 격차가 크지 않은 상태에서 리그 스포츠의 각 시합은 열전이 되고 많은 관객을 불러 사업으로서도 최대의 수익을 올린다. 이러한 프로단체스포츠 고유의 성격에 비추어 보면, 경쟁적인 단체스포츠사업으로 안정적이고 장기적으로 이를 유지하기 위한 필수의 조건으로서 클럽간의 경쟁력 및 재정의 균형이나 청소년팀(Youth team)의 육성 등이 인정될 수 있다. 즉 경제활동으로서 단체스포츠사업의 존립의 이익, 자영업자(클럽사업자)의 활동의 자유에 내재하는 이익을 EC법상 정당하다고 인정될 수 있을 것이다.

본 사건의 영향

본 건 이후의 UEFA는 유럽리그에 대해서 외국인선수 출장제한을 폐지하고, 이적금규칙에 대해서도 2001년 3월에 새로운 규칙을 채택하였다. 이적할 클럽(획득처)이 소속원클럽(방출처)에 실비에 가까운 훈련보상금을 지불한다는 것이다. 한편 UEFA는 2005년, 각국 각지의 클럽과 그 본거지(지방)와의 연결을 강화하여 각 클럽의 경영을 안정화시키기 위해서 외국인선수 출장제한과는 다른 '지방육성선수(home grown player) 제한'을 2006년부터 도입하는 내용을 발표하였다. 이는 UEFA 공식시합의 출장등록선수 중 4인은 클럽본거지에서 15세에서 21세까지 3년간 또는 3시즌 훈련해서 키운 선수(그러나 국적을 묻지 않는다)여야 한다는 안이다. 이 안에 대해서 유럽집행위원회는 2008년 5월 28일 EC조약의 노동자의 자유이동원칙에 위반하지 않는다는 견해를 발표하였다.

이와는 별도로 프랑스의 프로축구연맹가입클럽이 육성한 '청소년선수'(16세부터 22세까지의 유능한 선수로서 클럽과 훈련계약을 한 자)의 프로계약을 둘러싼 사건도 발생하였다. 훈련계약 만료시에 육성클럽에서 프로계약을 제안받은 경우에는 당해 클럽과 계약할 의무를 연맹헌장이 청소년선수에게 부과하고 있었는데, 문제의 선수가 육성클럽의 동의 없이 영국의 클럽과 프로계약을 맺었다. 이에 프랑스의 육성클럽이 선수와 영국의 클럽에 대해서 당해 선수의 육성클럽과 프로계약을 맺었더라면 지불되었을 초년도 연봉분에 대한 손해배상을 청구하였다. 그 배상청구가 EC조약의 자유이동원칙에 반하는지가 다투어졌다.(Case C-325/08, Olympique Lyonnais) 절호의 토론문제일 것이다

(中村民雄)

28. Cowan 사건: 서비스수령의 자유와 국적차별의 금지 – 범죄피해자보상금의 평등한 급부

Case 186/87, Cowan v. Trésor public [1989] ECR 195

[사실·쟁점]

영국인인 원고 Cowan은 파리를 여행하던 도중 지하철 출입구에서 강도를 당해 부상을 입었다. 프랑스에는 범죄피해자에 대한 보상제도가 있었기에 원고는 프랑스정부에 보상을 신청하였는데 거부당하였다. 프랑스 제도에서는 보상대상자가 프랑스인과 프랑스에서 장기체류허가를 받은 외국인, 또는 프랑스와 호혜협정을 체결한 다른 EC회원국의 국민에 한정되어 있었는데, 원고는 그 어디에도 해당되지 않았기 때문이다. 원고는 이 프랑스법이 국적을 차별하며 서비스 수령자가 역내를 자유로이 이동하는데 장애가 된다고 생각하고, EC조약을 근거로 보상받을 권리를 주장하였다. 즉 EC조약 제59[후의 제49, EU기능조약 제56]조 이하에서 정하는 서비스제공자의 자유이동의 권리, 수입국(受入國) 국민과 평등한 대우를 받을 권리 등은 서비스제공자뿐 아니라 수령자에게도 적용된다. 이 점에 대해서는 선례가 있다.(Joined Cases 286/82 and 26/83, Luisi and Carbone [1984] ECR 377) 또한 EC조약 제7[후의 제12, EU기능조약 제18]조는 '본 조약의 적용범위 내에서 … 국적을 이유로 한 여러 차별은 금지된다'고 정하고 있다. 따라서 관광객인 서비스수령자는 국적을 이유로 차별받지 않고 범죄피해자보상을 프랑스정부에 청구할 수 있다고 주장하였다. 프랑스의 재판소는 유럽사법재판소에 선결적 판결을 구하였다.

쟁점은 범죄피해자 보상제도 급부에 EC법상의 국적차별금지원칙이 미치는가 여부이다.

선결적 판결 • • •

차별금지의 내용

10. EC조약 제7[후의 제12, EU기능조약 제18]조는 '국적에 기반한 여러 차별'을 금지하여 EC법을 적용받는 사람들이 회원국의 국민과 완전히 평등한 입장에 놓일 것을 의무로 하고 있다. 따라서 이 원칙의 적용범위 내에서는 회원국은 이러한 사람들의 권리보장에 있어 자국민에게는 적용하지 않는 거주요건을 충족시킬 것을 요구해서는 안된다.

11. 다음으로 강조할 점은 평등대우를 받을 권리는 EC법이 직접적으로 개인에게 부여하는 것으로 회원국의 소관기관이 발행하는 증명서에 종속하는 것이 아니라는 점이다.(이 점에 대해서 Case 157/79, Regina v. Pieck [1980] ECR 2171 참조)

12. 마지막으로 상기해야 할 것은 당 재판소가 1972년의 *Frilli* 사건(Case 1/72, Frilli v. Belgium [1972] ECR 457)에서 처음 밝힌 바와 같이, EC법에서 정하는 평등대우를 받을 권리는 관련회원국과 문제의 개인의 국적국간의 호혜협정의 유무에 좌우되어서는 안된다고 한 것이다.

13. 이상으로부터 차별금지원칙이 적용되는 범위 내에서는 회원국은 EC법의 적용을 받는 사람의 권리를 보장함에 있어서 체류허가의 존재여부 또는 당해 개인의 국적국과 당해 회원국간의 호혜협정의 존재여부 등을 요건으로 해서는 안된다.

차별금지의 범위

14. EC조약 제7조에서 차별금지가 적용되는 것은 '본 조약의 적용범위 내'이며, '본 조약에서 정하는 여러 특단의 규정을 해하지 않는' 범위에서이다. 후자의 문언은 특히 이 7조에서 정하는 일반원칙을 개개의 상황에 대응하는 구체적인 형태로 규정한 본 조약의 다른 조문을 지칭하고 있다. 그 예로서 노동자의 자유이동, 설립의 권리, 서비스제공의 자유에 관한 제규정을 들 수 있다.

15. 마지막 서비스제공의 자유에 대해서 1984년 1월 31일의 *Luisi and Carbone* 사건(Joined Cases 286/82 and 26/83, Luisi and Carbone [1984] ECR 377)에서 당 재판소는 서비스제공의 자유에는 서비스수령자가 서비스를 수령하기 위해서 제한을 받지 않고 다른 회원국에 갈 자유를 포함하는 것이며, 그 중에서도 관광객은 서비스의 수령자로 보아야 한다고 판단하였다.

16. 이번 사건의 구두변론에서 프랑스정부는 현시점에서의 EC법은 본 건에서 문제된 프랑스법이 자유이동에 장벽이 되지 않는 한 서비스수령자도 차별금지를 주장할 수 없는 것이며, 본 건에서 다투어진 규정은 그러한 장벽이 되지 않는다고 주장하였다. 또한 그 규정은 국민연대의 원칙(영 the principle of national solidarity, 불 le principe de la solidarité nationale)의 구체적인 표현으로서 권리를 정한 것이라고 한다. 이러한 권리(범죄피해자보상제도)는 그 국가와의 결합이 서비스수령자의 국적국과의 결합보다 강하다는 것을 염두에 두고 있으므로 그 국가의 국민 또는 그 국가의 영토 내에 거주하는 외국 국민에 한정된 권리라고 주장한다.

17. 그러한 근거는 인정할 수 없다. EC법이 자연인에게 다른 회원국으로 이동할 자유를 보장한 때 당해 회원국에서의 위해로부터 그곳의 국민 및 그에 거주하는 사람과 동일하게 그 사람을 보호하는 것은 자유이동의 당연한 부수명제(corollary)이다. 따라서 폭행을 동반한 위협으로부터 보호할 때에도 당해 위협이 현실화되어 각국법에서 정하는 금전적 보상을 받을 권리에 대해서도 차별의 금지는 EC조약상의 서비스수령자에게 적용된다. 문제의 보상이 재무성의 공금에서 이루어진다는 것은 EC조약이 보장하는 권리보호의 준칙에 어떤 변화도 주지 않는다.

18. 프랑스정부는 또한 본 건의 소송에서 문제가 되는 보상이 형사소송법에 속하기 때문에 EC조약의 범위에는 포함되지 않으며, 차별금지원칙에 따르지 않는다고 주장하였다.

19. 분명 원칙적으로 형사입법 및 형사절차의 준칙은 회원국이 책임을 가질 사항으로 본 건 계쟁의 법규정도 그러한 입법이나 준칙 중에서 도출되는 것이지만, 당 재판소가 일관하여 판시한 바와 같이(특히 Casati 사건(Case 203/80, Casati [1981] ECR 2595)를 참조), EC법은 회원국의 권한에 일정한 제한을 두고 있다. 즉 회원국의 그러한 입법규정은 EC법이 평등대우권을 부여한 사람들을 차별해서는 안되며, 또한 EC법이 보장하는 기본적 자유를 제한해서도 안되는 것이다.

20. 이상의 모든 사항에 비추어 제출된 질문에 대한 답변으로서, 특히 EC조약 제7조에서 정하는 차별금지는 다음과 같이 해석해야 한다. 즉 어떤 회원국에 특히 서비스의 수령자로서 여행할 자유를 EC법이 보장하는 사람들에 대해서는 당해 회원국은 폭행의 피해자가 되어 신체적인 손해를 받은 자에게 당해국이 피해보상을 할 때, 피해자가 그 국가에 체류허가를 받았을 것 또는 당해국과 그자의 국적국 간에 호혜협정이 있을 것을 요구해서는 안된다.

─• 해 설 •─

이동처에서의 국적차별없는 대우

EC조약 등은 고용인(임금노동자), 자영업자, 서비스제공자·수령자의 자유이동권이나 이동처의 수입국에서의 국민과의 평등대우(내국민대우, 국적차별의 금지)를 정하고 있다. 국적차별의 금지에 대해서는 EC조약은 첫머리 즈음에 금지의 일반원칙을 들어 재차 확인하고 있다.(EC조약 제12[EU기능조약 제18]조) 그러나 수입국에서의 평등대우(국적차별금지)가 누구에게 어떤 사건에까지 인정되는 것인지에 대해서는 반드시 명확한 것만은 아니었고, EC법의 발전과 함께 변화되어 왔다.

고용인에 대해서는 EC규칙이 수입국에서의 '세제상의 취급 및 사회적 이익'이나 '사회보장급여'의 평등대우를 명문으로 보장하고 있으며(규칙 1612/68호, 규칙 1408/71호), 이들 규정은 넓게 해석되어 왔다.(나아가 고용인의 사망 후의 부양가족도 사회적 이익의 평등대우를 받는다고 한 예로서, Case 32/75, Cristini [1975] ECR 1085. 또한 고용인이 이동처인 수입국에서 형사소추된 때 법정사용언어의 선택권에 대해서 수입국 국민과의 평등대우를 인정한 *Mutsch* 사건(Case 137/84, Musch [1985] ECR 2681) 등)

그러나 특히 타국에 일시적으로만 체류하는 서비스제공자나 수령자 등에 대해서는 EC규칙 등의 추가입법이 빈약하였으며, (회원국 정부를 중심으로는) 수입국에서의 사회보장급여 등 일정한 체제와 납세를 전제로 하여 성립하는 제도나 급여에 대하여 그곳의 국민이나 장기거주민과는 다른 취급을 해도 정당화될 수 있다는 등의 사고방식이 남아 있었다. 현재까지 EC조약은 사회보장제도의 편성과 운영에 대해서 전통적으로 회원국의 권한에 속한다는 것을 인정해 왔다.(현재의 EU기능조약 제153조 4항 등) 따라서 이동처인 수입국에서 그 국민과의 평등 대우를 어떤 근거로 EC법상의 권리로서 주장할 수 있을 것인가에 대해서는 EC조약의 규정 그 자체의 해석으로서 다투어져 왔다. 또한 (본 건 Cowan 사건에서는 쟁점이 되지 않았지만) 경제활동에 종사하지 않는 사람도 일정범위의 사람은 국적차별금지원칙의 대상이 될 수 있는가 하는 점도 다투어져 왔다.

이러한 커다란 문맥 속에서, *Cowan* 사건은 서비스 수령자가 수입국에서 어떤 근거로 평등대우를 주장할 수 있을지 국적차별금지원칙의 물적인 적용범위에 관한 사안이다. 계쟁 사항이 EC법의 명문으로 다루어지지 않았지만, 역내의 자유이동이 실제로 실효적으로 실현되기 위해서 평등대우를 인정해야 하는 경우 그러한 사항에 대해서도 평등대우를 인정한다는 흐름을 나타내는 하나의 전형적인 예이다.

국적차별금지원칙

국적차별금지원칙에 한정하여 설명하자면, 이 원칙은 어디까지나 '본 조약의 적용범위 내'라는 EC조약 제12조의 대전제 내에서 적용된다. 전통적으로 적용범위는 ① 인적 적용범위, ② 물적 적용범위로 나누어 획정되어 왔다. EC가 경제공동체의 설립과 운영을 목적으로 하였던 1980년대까지는 인적 및 물적 적용범위는 제한되어 있었다. 인적으로는 경제활동에 종사하는 사람이, 물적으로는 EC조약이 관여하는 사항이 그 범위가 되었다.(참고로 인적 적용범위는 그 후 1990년대에 경제활동에 종사하지 않는 EU시민 일반의 자유이동권(EC조약 제18[EU기능조약 제21]조)이 인정되고 나서 단번에 확대되어, EU 모든 국가의 국민이라면 기본적으로 문제삼지 않게 되었다) 여기에서 해설하고 있는 것은 1980년대말까지의 상황이다.

인적 적용범위

본 건의 선결적 판결이 말하는 바와 같이 EC법의 적용을 받는 자연인은 1980년대까지는 노동자(=고용인), 자영업자(설립의 자유를 행사하는 사람), 서비스의 제공자와 수령자, 그리고 이들의 부양가족 위주였다.(선결적 판결 14·15단) 좀 더 일반화하자면, 경제활동에 어떤 형태로든 종사하는 EC 모든 국가의 국민과 그 가족이 EC법의 적용을 받는 사람으로서 핵심적인 존재였다.

이러한 인적 범위가 1980년대의 *Luisi* 사건에서 서비스 수령자의 자유이동·평등대우가 EC조약이 직접 보장하는 권리라고 확인된 이래 서서히 확대되어 왔다. 가령 학생의 경우 사립대학의 학생은 서비스수령자로 평가되었다.(Case 263/86, Humbel [1988] ECR 5365) 당시 EC 모든 국가에서는 국립대학의 경우 수업료가 무료 내지는 실비에 미치지 않는 저렴한 금액인 경우가 많았으므로 그 학생을 서비스의 수령자로 평가하기 힘들었다. 그러나 전문성이 있는 교육이나 연수를 하는 교육기관의 학생은 그곳에서의 교육과 연수가 장래의 직업훈련이라고도 평가될 수 있다. 이에 유럽사법재판소는 EC에 직업훈련정책권한이 EC조약 제127[후의 제150, EU기능조약 제166]조에 의하여 인정된다고 하고, 직업훈련기관을 넓게 해석하여 대학 등의 전문적인 교육기관도 이와 동등하게 평가하였고, 그 학생도 EC법의 적용범위 내에 있다고 해석하였다. 가령 EC의 타회원국에서 온 외국인 유학생에게만 수업료를 부과하는 것이 국적차별로서 금지된다고 판단하였다. 전형적인 예는 벨기에의 리에쥬 시립미술전문학교의 4컷풍자만화과의 유학생 수업료를 다투었던 Gravier 사건(Case 293/83, Gravier [1985] ECR 593)을 들 수 있다. 이 외에 수의학부와 관련하여 유사한 사건이 있다.(Case 24/86, Blaizot [1988] ECR 379)

이러한 판례 전개 가운데서 본 건의 *Cowan* 사건을 보면, 관광객을 서비스의 수령자로 구성하고 EC조약의 적용범위 내의 사람이라 평가하고 있으므로 선례를 답습하였다고도 할 수 있다. 실제로 선례인 카르보네 사건은 관광여행자와 의료서비스의 수령자 사례였다.

물적 적용범위

Cowan 사건이 획기적인 점은 국적차별금지가 발동된 EC법의 적용대상이 되는 사항의 범위를 확대하였다는 점이다. 당시 범죄피해자 보상급부가 국적차별금지의 대상에 해당하는지는 명백하지 않았다. 본 건의 프랑스정부도 주장하고 있는 바와 같이, 범죄피해자 보상급부는 수입국의 국민·거주민이 내는 세금을 재원으로 하는 공적급부의 하나이다. 또한 급부의 원인이 되는 범죄행위는 영리적 행위가 아니며 범죄피해도 영리적 행위의 성과가 아니다. 따라서 범죄피해자 보상급부는 경제활동과는 무관한 사항이므로 EC법이 관여할 사항은 아니라고 말할 수도 있었다. 나아가 보상급부를 가령 사회보장급여의 한 종류로 본다 해도 당시의 EC법에서는 사회보장급여나 공적부조급부의 평등수급권은 고용인·자영업자에 관한 EC규칙·지침이 있었을 뿐, 서비스제공자나 수령자의 구체적인 각종 급부의 평등수급권을 정한 EC입법은 없었다. 따라서 EC법의 물적 적용범위에 포함되지 않는다고 주장할 수 있었다.

그러나 유럽사법재판소는 보다 대국적인 견지에서 판단을 내렸다. 서비스수령자는 EC조약에서 직접 발생하는 권리로서 이동처인 수입국에서 그곳의 국민과 '완전히 평등한 입장에 놓일' 권리를 갖는다. 수입국이 범죄로부터 자국민을 우선하여 지키고, 외국인을 후순위에 둔다는 것은 규범적으로 인정될 수 없다. 회원국이 범죄로부터 사람을 보호할 때, 범죄방지·적발이라는 경찰활동 뿐만 아니라 범죄피해자의 금전적 보상에까지 범위를 넓혀 보호하는 정책을 취하고 있다면, 이는 자국민과 다른 EC국민 간의 구별없이 이루어져야 한다. 재원이 세금이라는 것을 이유로 납세의무가 없는 단기체류자를 제외하는 것은 인정할 수 없다. 만약 이를 인정한다면, 수입국에서 서비스의 제공·수령자는 범죄로부터의 보호가 미흡할 것이며, EC조약이 고용인·자영업자·서비스 제공의 어떠한 경제활동형태를 취하건 간에 자유이동을 넓게 인정한 취지를 충분히 실현할 수 없게 된다. 따라서 회원국이 공적자금에 의한 범죄피해자 보상급부라도 이를 포함하여 사람을 범죄로부터 보호하는 정책을 취하려면, EC조약상 자유이동권의 당연한 부수명제로서 보상급부와 관련하여 일시적 체류자에게도 평등한 대우를 인정하여야 한다. 이러한 대국적인 판단에서 공적자금에 의한 범죄피해자 보상급부도 EC조약의 적용범위 내의 사항이라고 평가하였다.

이러한 유럽사법재판소의 판단 배경에는 EC 각국의 국민은 이동처의 회원국에서는 그 국민과 여러가지 면에서 평등하게 대우받아 마땅하다는 궁극적인 이념이 있다. 현실적인 경제공동체인 EC는 당시로서는 아직 경제주체로서 행동하는 국민이 이동처에서 EC법이 관여하는 사항에 대하여 수입국의 국민과 평등대우를 받는다기보다는 한정된 범위에서만 법적으로 보장받는 정도였는데, 이를 이념적으로 한결 확대하여 구체적 EC입법이 없는 서비스수령자가 수입국에서 경제활동의 결과와 무관하게 공적부조급부의 평등보장에까지 이르게 하였다. 이렇게 비경제적인 영역에까지 이르는 EC국민의 공동이익의 보장방향을 시사하였다는 점에서, 이 선결적 판결은 1990년대 이후의 EU시민권의 명문화 또는 EU시민사회 형성의 기틀을 제공하게 되었다. 이러한 대국적인 의의에서 본 건은 1980년대의 중요한 판결이 되고 있다.

1980년대의 판례가 사회적 급여에 대해서 이상의 궁극의 이념에 일관하여 평등대우의 물적 범위를 획정하고 있었다고는 할 수 없다. 가령 대학생의 생활비 보조급여에 대해서는 고용인이 직장을 떠나 다른 전문기능을 습득하기 위해서 영역 내에서 이동하여 유학생으로서 대학생이 된 사건(Case 39/86, Lair [1988] ECR 3161)에서나, 노동자로서의 요소가 전혀 없는 순수 대학생의 사건(Case 197/86, Brown [1988] ECR 3205)에서 해당 학생의 생활비 보조급여는 회원국의 사회보장정책에 맡겨진 부분으로 EC조약의 적용범위가 아니라고 판단하였었다. 그러나 1990년대가 되자 EC조약에 EU시민권규정이 삽입되었고, 유럽사법재판소는 2000년대가 되어서야 생활비 보조급여 등의 선례를 뒤집게 된다.(Grzelczyk 사건(본서 30번사건); Case C-209/03, Bidar [2005] ECR I-2119; Case C-138/02, Collins [2004] ECR I-2703)

(中村民雄)

29. Omega 사건: 서비스의 자유제공과 회원국의 공서규제

Case C-36/02, Omega Spielhallen- und Automatenaufstellungs-GmbH v. Oberbürgermeisterin der Bundesstadt Bonn [2004] ECR I-9609

[사실·쟁점]

독일의 게임회사 Omega사는 1994년에 독일의 노르트라인-베스트팔렌주(이하 NW주)에서 영국의 게임회사가 적법하게 제조판매한 기재를 사용한 '레이저드롬' 이라는 게임을 제공하였다. 이는 벽의 표적이나 게임참가자의 옷에 달린 표적을 모형 레이저총으로 쏘아 득점을 얻는 게임이었다. NW주의 Bonn 경찰당국은 이 게임에서 벽의 표적을 쏘는 것은 별론, 게임 참가자의 옷에 달린 표적을 쏘는 것은 공서에 반하여 허용되지 않는다고 판단하였다. 즉 옷에 있는 표적을 쏘는 것은 사람을 표적으로 하는 사격이고, 이는 살인 유사행위이므로 폭력행위 경시풍조로 이어져 독일헌법('기본법') 제1조 1항이 보장하는 '인간의 존엄'에 반한다는 이유에서였다.(기본법 제1조 1항은 '인간의 존엄은 불가침하다. 이를 존중하고 보호하는 것은 모든 국가기관의 의무이다'라고 규정하고 있다) 이에 NW주경찰법 제14조 1항의 '공안 및 공서의 유지'를 근거로 위반자에게는 1만마르크까지의 강제금이 부과될 수 있는 해당 행위의 금지명령을 내렸다. Omega사는 당해 명령이 EC조약 제49[EU기능조약 제56]조가 보장하는 서비스제공의 자유를 해친다고 주장하며, 독일연방행정재판소에 명령의 취소소송을 제기하였다.

연방행정재판소는 독일법상으로 경찰처분에 위법은 없다고 생각하였으나, 본건과 같이 독일헌법상의 '인간의 존엄'을 보호한 결과 역내 서비스이동의 자유 등이 제한되는 경우 EC조약에 위반되는지를 확인하기 위해서 유럽사법재판소에 선결적 판결을 구하였다.

주요한 쟁점은 독일헌법이 보장하는 '인간의 존엄'이 결과적으로 EC법상으로도 보호되는 기본권이며 EC법상의 자유권을 회원국이 제한하는 정당화 사유(EC조약 제46[EU기능조약 제52]조에서 말하는 '공서'의 일부)로서 인정될 수 있는가. 인정될 경우 EC법상의 '인간의 존엄'은 모든 회원국에 공통된 내용을 갖는가 하는 점이었다.

유럽사법재판소의 Stix-Hackl 재판연구관은 다음과 같이 말하였다. 첫 번째로 본 건에서 문제된 기본권은 회원국법상의 기본권이 아니라 EC법상의 기본권이다. 두 번째로 모든 회원국의 헌법이 독일헌법과 같이 '인간의 존엄'을 기본권으로 보장하고 있는 것은 아니지만, EC법은 지침 등으로 '인간의 존엄'을 언급하고 있다. 또한 '인간의 존엄'은 EU기본권헌장 제1조에 명시되어 있다. 따라서 EU의 모든 국가 간에는 '인간의 존엄'의 보호가 법원칙으로서 존재한다고 널리 인정되고 있다. 따라서 EC법상의 서비스제공의 자유를 '인간의 존엄'의 보호를 위해서 제약하는 것은 EC법상 '공서'규칙의 목적으로서 정당화된다고 평가할 수 있다. 세 번째로 EC법상의 '인간의 존엄'의 구체적인 내용에 대해서는 각 회원국의 판단을 허용해야 한다. '레이저드롬'이라는 게임은 독일 여론(世論)의 비판도 많았는데, 이는 독일사회가 당해 게임이 '인간의 존엄'에 대해서 충분히 중대한 위협이 된다고 받아들이고 있었음을 나타낸다. 따라서 본 건의 독일국내규정은 EC법상 허용될 수 있다.

선결적 판결 • • •

(유럽사법재판소는 본 건의 Bonn경찰의 처분이 기존의 국내법에 기초한 공서유지 목적의 처분이라는 것, 또한 서비스제공자나 수령자의 국적에 기반한 차별과는 무관한 규제라는 것을 확인하고(28-29단), 다음과 같이 판결을 내렸다.)

회원국이 EC조약에서 정하는 예외규정을 근거로 규제조치를 취할 때에는 그 조치에 대한 사법심사에 따라야 한다. 또한 회원국이 서비스제공의 자유라는 기본원칙에 대하여 예외적인 규제의 정당화근거로서 '공서'(EC조약 제46[EU기능조약 제52]조)의 개념을 사용할 때, 그 개념은 엄격하게 해석하고 개념의 범위가 회원국에 의하여 일방적으로 결정되지 않도록 해야 한다. 따라서 회원국이 '공서'를 이유로 한 규제를 할 수 있는 경우는 '사회의 기본적 이익에 대하여 진실로 충분히 중대한 위협이 있는 때에 한정된다'.(30단) 이러한 해석은 선례로 확립되어 있다.

'그렇지만, 공서의 개념에 호소하는 것이 정당화되는 구체적인 상황은 나라에 따라 또한 시대에 따라 달라질 수 있다. 따라서 회원국의 소관청에는 EC조약에 의한 제한 내에서 재량의 여지(margin of discretion)가 인정된다.'(31단) 본 건에서는 살인유사게임을 영리적으로 허용하는 것이 독일헌법상의 '인간의 존엄'이라는 기본적 가치에 반한다는 여론이 독일 국내의 주류를 이루고 있었고, 제소된 국내재판소에서도 여론과 같은 견해를 보이고 있다고 독일연방행정재판소는 판단하였다.(32단)

당 재판소의 확립된 판례에 따르면, 기본권은 EC법의 일반원칙의 불가결한 일부이며, 당 재판소는 이를 보호한다. 기본권 보호에 있어 당 재판소는 회원국에 공통된 헌법적 전통이나 모든 회원국이 비준한 국제인권조약 특히 유럽인권협약 등에서 영감(inspiration)을 얻었다.(33단) EC법질서는 재판연구관도 지적하는 바와 같이 '인간의 존엄'을 법의 일반원칙으로 보장할 것을 목표로 하고 있다. 따라서 '인간의 존엄'의 보호라는 목적이 EC법에 적합하다는 것은 의심의 여지가 없다. 이는 독일이 '인간의 존엄'의 존중을 하나의 독립된 기본권으로서 특히 보호하고 있다는 것과는 무관하게 인정된다.(34단)

EC도 회원국도 기본권을 보호할 의무가 있으므로 기본권의 보호를 이유로 서비스제공의 자유 등 EC조약이 보장하는 기본적인 자유를 제한하는 것은 원칙적으로 정당하다.(35단) 그러나 서비스제공의 자유를 제한하는 조치가 정당화되기 위해서는 그 조치가 보장해야 할 이익의 보호에 필요한 범위에 그치고, 보다 덜 제한적인 다른 조치에 의하여 같은 목적을 달성할 수 없을 때에 한정된다.(36단)

어떤 회원국이 쟁점이 된 기본권이나 정당한 이익을 보호하는 수단으로서 규제조치를 취하였을 때, 조치의 상세한 것까지 모든 회원국이 공유하는 견해에 따를 필요는 없다.(이 점에서 당 재판소의 이전 판례에 대한 오해를 풀 필요가 있다) 분명 *Schindler* 사건(Case C-275/92, Schindler [1994] ECR I-1039)에서 복권 등 도박서비스의 제공에 대한 공적 규제의 적법성이 다투어졌을 때, 당 재판소는 모든 회원국에서 도덕적, 종교적 또는 문화적인 고려에서 도박이 공통적으로 규제되고 있다고 말한 바 있다. 그러나 그 사안에서 당해 회원국 간에 공유된 견해가 있다고 말한 것이 경제활동을 규제하는 회원국의 조치에 대한 비례성을 평가하는 EC법상의 일반공통기준이 있다는 뜻은 아니었으며(37단), 도리어 그 반대에 해당한다. 그 사안 이후에 확립된 당 재판소의 판례(Case C-124/97, Läärä and Others [1999] ECR I-6067; Case C-67/98, Zenatti [1999] ECR I-7289)에서 밝혀진 바와 같이, 어떤 회원국이 취한 규제조치가 다른 회원국이 취한 것과 다르다는 이유만으로 채용된 조치의 필요성이나(규제목적에 대한 조치의) 비례성이 부정되는 것은 아니다.(38단)

본 건에서는 첫 번째로 당해 금지조치가 살인유사행위만을 대상으로 하고 있어, 독일헌법이 보장하는 '인간의 존엄'의 보호내용과 일치하고 있다. 두 번째로 금지된 것은 인간을 표적으로 하는 레이저게임이며 보호목적을 달성하기에 필요한 범위를 벗어나지 않고 있다.(39단) 따라서 본 건의 경찰처분은 서비스제공의 자유를 부당하게 침해하는 것이 아니다.(40-41단)

해 설

이미 유럽사법재판소는 *Schmidberger* 사건(본서 24번사건)에서 EC법상의 경제적 자유권(상품이동의 자유)과 EC법상의 기본권(표현의 자유)이 대립하는 사안을 다루고 있었다. 여기에서는 EC법상의 기본권에 의해서 EC법상의 경제적 자유권(상품이동의 자유 등)이 제약되는 것도 적법할 수 있다고 판단되었다. 본 건도 이와 유사한 대립구도가 있다. 그러나 본 건과 *Schmidberger* 사건과는 다른 면이 있어 여기에 새로운 논점을 제공하고 있다.

EC법상의 기본권의 인정

첫 번째로 경제적 자유권을 정당하게 제약하는 기본권인가를 둘러싸고 본 건에서는 EC나 회원국의 실정법에서 명문으로 규정되는 경우가 많지 않은 기본적 가치('인간의 존엄')을 들었다. '인간의 존엄'을 독립한 기본권으로서 규정하는 것은 독일 등 수 개국의 헌법에 지나지 않는다. 유럽인권협약에도 명문의 규정은 없다. 한편 *Schmidberger* 사건은 '표현의 자유'에 관한 것인데, 이 기본권은 대다수 회원국의 헌법에서 그리고 유럽인권협약에서도 명문으로 보장되어 있었다.

본 건의 유럽사법재판소는 '인간의 존엄'을 EC법상으로도 보장되어야 할 법의 일반원칙이라고 인정하고, 독일헌법에서 특히 명문으로 보장되어 있다는 점이 결론을 좌우하지는 않는다고 명언하였다.(선결적 판결 34단) 즉 모든 회원국에서 공통적으로 명문의 기본권으로서 존재하지 않는 권리나 매우 추상적으로 보이는 기본권이라고 해도 또는 유럽인권협약의 명문에 없는 권리라도 '인간의 존엄'과 같이 회원국들에 공통된 법원칙이라는 것을 유럽사법재판소가 확신할 수 있으며 EC의 설립목적에 합치한다면, EC법상으로도 보장되는 법의 일반원칙으로서 인정할 수 있다고 보았다. 이 판단에 대한 실질적인 근거가 된 것은 2000년에 선언된 EU기본권헌장 제1조였다고 생각된다.(재판연구관도 이를 언급하고 있다) 이후에도 EC의 불문의 권리나 법원칙을 확인시키는 중요한 실마리로서 EU기본권헌장은 유력한 참고적 근거가 될 것이다.[리스본조약에 의하여 동 헌장은 법적 구속력을 갖게 되었다]

이렇게 본 건에서 인정된 '인간의 존엄'은 EC법의 일반원칙으로서의 그것이다. 따라서 EC법상의 일반원칙과 EC법상의 자유권의 충돌 그리고 이들의 균형을 모색하는 관점에서 법논리가 전개된다. 회원국 헌법상의 기본권과 EC법상의 자유권의 충돌이라는 구조가 아니다. 후자와 같은 논의를 하지 않는 것은 국제상사사건(본서 15번사건) 이래 정착된 것이고, 그 배경에는 회원국법에 대한 EC법 우위의 원칙을 유지하려는 고려도 있다. EC법상의 권리를 회원국법상의 기본권으로 부정할 수 있다면 EC법의 통일성을 해치게 되기 때문이다.

정당화 사유로서의 지위

본 건의 새로운 점은 두 번째로 경제적 자유권의 제약사유로서 '인간의 존엄'의 EC법상의 지위를 명확히 한 것이다. 선례인 *Schmidberger* 사건에서는 기본권의 보호를 정당화 사유로 자유이동권을 제약할 수 있다고 인정했지만, 정당한 제한사유가 되는 기본권이 EC조약상의 예외규정(제30[EU기능조약 제36]조나 제46[EU기능조약 제52]조 등)에서 말하는 '공서'의 일부라는 지위 때문인지, 아니면 상품의 자유이동에 관한 *Cassis de Dijon* 사건(본서 20번사건) 이래의 '합리성의 이론'에 기초한 '필수적 요건의 법리'(EC조약의 명문의 예외사유 이외에 공익목적을 위한 비차별의 비례적 규제는 허용된다는 법리)에서 말하는 '공익'의 일부로서의 지위 때문인지는 애매한 채로 남아 있었다.

본 건은 이러한 점에 대하여 명확히 하였고, 서비스의 자유이동에 대한 정당한 예외사유가 되는 '인간의 존엄'의 존중원칙은 EC조약상의 예외규정에서 말하는 '공서'(제55[EU기능조약 제62]조·제46조)의 일부로서 자리잡았다. 그러나 이 지위는 '인간의 존엄'의 지위이며, 이를 일반화하여 EC법상의 법의 일반원칙이나 기본권의 보장이라는 정당한 이유가 항상 예외규정상의 '공서'에 해당한다고 해석하는 것은 지나친 것이다. 적어도 본 건에서는 살인유사게임을 금지한 Bonn경찰의 규제 근거법에 '공서'라는 사유가 있으며, 그 독일법상의 개념과 대응하는 개념이 EC조약에도 있었기에 '인간의 존엄'을 보호하려는 조치를 '공서'개념으로 정당화하는 것에 무리가 없었다.(선결적 판결 28단)

또한 본 건의 유럽사법재판소는 해당 경찰처분을 서비스제공자·수령자의 국적에 차별없이 적용되는 조치로서 비차별적 규제라고 확인하고 있다.(선결적 판결 29단) 이 비차별성은 통상적으로 '필수적 요건의 법리'를 적용하는 사안에서의 요건이었지만, 본 건의 경우에는 EC조약 제46조에 명기된 예외사유를 논한 사건이므로 실제로는 언급될 필요가 없는 것이었다.(이는 동조가 차별적 조치의 정당화에도 사용될 수 있기 때문이다) 그럼에도 불구하고 굳이 언급한 것은 본 건의 조치가 기본권 보호의 이름하에 위장된 서비스무역의 제한이 아니라 진정으로 기본권 보호를 목적으로 한 조치라는 점을 확인하기 위해서일 것이다.

정부의 직접적 규제

세 번째로 새로운 점은 본 건에서 정부(독일의 주정부)가 EC법상의 경제적 자유권을 행사하는 사인에게 기본권 보호를 이유로 규제적 개입을 직접 취하였다는 점이다. 한편, 선례인 *Schmidberger* 사건에서는 사인이 시위행사(표현의 자유, 집회의 자유)를 통해서 다른 사인의 자유(상품의 자유이동)을 막았다. 이에 정부는 사인의 시위를 허가하고 이를 통해서 표현·집회의 자유를 존중하는 한편, 상품의 자유이동권을 제한하는 결과를 가져오는 간접적인 규제를 하였었다.

이러한 차이가 경제적 자유권과 기본권의 균형을 모색하는 유럽사법재판소의 판단구조에 변화를 가져올 것인가. 정부에 의한 경제적 자유권에 대한 간접적 규제인 *Schmidberger* 사건에서 유럽사법재판소는 회원국이 헌법상의 기본권을 보장하는 의무가 있다는 것을 인정하면서도 상품의 자유이동을 보호하는 의무도 또한 회원국에 있다(EC조약 제10조[EU조약 제4조3항])고 생각하였고, 보장되어야 할 기본권(표현의 자유)과 경제적 자유(상품의 자유이동) 간에 공정한 균형을 고려하여 회원국의 관할당국에 광범위한 판단의 재량을 인정하였다. 그리고 유럽사법재판소는 ① 허가한 시위행위가 국내법에 적합하였다. ② 상품의 자유이동의 제약은 비교적 경미하였다. ③ 기본권 행사의 목적이 상품의 자유이동 자체를 제약하려는 것이 아니라 환경보호라는 사회적인 것이었다. ④ 상품의 자유이동을 제약하지 않는 대체조치가 사전에 채용되어 있었다. ⑤ 제한은 매우 한정적이어서 공동체내의 자유이동에 위기를 가져오지는 않았다는 점 등을 구체적으로 판단하여 회원국 당국에 의한 허가처분을 정당하다고 판단하였다.

정부가 서비스제공의 자유를 직접적으로 규제하였던 본 건 *Omega* 사건에서는 EC조약의 예외규정에 기초한 정부 규제조치의 적법성 판단의 기초로 오래 전부터 선례로서 확립되어 있었던 체제가 답습되었다.(선결적 판결 36단) 즉 규제의 목적이 EC법상 정당한지, 당해 목적을 달성하기에 필요한 범위의 수단으로 또한 목적달성에 비례한 수단인지, 특히 덜 제한적인 조치로서 같은 목적을 달성할 수는 없었는지 등을 판단하는 것이다. 이러한 판단을 하면서도 본 건의 경우 그 모든 면을 유럽사법재판소가 판단하는 것은 아니라는 입장을 취하였다.

우선 '공서'의 한 내용으로서 '인간의 존엄'에 대해서는 EC법상의 정당한 규제 목적이라고 유럽사법재판소는 판단하고 있었는데, 구체적인 사안에 대한 적용에 대해서는 각 회원국에 판단의 재량을 인정하고 있다.(선결적 판결 31단) 따라서 같은 게임을 규제하지 않는 나라도 있다는 타국의 사정은 고려할 필요 없이 독일 국내에서의 우세한 여론과 독일의 재판소도 여론과 같은 판단을 하고 있었던 점을 강조하고, 경찰당국에 의한 판단이 자의적이지 않았다는 것을 확인하고 있다.(선결적 판결 32단)

다음으로 정당한 목적을 달성하기에 필요한 범위의 수단인지를 검토하고 살인 유사행위의 규제에 한정하고 있으므로 필요한 범위라고 판단하고 있다. 그러나 수단의 비례성의 심사(보다 덜 제한적인 조치는 없는지)에 이르러서는 이것을 회원국의 재판소에 맡기고 있는데, 이는 유럽사법재판소가 어떤 수단으로 '인간의 존엄'을 지키는 것이 타당한가(비례성의 판단)에 대하여 EC공동의 통일적인 판단기준을 세우지 않겠다고 명언한 것이다.(선결적 판결 37-39단)

이상을 종합해보면 경제적 자유에 대한 간접적 규칙을 다룬 *Schmidberger* 사건은 회원국의 시위허가처분이 상품이동에 대한 영향의 최소화를 고려하는지까지 심사하고 있으므로 유럽사법재판소에 의한 심사가 엄격하였던 것처럼 보인다. 하지만 간접적 규제의 심사 기준이 엄격하다고 일반화할 것이 아니라 이후의 판례 전개를 기다려야 할 것이다.

각국의 다양성의 허용

이상의 기준을 염두에 두었을 때, '공서'에 관한 판단은 부분적으로 유럽사법재판소가 EC의 통일된 기준으로 하고, 또한 부분적으로는 회원국이 각국별로 상황에 따라 행동하게 된다는 것을 알 수 있다. 이러한 판단기준이 장기적으로 회원국간의 다양성을 평준화하는 방향으로 수렴되는 현실을 가져올 것인가.

본 건의 유럽사법재판소가 취한 통일성과 다양성에 대한 법적인 고려 내지 배분은 미묘하다. 한편에서 '공서'의 개념은 EC법상의 개념이기에 회원국이 일방적으로 범위를 결정할 수 없다고 하면서도(선결적 판결 30단), '인간의 존엄'이라는 EC법의 일반원칙을 옹호하는 것은 '공서'의 일부에 해당하여 정당하다고 스스로가 판단하고 있다. 이것은 통일성에 대한 법적 배려이다. 다른 한편, '공서'를 어떤 구체적인 상황에 적용할 것인가의 판단은 국가마다 시대마다 변하기에 각국에 '재량의 여지'가 있다고 한다.(선결적 판결 31단) '공서'유지 목적으로 필요하고 비례성있는 회원국의 조치인지를 EC공동의 통일기준으로 판단하는 것이 아니라, 각국의 개별 판단을 기본적으로 허용한다고 한다.(선결적 판결 37-38단) 이것은 다양성에 대한 법적 배려이다.

이렇게 통일성과 다양성에 대한 배려를 확인할 수 있는데, 실제로는 다양성에 중점을 둔 것이라고 할 수는 없을까. '인간의 존엄'이나 '공서'는 지극히 추상적인 개념이다. 그 개념의 범위는 실제로는 적용단계에서 구체적 사실에 비추어 밝혀지는 것이라고 볼 수 있다. 따라서 적용시의 회원국의 사정이나 시대상황에 따라 판단하는 것을 인정한 본 건의 유럽사법재판소는 실제로는 회원국에 '공서'나 '인간의 존엄'이라는 추상개념의 실체내용에 대해서도 각국마다 내부논리가 일관되는 한, 개별적 판단을 용인한다는 태도를 보인 것이라고 읽을 수 있다. 실제로 본 건의 게임은 다른 회원국에서는 '인간의 존엄'이 문제되지 않았고 적법하게 시장에 진입하였었는데 이를 고려하지 않고, 독일사회에서의 '공서'규칙에 따라 독일의 국내사정에 비추어 적정하다면 인정될 수 있다는 것이 본 건의 유럽사법재판소의 대국적 입장이다. 이러한 실질을 따져보면 판단기준의 공식(定式)화에서 풍기는 인상과는 달리, 각 회원국에 맡겨진 판단재량의 여지는 실제로는 상당히 넓다고 볼 수 있다. 본 선결적 판결을 '인간의 존엄'이라는 기본적 가치와 서비스제공의 자유 사이의 적절한 균형을 EC차원에서 규범적으로 결정한 사안이라기 보다는 최종적으로는 국내법 차원의 가치판단을 존중하고 각국의 사실인정에 많은 것을 맡긴 유럽사법재판소의 '관용'적인 태도가 나타난 사안이라는 지적(T. Ackermann (2005) 42 CMLRev. 1107 at 1120)에서도 이를 알 수 있다. 유럽사법재판소는 설립 이래 각국사회의 다양성을 인정하면서도 유럽통합을 달성한다는 모순된 요청에 응답하려고 애써왔다. 본 건은 근래의 그 실적을 보여주는 좋은 예이다.

(新村とわ·中村民雄)

30. Grzelczyk 사건: EU시민권의 기본적 지위와 국적차별금지원칙

Case C-184/99, Grzelczyk v. Centre public d'aide sociale d'Ottignies-Louvain-la-Neuve [2001] ECR I-6193

[사실·쟁점]

프랑스인인 원고 Grzelczyk는 1995년부터 대학생 신분으로 벨기에에 적법하게 거주하면서 처음 3년간은 아르바이트 등으로 학비와 생활비를 충당하고 있었다. 그러나 마지막 학년이었던 4학년 때에는 졸업논문이나 직업연수 등으로 바빠져서 아르바이트를 계속할 수 없게 되었다. 그래서 1998년 10월부터 1999년 6월까지 벨기에의 사회보장급여의 하나인 생활보호급여(minimex)를 신청하였다. 벨기에 사회보장국은 일단은 급여를 인정하였지만, 뒤에 벨기에법상의 급여요건을 원고가 충족하지 못한다는 이유로 1999년 1월 이후의 급여를 거부하였다. 벨기에의 생활보호급여법에서는 충분한 생활자금을 확보할 수 없는 국내에 거주하는 벨기에 국민 및 국내에 적법하게 거주하는 외국인으로서 EC규칙 1612/68호([1968] OJ L 257/2 [1968] OJ Eng. Spec. Ed. 475)가 적용되는 임금노동자, 무국적자 또는 난민에게 수급자격을 인정하고 있었다. 그러나 원고는 이 중 어디에도 포함되지 못하였기에 수급할 수 없다고 벨기에와 사회보장국은 주장하였다.

원고는 급여거부 처분의 취소를 구하는 소송을 벨기에의 노동심판소에 제기하였다. 노동심판소는 원고에게 잠정조치로서 1999년 1월부터 6월까지의 생활보호급여 상당액의 급여를 인정하는 한편, 유럽사법재판소에 선결적 판결을 구하였다.

쟁점은 본 건의 생활보호급여와 같이 사회보장급여 중 비기여급여의 지급에서 자국민에게는 없는 조건(본 건에서는 EC규칙 1612/68호의 적용대상자일 것이라는 조건)을 국내에 적법하게 거주하는 타회원국 시민에게 부과하는 것은 EC조약 제6[후의 제12, EU기능조약 제18]조(국적차별금지원칙)과 제8[후의 제17, EU기능조약 제20]조(EU시민권)에 반하는가 하는 것이다.

선결적 판결 • • •

(유럽사법재판소는 본 건의 원고가 노동자가 아니라는 전제로 판단할 것을 확인하고(15-18단), 다음과 같이 서술하였다.)

원고 학생은 벨기에인이라면 규칙 1612/68호에서 언급하는 임금노동자가 아니라도 생활보호급여를 받을 수 있었다. 원고에게 해당 급여가 거부된 이유는 단 하나 외국 국적이라는 사실 때문이었다. 따라서 본 건은 국적차별사례이다.(29단) 국적차별은 EC조약의 적용범위 내에서 원칙적으로 금지된다. 그 적용범위 내의 문제인가에 대한 판단을 위해서 EC 시민권규정과 국적차별금지규정(EC조약 제6[후의 제12, EU기능조약 제18]조)을 함께 고려할 필요할 필요가 있다.(30단)

'EU시민권은 회원국 국민의 기본적 지위가 되는 규정이며(불: a vocation à être le statut fundamental; 영: destined to be the fundamental status), 국적을 불문하고 동일한 상황에 있는 사람은 법적으로 동일한 대우를 받을 수 있도록 한 것이다. 다만, 명문으로 정해진 예외에 구속된다. (선례인 Martínez Sala [1998] ECR I-2691에서 판시한 바와 같이) EU시민은 이동처인 회원국 영토내에 적법하게 거주하는 경우, EC법의 물적 적용범위 내인 여러 상황 중 EC조약 제6조(국적차별금지원칙)을 원용할 수 있다. 이러한 상황으로는 가령 EC조약이 보장하는 기본적 자유를 행사하는 경우 또는 EC조약 제8a[후의 제18, EU기능조약 제21]조가 부여하는 다른 회원국에 이동하여 거주할 권리를 행사하는 경우 등이 그것이다.'(31-33단)

분명, 1988년의 *Brown* 사건(Case 197/86, Brown [1988] ECR 3205)에서는 학생에게 지급되는 최저생활보조금은 EC조약의 적용범위 밖에 있으므로 국적차별금지원칙이 적용되지 않는다고 당 재판소는 판단하였었다. 하지만 *Brown* 사건 이후, EC조약에 시민권규정이 삽입되고 이 밖에 새로이 교육 및 직업훈련의 제규정이 추가되었다. 나아가 학생자유이동지침 93/96호도 채택되었다.(34-35단)

그러나 EU시민의 거주이동의 자유도 EC조약 등이 정하는 제한과 조건에 구속된다.(37단) 학생의 경우, 학생자유이동지침 93/96호 제1조와 같이 회원국 B의 국민인 학생이 회원국 A의 영토에 거주할 권리를 행사하려는 경우, ① 그 자가 충분한 자력을 가져서 회원국 A에 거주 중에 A국의 사회보장제도에 부담을 주지 않을 것이라는 것을 증명할 것, ② 직업훈련이 주목적이라고 인정된 교육기관에 등록되어 있을 것, ③ A국에서 여러 위험에 대한 질병보험에 가입하였을 것 등을 조건으로 하고 있다.(38단)

이 중 자력(資力)에 관해서는 학생의 경우, 거주의 성격이 특수하므로 퇴직자나 독립생계자의 경우와는 달리 구체적인 문서로 입증할 필요는 없으며, 학생이 본인, 배우자, 부양자를 부양할 만큼의 충분한 자력이 있으며, 거주하는 이동처의 사회보장제도의 부담이 되지 않을 것을 선언하는 등으로 당국에 납득시키는 것으로 충족된다.(40-41단) 회원국은 그 사회보장제도를 이용하게 된 다른 회원국의 학생에 대해서는 거주권의 요건을 충족하지 않는다는 판단으로 거주허가를 철회 또는 갱신을 거부할 수 있지만, 사회보장제도를 한 번이라도 이용하면 자동적으로 거주권 요건이 미달되는 것으로 판단해서는 안된다. 학생자유이동지침의 전문은 수입국의 선결적 판결에 대한 '불합리한' 부담이 되지 않아야 한다는 {판단의} 폭을 제시하고 있으며, 본 건과 같이 학생의 궁핍상태가 일시적인 것에 그치는 경우도 있다. 또는 수학 중 시간의 경과와 함께 학생의 책임으로 돌릴 수 없는 사정으로 학생이 궁핍상태에 처하는 경우도 있다. 따라서 학생 자력의 충분함을 판단하는 것은 자력신고의 심사 시에 충족하면 된다고 받아들여야 할 것이다.(42-45단)

이상으로부터 생활보호급여와 같이 비기여급여의 수급자격에 대해서 수입국이 다른 회원국 국민으로서 적법하게 거주하고 있는 자에 대해 EC규칙 1612/68호의 적용범위 내에 있는 자라는 조건을 붙이고, 자국민에게는 그러한 조건을 붙이지 않는 것은 EC조약 제6조와 제8[후의 제17, EU기능조약 제20]조에 반하여 금지된다.(46단) 또한 본 건 선결적 판결의 효과는 소급된다.(48-55단)

해 설

대국적인 지위

본 건은 EU시민권을 독립한 실체적 내용이 있는 기본적 권리로서 해석하고, 실효성 있는 권리로서 EU법질서에서 보장하려고 하는 입장을 유럽사법재판소가 보여 준 선도적인 선결적 판결이다. EU시민권을 '회원국 국민의 기본적 지위로서 규정하고 있는'(선결적 판결 31단)이라고 처음으로 명언하고, EU시민권의 실질적인 보호에 대한 태도를 명확히 한 점이 획기적이며, 이후 많은 판례에서 반복해서 인용되게 하는 분수령적인 선결적 판결이라고 볼 수 있다.

EU시민권이 EU국민의 '기본적 지위'가 되는 권리라고 유럽사법재판소가 인정한 이유는 (본 건부터 오늘에 이르기까지 유럽사법재판소의 판례와 Martínez Sala 사건에서의 La Pergola 재판연구관 의견을 종합하면) 이것이 EC조약의 총칙적 부분에 놓인 규정이며, EU의 시민 모두에게 보편적으로 인정되어야 할 내용이기도 하며, 사람의 EU귀속성을 나타내는 필수적 개념이기 때문이다. 그리고 이 권리가 실효적으로 보장되어야 할 이유는 이것이 기본법인 EC조약이 보장하는 권리로서 지침 등의 파생법규에서 정한 구체적 권리보다도 상위의 규범으로 전술한 기본적인 성격을 갖는 권리이기 때문이다. 따라서 EC조약의 다른 기본원칙 규정과 마찬가지로 실효적으로 보장되어야 한다. 이것이 현 시점에서의 EU시민권을 둘러싼 유럽사법재판소의 생각이다.

사건의 의의

본 건 *Grzelczyk* 사건의 직접적 의의는 두 가지이다. 하나는 국적차별금지원칙이 EU시민 일반에 원칙적으로 적용되는 것을 나타낸 점이다. 물론 EC법규의 명문에서 예외를 규정하고 있는 한, EU시민이라도 이동처에서 평등대우를 요구할 수는 없다.(EC조약 제18[EU기능조약 제21]조의 단서) 그러나 그러한 특단의 명문이 없는 한, 원칙적으로 EU시민은 EU시민권을 행사하면 국적을 불문하고 동일한 상황에 있는 사람은 타회원국에서 법적으로 동일한 대우를 받을 수 있다.(선결적 판결 31단) EU시민권은 회원국 국민의 기본적 지위가 되는 '운명(불 vocation; 영 destiny)'이기 때문이다.

두 번째 의의는 바로 그와 같은 EU시민권을 '기본적 지위'로서 높이고 있는 점이다. 이에 대응하여 EU시민권 행사를 제약하는 기존 EC법 규정을 엄격하고 좁게 해석하는 태도가 명료하게 보여진다. 그 결과, '시민권' 등장 이전의 판례에서는 곤란한 문제였던 국적차별금지원칙의 적용범위를 획정하는 작용도 대폭 완화되었다. 또한 기존 EC법규의 여러 조문은 EU시민권의 행사를 제약하는 한 엄격하게 해석되게 되었다.

이렇게 본 건은 EU시민권에 기초하여 새로운 EC법규해석이나 판례법의 출발점이 되는 획기성을 갖는 중요 사건이 되었다. 이하에서는 지금 개설한 각 논점을 순차적으로 살펴보도록 하겠다.

국적차별금지의 인적 적용범위

EC조약 제12조의 국적차별금지원칙은 EC법의 '적용범위 내에서'만 적용된다. 유럽사법재판소의 판례는 쟁점의 인물(인적 적용범위)와 쟁점인 사물(물적 적용범위)의 양면에서 그 적용범위를 획정해 왔다.

1980년대까지의 판례에서 인적 적용범위에 들어가는 전형적인 인물은 국경을 넘어 이동한 임금노동자나 서비스제공자·수령자였다. 학생도 사립대학의 학생은 교육서비스의 수령자로서 적용대상에 포함되었다. 그러나 공립대학의 학생은 합리적인 대가를 지불하지 않으므로 교육서비스의 수령자로서 적용대상이 될 수는 없다. 유럽사법재판소는 장래의 전문적 직업의 전제가 되는 교육을 받고 있는 학생(사회풍자4컷만화과의 학생, 의학부나 수의학부 학생 등)은 직업훈련을 받는 자로서 역시 적용범위 내에 있다고 해석하였다.(Case 293/83, Gravier [1985] ECR 593; Case 24/86, Blaizot [1988] ECR 379)

1990년대의 판례에서는 이 인적 적용범위가 완화되었다. 1998년의 *Bickel & Franz* 사건(Case C-274/96, Bickel & Franz [1998] ECR I-7637)에서는 관광객과 트럭운전수를 서비스수령자 또는 제공자로 보아 EC법의 적용범위 내에 있으므로 국적차별금지원칙이 적용대상이 된다고 하였다. 이 때 유럽사법재판소는 서비스를 제공하거나 수령하는 것은 '잠재적 가능성'만으로 충분하다고 경감하는 한편, 이들이 EU시민권을 행사하여 적법하게 이동하였으므로 EC법의 적용범위 내에 있다는 이유도 첨가하였다.

Martínez Sala 사건(Case C-85/96, Martínez Sala [1998] ECR I-2691)에서는 유럽사법재판소가 한결 진화된 모습을 보여주었다. 이 사건의 원고는 이동처인 회원국에 적법하게 거주하는 자였는데, 노동자로 볼 수 있는지가 애매한 상황이었다. 이 때 유럽사법재판소는 가령 노동자라고 하여도 이미 이동처 회원국이 적법하고 수용한 이상, EU시민권을 적법하게 행사한 자이므로 국적차별금지원칙의 적용을 받는 인물이라고 판단하였다.

본 건 *Grzelczyk* 사건에서도 *Martínez Sala* 사건과 마찬가지로 가령 원고가 노동자가 아니라고 하여도 EU시민권을 행사하여 다른 회원국에 적법하게 이동하여 거주하는 자라면 국적차별금지원칙의 인적 적용범위에 들어간다고 판단하고 있다. 이러한 결정에 따르면, 새삼스럽게 노동자성 여부를 따질 필요도 없게 된다. 즉 EU시민권의 적법행사로 다른 회원국에 합법적으로 거주하는 사실만으로 곧장 EC법의 적용범위 내에 들어간다고 말할 수도 있게 된 것이다. *Grzelczyk* 사건은 이러한 판단을 한 사안으로 받아들일 수 있다는 점에서 획기적이다. 이후의 판례를 보아도, EU시민권의 행사자는 즉시 국적차별금지원칙의 인적 적용범위 내에 있다고 할 수 있다.(Case C-209/03, Bidar [2005] ECR I-2119, paras. 35-36)

물적 적용범위

Grzelczyk 사건은 국적차별금지원칙의 물적 적용범위에 대해서도 완화적인 해석을 보였다.

1980년대까지는 물적 적용범위에 들어가는 것으로 노동자의 '사회적 이익'(EC규칙 1612/68호 제7조2항), 노동자와 그 부양가족의 '사회보장급여'(EC규칙 1408/71호 제3조1항) 등이 전형적이었다. 그 중에서도 '사회적 이익'은 넓게 해석되고 있었다. 그러나 경제활동에 종사하지 않는 독립한 사람(성인인 학생 등)에 대해서는 그러한 명문이 없었기에, 1980년대까지의 판례는 물적 적용범위를 넓게는 해석하지 않고 있었다. *Grzelczyk* 사건의 선결적 판결에 인용된 *Brown* 사건에서 문제가 된 학생에 최저생활보조금을 지급하는 것 등은 학생생활과 교육에 직결되지 않은 곤궁한 일반시민의 생활보조를 위한 사회보장급여이며, 이를 자국민 수준으로 그 수급권을 인정하면 해당국의 선결적 판결에 심각한 영향을 준다는 이유에서 물적 적용범위에서 제외시키고 있었다.(이외에도 Case 39/86, Lair [1988] ECR 3161 등)

그러나 *Grzelczyk* 사건은 (*Brown* 사건과 마찬가지로) 궁핍한 일반시민에 대한 생활보호급여 사건이었지만, 본 건의 급여는 물적 적용범위에 포함되었다. 선례인 *Brown* 사건의 존재에도 불구하고 그를 번복하지 않고 이렇게 판단한 것이다. 이에 더하여 1993년의 학생자유이동지침 93/96호 제3조([1993] OJ L 317/59)는 이동한 학생이 이동처인 타회원국에서 생활유지급여를 받을 자격을 인정한 것은 아니라고 명문으로 규정하고 있다. 이렇게 도리어 물적 적용범위에서 제외된다는 결론을 내렸던 선례나 명문에도 불구하고 본 건의 유럽사법재판소는 생활보호급여가 물적 적용범위 내에 있다고 하였다. 왜일까.

바로 이 점에서 유럽사법재판소가 EU시민권을 기본적 권리로 비중을 두고 해석하는 입장을 엿볼 수 있다. 학생이라도 EU시민권을 적법하게 행사하여 이동처인 타회원국에서 거주할 것을 해당국이 인용하였다면, 원칙적으로 해당국의 국민이 받는 급여에 대해서는 평등대우(내국민대우)를 인정해야 한다고 해석하는 것이 EU시민권의 기본적 권리성에 알맞은 해석이라는 논리이다.

이러한 해석론은 획기적이다. 기존법의 원칙과 예외를 역전시킨 것이기 때문이다. 가령 사진의 양(positive)와 음(negative)을 바꾼 것과 같다. EC조약에 EU시민권 규정이 없었던 1990년대 초반까지는 학생 등 경제활동을 하지 않는 사람은 이동이 부자유스러운 것이 원칙이고(negative), EC조약이나 지침 등의 명문규정으로 인정되는 범위에서만 이동처인 회원국에서 거주상 급여 등의 국적평등원칙이 인정되었다.(negative) 그러나 EU시민권 규정이 추가된 1990년대 중반 이후에는 역으로 경제활동을 하지 않는 사람을 포함하여 EU 모든 국가의 국민 전반이 자유이동과 거주의 자유를 향유한다.(positive) 따라서 학생자유이동지침 제3조의 권리제한적인 규정은 한정해석되어야 하는 규정이 되는 것이다. 즉 이 규정에서 말하는 급여는 '학생'만을 대상으로 한 생활유지급여이므로(따라서 궁핍한 시민 일반의 생활유지급여는 포함되지 않는다), 학생전용의 생활유지급여에 대하여 학생은 분명 이동처인 타회원국의 국민과 평등대우를 청구할 수 없다.(이 부분에 한정하여 *Brown* 사건의 판시는 살아있다) 그러나 한편으로 본 건의 원고가 청구한 것은 학생에 특정된 급여가 아니라, 생활이 어려운 시민 일반에 대한 생활보호급여이므로 이는 학생자유이동지침 제3조의 학생전용의 급여와는 다른 것으로 이해되며, 평등대우를 인정해도 된다는 결론을 내릴 수 있다.(positive) 이와 같이 'EU시민권'에 기본적 권리라는 지위를 부여한 것은 기존법의 체계적 해석을 역전시키는 것으로 이어진다. 본 건이 중요한 판례가 된 이유이다.

이렇게 경제활동에 종사하지 않는 EU시민도 EU시민권을 행사하여 적법하게 이동처인 수입국에 거주하는 한, 수입국의 국민과 동등한 급여청구를 할 수 있다고 해석할 수 있게 되었다.

EU시민의 거주권

남아 있는 최대의 문제는 경제활동을 하지 않는 EU시민이면 누구나가 이동한 수입국에서 거주할 권리를 EC법상의 독립된 권리로서 가지는가 하는 점이다. EC조약은 EU시민에게 다른 회원국에 이동하여 그 곳에 거주할 권리가 있다고 규정하면서, EC조약과 이행조치가 정하는 '제한과 조건'에 따른다고 규정하고 있다.(EC조약 제18조 1항) 그 제한과 조건을 구체적으로 규정하고 있었는데, *Grzelczyk* 사건 당시는 90년대 초반의 학생, 퇴직자, 유자력자의 자유이동에 관한 3개의 지침이 존재하였다.(상세한 것은 상술한 선결적 판결 37단 이하. 오늘날 이 세 개의 지침은 2004년의 EU시민자유이동지침(Directive 2004/38/EC, [2004] OJ L 229/35)으로 바뀌었다) *Grzelczyk* 사건의 선결적 판결은 '제한과 조건'을 해당국이 어떻게 적용할 수 있을지를 다툰 것인데, 원고학생을 경제활동을 하지 않는 EU시민으로 볼 때 해당국에서의 거주권이 EC법상 직접 발생하는지에 대해서는 여전히 불투명하다.

이 점을 2002년의 *Baumbast* 사건(Case C-413/99, Baumbast [2002] ECR I-7091)에서 정면으로 다루었다. EC조약 제18조 1항의 내용은 명확하고 무조건적이므로 직접효력이 있으며, EU시민은 경제활동을 하지 않아도 당해 조문으로부터 직접 해당국에서 EC법상의 거주권을 부여받는다고 판시하였다.(동선결적 판결 84단)

수입국규제의 EC사법심사

따라서 오늘날 EU시민의 거주이동권과 수입국의 규제를 통제하는 EC법은 다음과 같이 요약할 수 있을 것이다.

① EU시민은 경제활동여부를 불문하고 다른 회원국에 이동하여 거주할 권리를 EC조약 제18조로부터 직접 가진다. 경제활동을 하는 EU시민은 이에 더하여 EC조약의 다른 조문에서도 거주이동의 권리가 발생한다.

② 한편, 수입국인 회원국은 EC조약의 명문의 예외규정이나 EC의 파생법규에서 정하는 예외사유에 의하여 이동이나 거주에 대한 규제 권한을 가진다.

③ 경제활동을 하는 EU시민(노동자·자영업자·서비스제공 내지는 수령자)에 대한 수입국의 규제권한행사는 기존의 판례법리의 골격속에서 EC법에 의하여 통제되고, 사법심사를 받는다.(목적의 정당성, 수단의 필요성, 관련성, 수단의 비례성)(본서 26~29번사건 참조)

④ 경제활동을 하지 않는 EU시민에 대한 수입국의 규제권한행사는 EC조약 제18조 1항 단서에서 말하는 '제한과 조건'의 내용이 되는 EC조약규정이나 파생법규규정에 의하며, 이들은 경제활동을 하는 EU시민에 대한 규제권한행사의 경우와 같은 골격 내에서 사법심사를 받는다. 그러나 경제활동을 하지 않는 EU시민에 대한 규제의 정당화 사유는 경제활동을 하는 EU시민에 대한 경우와 다른 부분도 있으며, 규제의 정당화 이유가 보다 넓게 인정된다. 가령 포괄적 질병보험가입, 수입국의 사회보장급여 의존이 '불합리한' 부담이 되지 않도록 하는 등 파생법규에서 구체적으로 열거된 규제사항이 이에 해당한다. 하지만 목적을 달성하는 수단의 필요성·관련성·비례성 등의 사법심사는 경제활동시민의 경우와 마찬가지로 유럽사법재판소가 맡게 된다.(따라서 가령 일시적으로 사회보장급여를 타회원국에서 받은 학생에 대하여 즉시 거주허가의 갱신을 거부하는 것은 비례성을 잃는 것이 된다)

EU시민의 자유이동지침(2004)

90년대 세 개의 지침을 대체하는 것으로 EU시민일반의 거주이동에 대하여 2004년에 신 지침(Directive 2004/38/EC, [2004] OJ L 229/35)이 채택되어 2006년 4월말까지 각국은 의무적으로 이를 이행하도록 규정되었다. 신 지침은 EU시민의 이동권이나 거주권을 구체적으로 정하고 있지만(지침 제4~7조), (90년대의 세 개의 지침과 마찬가지로) EU시민으로 3개월 넘게 경제활동을 하지 않는 자에 대해서는 거주기간 중에 수입국의 공적부조제도의 부담이 되지 않을 만큼 충분한 자력과 포괄적 질병보험의 구비를 요구한다.(지침 제7조 1항 b, c호) 또한 신 지침 제24조는 1항에서 EU시민이 수입국에서 그 국민과 평등한 대우를 받을 것을 일반적으로 정하고 있지만, 2항에서 1항의 '적용면제(derogation)'를 규정한다. 즉 해당국은 여러 EU시민에게 해당국에서의 거주개시로부터 적어도 3개월은 사회보장급여를 부여할 의무를 지지 않으며, 또한 해당국은 학생에 대한 생활보호급여를 당해 EU시민인 학생이 영주권을 취득하지 않는 한 지급할 의무를 지지 않는다.(영주권은 5년 연속 적법한 거주로 취득할 수 있다.(동 지침 제16조) 과연, 이 지침 제24조 2항이 유럽사법재판소가 추진하는 EU시민권의 기본적 지위성에 기초한 해석으로 EC조약 제18조 1항에 위반되지 않는지, 또한 이에 합치되게 어떤 해석과 운용을 해야 할 것인지가 이후의 남겨진 과제이다.

(中村民雄)

31. Centros 사건: 회사의 자유이동 -회원국회사의 역내지점설치의 자유

Case C-212/97, Centros Ltd. v. Erhvervs- og Selskabsstyrelsen [1999] ECR I-1459

[사실·쟁점]

원고인 Centros사(Centros Ltd.)는 영국의 유한책임회사(private limited company)인데, 1992년 5월 18일에 설립등기를 한 이래 영국 내에서는 거의 영업활동을 하지 않고, 이사회도 영국에서 개최되지 않았다. 또한 Centros사의 주주는 Bryde 부부로 Bryde 부인이 이 회사(同社)의 이사였는데, 둘다 덴마크국적으로 덴마크에 거주하며 동 회사의 영업활동을 위해 영국을 방문한 적도 없었다. 영국에서는 이러한 회사의 설립시에 최저자본금의 납입을 필요로 하지 않기 때문에 Centros사는 자본금 100파운드(2000년 2월말 시점에서 약 18,000엔 상당)도 납입하지 않았다.

덴마크의 법률은 EU역내에서 설립된 외국회사 중, 덴마크의 유한책임회사와 유사한 것은 지점을 통해서 덴마크 국내에서 활동할 수 있다고 규정하였다. 1992년 여름, Bryde 부인이 덴마크에서 Centros사의 지점등기를 신청하였는데, 덴마크의 통상기업청은 Centros사가 영국에서는 영업활동을 하지 않고, 유한책임회사 설립시에 최저자본금으로서 20만크로네(2000년 2월말 시점에서 약 290만엔 상당)를 납입해야 하는 덴마크법을 회피하여 영국에 회사를 설립하고 덴마크에서 지점등기를 하려 한다는 이유로 이 회사의 지점등기를 거부하였다.

Centros사는 통상기업청의 지점등기 거부는 EC조약 제43조 및 제48조[EU기능조약 제49조 및 제54조] 위반이라고 하며 덴마크 고등재판소에 제소하였으나 패소하였다. 이에 Centros사는 최고재판소에 상고하였는데, 최고재판소는 EC조약 제234[EU기능조약 제267]조에 따라 선결문제를 유럽사법재판소에 부탁하였다. 쟁점은 본 건 지점등기 거부가 EC조약 제43조 및 제48조에 위반되는지 여부이다.

선결적 판결 • • •

회사가 임의의 회원국에서 설립되어 등기상의 사무소를 가지고 다른 회원국에 지점을 설립하려는 경우, EC법상의 개업의 자유가 적용된다. 임의의 회원국에서 회사가 형식상 설립되었지만 {그와는} 다른 회원국에서 모든 사업이 이루어진다는 사실은 중요하지 않다.(17단)

EC조약 제43[EU기능조약 제49]조의 개업의 자유는 자영업자가 영업하거나 회사를 설립할 때, 개업할 회원국의 국민과 동일한 조건으로 개업할 수 있을 권리를 포함하며, 개업의 자유는 역내에서 등기상의 주소, 경영관리의 중심 또는 주요한 사무소를 가진 회사에도 보장된다.(19단) 그 결과 회사는 다른 회원국에서 대리점, 지점 또는 자회사를 통한 활동의 자유를 보장받는다. 회사의 등기상의 사무소, 경영관리센터 또는 주요한 사무소는 자연인의 국적과 같으며 특정한 회원국의 법제도와 회사의 연결점이다. 따라서 타회원국에서 설립된 회사의 지점등기를 거부하는 것은 EC조약 제43조 및 제48[EU기능조약 제54]조의 개업 자유의 행사를 방해하는 것이다.(20-22단)

회원국은 그 국민이 국내법을 부당하게 회피하거나 EC조약의 조항을 부정하거나 또는 기망하여 이용하는 것을 저지하기 위해서 상당한 수단을 강구할 수 있다. 따라서 국내재판소는 안건마다 그 국민에 의한 EC조약의 남용행위를 심리할 수 있지만, 남용행위에 대해서는 EC조약 제43조 및 제48조의 목적에 비추어 판단해야 한다.(24-25단)

개업의 자유에 의하여 등기상의 사무소, 경영관리센터 또는 주요한 사무소를 가지는 회사가 한 회원국에서 설립된 후, 다른 회원국에서 대리점, 지점 또는 자회사를 통해서 영업활동을 하는 것은 가능하다. 따라서 가장 규제가 완화된 회원국에서 회사를 설립하고 다른 회원국에 지점을 여는 것은 단일시장에서 EC조약이 보장하는 개업 자유의 행사 그 자체이며, 개업 자유의 남용행위가 아니다. 각 회원국의 회사법이 역내에서 완전히 조화롭지 않다는 것은 이러한 결론에 영향을 주지 않는다. 또한 임의의 회원국에서 설립된 회사가 지점소재지인 다른 회원국에서 모든 사업을 진행하고 있다는 사실만으로 개업 자유의 남용을 증명하기에 충분하지 않다는 것이 선례상으로도 명백하다.(26-29단)

본 건에서는 덴마크 정부가 주장하는 일반이익에 의한 규제, 즉 EC조약 제46[EU기능조약 제52]조는 적용되지 않는다. 또한 선례에 따르면 개업의 자유를 제한하는 국내법은 ① 비차별적인 적용 ② 공익을 위해 긴요한 규제의 필요성 ③ 목적달성을 위해서 상당한 방법에 의한 규제 및 ④ 필요최소한의 규제라는 네 가지 요건을 충족하지 못한다. 덴마크 정부는 최저자본금의 납입을 구하는 것이 회사 재무의 건전성의 유지와 채권자보호를 목적으로 한 최소한의 조치라고 주장한다. 그러나 가령 Centros사가 영국에서 영업활동을 하고 덴마크에서 지점등기를 한 경우에도 덴마크의 채권자는 마찬가지의 위험을 부담하게 되므로 규제의 필요성이 인정되지 않는다. 또한 Centros사는 영국법에 준거한 회사이므로 덴마크의 채권자는 회사의 연차결산에 관한 제4회사지침 78/660호([1978] OJ L 222/11) 및 다른 회원국 소재의 지점의 정보개시에 관한 제11회사지침 89/666호([1989] OJ L 395/36)에 의해서 보호되어야 한다. 나아가 덴마크 정부는 공적인 채권자(세무, 사회보험 등)에 대한 보증 등의 보다 완화된 규제조치를 채택하여 채권자보호의 목적을 달성할 수도 있었으므로 상당성 및 최소한의 규제의 요건에도 미달한다.(32-37단)

결과적으로 유럽사법재판소는 다음과 같이 선결적 판결을 내렸다. 회원국 A의 회사설립시의 최저자본금 납입에 관한 회원국 A의 규제회피를 위하여 회원국 B의 법률에 따라 설립된 회사가 회원국 B에서는 실제로 영업하지 않고, 모든 영업은 회원국 A에 개설된 지점을 통해서 하려는 의도로 회원국 A에 신청한 지점개설등기를 회원국 A가 거절하는 것은 EC조약 제43조 및 제48조의 위반이다. 그러나 회원국 B의 회사(필요하다면 회원국 B와 협력하여) 또는 그 주주에 관하여 회원국 A의 채권자에 대한 의무를 회피할 의도로 회사설립을 수단으로 기망행위를 하고 있다고 판단되는 경우, 기망행위의 방지 또는 처벌의 목적에서 합당한 수단을 강구하는 것을 방해하지는 않는다.

해 설

회사의 개업의 자유

EC법상의 개업의 자유는 회원국의 국민에게 다른 회원국에서 개업하고 다른 회원국에 그 영업을 이전할 자유(1차개업), 나아가 대리점, 지점 또는 자회사를 통해서 다른 회원국에서 영업할 자유(2차개업)를 인정하며, 회원국의 법률에 따라 설립되어 그 회원국에 속하는 회사에 대해서도 인정되고 있다.(EC조약 제43조, 제48조 [EU기능조약 제49조, 제54조])

회사의 준거법을 따지는 회사속인법을 결정하는 방법은 영국이나 네덜란드와 같은 설립지법주의(회사의 설립등기지의 법률을 회사의 속인법으로 한다)와 많은 대륙법국가들에서 채용하는 주소지법주의(회사의 실제 영업의 본거지의 법률을 회사의 속인법으로 한다)로 크게 나뉘어 있다. 1차개업(회사의 본거지의 이동)에 관한 *Daily Mail* 사건(Case C-81/87, Daily Mail [1988] ECR 5483)에서 유럽사법재판소는 주소지법주의에 따라 EC법상 임의의 회원국에서 설립되어 등기된 회사가 그

영업의 본거지를 다른 회원국에 이전할 권리를 인정하지 않았다. 그러나 2차개업에 관한 본 판결은 설립지법주의에 따라 선례인 *Segers* 사건(Case 79/85, Segers [1986] ECR 2375)의 판시를 인용하였다. 즉 개업의 자유를 적용할 때 EC조약 제48조는 한 회원국의 국내법에 의해서 설립된 회사가 EU역내에서 등기상의 사무소, 경영센터 또는 주요한 영업소를 가질 것만을 요건으로 하며, 이 요건만 충족하면 당해 회사의 대리점, 지점 또는 자회사에서만 모든 사업이 이루어지고 있다는 점은 중요하지 않다는 판시이다. 이에 EC조약 제48조의 '회사의 등기상의 주소, 경영관리센터 또는 주요한 사무소의 소재지'는 특정한 회원국의 법제와 당해 회사의 연결점이며, Centros사와 같은 paper company라도 실제 모든 영업이 이루어지고 있는 덴마크의 회사가 아니라 영국의 회사가 되며, 따라서 본 건은 덴마크법이 아니라 EC법의 문제로 EC법의 개업의 자유보장에 따른다고 판시함으로써 EC법이 본 건에서 적용되지 않는다는 덴마크 정부의 주장을 배척하였다.

또한 덴마크 정부는 Bryde 부부가 덴마크 최저자본규제를 회피하려는 목적으로 개업의 자유를 남용한 결과, 개업의 자유라는 권리의 보호는 받을 수 없다고 주장하였다. 유럽사법재판소는 회원국이 개업의 자유의 남용을 규제하는 수단을 강구할 권리 자체는 인정했지만, 권리남용의 유무 판단은 관련된 EC법규정의 뜻에 기초하여 판단되어야 하며, 가장 규제가 완화된 회원국에서 회사를 설립하고 다른 회원국에서 그 지점을 개설하는 것은 개업의 자유의 남용이 아니라, 단일시장에서의 개업의 자유행사에 따르는 귀결이므로 개업의 자유가 보장되는 권리의 범위 내에 있다고 하면서 덴마크 정부의 주장을 배척하고 있다. 또한 회원국의 회사법제의 차이가 그러한 결론에 영향을 주지 않는다고 하여, 회사법제의 차이에 대한 정책적인 배려도 배척하고 있다. 본 판결의 재판연구관 의견(의견 20단)은 개업의 자유는 EU시민에게 그 동기의 여하를 불문하고 회원국들의 법제를 이용하며, 계약상의 자유와 함께 역내에서 사업활동의 기회를 부여한다는 보다 실체적인 논의를 전개하고 있다. 본 판결은 이와 같이 강한 어조는 아니지만, 개업 자유의 본질론을 펼치고 있어 회사의 2차개업의 자유에 관한 강력한 선언을 읽을 수 있다.

회원국의 정당한 규제

뒤이어 본 판결은 덴마크의 법규제가 EC조약 제46[EU기능조약 제53]조의 일반이익 또는 선례상 인정된 정당한 규제인가를 검토하였으나, 모두 부정하였다.

그러나 제46조의 적용 이유에 대해서 본 판결은 침묵하고 있다. 본 판결의 재판연구관 의견은 제46조의 적용은 사회의 일반이익에 대한 진실하고 충분히 중대한 영향을 줄 우려가 있는 경우라고 해석하고 본 건의 사실을 분석하고 있지만(재판연구관 의견 21-22단), 본 선결적 판결이 이를 답습하고 있는지는 확실하지 않다. 회사의 2차적 개업의 자유를 EC법상의 권리로서 들고 있는 이상, 회원국 규제와의 이익형량이나 구체적 타당성의 추구는 모두 제46조를 포함하는 일반이익 기타 정당화 사유의 유무에 대한 판단에 의할 것이므로 본 판결에서 이러한 점들에 대한 사실인정과 그 근거가 있을 것이라고 생각된다. 따라서 이후 유사한 사건의 쟁점은 각 조건마다의 당해 회원국의 국내법에 대한 분석에 달려 있을 것이고, 회원국정부가 충분히 납득하는 근거를 대는 것이 중요할 것이다.

본 판결의 의의와 영향

국제기업법무 특히 M&A와 금융법무에서 paper company를 사용한 거래의 구조 조성은 일상적으로 이루어지고 있으므로 실무가의 눈에는 '당연'하게 보이는 본 판결의 결론이 그 후에 수많은 토론을 이끌어 냈다. 이는 EU회원국의 회사제도와 기업활동이 얼마나 각국마다 {달리} 규제되고 있는지를 보여주는 반증이라고 생각된다. 회사설립에 대해서 설립지법주의에 따라 EU역내에서 설립된 회사가 가령 paper company라고 해도 설립 후에 다른 회원국에 지점을 설치할 EC법상의 권리를 인용하고, 그 결과 EU역내에서의 회사설립지 선택을 원칙적으로 법규제회피에 의한 권리남용이 아니라고 하여 기업가의 절대적인 재량에 맡긴 본 판결의 내용은 국제거래의 실태에 적합한 것이며, EU역내의 기업활동의 자유를 통해서 역내시장 활성화와 통합추진에 기여하는 것이므로 판시에 찬성한다.

설립지법주의와 본거지법주의

역내시장의 통합을 하나의 주요 목적으로 하는 EC경제관련법규의 특성상 유럽사법재판소의 해석은 문리적이어야 하면서도 배후의 현실적인 경제정책에 많은 영향을 받게 되고, 때로는 판결내용이 그 후의 EU 정책에 다소 영향을 미쳤다고 생각되는 부분도 많다. 본 선결적 판결도 그 예들 중의 하나라고 할 수 있을 것이다.

본 선결적 판결 이후, 유럽사법재판소에서 설립지법주의에 따라 회사의 등기소재국 이외의 회원국으로 사업본거지를 이동(1차개업)하는 것에 대하여 개업의 자유를 용인한 *Überseering* 사건(Case C-208/00, Überseering [2002] ECR I-9919)이나 네덜란드의 형식적 외국회사(외국에 paper company를 설립하고 네덜란드의 지점에서 실질상 모든 영업을 하는 회사)의 지점등기시에 최저자본{납입}이나 이사의 연대책임을 부과한 것은 EC법의 개업의 자유에 위반하는 것이라고 한 *Inspire Art* 사건(Case C-167/01, Inspire Art [2003] ECR I-10155)에서 본 판결의 판시가 인용되었다는 것을 보면, 본 판결이 가지는 회사 개업의 자유에 관한 선도적 판례로서의 성격을 엿볼 수 있다.

EC입법과 회사속인법

또한 2001년의 EC규칙(Council Regulation No 2157/2001 on the Statute for a European company (SE), [2001] OJ L 294/1)에서 2004년 10월부터 도입된 유럽회사(European Company, SE) 제도에서는 기본적으로 주소지법주의를 채용하면서 유럽회사가 다른 회원국에 정관상의 본점을 이전할 자유를 가진다고 하였다. 또한 2004년 2월에 공개청문(public consultaion)에 붙여져 2010년 현재 아직 유럽집행위원회에서 입법이 검토되고 있는 EC제14회사지침(회원국간의 회사의 등기상의 주소이전)에서는 이전할 회원국에서의 신회사설립 또는 이전된 회원국에서의 회사의 청산 없이 EU역내에서 회사의 등기상의 주소를 이전하는 사항도 고려되고 있다. 이들 입법내용에 대한 본 판결을 포함한 상기 제판결의 영향을 검토하는 것도 흥미있는 과제가 될 것이다.

(由布節子)

제4부

경쟁법

32. Consten & Grundig 사건: EC조약 제81[EU기능조약 제101]조와 수직적 합의 –절대적 지역보호의 금지

Joined Cases 56/64 and 58/64, Consten SàRL and Grundig-Verkaufs-GmbH v. Commission [1966] ECR 299

[사실·쟁점]

EEC발족(1958년 1월)이 코 앞으로 다가온 1957년 4월, 독일의 전자기기 제조사인 Grundig(이하 'G')은 프랑스의 판매업자인 Consten(이하 'C')과 제품(라디오, 텔레비전, 테이프레코더 등)에 대한 독점판매계약을 체결하였다.

① 프랑스영토에서 G는 C에게만 G제품을 공급하며 다른 판매자에게는 공급하지 않는다.
② 프랑스영토에서 C는 G의 제품과 경쟁하는 타사제품을 취급하지 않는다. C는 G제품을 반드시 일정량 구입하고, G제품에 대한 사후관리를 제공한다.
③ 프랑스영토 외에서는 C는 G의 제품을 판매하지 않는다.
④ G는 자사상표 GINT를 EC 각국에 등록한다. 그러나 프랑스에서는 (프랑스판례에 의하여 상표권자만 상표권을 행사할 수 있으므로) C에게 GINT상표의 등록을 시킨다.(그러나 C가 G제품의 독점적 판매자가 아니게 된 때에는 프랑스법상의 GINT상표권은 G에게 양도한다.)
⑤ G는 프랑스 이외의 EC 각국에도 C와 같은 제품의 독점적 판매업자를 두고 그들과도 ①-④와 같은 계약을 체결한다. 특히 할당지역을 넘어 판매하지 않는다는 취지의 조항을 넣는다.

(또한 본 건 당시, 각국 상표권의 역내소진법리(본서 25번사건)는 등장하지 않았었다.)

1961년에, 프랑스의 다른 판매업자인 UNEF가 G제품을 독일에서 병행수입해서 판매하기 시작하였다. C는 프랑스재판소에 GINT 상표권 침해를 이유로 UNEF에 대한 G제품 판매금지를 청구하였다. 한편, UNEF는 유럽집행위원회에 C-G간의 독점판매계약의 EC조약 제85[후의 제81, EU기능조약 제101]조 위반을 고발하였다.

C와 G가 제출한 당해 계약의 심사를 하던 유럽집행위원회는 당해 계약 전체가 EC조약 제85조 위반이라고 결정하였다.(1964년) 이에 C와 G가 당해 결정의 취소소송(EC조약 제173[후의 제230, EU기능조약 제263]조)을 유럽사법재판소에 제기하였는데, 이것이 바로 본 건이다.

C와 G는 C-G간의 독점적 판매계약이 프랑스 영토 내에서의 G제품의 판매자 간의 경쟁(브랜드내 경쟁)을 제한하고 있지만, 바로 이것 때문에 판매자 C는 프랑스 영토 내에서 G제품의 시장판매촉진에 힘쓰며 비용을 (UNEF와 같은 병행수입업자 등에게 무임승차 당하지 않고) 투입하였고, 이러한 안정지속적인 신규시장의 개척노력의 결과 G제품과 타사 경쟁제품과의 경쟁(브랜드경쟁력)이 촉진되었으며 실제로 경쟁관계가 구축되었다. 이 때문에 본 건 계약을 공동시장의 경쟁제한이라고 판단하는 것은 법의 해석과 적용에 오류가 있는 것이라고 주장하였다.

주요한 쟁점은 본 건 C-G간의 독점적 판매계약이 브랜드내 경쟁은 제한하지만 브랜드간 경쟁을 촉진하므로 경쟁제한적인 것이 아니며, EC조약 제85조 1항에 해당하지 않는다고 해석해야 하는지에 대한 것이었다. 이하에서는 이러한 쟁점에 중점을 두고 소개한다.

또한 다른 쟁점(과 유럽사법재판소의 판단)은 만약 본 건 계약이 동조 1항에 해당한다면, 동조3항으로 정당화될 수는 없는지(물론, 재판소는 '할 수 없다'고 판단하였다), 또한 GINT 상표권의 행사가 경쟁법 위반이라면 지적재산권 행사를 정당한 것으로 인정하는 EC조약의 제조항에 반하는 것은 아닌지(경쟁법에 위반한 권리행사는 권리남용(improper use)이므로 제한해도 (제조항에) 반하지 않는다고 재판소는 결론내렸다), 위법한 계약조항이 계약의 다른 조항에서 분리될 수 있을 때 위법조항 뿐만 아니라 계약 전체를 무효로 하는 것이 위법은 아닌지(분명히 분리 가능한 경우에는 위법조항부분만을 무효로 해야 하므로, 이에 적법조항([사실·쟁점]에서의 ①과 ②)을 무효로 한 부분의 유럽집행위원회의 결정은 취소한다) 등이 있다.

판결 • • •

(단락 첫머리의 [ ]는 편자가 영문판 판결에 붙인 단락번호)

[14] 원고들(C와 G)는 제85[후의 제81, EU기능조약 제101]조 1항의 금지가 이른바 수평적 합의(horizontal agreement)에만 적용된다고 주장한다.

[15] 제85조의 문언이나 제86[후의 제82, EU기능조약 제102]조의 문언이 계약당사자가 활동하는 경제적(제조, 유통, 소비의) 단계(level)에 따라 양 조항 각각의 적용범위를 명확하게 특정하고 있다고 판단할 근거가 되지는 않는다. 제85조는 포괄적으로 공동시장의 경쟁을 왜곡하는 여러 합의에 대하여 언급하고 있을 뿐, 경제활동의 동일 단계에서 영업하는 경쟁자들끼리의 합의(수평적 합의)인지 다른 단계에서 영업하는 경쟁관계 내지는 동료들끼리의 합의(수직적 합의)인지는 전혀 구별하고 있지 않다. 원칙적으로 조약이 구별하지 않는 점에 해석으로서 구별을 두는 것은 인정할 수 없다.

[16] 판매권의 부여자와 피부여자가 상호경쟁관계가 아니라거나 대등한 관계가 아니라는 이유만으로 제85조가 독점적 판매계약에 적용될 가능성을 배제하는 것은 인정되지 않는다. 경쟁왜곡은 계약당사자간에 경쟁제한을 합의하는 경우에만 발생하는 것이 아니다. 계약의 일방당사자와 제3자와의 관계에서 일어날 수 있을 경쟁을 저해 내지 제한하는 합의에 의해서도 경쟁왜곡은 발생할 수 있다. 이 점은 합의의 당사자가 경제적 지위나 기능에 있어 대등한 입장에 있는가와는 무관하다.

[17] 따라서 … 다른 단계의 경제사업자끼리의 합의도 회원국간의 통상에 영향을 미치고 동시에 목적 또는 효과에서 경쟁의 방해, 제한 또는 왜곡이 될 수 있는 것이며, 따라서 제85조1항의 금지에 해당할 수 있다고 판단할 수 있다.

[19] 마지막으로 제조자와 판매자간의 합의는 회원국간의 통상에서 국가단위의 분할을 부활시킬 가능성이 있으며, 이는 (유럽경제)공동체의 가장 기본적인 목표의 달성을 저해하는 것이다. EEC조약은 전문과 본문에서 회원국간의 장벽의 철폐를 목적으로 하고 있으며, 또한 몇몇 조문에서는 장벽의 재출현에 대하여 엄격한 태도(stern attitude)를 보이고 있다. 따라서 사업자들이 그러한 장벽을 다시 구축하려는 것을 해당 조약이 허용하고 있다고는 해석할 수 없다. 제85조1항은 이 목적을 추구하는 것이며, 경제활동의 다른 단계에 속하는 사업자들간의 합의의 경우에도 마찬가지로 적용되어야 한다.

(원고들은 다른 제조자의 경쟁제품간의 브랜드간 경쟁에만 제85조1항이 적용되어

야 한다고 한다. 또한 원고들은 G제품의 판매자간의 브랜드내 경쟁을 제한하는 독점적 판매계약 덕분에 현실적으로 시장의 브랜드간 경쟁이 촉진되므로, '합리성이론(rule of reason)'에 기초하여 유럽집행위원회는 본 건 계약에 제85조1항을 적용해서는 안된다고 주장한다.([30]단)

[31] 자유경쟁의 원칙은 여러 단계·형태의 경쟁에 관여한다. 일반적으로 제조자간의 경쟁이 같은 제조사 제품의 판매자간 경쟁보다는 눈에 띄지만, 이 때문에 판매자간 경쟁을 제한하려는 목적의 합의가 제조자간의 경쟁을 촉진시킬 수 있다는 이유만으로 제85조1항의 금지에서 제외된다는 것은 아니다.

[32] 제85조1항을 적용할 때 일단 합의의 목적이 경쟁을 저해, 제한 또는 왜곡하는 것에 있다면 합의의 구체적인 효과는 고려할 필요도 없다.

(이에 본 건과 같이 G제품에 대한 판매경쟁을 제한하는 본 건 합의에 제85조1항을 적용한다는 유럽집행위원회의 판단은 타당한 것이었다. 본 건 계약이 프랑스에서 C를 위한 '절대적 지역보호(absolute territorial protection)'를 창출하였기 때문이다. 이는 다음의 두 가지 점에서 명백하다. 첫 번째로 G는 프랑스를 포함한 국가들의 독점적 판매자에게 할당지역 이외로 수출하는 것을 금지하고 있었다.([사실·쟁점]의 ②, ③) 따라서 프랑스시장에서의 G제품의 판매경쟁에서 C 이외의 제3자는 배제된다. 두 번째로 G의 상표 GINT를 C가 프랑스에서 등록하고 상표권을 행사하여 타국으로부터의 GINT 상품의 유입을 저지할 수 있다.([사실·쟁점]에서의 ④) G제품을 프랑스에 병행수입하는 판매자는 중대한 법적 위협에 직면하게 된다.([34-36]단))

[37] 그 결과 프랑스시장은 고립(isolation)되어 (C는 G의) 제품에 대한 여러 실효적인 경쟁에서 차단되고(sheltered from all effective competition), 가격설정이 가능해진다. … 본 건의 합의는 G제품의 프랑스시장을 고립시키고 … 공동체에서 각국별 시장을 인위적으로 유지하는 것(maintaining artificially separate national markets within the community)을 목적으로 한 것이므로 공동시장의 경쟁을 왜곡하는 것이다.

(따라서 본 건 합의가 제85조1항에 해당한다고 한 유럽집행위원회의 판단은 타당하다. 목적이 위법인 이상, 본 건 계약의 경제적인 효과를 검토할 필요는 없다.([38]단))

해 설

사건의 의의

이 판결은 EC경쟁법에서 가장 중요한 판례 중의 하나이다. 유럽사법재판소는 판매에 관한 '절대적 지역보호(absolute territorial protection)'(제3자에 의한 판매를 근절하는 성격의 지역보호)가 EC조약 제81[EU기능조약 제101]조 1항에 위반되며 동조 3항으로도 정당화될 수 없다고 판단하였다. 특히 본 건의 절대적 지역보호는 국경선을 따라 각국 시장을 분단하는 것이기도 하였기에 회원국간 무역장벽 철폐로 공동시장을 형성한다는 EC의 기본목적에 정면으로 대립하는 것으로 '엄격하게' 금지되고 있는데, 이러한 EC경쟁법 특유의 기본원칙을 보여준 판결이다.

EC경쟁법의 목적

EC경쟁법(EC조약 제81·82[EU기능조약 제101·102]조나 합병규칙 등)은 두 개의 목적을 가진다. 이는 경쟁법이므로 첫 번째 시장경제하에 적정한 자원의 배분이나 효과적인 생산 등 경제적인 효율성을 유지·확보하기 위한 경쟁적인 시장을 실현하는 것을 목적으로 한다. 이는 기업의 자기판단에 기초한 경쟁적 활동에 의한 경제 발전을 촉진하고 소비자의 복리를 증진하며, 적어도 장기적으로는 고용수준을 높이게 된다. 이러한 목적은 일본을 포함한 각국의 경쟁법(독점금지법)에 공통하는 것이다.

그러나 EC경쟁법은 EC 특유의 두 번째 목적도 가진다. EC에서 시장통합을 촉진한다는 목적이다. EC조약의 계획대로 회원국의 상품 등에 대한 통상규제가 상호 철폐되어 생산요소의 자유이동이 실현되고 EC역내의 단일 경제시장이 이룩되면, EC역내에서 지역마다 상품의 판매가격에 큰 이문을 붙여 판매한다는 것이 사실상 불가능해진다. 상품은 염가판매되는 지역에서 고가매수되는 지역으로 자유롭게 이동하기 때문이다. 그러나 민간의 기업간 또는 사인간의 계약으로 상품의 판매에 대한 제한을 구축하여 인위적으로 장벽이 형성되어 버리면, 공적 장벽을 대신하여 사적 장벽이 새로이 들어서게 되는 것으로 상품과 서비스 등이 자유로이 이동할 수 있는 단일시장, 역내시장의 실현은 멀어지고 만다. EC경쟁법은 본 판결 19, 37단에도 나타난 바와 같이, 이러한 사인에 의한 인위적인 장벽구축을 배제하고 EC에 하나의 시장을 실현하기 위하여 중요한 기능을 하고 있다. EC경쟁법을 해석할 때에는 시장통합의 촉진이라는 목적도 항상 염두에 두어야 할 필요가 있다.

브랜드간 경쟁과 브랜드내 경쟁

그런데 경쟁이라고 한 마디로 표현하지만, 시장에서의 경쟁의 형태에는 다른 생산자의 제품간 경쟁(브랜드간 경쟁)과 동일한 제조자의 제품에 대한 판매업자간의 경쟁(브랜드내 경쟁)이 있다. 경쟁법은 일반적으로 그 두 가지 모두의 경쟁을 규율하려는 것이다.

수평적 합의·수직적 합의

한편, 경쟁을 제한하려는 사업자간의 합의의 형태에는 수평적 합의와 수직적 합의의 두 가지가 있다. 수평적 합의란 상품의 제조, 유통의 각 단계에서 같은 단계에 속하는 자들끼리의 합의이다.(가령 제조사간, 도매업자간, 소매업자간의 합의) 수직적 합의란 유통단계의 다른 단계에 속하는 자들 간의 합의이다.(예를 들어 제조사·도매업자간, 도매업자·소매업자간의 합의 등)

수평적 합의는 브랜드간 경쟁을 제한하는 효과를 가지는 것이 많아(이른바 카르텔 등) 경쟁법에 의한 개입적 규제를 요하는 것이 많다. 그러나 수직적 합의는 한편으로는 브랜드내 경쟁을 제한하면서도(본 건에서의 G제품 판매자간의 경쟁제한), 한편으로는 브랜드간 경쟁을 촉진하는 효과를 가진 것도 있어(본 건에서 G제품과 타사제품의 경쟁격화), 반드시 수평적 합의와 동렬에서 논할 수는 없다. 그렇지만 수직적 합의 그 자체에도 경쟁제한적 효과가 있는 이상, EC조약 제81조 1항의 규제의 대상으로 해야 할 필요가 있다. 특히 본 건과 같이 수직적 합의에 의해서 EC 회원국간의 통상에 관하여 인위적인 장벽이 구성될 가능성은 부정할 수 없는 만큼, 제81조 1항이 수평적 합의와 수직적 합의를 모두 규제대상으로 한다는 본 판결이 판시([15-17]단)하는 바는 타당하며 확립된 판례이다.

위법성의 인정방법

EC조약 제81조 1항에 해당하는 위법성이 인정되려면, 복수의 사업자간의 합의의 '목적 또는 효과'가 경쟁제한적이어야 한다. 본 판결은 합의가 경쟁을 저해, 제한 또는 왜곡하려는 '목적'을 가진 때에는 합의의 구체적인 경제 '효과'를 고려할 필요가 없다고 판시하였다.([32], [38]단) 이러한 입장은 본 건의 직전에 내려진 별건(Case 56/65, Société Technique Minière v. Maschinenbau Ulm GmbH [1966] ECR 235)에서 이미 나타난 바 있다. 즉 제81조1항의 적용시에는 ① 합의가 경쟁제한적인 목적을 가지는지를 먼저 검토한다. 합의가 이행된 경제적 문맥에 비추어 합의의 제조항의 일부 또는 전부로부터 경쟁제한이 발생할 가능성이 있는 경우에는 그것으로 제81조1항에 해당한다고 판단한다. 충분히 확인되지 않는 경우에는 ② 합의의 경제효과를 검토한다. 현실의 경제적 배경하에 문제의 합의가 존재하지 않았다면 발생할 수 있었을 경쟁이 당해 합의의 존재로 인하여 인지가능한 정도(appreciable extent)로 실질적으로 방지, 제한 또는 왜곡되었음을 나타내는 요소가 인정되어야 한다.

이와 같이 '목적'의 판단을 경제 '효과'의 판단에서 분리하여 선행시키고, 규범적인 평가만으로 해당 합의를 경쟁제한적이며 위법한 것이라고 판단하는 것은 민간 사업자 등의 경쟁의 동적인 실태를 반영하지 않아 지나치게 정적이고 형식적인 판단이어서 시장경쟁을 촉진하지 못한다고 비판받아 왔다. 즉 지금까지 G제품이 참가하지 않았던 프랑스 시장에 C의 독점적 판매 덕분에 G사와 타사의 브랜드간 경쟁이 발생하였다. 그것도 정품 딜러의 C가 G사의 순정품으로 사후서비스를 한다. 그 결과 프랑스의 소비자는 유사제품의 선택지도 늘고 받는 서비스의 질도 향상되었다는 경쟁의 이익을 충분히 향수하였다. 이러한 상황에서 개입 규제의 합리적 근거는 무엇이냐는 주장이었다.(이 '합리성의 이론(rule of reason)'에 의한 주장에 대하여, 본서 34번의 사건해설도 참조) 본 건의 Roemer 재판연구관도 같은 입장에서 의견을 개진하였다. EC경쟁법이 전술한 제1목적만 있었다면, 이러한 주장도 설득력을 가질 수 있었을 것이다.

절대적 지역보호의 금지

그러나 EC경쟁법은 또한 시장통합을 목적으로 한다. 그 목적을 위한 수단으로서도 작용한다. 따라서 유럽집행위원회나 본 건의 유럽사법재판소도 결과적으로 발생한 경쟁상태('효과')보다 합의의 '목적'의 검토가 먼저라는 것을 본 건에서 강조하였고 '절대적 지역보호'를 목적으로 하는 계약을 '엄격하게' 금지하였다. 단일시장을 국경선을 따라 분단하려는 내용을 가진 계약의 경우, 단일시장의 형성을 진전시키려는 공적 입장(유럽집행위원회나 사법적극주의를 지향하던 당시의 유럽사법재판소)에서는 단일시장의 형성을 고의로 방해하는 행위로 비추어질 것이다. 따라서 경제적인 효과론에 의한 정당화 등을 일절 인정하지 않아야 한다는 규범적 판단이 작용하였다. 본 판결은 EC조약 제81조3항(정당화 사유)의 적용도 일단은 검토하고 있지만 '절대적 지역보호'는 C나 G가 말하는 경제효과의 순기능을 가져오기 위한 불가결한 제한이 아니므로(동3항 단서a호), 3항에 의한 정당화(1항 적용면제)도 인정되지 않는다고 한다. 무엇이 불가결한 것인지는 경제적인 문맥을 따르는 사실에 대한 평가이므로(가령 독일과 프랑스에서는 언어와 전압이 다르기에 판매지역을 분리한다는 등의 이유의 적부), 본 건의 재판소는 사실을 살펴보지도 않고 국가별 시장으로 분단하지 '말아야 하므로' 불가결하다고 할 수 없다는 규범적인 판단만을 반복하였다. 그 결과, 시장에 대한 신규진입을 시도하기 위한 (가령 일시적인) 판매지역보호나 절대적 성격의 것 ― 당해 지역에서 제3자의 판매경쟁을 근절(eliminate)하는 것 ― 과 무엇이든 국경선을 따라 각국 시장의 분단유지가 되는 것은 전면적으로 금지되며 정당화도 인정되지 않는다는 EC경쟁법 운용의 기반을 설정하였다.

절대적 성격을 갖지 않는 지역보호는 허용될 수 있다. 이후 유럽사법재판소는 본 건과 유사한 사안 ― 제조자와 판매자간의 독점적 판매합의로서 국경에 따른 판매지역보호가 붙은 것 ― 에 대하여 당해 지역에서의 병행수입자 등 제3자에 의한 판매경쟁을 배제하지 않는 '개방적(open)' 지역보호는 EC조약 제81조1항의 금지에 해당하지 않는다고 판단하였다.(Nungesser 사건(본서 34번사건) 참조)

적극적 판매와 수동적 판매

'개방적'인 지역보호가 있는 독점적 판매계약과 관련하여 적극적 판매(active sale)의 제한과 수동적 판매(passive sale)의 제한을 구별하는 것도 중요하다. 어떤 제조사가 지역마다 각 별도의 판매업자에게 독점적 판매권을 준 경우, 계약지역 A의 판매활동을 최우선시하고 A 이외의 지역에 대해서는 적극적 판매(광고선전활동 등)를 하지 않도록 제한하는 것은 독점적 판매계약의 본질적 부분이므로, 그것 뿐이라면 제81조1항의 금지에는 해당하지 않는다. 그러나 적극적 판매제한에 더하여 계약지역 밖에서 자발적으로 온 주문에 응하는 수동적 판매까지도 제한하는 것은 제81조1항에 의해 금지된다. 이유는 그것까지 제한하는 것은 절대적 지역보호에 근접하는 것이기 때문이다. 수동적 판매에서는 그러한 주문을 받아 수동적 판매를 한 지역 A의 독점적 판매자는 지역 B의 독점적 판매자에게는 판매상의 경쟁자(제3

자)가 된다. 역의 경우도 마찬가지이다. 수동적 판매의 여지를 인정하지 않는다면, A나 B 각각의 지역보호가 상호간에 절대적인 것에 가까워진다. 따라서 수동적 판매까지 제한하는 지역보호는 금지된다.

적용면제심사의 통합적 역할

1950년대부터 2004년 4월까지 EC경쟁법의 시장통합목적을 제도면에서 지지하고 있었던 것이 유럽집행위원회의 3항 심사제도였다. EC조약 제81조1항에 해당하는 위법한 합의도 3항으로 정당화될 수 있다면 1항의 적용이 면제되어 유효하게 된다. 이 적용면제 심사권한은 2004년 4월 말까지 유럽집행위원회가 독점하고 있었다.(Regulation 17, [1962] JO 204/62, [1962] OJ Eng. Spec. Ed. 87) 사업자는 합의가 제81조1항에 해당하지 않는다는 확신을 가질 수 없는 경우 3항으로 1항의 적용면제를 받고 싶다면 유럽집행위원회에 합의를 제출해야 한다. 유럽집행위원회는 그 외 직권에 따라 조사·적발할 권리도 있었다.(전술한 Regulation 17) 이렇게 유럽집행위원회는 합의의 제출을 받아서 또는 스스로 조사하여 단일시장 형성을 방해하는 합의를 직권적으로 적발할 수 있는 제도를 구축하였다. EC경쟁법의 주요한 운용실무나 판례법도 이러한 일원적 제도 하에서 형성되었다.

그러나 EC가 확대되고 사업자간 합의의 심사 수는 확대되는 일면, 유럽집행위원회의 인적 자원은 비례적으로 증가하지 않았기에 심사의 지연이 만성화되었다. 이에 유럽집행위원회는 정형적인 합의유형에 대해서는 일정한 요건을 충족하면 1항에 해당하지 않는다거나 3항의 정당화를 인정한다는 '일괄적용면제규칙(block exemption Regulation)'을 제정하기도 하였다. 그러나 심사의 지연은 해소되지 않았다. 1992년 시장통합정책을 일단락시킨 유럽집행위원회는 1990년대 후반부터 경쟁법 개혁에 돌입하여 유럽집행위원회의 중앙집권적인 적용면제심사제도를 폐지하고, EC조약 제81조3항을 포함한 제81조와 제82조를 각국의 경쟁당국과 각국 재판소에서도 직접 적용할 수 있는 분권체제로 전환하였다.(Regulation 1/2003, [2003] OJ L 1/1 신규칙이라고 한다) 2004년 5월부터 이행된 이 제도 하에서는 사업자는 합의를 제출할 필요가 없다. 대신에 각국의 경쟁당국이나 유럽집행위원회가 EC조약 제81·82조 위반이 의심되는 사건을 적발할 수 있다.(신규칙 제1, 4조) 각국의 경쟁당국과 유럽집행위원회는 상호 연락을 하며(신규칙 제11조1항), 어느 쪽인가가 사안을 담당하여 처리한다.(동조 6항)

경쟁법과 지적재산권

그런데 본 건에서는 EC경쟁법에서 상표법의 행사를 규제하는 것의 가부도 다투어졌다. 일반적으로 경쟁법과 지적재산권법간의 조정은 쉽지 않다. 경쟁법은 독점을 금지하고 경쟁의 촉진을 추구하는 것인데, 지적재산권법은 권리의 독점적인 취득 내지는 이용을 본질로 하기 때문이다. 본 판결의 유럽사법재판소는 지적재산권에 대하여 권리의 부여(grant)와 권리의 행사(exercise)를 구별하고, EC조약 제81조1항의 실효성을 확보하기 위해서 필요한 범위 내에서 권리의 행사는 제약될 수 있다고 판시하였다. 또한 상품의 자유이동원칙과 지적재산권의 행사에 따른 자유이동저해 간에도 같은 문제가 발생한다. 이 때에도 거의 같은 논리로 지적재산권의 '존재(existence)'는 EC법의 규제가 미치지 않지만, '행사(exercise)'에는 미친다고 하는 구별론이 적용되었다. 그리고 이는 지적재산권의 역내 '권리소진원칙(exhaustion of right)'이 판례법상 대두되는 계기가 되었다.(Centrafarm 사건(본서 25번사건))

(山岸和彦·中村民雄)

33. ICI (염료) 사건: EC조약 제81[EU기능조약 제101]조의 '공동행위' 및 역외적용

Case 48/69, ICI(Imperial Chemical Industries Ltd.) v. Commission [1972] ECR 619

[사실 · 쟁점]

본 건은 유럽 국가들의 염료제조사의 가격인상담합에 관한 것이다. 당시 EC는 독일, 프랑스, 이탈리아, 베네룩스 3국의 6개국으로 구성되어 있었다. 여기에 스위스와 영국이라는 근린의 역외국가들을 더하여 유럽국가들의 염료제조사 10개사가 1964년, 65년, 67년의 3번에 걸쳐 각 회사의 동색·동종의 염료에 대해서 일률적으로 가격을 인상하였다. 가격인상행동의 자세한 내용은 뒤의 [판결]이 인정한 대로이다.

당시 EC역내 염료시장의 80%를 이 10개사가 공급하고 있었다. EC역내의 염료시장은 5개의 각국 시장으로 나뉘어 있었으며, 각국 시장마다 염료가격에 차이가 있었다. 각국의 염료 수요가 다르고 각 염료제조사의 비용구조도 달랐으며, 각 제조사는 많은 종류의 염료를 제조하고 있었다. 염료는 타사제품과 대체성이 있는 통상염료와 대체할 수 없는 특수염료로 대별된다. 10개사 모두 통상염료로서 다양한 색상의 염료를 제조하고 있었지만, 특수염료는 몇 개 사만이 제조하고 있었고 특수염료시장은 과점경향이 매우 뚜렷하였다.

이러한 경제적인 배경에도 불구하고 10개 제조사의 인상폭이 동일하고 대상염료도(극히 일부의 예외를 제외하고는) 동일하였으며, 이행시기도 동일 또는 근접기간 내에 이루어진 가격인상이 3번이나 반복되었다는 것은 제조사간 사전 일제 인상합의가 있었다고 밖에 달리 합리적인 설명을 붙일 수 없다고 유럽집행위원회는 판단하고, 10개사가 제85[후의 제81, EU기능조약 제101]조1항 위반의 공동행위(concerted practice)에 해당하는 가격인상을 하였다고 인정하여 10개사에 과징금을 부과하였다. 10개사란 EC역내의 6개사(독일의 BASF사, 바이엘사, 캇세라사 등의 4개사, 프랑스의 프랑칼라사, 이탈리아의 ACNA사), 역외의 4개사(스위스의 치바사, 가이기사 등의 3사와 영국의 ICI사)이다. 역외 4개사는 모두 EC역내에 자회사를 설립하고 있었다.

영국의 원고 ICI사가 유럽집행위원회의 결정에 대한 취소소송을 유럽사법재판소에 제기하였다. 원고의 주장은 다음의 2개였다.

① 본 건에 공동행위는 존재하지 않았으므로 법령의 적용에 착오가 존재한다. 본 건의 염료시장은 과점적이지만, 현실적으로는 가격경쟁이 치열하여 가격은 항상 등락하는 경향이 있다. 이러한 정황에서는 price leader적인 기업이 가격을 올리면, 필연적으로 동업자도 동일한 가격인상을 단행하게 된다. 어느 기업이 가격을 올리지 않고 있으면 타사도 금방 파멸적인 가격경쟁으로 돌입하기 때문이다. 또한 가격인상의 대상범위가 동일하였던 것은 각 사 모두 많은 종류의 염료를 제조하고 있었으므로 염료마다 가격을 올리는 것은 실무적으로 불가능하기 때문이다. 가령 통상염료에 대하여 각 사가 독자적인 가격인상을 하였다 해도 상대적으로 저렴한 제조사에 주문이 폭주하게 되는데, 염료재고량에는 한도가 있으며 폭주하는 수요에 대응할 설비확장은 즉시 가능한 것이 아니며, 그 사이에 다른 회사에서도 가격경쟁에 열을 올리게 되므로 그 제조사는 큰 수익은 거둘 수 없다. 또한 특수염료는 수 개의 관계사 총매상의 극히 일부에 불과하며 수익도 미미하였다. 본 건과 같은 가격경쟁이 치열한 과점적 시장구조에서 상황증거로 공동행위의 존재를 인정한 유럽집행위원회의 판단은 잘못된 것이다.

② 유럽집행위원회에는 역외기업에게 EC경쟁법을 적용할 관할권은 없으므로 권한결여의 위법이 있다. ICI는 역외기업이며, 자회사가 역내에 있기는 하지만 독립한 법인격을 가진 다른 경제주체이므로 역내 자회사의 행위야말로 EC조약 제85조의 적용대상이 되는 것이며, 모회사인 역외의 ICI는 적용대상이 되지 않는다.

이상으로부터 주요한 쟁점은 첫 번째로 EC조약 제85조 1항의 '공동행위'는 어떻게 확립해야 하는지, 이에 부수하여 본 건에서 공동행위가 존재하였는지, 두 번째로 역외에 있는 원고에게 EC경쟁법의 적용이 있는지에 대한 것이었다.

판결 • • •

(유럽사법재판소는 공동행위를 정의한 뒤, 본 건에서 공동행위의 존재를 인정하였다. 또한 역외국의 모회사에 EC경쟁법을 적용하는 것도 인정하였다.)

공동행위의 개념

64. EC조약 제85[후의 제81, EU기능조약 제101]조는 '공동행위(concerted practices)'의 개념과 '사업자 간의 합의(agreements)' 또는 '사업자단체의 결정(decisions)'이라는 개념을 구별한다. 그 목적은 정식으로 합의(agreements)가 체결되는 단계에 이르지 않았어도 경쟁의 위험을 사업자간의 실제적 협력으로 의도적으로 도치시키는 사업자간의 행동조정(coordination)의 형태를 동조의 금지의 대상으로 포함하기 위해서이다.

65. 바로 그러한 성격에서 공동행위가 반드시 계약의 모든 요소를 구비하지 않아도 참가자의 행동에서 알 수 있는 행동조정으로 발생할 수 있다.

66. 병행행위(parallel bahaviour) 그 자체는 공동행위와 동일하지 않을 수 있지만, 만약 그것이 제품의 성격, 사업자의 규모와 수, 시장규모에서 볼 때, 통상의 시장의 상태와 다른 경쟁상태에 이르게 된 때에는 공동행위의 유력한 증거(strong evidence)가 될 수 있다.

67. 이것이 특히 맞아 떨어지는 것은 병행행위가 그 관여자에게 자유경쟁시에 다다를 수 있었을 수준과 다른 수준에서 가격을 안정시킬 수 있도록 하고, 그 확립된 지위를 강화하여 공동시장에서의 제품의 효과적인 자유이동과 소비자의 구입처선택의 자유를 해할 때이다.

68. 따라서 본 건에서 공동행위가 존재하였는지는 개별적으로 판단할 것이 아니라 문제의 제품시장의 특징을 감안하여 유럽집행위원회 결정이 근거로 삼은 증거를 종합적으로 고려하는 방법을 통해서만 올바로 판단할 수 있다고 해야 한다.

(다음과 같이 서술하고, 본 건의 일괄적 가격인상이 의도적인 공동행위였다고 판단하였다. 즉 1964년, 1965년, 그리고 1967년의 가격인상은 상호관계가 있다. 제2회 가격인상인 1965년 1월 1일에 독일에서 단행된 아닐린계염색료의 15% 가격인상은 1964년 1월에 이탈리아, 네덜란드, 벨기에, 룩셈부르그에서 있었던 제1회 가격인상이 독일로 확장된 것이다. 프랑스 이외의 모든 회원국에서 염료 및 안료의 가격이 인상되었는데, 제1회 가격인상 대상에서 제외된 것들을 대상으로 하고 있다. 제3회의 1967년 가을에 단행된 8% 가격인

상 때에 프랑스에서는 12%의 가격인상이 이루어졌다. 프랑스에서는 가격통제제도 때문에 1964년, 1965년에 가격인상을 할 수 없었기 때문에 이를 보충하고자 한 것이다. 따라서 이 3번에 걸친 가격인상은 상호 별도의 것이 아니다.(83-87단)

1964년의 가격인상에서는 모든 관계사업자가 가격인상을 발표하고, 즉시 이행하였다. 이니셔티브는 스위스 치바사의 지시 하에 이탈리아의 치바사가 시작하였고, 1964년 1월 7일에 15% 가격인상을 발표·이행하였으며 이탈리아 시장에서 2~3일만에 다른 제조사들도 이에 동참하였다. 네덜란드에서는 1월 9일에 네덜란드 ICI사가 동률의 가격인상의 이니셔티브를 취하였고, 독일 바이엘사가 벨기에·룩셈부르크시장에서 마찬가지의 이니셔티브를 취하였다. 이들 가격인상은 거의 동일한 제품을 대상으로 하였다.(88-90단)

1965년의 가격인상에 관해서는 몇몇 사업자가 사전에 가격인상의 예고를 하였지만 그 가격인상은 독일시장에서는 15%, 기타시장에서는 10%였다. 이 가격인상의 사전발표는 1964년 10월 14일에 BASF사가 발표하였고, 10월 30일에는 바이엘사, 11월 5일에는 캇세라사가 뒤이었다. 이 가격인상은 가격동결이 진행되고 있었던 프랑스시장 및 ACNA사가 가격인상에 응하지 않았던 이탈리아시장을 제외하고 1965년 1월 1일에 동시 실시되었다. 가격인상의 대상이 된 제품은 동일하였다.(91-95단)

1967년의 가격인상에 대해서는 ACNA사를 제외한 모든 관계사업자가 출석한 1967년 8월 19일 스위스의 바젤에서 개최된 회의에서, 가이기사가 1967년 10월 16일부터 8%의 가격인상을 이행할 의도라고 발표하였다. 그 자리에서 바이엘사와 프랑칼라사도 가격인상을 고려하고 있다고 말하였다. 9월 중순부터 모든 관계사업자는 8%의 가격인상과 프랑스에서의 12% 가격인상을 발표하고, 이탈리아를 제외한 모든 회원국에서 10월 16일에 가격인상을 이행하였다.(96-98단)

이러한 사전예고에 의하여 사업자는 장래의 행위에 대한 사업자상호간의 불확실성을 모두 제거하고, 시장에서 독자의 변경행동을 취하는 것에 따르는 위험을 대폭 제거할 수 있었다. 이 예고는 가격인상폭에 관하여 시장을 투명화하고, 염료시장에서 가격의 포괄적이고 동일하며 고정적인 가격인상을 가져왔다. 이렇게 사업자는 시장에서의 가격경쟁을 가능케 하는 전제조건을 일시에 제거하고, 시장에서의 행동을 병행통일(parallel uniformity of conduct)할 수 있었다.(101-103단))

104. 이 행동이 자발적이지 않다는 것은 시장의 기타 사항을 검토하면 알 수 있다.

105. 우선 관련 제조자의 수로 보아 유럽의 염료시장은 가격경쟁이 이미 중요한 역할을 할 수 없는 엄밀한 의미에서 과점(oligopoly)이라고 할 수 있는 상태가 아니다.

106. 당해 제조자들은 유력하고 수도 많기 때문에 가격인상시에 일부회사가 대세를 거스르고 독자적인 행동을 하여 시장의 점유율을 확장하려고 할 위험이 상당히 존재한다.

107. 또한 공동시장은 가격수준이나 시장구조가 다른 5개의 각국 시장으로 나뉘어 있으므로, 모든 각국 시장에서 자발적으로 통일된 가격인상이 일어날 수는 없다.

108. 각국 시장에서 개별적으로 포괄적·자발적 가격인상이 일어난다고 해도 각국 시장의 각각의 특색에 따라 가격인상폭도 각자 다를 것이 예상된다.

109. 따라서 관계사업자에게는 가격에 관한 병행행동이 위험없는 매력적인 목표임이 당연하지만, 동일행동이 동시에 동일한 각국 시장에서 동일한 제품범위에 대하여 자발적으로 일어났다고 생각하기는 어렵다.

…

113. 다른 시장에서의 포괄적·일률적 가격인상은 첫 번째로 가격수준 및 가격인하 경쟁에서 발생하는 상황을 조정하고, 두 번째로 경쟁조건의 변경이라는 가격인상에 내재하는 여러 위험을 회피하기 위하여 사업자가 공통의 의도를 가지고 행한 것이라고 밖에 설명할 수 없다.

…

115. 가격경쟁의 기능은 가격을 가능한 한 낮은 수준으로 억제하고 회원국간의 상품자유이동을 촉진하며, 이에 따라 생산성 대비 가장 효율적이며 실행가능한 사업배분을 가능케 하여 사업자가 스스로 변화에 순응하는 능력을 기를 수 있게 한다.

116. 가격의 차이는 EC조약의 기본목적의 하나이다. 회원국 시장에 대한 상호진입과 그 결과로서, 공동체 전역에서 소비자가 생산자에게 직접 접근할 수 있도록 촉진하는 것이다.

(117. 염료시장의 탄력성은 작기 때문에, 소비자가 각국 시장에 상호진입하는 경우를 인위적으로 줄이는 행동을 통제하는 것이 이 제품시장에서는 특히 중요하다.)

118. 각 제조자는 경쟁사업자의 현재 또는 예견할 수 있는 장래의 행동을 고려하여 자사제품의 가격을 자유로이 변경할 수 있다. 그러나 각 제조자가 가격인상에 관한 공동행위방침을 결정하기 위해서 또는 가격인상폭이나 대상제품, 이행일, 이행 장소 등의 필수요소에 관하여 서로의 행동에 대하여 불확실성을 사전에 제거하여 그 공동행위방침의 성공을 보장받기 위하여 경쟁사업자와 협력하는 것은 어떠한 방법에 의한 것이든 간에 EC조약에서 규정하는 경쟁법 위반이 되는 것이다.

119. 이상의 사실관계와 문제의 제품시장의 성격을 고려하여, 원고(ICI사) 및 위반절차의 대상이 된 다른 사업자의 행동은 경쟁의 위험과 경쟁사업자의 자발적인 대응에 따른 위험을 협력으로 치환할 것을 의도한 것이며, 이는 EC조약 제85조 1항이 금지하는 공동행위에 해당한다고 이해함이 합당하다.

유럽집행위원회의 관할권

(이점에 대하여 유럽사법재판소는 다음과 같이 판단하였다. 즉 공동체 내에 설립한 자회사를 통제할 힘을 이용하여 원고는 자기의 결정을 공동체 시장에서 확실히 이행할 수 있었다.(130단) 원고의 주장으로 이 행위는 자회사의 책임으로 돌려야 할 것이며, 모회사인 원고에게 책임을 물을 것이 아니라고 한다.(131단) 그러나 자회사가 독립한 법인이라는 것만으로 자회사의 행위를 모회사의 책임으로 돌릴 수 없는 것은 아니다.(132단) 특히 자회사가 독립한 법인격을 가지고 있지만, 시장에서 스스로 행동을 독립적으로 결정하지 않고, 모든 중요한 국면에서 모회사로부터 지시된 행동을 이행하는 경우에는 더욱 그러하다.(133단) 시장에서의 행동을 결정하는 것에 자회사가 현실적으로 자립성을 갖지 않은 때에는 모회사와 자회사 간에 제85조 1항의 금지를 적용하지 않는다고 해석함이 합당하다.(134단) 모자회사간의 일체성(unity)을 고려하면 자회사의 행위는 일정한 경우, 모회사의 책임으로 돌릴 수 있다.(135단) 어느 쪽이든 간에 원고는 본 건 당시 자회사 주식의 전부 또는 과반을 취득하고 있었다.(136단) 원고는 공동시장에서의 판매가격에 대하여 자회사의 방침에 결정적인 영향을 미칠 수 있었고, 실제로 3번의 가격인상시에 그 영향력을 행사하였다.(137단) 이 점에 대해서는 1964년의 가격인상시에 원고가 자회사에 보낸 팩스가 그 증거이다.(138단) 반대의 증거가 없는 한 1965년과 67년의 가격인상에도 같은 영향력을 행사하였다고 추정할 수 있다.(139단) 이런 모든 사실에 비추어, 형식적인 회사의 독립성이 경쟁법 적용시의 시장행위의 모자회사의 행동의 일체성보다 중요하다고는 할 수 없다.(140단) 뿐만 아니라 원고야말로 공동시장에 공동행위를 가져 온 사업자였다.(141단) 따라서 관할권 결여에 관한 원고의 주장은 정당성을 잃는다.(142단))

해 설

사건의 의의

본 건은 첫 번째로 EC조약 제81[EU기능조약 제101]조 1항의 '공동행위'의 의미를 밝히고 관련시장의 성격으로부터 사업자들이 자주적·자발적으로 행동한 결과가 결국 같은 행동으로 나타나게 되는 '병행행위'(이것은 제81조 위반이 되지 않는다)과 의도적으로 사업자간의 경쟁위험을 상호 삭감할 의도로 협력하는 '공동행위'(이것은 제81조 위반이 된다)의 구별을 명확히 하는데 의의가 있다. 그리고 본 건 사안에서는 그 구체적인 예로서 '병행행위'가 아닌 '공동행위'라는 것을 어떻게 증명할 것인가를 구체적으로 나타내는데, 이 점도 참고가 될 것이다.

두 번째 의의는 이른바 모자회사의 관계에 대해서 단일경제실체이론을 채택하여 시장에서의 행동결정에 대하여 자회사가 모회사로부터 지시를 받아 행동하고, 자회사로서 개별독립의 자립적인 행동을 하지 않는 경우에는 모회사와 자회사는 경제적인 일체로 보아(이미 복수사업체간의 행동이라고 할 수 없으므로) EC조약 제81조1항의 대상이 되지 않음을 처음 밝혔다는 점이다. 본 건에서는 이 이론을 사용하여 역으로 역외에 있었던 모회사에 역내의 자회사의 EC경쟁법 위반행위의 책임을 물고, EC경쟁법의 역외적용을 인정하였다.

공동행위

우선 본 판결은 공동행위를 '정식으로 합의가 체결되는 단계에 달하지 않았어도 경쟁의 위험을 사업자간의 실제적 협력과 의도적으로 치환하는 사업자간의 행동조정의 형태'라고 정의하고 있다.(판결 64단)

여기서는 비교의 대상으로서 합의에 대한 언급을 하고 있지만, 이 '합의'란 법적 구속력이 있는 것에 한정되지 않으며, 신사협정과 같이 도의적인 구속력 뿐인 것도 포함된다. 합의의 형식으로서는 서면·구두 등을 불문한다. 이와 같이 '합의'는 상당히 넓은 범위를 포함한다. 그러나 사업자가 경쟁제한적인 행위를 법적으로든 도의적으로든 구속력 없는 상태에서, 이를 공동으로 실행하는 경우에는 '합의'가 있다고 할 수 없다. 그러나 그러한 경쟁제한적 행위의 공동실행에 의한 폐해는 '합의'에 의한 경쟁제한적 행위의 경우와 다를 바 없다. 이리하여 '공동행위'도 제81조1항의 금지의 대상이 된다.

이 '공동행위'의 개념은 '합의' 개념만으로는 충분히 규제할 수 없는 경쟁제한적 행위를 규제할 수 있도록 보완한다. 이른바 safety-net으로서 작용하고 있는 것이다. 즉 실제적으로는 경쟁제한적인 행위를 하고 있는데, 그것이 합의(협정)에 기초한 것이라고 말하기 힘든 경우 또한 합의에 의한 것이라는 증거가 불충분한 경우라도 이 '공동행위'로서 금지의 그물에 걸리게 되는 것이다.

동일한 병행행위와의 구별

그런데 '합의'도 '공동행위'도 EC조약 제81조1항의 금지의 대상이 되는데, 사업자가 시장에서 자발적으로 하는 병행적인 동일행위는 그 금지의 대상이 아니다. 가령 시장에서 price leader인 사업자가 가격을 올리고, 이에 대하여 다른 사업자가 스스로 자발적인 판단으로 뒤따라 가격을 올리는 것을 금지하지는 않는다. 본 판결도 '병행행위(parallel behaviour) 그 자체는 공동행위와 동일하지 않다'고 인정하고 있다.(판결 66단) 따라서 '공동행위'와 '병행행위'를 어떻게 구별할 것인지가 한층 중요해진다.

'공동행위'에 관한 본 건이나 그 이후의 판결(Joined Cases 40-48, 50, 54-56, 111, 113 and 114/73, Suiker Unie v. Commission (Suger case) [1975] ECR 1663; Joined Cases 100-103/80, Musique Diffusion française v. Commission (Pioneer case) [1983] ECR 1825; Joined Cases C-89, 104, 114, 116-117 and 125-129/85, Ahlstöm Osakeyhtiö v. Commission (Woodpulp II case) [1993] ECR I-1307; Case C-49/92P, Commission v. Anic Partecipazioni (Polypropylene case) [1999] ECR I-4125; Joined Cases T-25/95 et. al., Cimenteries CBR v. Commission (Cement case) [2002] ECR II-491)을 종합하면, '공동행위'라고 인정되려면 이하의 요소를 구비할 필요가 있는 것이라 생각된다. 즉 ① 사업자간에 무언가 적극적인 접촉(회의, 토의, 정보의 제시, 타진 등으로 서면이나 구두를 불문함)이 있을 것, ② 그 접촉이 통상의 경쟁과정에 반하는 협력(경쟁사업자의 장래의 경쟁행위에 관한 불확실성을 배제하는 등)을 포함할 것, ③ 그 접촉이 관계사업자의 상업적 행위를 유지 또는 변경하는 효과를 가질 것 등이다.

인정방법

공동행위와 병행행위가 전혀 무관한 것은 아니며, 본 판결이 말한 바와 같이 '만약 그것이 제품의 성격, 사업자의 규모나 수, 시장규모에서 보아 시장의 통상의 상태에 합치하지 않을 경쟁상태에 이르게 된 때에는 공동행위의 유력한 증거가 될 수 있다'는 것이다.(판결 66단)

이렇게 병행적인 동일행위는 공동행위의 입증에 있어 중요한 의미를 가진다. 특히 시장에서 병행적인 동일행위가 인정되고 이에 더하여 관계사업자간에 접촉이 있었던 것이 명백해지면 공동행위의 존재가 의심되는 것이다. 그리고 이러한 상황증거에 따라 사업자가 그러한 병행적인 동일행위를 하는 것에 대하여 달리 합리적인 설명이 가능한 경우는 별론, 그러한 가능성이 인정되지 않는 경우 즉 공동행위의 존재가 병행적 동일행위를 설명하는 '유일하게 그럴싸한 설명(the only plausible explanation)'인 경우에만 공동행위라고 판단되게 된다.(Woodpulp II [1993] ECR

I-1307 paras. 72, 126)

단일경제실체이론

본 건의 두 번째 의의로서 단일경제실체이론(single economic unit doctrine)의 채용을 들 수 있다. 그리고 이를 이용하여 본 건에서의 EC경쟁법의 역외적용을 정당화하였다.

단일경제실체이론(single economic unit doctrine) 또는 경제실체이론(economic unit doctrine)이라고 불리는 동 이론은 시장에서의 행동을 결정할 때 자회사가 현실적인 자립성을 가지지 않은 경우, 모회사와 자회사를 경제적인 단일체로 보아 EC조약 제81조1항을 적용하지 않는다는 내용이다.(판결 134단) 즉 자회사가 독립한 법인격을 가지고 있지만 시장에서 스스로의 행동을 독립적으로 결정하는 것이 아니라 모든 중요한 국면에서 모회사로부터 내려오는 지시에 따르는 경우 단일체라고 본다.(판결 133단) 단일경제실체이론은 그 이후에도 재확인되어 확립되었다.(가령 Case C-73/95P, Viho Europe BV v. Commission [1996] ECR I-5457, paras. 15-16)

역외적용을 위한 하나의 근거

본 건에서 이 이론이 나온 것은 EC역내 자회사의 행위에 의한 EC경쟁법 위반책임을 역외의 모회사에 귀속시키는 것을 어떻게 근거지울 것인가 하는 배경에서였다. 일반적으로 EC경쟁법의 역외적용을 어떤 근거로 어떤 범위까지 인정할 것인가에 대한 다툼이 있었다. 본 건의 유럽집행위원회는 과징금 부과결정 28단에서 EC조약 제85조1항은 공동시장의 경쟁을 왜곡하는 효과가 있는 사업자의 여러 합의나 공동행위를 금지하므로 당해 사업자의 영업의 근거가 역내에 있는지 역외에 있는지는 검토하지 않아도 된다고 하여 역외의 ICI사(모회사)에 자회사 행위의 책임을 지우려고 하였었다.([1969] JO L195/11, [1969] CMLR D23, para. 28) 이는 역외의 모회사가 역내 자회사에게 지시하여 역내의 경쟁제한적인 효과를 미쳤다는 '효과이론(effects doctrine)'을 논거로 하는 것이었다. 본 건의 재판연구관 Mayras도 '효과이론'에 기초하여 ICI사에의 과징금부과를 정당화하려고 하였다. 이에 사업자간 합의 등에서 발생하는 경쟁에 대한 '직접적이고 즉각적인(direct and immediate)' 제한 효과가 '합리적으로 예측가능'하고 공동시장에 발생한 당해 효과가 '실질적

(substancial)'인 경우에는 역외기업의 행위에도 EC경쟁법이 적용가능하다고 논하였다.([1972] ECR 619 at 696) 그러나 당해 합의의 '무효'화라는 제81조 2항에 따른 제재권한은 역외국의 주권을 침해할 수 있으므로 불가하며, 제81조 1항 위반의 행위에 대한 과징금의 부과는 가능하다고 보았다.([1972] ECR 619 at 695)

유럽집행위원회는 유럽사법재판소에서의 변론 단계에서 ICI 본사의 행동(자회사에의 지시)이 공동시장에서의 경쟁제한적인 효과를 가진다는 '효과이론'에 더하여 ICI의 자회사는 독립한 법인격을 갖지만, 경제적으로는 모회사인 ICI사와 일체이며 '공동시장에서의 ICI의 수족에 지나지 않는다(as more extensions of ICI in the Common Market)' ([1972] ECR 619 at 697)는 점에서 EC경쟁법을 적용할 수 있다고도 주장하였다. 유럽사법재판소는 이 주장을 경쟁법 적용상의 단일경제실체이론으로 발전시켰고, 본 건에서 자회사의 위법행위의 책임을 모회사 ICI사에 귀속시키는 근거로 삼은 것이다.

역외적용: 영토관할권

이듬해, *Woodpulp I* 사건(Joined Cases 89, 104, 114, 116, 117 and 125-129/85, Ahlström Osakeyhtiö v. Commission [1988] ECR 5193)에서 역외적용의 논거문제가 재차 다투어졌다. 역외국에 있는 펄프제조업자가 역외에서 가격합의를 하고, 이에 따라 역내에서 판매하였다고 유럽집행위원회는 판단하고 EC조약 제81조 위반을 인정하고 과징금부과를 결정하였다.(그러나 결정의 대부분이 유럽사법재판소에 의해서 후일 취소되었다.(Woodpulp II [1993] ECR I-1307)) 이 *Woodpulp I* 사건에서 Darmon 재판연구관은 '효과이론'을 채용해야 한다고 제언하였지만, 유럽사법재판소는 '효과이론'이 아니라 위법행위가 이루어진 지점에 대한 영토관할권을 EC경쟁법의 적용관할권의 발생근거로 하였다. (스웨덴, 핀란드가 EC에 가입하지 않았던 시대의) 그 사건에서 미국, 캐나다, 스웨덴, 핀란드 등의 역외 펄프업자가 '공동체 내에 설립한 구매자에 대하여 직접적으로 판매'하는 행위, '가격합의를 공동시장 내에서 이행(implement)'하는 행위와 관련하여 위법행위가 공동체 내에서 이루어졌으므로 관할권이 발생한다고 유럽사법재판소는 판단하였다.(판결 12, 16, 17단) 경쟁법 위반의 합의가 어디에서 '형성(formulate)'되었는지 보다 어디에서 '이행(implement)'되었는지가 '결정적인 요소(decisive factor)'라고 설명하고 있다.(판결 16단) 이것은 국제법에서 보편적으로 승인된 영토관할권을 근거로 하는 규제권한의 행사이다.(판결 18단) 이 논리에서 보자면, 가격 카르텔 합의에 따른 판매 행위가 EC역내지역에서 이루어진 사실로 EC경쟁법을 적용할 관할권이 발생한다. 달리 말하면 이 논리에 따르면 공동체내에 판매하지 않는다(혹은 공동체내에서 구입하지 않는다)는 부작위를 역외업자가 공동으로 역외에서 합의하는 경우, 그 부작위가 공동시장에서의 경쟁을 왜곡하는 효과가 있다고 해도 해당 부작위에 대해서는 EC경쟁법을 적용하기 위한 영토관할권이 발생하지 않을 수 있다. 만약 그렇게 되면, 이 점에서 '효과이론'과는 다른 결론이 도출될 수 있을 것이라 생각된다

(山岸和彦·中村民雄)

34. Nungesser 사건: EC조약 제81[EU기능조약 제101]조와 수직적 합의 –배타적 라이센스의 평가와 합리성이론

Case 258/78, Nungesser KG and Kurt Eisele v. Commission [1982] ECR 2015

[사실·쟁점]

서독의 원고 Nungesser(이하 N사)는 Eisele씨를 유일한 무한책임사원으로 하는 식물종자 제조판매회사였다. N사는 프랑스의 국립농업연구소(Insitut National de Recherche Agronomique, 이하 INRA)가 품종개량하여 새로 개발한 옥수수 종자를(1960년의 첫 계약 이래, 1965년의 계약갱신을 거쳐 1970년대 후반까지) 서독 영토 내에서 배타적으로 복제하여 판매할 권리(종자의 재배권)에 대해 INRA의 허가를 받았다.

이 계약은 다음의 조항이 포함되어 있었다.(판결 49-52단)

① INRA는 서독 영토에서는 원고에게만 새로운 종자의 재배권(breeder's rights)을 허가하고, 다른 사업자에게는 허가하지 않는다.
② INRA는 서독 영토에서는 스스로 종자를 제조 또는 판매하지 않는다.
③ INRA는 제3자가 서독 영토에 INRA의 종자를 N사의 허락 없이 유출하는 것을 금한다.
④ Eisele씨는 INRA에게 허락받은 재배권을 근거로 제3자가 INRA의 종자를 서독 내에 수입하는 것과 서독에서 EC의 다른 모든 국가로 수출하는 것을 저지한다.

1970년대 초부터, 서독의 다른 판매회사인 D가 같은 INRA의 종자를 프랑스업자 B사(INRA의 정규종자 도매업자)로부터 들여오는 병행수입을 시작하였다. N사는 D사가 병행수입하지 않도록 D사와 합의하였다. 유럽집행위원회는 본 건의 N-INRA간의 배타적 라이센스계약, 그리고 N-D간의 합의가 모두 EC조약 제85[후의 제81, EU기능조약 제101]조 1항에 위반되며, 3항으로도 정당화될 수 없다고 1978년에 결정하였다.(Decision IV/28.824, [1978] OJ L286/23) 특히 N-INRA간의 계약에 있는 ①~④조항이 라이센스 지역에서 당사자 간의 경쟁이나 제3자와의 판매경쟁을 근절하는 것으로 '절대적 지역보호'로 평가할 수 있으므로 위법하다는 것이다.

원고 N사와 Eisele씨는 이 유럽집행위원회 결정의 취소소송을 유럽사법재판소에 제소하였다.(이하 N-INRA간의 계약의 위법성을 든다) 원고들은 본 건의 배타적 라이센스계약의 모든 조항은 서독 시장에서 타사의 경쟁품과 경쟁하기 위하여 새로 개발된 INRA의 종자가 처음으로 판매에 진입할 때에 합리적으로 필요한 조항이라고 주장하였다. 원고에 의하면 '어떤 재배자나 판매자도 재배권의 보유자 자신 및 재배권 허락을 받은 타인을 직접경쟁으로부터 보호해주지 않는다면 새로운 상품을 새로운 시장에서 판매하는 위험을 감수하지는 않을 것이다.'(판결 44단) 따라서 계약조항 ①~④는 모두 신제품이 새로운 시장으로 신규진입하는 경제적 배경에 비추어 합리적으로 필요가 있으며, 계약의 목적도 경쟁제한적인 것이 아니며, 결과적으로 옥수수 종자의 브랜드간 경쟁(타사 경쟁품과의 경쟁)을 촉진시켜 경쟁제한적인 효과는 없으므로 EC조약 제85조1항에 반하지 않는다고 주장하였다.

주요한 쟁점은 본 건의 계약조항 ①~④ 전부에 경쟁제한적인 '목적 또는 효과'(EC조약 제85조1항)가 있다고 한 유럽집행위원회의 판단이 타당한지에 대한 것이다. 특히 원고가 주장하는 바와 같이 신제품이 새로운 시장으로 신규진입하는 위험을 판매자에게 부담시키기 위하여 일정 정도 배타성을 부여하는 것이 필요하다는 것이 합리적 범위 내에서 경쟁제한 '목적 또는 효과'가 있다고 판단해서는 안되며, 당사자가 놓인 경제적인 배경에 비추어 계약을 평가해야 하는지에 대한(이 점에 대해서는 *Consten and Grundig* 사건(본서 32번사건)에서는 부정적이었다) 것이다. 부차적인 쟁점으로는 당해 모든 조항이 EC조약 제85조1항에 반한다고 하여도 3항으로 정당화될 수 없는지에 대한 것이다.

판결 • • •

[유럽집행위원회의 결정 중에 제85조1항이 적용된다고 한 계약조항은 경우에 따라 두 그룹으로 나눌 수 있다. 첫 번째는 [사실·쟁점]의 ①과 ②이다. 두 번째는 ③과 ④이다.(판결 48-52단)]

53. 이들 두 그룹의 계약내용은 법적으로 반드시 동일하지는 않은 두 개의 경우에 관한 것으로 해석된다. 첫 번째는 이른바 개방·배타적 라이센스 내지는 권리부여(open exclusive licence or assignment)이며, 라이센스의 배타성은 권리자와 라이센시간의 계약관계만을 대상으로 하므로, 이 경우에는 권리자가 동일지역에서는 타자에 라이센스를 부여하지 않는다는 점 및 당해 지역에서 스스로가 라이센시와 경쟁하지 않을 것을 확약함에 그친다. 반면 두 번째는 절대적 지역보호를 동반하는 배타적 라이센스 내지는 권리부여(exclusive licence or assignment with absolute territorial protection)이며, 이 경우에는 계약의 양 당사자가 대상제품 및 지역에 관하여 병행수입업자나 타지역의 라이센시 등 제3자로부터 비롯되는 여러 경쟁을 근절하는 것(eliminate all competition from third parties)을 목표로 한다.

54. 이 양자의 차이점을 명확히 하고 해당 라이센스의 배타적 성격이 개방적 라이센스에 해당하는 범위에서는 EC조약 제85조1항이라는 경쟁의 저해 또는 왜곡이 있는지를 검토할 필요가 있다.

55. 이 점에 대하여 독일의 연방공화국정부는 재배권을 통해서 농업기술혁신을 보호하여 기술혁신이 촉진되며 한정된 기한 동안 배타적 권리를 부여하는 것으로 기술혁신을 향한 노력에 인센티브를 줄 수 있다고 역설하였다. 이에 동 정부는 배타적 라이센스를 개방적인 것까지 전면적으로 금지하면 사업자가 라이센스에 대한 동기를 잃게 되고, 나아가 공동체에 대한 지식과 기술의 보급이 지연될 것이라고 주장하였다.

56. 본 건에서 다투어지고 있는 (유럽집행위원회) 결정이 대상으로 하는 배타적 라이센스는 교잡종 옥수수종의 재배와 판매이며, INRA와 원고들의 협력이 시작된 당시에는 독일의 농가에게는 알려지지 않은 것이었다. 따라서 신규기술 보호에 열을 올리는 것은 정당하다.

57. 실제로 어떤 회원국에서 신규개발된 교잡종 옥수수 종자의 재배권 라이센스의 경우, 다른 회원국의 사업자는 자기에게 허락된 지역에서 다른 라이센시로부터의 경쟁 또는 재배권리자로부터의 경쟁에 휘말리지 않는다는 확신을 가질 수 없다면, 해당 제품(종자)을 재배·판매하는 위험을 부담하지 않으려고 할 가능성이 있다. 그러한 결과가 되면, 신기술의 보급이 늦어지고 공동체에서의 신제품과 기존의 유사제품간의 경쟁이 피해를 입게 될 것이다.

58. 본 건에서 문제가 된 제품의 구체적인 성격을 고려하여 당 재판소는 본 건의 경우, 개방·배타적 라이센스의 부여, 즉 병행수입자와 타지역의 라이센시 등 제3자의 지위에 영향을 주지 않는 라이센스 그 자체는 EC조약 제85조1항에 반하지 않는다고 결론짓는다.

59. 따라서 원고의 주장은 라이센스의 배타적 성격에 대한 상술한 측면에 관해서는 인정된다.(따라서 본 건의 [사실·쟁점]의 ①과 ②의 조항은 EC조약 제85조1항에 반하지 않는다)

(한편, 제3자의 지위에 영향을 주는 [사실·쟁점]의 ③과 ④항에 대해서는 선례의 입장을 계승하여 EC조약 제85조1항에 반한다고 판단한다)

61. 당 재판소가 일관하여 판시해 온 바와 같이(Consten and Grundig 사건(본서 32번사건)을 참조), 병행수입을 통제하고 방지하기 위해서 라이센시에게 부여된 절대적 지역보호는 각국별 시장의 인위적인 유지로 이어지기에 EC조약에 반한다.

[실제로 본 건의 계약은 독일 시장에서 제3자로부터의 경쟁을 제한하려는 의도였다는 것이 문서상 명백하다. 1965년의 계약 제5항에서 INRA는 독일로 종자의 '수출을 방지하기 위해서 최대한 노력한다'고 약속하고 있다. 또한 실제로 프랑스의 R사나 독일의 D사는 병행수입을 본 건의 원고나 INRA에게 저지당하였다.(판결 64-65단)]

EC조약 제85조 3항에 의한 적용면제의 가부

(본 건의 배타적 라이센스계약 조항 중, 절대적 지역보호를 가져오는 조항－[사실·쟁점]에서의 ③④가 EC조약 제85조 3항으로 정당화되는지에 대해서 재판소는 그러하지 않다고 판단하였다)

76. EC조약 제85조3항에서 정하는 것은 사업자간의 협정이 제85조1항에 의한 금지에서 제외되기 위해서는 이것이 제품의 제조 내지 유통의 개선에 공헌하는 것 또는 기술적 진보를 촉진해야 하며, 또한 이들 관련사업자에게 목적 달성에 불필요한 제한을 과하지 않아야 한다.

77. 본 건은 인간과 동물의 식량으로서 중요한 상품인 옥수수를 생산하기 위해서 많은 농가가 사용할 종자에 관한 문제로 절대적 지역보호는 제품의 제조 내지 유통의 개선 또는 기술적 진보의 촉진에 불가결한 범위를 명백히 넘어선다. 구체적으로 본 건의 예를

들자면, INRA자신이 재배하여 프랑스에서 판매하고 있는 종자라도 독일에 INRA의 옥수수 종자를 병행수입하는 것을 일절 금지하는 것과 본 건 계약의 양 당사자가 합의하고 있다는 점에서 명료하게 나타난다.

78. 따라서 본 유럽집행위원회 결정으로 인정된 라이센시에 대한 절대적 지역보호의 부여는 조약 제85조3항하에서 적용면제를 거부하기에 충분한 이유가 된다.

해 설

사건의 의의

본 건은 배타적 라이센스계약의 지역보호조항에 관하여, 경쟁제한적이며 시장통합목적에도 반하여 허용되지 않는 '절대적(absolute)'(비개방적(closed) 지역보호와 경제활동상의 합리적인 이유가 있으며 경쟁제한적이지 않아서 허용되는 '개방적(open)'인 지역보호와의 구별을 처음으로 도입한 판례이다. 이러한 구별의 근거로서 경제합리성이론을 채용하고 있다.(판결 54-58단, 후술의 '합리성이론'의 영향) 본 건과 유사한 지역보호조항이 있었던 독점적 판매계약을 '엄격하게' 취급하였던 선례인 *Consten and Grundig* 사건(본서 32번사건)과는 달리, 본 건 판결은 지역보호조항을 경제적 합리적 이유로 허용할 것인지를 EC조약 제81[EU기능조약 제101]조1항(경쟁제한적인 측면)의 해당성 심사단계에서 고려하였고, 일정한 경우에는 합의의 '효과'가 경쟁제한적인지를 판단할 때 경제적 합리적 이유를 고려할 수 있다고 하였다. 일정한 경우란 본 건의 구체적인 사실에 따르면, 신규제품이 신규시장에 진입하는 경우이다. 본 건 판결은 이러한 경우에 한정하여 신중하게나마 경제적 배경의 고려가 EC조약 제81조1항의 심사에 포함될 수 있다고 한 의의는 크다.

지역보호의 개방성과 비개방성

본 판결의 제일 큰 공적은 독점적 판매계약이나 배타적 라이센스 등 지역보호를 동반하는 배타적인 계약이라도 조약조항의 성격에 따라 '개방적(open)'인 것과 '절대적(비개방적, closed)'인 것을 구별하였다는 점이다.(본 건 판결에서는 본 건의 계약형태에 맞추어 개념상 '개방·배타적 라이센스'와 '절대적 지역보호'가 대비되고 있다)

'개방'형의 배타적 계약에도 일정한 지역 A에 독점적 판매자나 배타적 라이센시를 둔다. 그러나 '개방'형의 약정에 의하면 동일지역 A에 다른 판매자를 두는 일은 없지만, 이는 단지 동일지역 A에서 권리자 본인과 메이커 스스로가 배타적 라이센시 또는 독점적 판매자와 경쟁하지 않을 것에 그친다. 이들 약정은 제3자(병행수입자나 다른 지역 B의 라이센시 등)가 지역 A에서 경쟁하는 것을 막지는 않는다. 이렇게 지역 A에 대해서 제3자로부터의 (=제3자에게 '개방'된, 경쟁제한적이지 않은) 경쟁은 남겨진다. 관점을 바꾸어 약정의 양당사자 측에서 보면 지역 A에서 전술한 바와 같은 내용의 당사자간 약정이 없다면, 신규제품을 신규시장에 판매·진입하는 위험을 판매자나 라이센시도 부담하지 않을 것이며(판매자측), 역으로 전술한 내용의 당사자간 약정이 있으면 신규제품의 판매진입위험을 부담해주는 이가 나타나게 되므로 경쟁을 촉진하게 된다.(권리자·메이커측) 유럽사법재판소는 이상을 종합하여 '개방'형의 약정은 EC조약 제81조1항 위반으로 평가해서는 안된다는 논리를 취하였다. 이에 본 건에서는 [사실·쟁점]에서 나타난 계약조항 ①과 ②는 EC조약 제81조1항 위반은 아니라는 결론을 내렸다.

한편, '절대적'(비개방적)인 지역보호를 동반하는 배타적 계약은 양 계약당사자가 대상의 제품 및 지역 A에서 제3자(병행수입업자나 타지역 B의 라이센시 등)로부터 여러 가지 경쟁을 근절하는(eliminate all competition from third parties) 것을 목적으로 한다. 국경에 입각한 지역설정은 각국별 시장의 인위적인 유지가 되므로 EC조약 제81조1항에 반한다고 본 건의 유럽사법재판소는 평가하고 있다. 따라서 '절대적'인 지역보호의 성격을 가지는 것에는 선례인 *Consten and Grundig* 사건(본서 32번사건)의 논리를 계승한 것이다. 다만 본 건의 *Nungesser* 사건은 *Consten and Grundig* 사건보다 약간 관용적이어서, '절대적'인 지역보호도 EC조약 제81조3항으로 정당화될 수 있다고 하였다. 실제로 유럽사법재판소는 본 건에서 계약내용의 합리성을 판단한 것에 지나지 않으며, 경제적 문맥에 비추어 경쟁촉진효과와 경쟁저해효과를 비교형량한다는 본래 3항에서 다루어져야 하였던 판단과는 거리가 멀었다. 즉 본 건의 N-INRA간의 계약이 창출한 절대적 지역보호에 대해서는 INRA의 순정품 공급이 독일 국내에서 부족한 경우에도 프랑스의 INRA 자신이 프랑스 INRA의 순정품을 독일에 공급할 수 없다는 점에서 계약의 취지(INRA 제품의 독일시장에의 진입과 판매확대)와 모순되어 불합리하다.(즉, 이점에서 약정은 독일시장에는 어떠한 경우에도 독일의 배타적 판매자인 N사만 공급할 수 있다는 의미이므로) 따라서 제품의 제조·유통의 개선이나 기술적 진보의 촉진에 불가결한 약정이라고는 평가할 수 없으며, 3항으로 정당화될 수 없다고 판시하고 있다. 그러나 3항의 문제는 그러한 약정이 본 건에 관련된 제품시장의 구조나 제품의 성격 등에 비추어 경제적 합리성이 있는지, 그것이 경쟁촉진적인 효과를 갖지 않는지를 검토하는 것으로 본 건 판결에 대한 경제적 분석의 실례는 아직 적다.

합리성이론

본 건의 두 번째 공적은 미국에서 발전한 '합리성이론(rule of reason)'을 다소나마 참고한 점이다. 경쟁법에서 '합리성이론'은 오래 전부터 미국의 독점금지법에서 널리 논의되어 왔다. 미국 독점금지법의 하나인 Sherman Act 제1조는 거래 또는 상업을 제한하는 모든 계약, 경합 또는 공모를 위법이라고 규정하고 있어, 글자 그대로 해석하자면 당사자의 행동의 자유를 제한하는 갖가지 계약 등이 규제대상이 되어 버리므로 조문의 합리적 해석을 채용하고 있었다. 하나의 방법으로 '부수적 제한(ancillary restraints)'이라는 개념을 이용하여 문제가 된 제한이 적법한 계약의 주목적과의 관계에서 부수적인 것에 지나지 않는 경우에는 당해 제한을 합법으로 보는 한편, 경쟁제한만을 의도한 것인 경우에는 위법으로 본다. 또 하나의 논리로 '합리성이론'이 있다. 합리성이론을 처음으로 선언하였다고 여겨지는 스탠다드 오일사건(Standard Oil Co. of New Jersey v. US, 221 U.S. 1 (1991))에서는 문제가 된 제한이 Sherman Act의 대상이 되는지를 결정할 때 합리성기준(a standard of reason)이 적용되어야 한다는 것과 '부당하거나 불합리한(undue or unreasonable)' 제한만을 위법으로 해야 한다는 점이 제시되었다. 이에 따르면, 개별 사안마다 합의내용, 관계사업자의 시장지배력, 합의의 목적·의도, 효과 등을 종합적으로 평가하여 위법성을 판단한다. 지금까지 합리성이론을 사용하여 위법성이 판단된 사건에는 경쟁사업자 간의 정보교환, 공동생산, 공동연구개발, 규격표준화 등이 있다.

EC에 미친 합리성이론의 영향

EC경쟁법에서는 EC조약 제81조 1항이 '회원국간의 통상에 영향을 주고, 공동시장 내에서의 경쟁 저해, 제한, 왜곡을 목적으로 하거나 그러한 효과를 가지는 사업자간의 협정, 사업자단체의 결정, 공동행위의 전부'를 규제대상으로 하기에, 미국 Sherman Act 제1조와 같이 이론적으로는 여러 가지 협정 등이 규제대상이 될 수 있다. 그러나 미국법과 다른 점은 EC조약에는 제81조3항이 존재한다는 점이며, 이 때문에 당해 협정 등이 제품의 생산·유통의 개선, 기술적·경제적 진보의 촉진에 기여하고, 그 결과 나타나는 이익을 소비자가 향유할 수 있는 경우에는 EC조약 제81조1항의 적용을 면제한다고 규정하여 협정 등을 일률적으로 금지하는 것이 아니라, 개별적으로 적용 면제하던지 아니면 정형적으로 일괄하여 적용 면제하는 방법으로 규제대상에서 제외시킬 여지를 남기는 조문구조로 되어 있다는 점이다. 따라서 미국법상의 '합리성이론'에서 논의되어 온 많은 부분은 EC경쟁법에서는 EC조약 제81조3항의 심사단계에 반영될 수 있다. 그렇다면 1항의 판단에 이를 반영할 수는 없을까.

이렇게 EC에서 EC조약 제81조1항의 적용시에 경쟁촉진효과와 제한효과의 비교형량이 허용되는지가 다투어졌다. 초기의 유럽사법재판소는 1항을 적용할 때 그러한 비교형량에 의해야 한다는 입장을 취한 것도 있었다.(예를 들어 Case 56/65, Société Technique Minière v. Maschinenbau Ulm GmbH [1966] ECR 235 at 251) 그러나 *Consten and Grundig* 사건에서는 경쟁제한적인 '목적'의 평가는 ('효과'의 평가와는 분리하여) 계약내용의 규범적 판단만 할 수 있다고 한다. 그 사건의 원고들은 '목적'의 평가도 당해 계약을 현실적 경제적 문맥에서 경쟁촉진적인 목적의 유무를 확인할 수 있도록 '합리성이론'을 적용해야 한다고 주장하였지만, 유럽사법재판소는 받아들이지 않았다. 이에 대하여 본 건 *Nungesser* 사건의 판결은 배타적 라이센스계약의 지역보호조항에 대하여 그 조항이 가지는 경쟁촉진효과와 경쟁제한효과를 비교형량하여 제3자의 지위에 영향을 주지 않는 개방적인 성격의 것에는 EC조약 제81조1항이 적용되지 않는다고 판단하였다. 이러한 입장은 '합리성이론'을 그대로 수용한 것은 아니지만(전술한 바와 같이 EC와 미국에서는 조문 구조가 다르다), 후에 유럽제1심재판소가 서술한 바와 같이 '사업자간의 협정의 (제81조) 1항 해당성 평가에서 사업자가 활동하는 경제적 배경, 협정이 취급하는 제품이나 서비스 관련시장의 실제구조라는 협정이 체결되는 현실을 고려해야 한다'는 것을 나타낸 것이기는 하다.(Case T-112/99, Métropole télévision (M6) [2001] ECR II-2459, para. 76)

그 후의 전개

유럽집행위원회는 머지않아 제81조1항의 적용평가 단계가 경쟁촉진효과와 경쟁제한효과의 비교형량을 하지 않고 있으며, 이 때문에 1항의 적용이 경제적 문맥을 무시하고 지나치게 형식적으로 이루어진다는 학설과 실무가들의 비판을 받게 된다.(일관하여 비판적인 학설로, Valentine Korah, *An Introductory Guide to EC Competition Law and Practice*, 1st ed.(1978) - 8th ed.(2004)) 그러나 유럽집행위원회도 1990년대 후반부터 점차 태도를 바꾸고 있다. 1999년 4월에 유럽집행위원회가 공표한 'EC조약 제85조 및 제86조[후의 제81조 및 제82조, EU기능조약 제101조 및 제102조] 이행규칙의 현대화에 관한 백서'(White Paper on the Modernisation of the Rules Implementing Articles 85 and 86 of the EC Treaty, COM (99) 101 final, [1999] OJ C 132/1)에서 유럽집행위원회는 본 건 *Nungesser* 사건에서 유럽사법재판소가 판시한 바에 따라, 한정적이지만 EC조약 제81조 1항하의 특정한 행위에 관하여 경쟁촉진효과와 경쟁제한효과를 분석하는 수법을 도입한다고 하였다.(백서 57단)

그 후 EC경쟁법의 현대화정책으로서 EC조약 제81조·제82조의 적용에 관한 신절차규칙(Regulation 1/2003, [2003] OJ L 1/1)이 이행되어, 제81조 1항의 적용면제를 희망하는 사업자에 의한 신청절차가 폐지되었고, 종래 유럽집행위원회가 독점하고 있었던 제81조 1항의 적용면제에 관한 권한이 회원국의 재판소와 경쟁당국에도 부여되었다.(본서 32번사건의 해설도 참조) 이 때문에 각국의 경쟁당국은 각자가 사안의 평가를 할 수 있게 되었고, 유럽집행위원회에는 그러한 경우에 판단기준의 명확화가 요구되었다.

이에 유럽집행위원회는 2004년 4월 '조약 제81조 3항의 적용에 관한 가이드라인'(Guidelines on the Application of Article 81 (3) of the Treaty, [2004] OJ C101/97)을 공표하였다. 본 가이드라인은 EC조약 제81조 1항의 적용에 대해서도 언급하고 있다. 제1단계로서 EC조약 제81조 1항에서 회원국간의 통상에 영향을 주는 사업자간의 협정이 반경쟁적인 목적 내지 직접적·잠재적인 경쟁제한효과를 가지는지를 평가한다. 그 때 '효과'의 평가에 대해서 경제적 접근방법을 따라 '사업자의 협정이 관련시장에서 현실 또는 잠재적 경쟁에 영향을 주기 때문에, 상품 및 서비스의 가격, 생산량, 개량, 종류나 품질에 대한 부정적 영향을 합리적인 가능성을 가지고 예측할 수 있'는지를 평가한다고 말하고 있다.(가이드라인 24단)(경쟁제한적이라고 평가된 협정은 제2단계에서 제81조 3항의 심사에 들어간다)

나아가 2000년대에 들어와서는 유럽집행위원회가 EC경쟁법의 현대화정책의 일환으로서 제정한 각종 일괄적용면제규칙을 다루는 가이드라인에서 경제학적 분석수법을 사용한 위법성 판단기준이 제시되었다. 종래보다 한층 더 경제분석을 중시하게 된 유럽집행위원회의 태도를 간파할 수 있다. 예를 들어 2004년 5월 1일에 시행된 기술이전에 관한 유럽집행위원회규칙(Regulation 772/2004, [2004] OJ L 123/11)과 그 가이드라인([2004] OJ C101/2)에서 본 규칙이 계약당사자의 시장점유율이 일정수준 이하인 경우와 같은 기술이전계약에 대해서 일괄하여 (제81조 3항에 해당하므로) 제81조 1항의 적용을 면제한다고 규정하고 있지만, 주목해야 할 것은 '기술이전계약은 연구개발의 중복을 줄이고, 추가적인 기술혁신의 촉진과 함께 그 보급을 용이하게 하며, 제품시장에 경쟁을 가져오는 것이기 때문에 통상 경제효율성을 향상시키고 경쟁촉진적이다'(규칙 전문 5단)라고 하여, 그러한 종류의 계약의 대다수가 제81조 1항에 해당하지 않기 때문에 이 규칙의 적용을 고려 조차 할 필요가 없다는 점을 인정하고 있는 점이다.(동 규칙 가이드라인 9, 36단) 이 출발점에서 경제적 분석을 보다 중시하는 듯한 자세를 볼 수 있다. 따라서 종래와는 달리 기술이전계약에 제81조 1항의 적용이 근본적으로 줄어들게 되었으며, 적용되는 경우에도 계약당사자의 시장점유율이 일정규모 이하로서 중대한 위반사항을 포함하지 않는다면, 이 규칙에 따라 일괄면제되는 것이 가능해진다.(동 규칙 제2, 3조)

또한 기술이전계약규칙은 제3자의 경쟁을 근절하는 것과 같은 비개방적인 ('절대'형의) 합의에 대한 본 건 *Nungesser* 사건이나 *Consten and Grundig* 사건의 유럽사법재판소의 입장도 계승하여, 이를 명문화시키고 있다. 즉 기술이전규칙은 일괄적용면제는 부여되지 않는다고 정하고(동 규칙 제4조), 그 사항으로서 제3자에 대한 당해 제품의 판매가격결정권의 제한, 생산량·판매량의 수량제한, 시장고객분할 등을 들고 있다.

(多田英明·中村民雄)

35. United Brands사 Chiquita Banana 사건: 지배적 지위의 인정

Case 27/76, United Brands Co. and United Brands Continentaal BV v. Commission [1978] ECR 207

[사실·쟁점]

본 건 원고는 미국 뉴욕주를 본거지로 하는 United Brands사와 그 유럽 자회사(본거지는 로테르담)이다.(이하 양사를 함께 UBC라고 한다) UBC는 바나나 생산에서 유통·판매까지를 통합하는 수직결합 회사이다. 중남미각지에서 바나나 플랜테이션을 소유하고 있으며 품종개량으로 개발한 'Chiquita' 브랜드 바나나를 숙성 전에 (훈증시켜 노랗게 숙성시키기 전에) UBC전속의 선박으로 유럽(네덜란드의 로테르담항과 독일의 브레멘항)에 운반하여 그곳에서 EC 각국에 특정된 훈증판매업자들(ripener/distributors)에게 미성숙 바나나를 판매하고 있다.(판결 70-80단) UBC는 본 건에 관련된 시기 내내, EC 6개국의 거의 모두에서 40%정도의 시장점유율을 보유하고 있었다.

본 건이 문제된 것은 1970년대 전반이며, 당시 EC가입국은 9개국이었다. 또한 바나나에 대해서는 EC의 공동시장제도가 성립되지 않았었다. 영국, 프랑스, 이탈리아의 3개국에는 각국의 역사적 경위에서 비롯되는 특정 산지산의 바나나에 특혜관세제도나 수량제한이 남아 있었다. 이외의 EC 6개국은 그러한 무역규제조치는 없었으며 서독에 대한 바나나 수입은 무관세, 다른 5개국에는 20%의 공동관세가 잠정적으로 남아 있을 뿐이었다. 이 6개국 중의 몇 개 국가에서 1970년대 전반, UBC의 'Chiquita' 바나나와 다른 경쟁회사의 브랜드 바나나인 특히 'Dole'이나 'Del Monte'와의 사이에서 당시 '바나나 전쟁(banana war)'이 전개되고 있었다.(판결 196단) 그 중에서도 덴마크는 격전지였고, Chiquita 바나나가 45%, Dole 바나나가 20%, Del Monte 바나나는 24%의 시장점유율을 차지하고 가격경쟁을 하여 덴마크에서의 바나나 가격은 40%나 하락하였다.(판결 112-115, 195단) UBC는 1971-1976년에 걸쳐, EC 역내의 바나나 판매에서 매년 적자였지만, 경쟁타사는 동시기 흑자였다.(판결 125단) 이 전쟁 중인 1973년 10월, 덴마크의 훈증판매업자 오레센

(Olesen)이 (그 이전에는 Chiquita 바나나의 판매를 하고 있었는데) Dole 바나나의 마케팅을 시작하자, UBC는 1973년 10월 10일부터 1975년 2월 11일까지 Olesen사에게 Chiquita 바나나의 공급을 중지하였다. 유럽집행위원회는 1975년 12월 17일의 결정(IV/26.699, [1976] OJ L95/1)에서 UBC가 지배적 지위를 남용하였다고 인정하여, 100만 통화단위의 제제금을 UBC에 부과하였다. 이에 불복한 UBC는 이 결정의 취소소송을 유럽사법재판소에 제기하였다. 유럽집행위원회는 동 결정에 있어 다음의 행위를 지배적 지위의 남용행위라고 인정하고 있었다.(유럽집행위원회 결정 제1조)

① 벨기에, 룩셈부르크, 덴마크, 서독, 아일랜드, 네덜란드 소재의 훈증판매업자에 대하여 미성숙 바나나의 전매를 하지 않을 의무를 부과한 점
② 원고인 UBC가 ①의 훈증판매업자(1사를 제외)에 대하여 Chiquita 바나나의 판매가격에 차별을 두었다는 점
③ 원고인 UBC가 ①의 훈증판매업자(1사를 제외)에 대하여 Chiquita 바나나의 판매에 불공정가격을 부과하고 있었다는 점
④ Olesen사에 대하여 1973년 10월 10일부터 1975년 2월 11일 사이에 Chiquita 바나나의 공급을 거부한 것

유럽사법재판소는 ③에 대해서는 유럽집행위원회에 의한 증거 불충분을 이유로 결정을 취소하고 제재금을 85만 통화단위로 감액하였지만, 다른 모든 사항은 유럽집행위원회의 결정을 유지하였다.

판결 • • •

관련시장

10. UBC가 바나나 시장에서 지배적 지위를 가지는지를 판단하기 위해서 당해 시장을 제품의 관점과 지리적인 관점에서 획정할 필요가 있다.

11. EC조약 제86[후의 제82, EU기능조약 제102]조에 따르면, 경쟁의 기회를 판단할 때에는 문제가 된 제품의 고유한 특징을 고려하여 이것이 판매되는 지리적 범위와 관련사

업자의 경제력의 효과를 평가하기에 적정한 경쟁조건이 충분히 균질적인 지리적 범위를 고려해야 한다.

제품시장

22. 바나나가 다른 과일시장과는 충분히 구별된 시장을 구성하고 있다고 인정되기 위해서는 다른 과일과 구별되는 특징으로 인하여 대체성이 매우 한정되어, 다른 과일과의 경쟁에 노출될 일이 거의 인식되지 않을 정도여야 한다.

(다른 신선과일에는 계절변동이 있지만, 바나나의 생산은 연중 이루어지고 있어 항상 공급과잉상태이다. 소비자가 각 계절에 따라 바나나를 대체할 결정적인 제품은 존재하지 않는다. 서독에서 연중 입수가능한 바나나의 교차탄력성은 바나나와 다른 두 개의 과일(복숭아와 포도)간에 존재할 뿐이므로 바나나 시장에는 유의미한 장기적인 교차탄력성이 없다. 연중 입수가능한 오렌지와 사과에 대해서도 바나나와 오렌지간의 교환성이 없으므로 사과에 대해서도 대체성의 정도는 매우 한정되어 있다.(23-29단) 바나나와 다른 과일과의 대체성의 정도가 매우 작다는 것은 바나나의 특징과 소비자의 선택에 영향을 주는 제반의 요소에서 설명될 수 있다. 즉 바나나는 일정한 특징, 외관, 맛, 부드러움, 씨가 없다는 것, 다루기 쉽고 안정된 생산량 때문에 어린이, 노인, 환자로 구성된 인구의 중요한 부문의 항상적 수요를 충족시킬 수 있다.(30-31단) 가격에 관해서는 바나나가 여름 중 수개월과 연말의 수주 동안에는 다른 과일과의 경쟁에 노출되어 있다는 점에 대해서는 부정할 수 없지만, 관련된 지리적 시장의 수입량과 판매는 유연하게 조절이 가능하다는 점에서 가격은 다른 과일의 공급량에 따라 쉽게 조절된다.(32-33단))

34. 이상을 고려해보면, 다른 신선과일이 시장에 도착하였다고 해도 바나나에 항상적 수요를 갖는 상당수의 소비자가 다른 과일을 대체소비하게 되는 경우는 많지 않아 인식조차 불가능한 정도이며, 개인의 소비 성수기라도 바나나에 대한 영향은 일시적이며 대체성이라는 관점에서도 매우 한정된 범위에 지나지 않는다.

35. 따라서 바나나 시장은 다른 과일과는 충분히 구별된 시장이라고 할 수 있다.

지리적 시장

44. 지배적 지위를 갖는 사업자에게 EC조약 제86조를 적용하기 위해서는 유효한 경쟁을 방해하는 남용행위를 할 우려가 있는 공동시장의 실질적 부분을 명확하게 획정할 것이 전제되는데, 이 지역에서 당해 제품에 적용되는 객관적인 경쟁조건은 모든 거래업자에게 동일해야 한다.

45. EC는 바나나 시장에는 공동농업제도를 이행하고 있지 않다.

46. 따라서 수입조치는 회원국마다 크게 다르며 국가특유의 통상정책이 반영되어 있다. (프랑스, 영국, 이탈리아는 바나나에 대해서 특유의 통상정책을 취하고 있다.(47-50단))

51. 이들 세 시장의 각국별 시장조직의 효과 때문에 원고의 바나나는 당해 세 회원국에서 우대조치의 대상이 되고 있는 (다른) 바나나와 불평등한 조건에서 경쟁하고 있으므로 유럽집행위원회가 검토대상으로 하는 관련지리적 시장에서 당해 세 시장을 제외하는 것은 합당하다.

52. 한편, 다른 여섯 개 회원국은 완전한 자유시장이다. 물론 적용되는 관세규정이나 운송비용에는 필연적으로 차이가 있겠지만, 이것을 차별적이라고는 할 수 없으므로 이들 지역에서는 모든 자에게 동일한 경쟁조건에 놓여 있다고 할 수 있다.

53. 자유경쟁에 참가한다는 관점에서는 이들 여섯 개 회원국은 충분히 균질하며 전체적으로 하나로 볼 수 있는 지역을 이루고 있다.

54. UBC는 자기의 상품을 판매하기 위해서 로테르담에 자회사를 설립하였다. 이 자회사는 위 판매목적을 위한 EC 6개국 지역 전체에 대한 단독 거점을 이루고 있다.

55. UBC가 취하고 있는 유통방법으로는 (네덜란드의) 로테르담항 또는 (독일의) 브레멘항에서 바나나를 하선하여 화물차에 넘겨(f.o.r.) 판매하는데, 실제로 이러한 운송비용이 유통방법상의 장애가 되지는 않는다.

56. 이들은 관련 (지리적) 시장을 단일시장으로 만드는 요소이다.

57. 이상의 점에서 유럽집행위원회가 결정한 공동시장의 상당부분을 차지하는 지리적 시장은 원고의 지배적 지위의 존부를 결정하기 위한 관련시장으로 보아야 한다.

UBC의 관련시장에서의 지위

65. EC조약 제86조에서 지배적 지위란 어떤 사업자가 갖는 경제적인 힘의 상태로서 자신의 경쟁상대인 사업자, 자기의 고객 그리고 최종적으로는 소비자로부터 인식가능한 정도로 독립하여 행동할 힘을 가지며, 관련시장에서 유효한 경쟁이 유지되는 것을 방해하지 않는 지위를 말한다.

66. 일반적으로 지배적 지위란 개별적으로 살펴보면 반드시 결정적이라고는 할 수 없는 몇몇 요소의 조합에서 발생한다.

(이러한 일반론을 펼친 후, 유럽사법재판소는 UBC의 구성과 바나나 시장의 경쟁상태의 양면의 모든 요소를 종합하여 UBC가 지배적 지위에 있다는 것을 인정하였다. 우선 UBC의 구조에 대해서는 UBC가 상품개발기술·생산·유통·판매까지 수직 결합되어 있으며, 어떤 단계의 어떤 경우에 대해서도 경쟁타사가 따를 수 없는 관리실적이 있다는 것, 특히 고품질의 'Chiquita' 브랜드의 개발과 이를 정착시킨 실적이 있어 판매자를 사실상 통제하는 힘이 있다는 것이다.(70-96단) 다음으로 바나나 시장의 경쟁상태에 대해서는 UBC가 1974년에 전세계 바나나 시장의 35%의 점유율을 가지며, EC 관련 지리적 시장에서는 40%를 넘어 45%에 가까운 점유율을 가진다는 것, 경쟁자를 보아도 유일하게 대항할 수 있었던 것은 1개사 뿐이며, UBC는 이와 비교하여도 월등히 우위에 있었고 1973년의 판매전쟁 때에도 타사의 판매공세는 UBC의 점유율에 영향을 주지 않았다는 것, 나아가 바나나 시장에의 진입 비용이 크다는 것이다. 또한 바나나 전쟁 중에 타사가 흑자고 UBC가 적자였다고 해도, 수익성으로만 경제적인 힘을 평가해서는 안되며, 'UBC가 어떠한 손실을 내든 고객이 UBC로부터 제품을 보다 많이 구입해 왔다는 사실 쪽이 더욱 중요하므로, 이것이야말로 지배적 지위가 갖는 특징이다.'(128단)라고 서술하고 있다. 이상을 종합하여 UBC는 바나나 시장에서 지배적 지위에 있었다고 유럽사법재판소는 평가하였다.(97-129단))

남용행위

(이하에서는 덴마크의 Olesen사에 대한 공급거부를 들고 있다)

182. … 우선 적극적으로 밝혀 두어야 할 일이 있다. 즉 어떤 제품의 판매적인 측면에서 지배적 지위에 있는 사업자는 자기의 브랜드명이 소비자에게 알려지고 평가되는 것을 이용하기 때문에 장기적이고 지속적 거래가 있는 고객이 통상의 상거래 관행을 준수하고 있는 경우, 당해 고객으로부터의 주문이 상규에서 벗어나지 않는 한 당해 고객에 대한 공급을 중지할 수 없다.

183. 그러한 행위는 EC조약 제3조 f호[cf. EU기능조약 제3조 1항 b호]에 규정된 목적, 특히 EC조약 제86조 b, c호에 상세히 규정되어 있는 목적에 합치되지 않는다. 그 이유는 판매거부는 시장을 제한하고 고객에게 불리하며 차별이기도 하고, 최종적으로는 관련된 시장에서 거래업자를 근절하게 되기 때문이다.

184. 따라서 1973년 10월 UBC에 의한 공급중지가 정당한가를 평가할 필요가 있다.

. …

189. 분명 어떤 사업자가 지배적 지위에 있다고 해서 그 상업적 이익이 침해당하였을 때에도 이를 보호할 권리가 부정되는 것이 아니다. 당해 사업자는 당해 이익을 보호하

기 위해서 적절하다고 생각되는 합리적인 방책을 취할 권리를 가진다고 해석할 수 있지만, 그러한 행위의 실제적 목적이 그의 지배적 지위를 강화하고 남용하는 것이라면 이는 인정될 수 없다.

190. 가령 반격의 여지가 인정된다고 해도, 서로 대항하는 사업자 쌍방의 경제적 힘을 고려하여 당해 공격은 (공격의) 위협에 비례한 것이어야 한다.

191. 지배적 지위에 있는 사업자에 의한 공급거부라는 제재는 그와 같은 반격이 필요한 상황이 일어났다고 해도 UBC에 대한 Olesen의 행위와 유사한 행위에 대한 제재행위로서 합리적으로 생각할 수 있는 범위를 지나친 것이었다.

192. 실제로 UBC는 그와 같은 행위는 자사계열의 다른 훈증판매업자에게 타사의 브랜드명을 선전하는 것을 그만두도록 하는 일종의 제재를 부과하는 억제효과를 가지며, 관련시장에서의 자사의 힘을 더욱 강력히 하는 것이다. 이것을 UBC가 자각하지 못하였다고는 생각할 수 없다.

193. 따라서 이러한 행동은 지배적 지위의 사업자와의 상업거래에서 중소기업의 독립성을 중대하게 침해하는 것이다. 또한 중소기업은 이러한 독립성에 기반하여 타경쟁사의 상품을 우선하는 권리도 가진다고 할 수 있다.

194. 본 건에서는 이러한 행위를 취한 목적이 지배적 사업자에게 의존하는 기업의 경영을 존망 직전으로까지 이르게 하는 것으로 관련 바나나 시장의 경쟁에 중대한 악영향을 주는 것에 있었다.

(따라서 UBC의 공급거부라는 제재는 정당하다고 인정할 수 없다.)

해 설

사건의 의의

본 판결은 EC조약 제82[EU기능조약 제102]조의 기본 개념에 얼마간의 일반적인 해석을 부여하였다는 점에 의의가 있다. 특히 '지배적 지위'의 법적인 의미와 지배적 지위의 인정을 판단하는 전제가 되는 '관련시장'의 획정방법에 관한 해석을 나타낸 선도적인 판례이다.

제82[EU기능조약 제102]조의 주요개념

EC조약 제82조는 '공동시장의 실질적 부분'에서 '지배적 지위'에 있는 '단수 또는 복수의 사업자에 의한 '남용'행위로서, '회원국간의 통상에 영향을 줄 수 있는' 것을 금지하고 있다. 이들 기본 개념 중, 특히 중요한 것은 '지배적 지위', '남용'이라는 개념이다. 또한 명문에서는 나타나지 않았지만, '지배적 지위' 인정의 전제로서의 '관련시장'이라는 개념도 중요하다.

관련시장

우선 '관련시장'의 개념을 설명하자면, EC조약 제82조는 지배적 지위의 남용을 규제할 때에는 관련된 시장이 획정되어야만 특정한 사업자가 거기서 '지배적 지위'에 있는지를 판단할 수 있다. 따라서 '관련시장'이라는 개념은 EC조약 제82조 적용의 대전제적인 작업이라는 면에서 중요하다. 또한 관련시장의 개념은 EC조약 제82조 뿐만 아니라 EC경쟁법 전반의 운용상으로도 중요한 개념이다. 예를 들어 EC 합병규칙(Council Regulation 139/2004, [2004] OJ L 24/1)에 의한 기업결합에 대한 규제에도 당해 기업결합에 의하여 경쟁이 제한되는 관련시장의 획정이 규제의 필요성에 대한 논의의 출발점이다. 또한 EC조약 제81[EU기능조약 제101]조에 따른 사업자간의 합의나 공동행위의 규제에 대해서도 문제의 협정 등이 '인지가능한 정도(appreciable extent)'로 경쟁을 제한한 때에야 규제대상이 되므로 당해 합의 등에 따른 경쟁이 영향을 받는 범위(시장)를 인정할 필요가 생긴다.(구체적으로는 유럽집행위원회의 '중요성이 낮은 합의에 관한 고시'([2001] OJ C368/13)를 기준으로 판단한다) 또한 EC조약 제81조의 운용으로 발생하는 각종 일괄적용면제규칙을 적용할 때에도 사업자의 시장점유율이 면제의 가부의 결정요소가 되기에 여기에서도 관련시장 획정의 필요성이 발생한다. 이와 같이 관련시장이라는 개념과 이를 획정하는 작업은 EC경쟁법 전반의 적용상 불가결하다.

제품시장과 지리적 시장

그러면 관련시장을 어떻게 획정할 것인가. 일반적으로 제품시장과 지리적 시장을 각각 분석하여 획정한다.(본 건 판결 10단) 유럽집행위원회의 'EC경쟁법상의 관련시장의 획정에 관한 고시'(OJ [1997] C372/5, '관련시장고시'라고 한다)에 따르면 관련된 제품시장이란 '당해 상품 또는 서비스의 특성, 가격, 용도에 비추어 소비자가 교환가능 내지 대체가능하다고 생각하는 여러 상품이나 서비스 또는 그 양쪽에 의해서 구성되는' 시장을 말한다.(7단) 관련된 지리적 시장이란 '관계사업자의 상품 또는 서비스의 공급으로 수요를 충족하는 경쟁조건이 충분히 균질한 지역으로 경쟁조건이 인접지역과 인지가능한 정도로 달라서 인접지역에서 구별되는 지역으로 구성되는' 시장이다.(8단)

관련시장 고시에서는 시장획정시의 기준으로서 수요대체, 공급대체, 잠재적 경쟁의 세 가지를 들고 있다.(13단) 이 중에서 중심적인 기준은 수요대체이며, 그 평가를 위해서는 SSNIP(a Small but Significant Non-transitory Increase in Price, '소폭이지만 유의미하고 일시적이지 않은 가격인상') 테스트가 이용되고 있다. 즉 어떤 상품의 가격이 소폭이라도 유의(5-10%의 범위)하고 일시적(통상 1년)이지 않은 형태로 인상된 경우를 상정하고, 수요자가 즉시 입수가능한 대체품이나 다른 공급자로 대체하는지를 검토한다. 그 결과 수요자가 줄어들어 판매량이 감소하고 가격인상을 이행해도 이익을 내지 못할 정도로 대체품의 대체성이 높은 경우, 당해 대체품과 고객유실지역이 각각 관련된 제품시장·지리적 시장에 포함되는 것이다. 이 작업은 이러한 가격인상 이행을 판매량 감소로 이어지지 않는 지점까지 계속하여 관련시장이 획정된다.(17단)

공급대체에 대해서는 유효성과 즉시성이라는 관점에서 수요대체와 동등한 영향을 갖는 경우를 고려할 수 있다. 즉 공급자가 상기와 같은 가격인상에 대응하여 상당한 추가비용이나 위험을 부담하지 않고 단기간에 관련제품을 제조·판매할 수 있는 경우이다. 이들 조건이 충족된 경우 시장에 놓여진 추가적 제조물은 관련사업자의 경쟁적 행동의 규율을 주는 효과를 갖기 때문에, 유효성과 즉시성이라는 점에서 수요대체와 동등한 영향을 갖는다고 할 수 있다.(20단)

잠재적 경쟁이 실제로 유효한 경쟁제한이 되는 것은 진입조건에 관련된 구체적인 요인과 상황의 분석에 좌우되기 때문에 시장을 획정하는 단계에서는 고려되지 않는다. 필요하다면 이 분석은 당해 사업자의 관련시장에서의 지위가 이미 평가된 다음 단계로서 당해 사업자의 지위가 경쟁의 관점에서 우려를 야기할 경우에야 비로소 이행된다.(24단)

본 건 바나나 사건에서 제품시장은 과일 일반이 아니라 바나나 시장이 관련시장으로서 특정되었다. 바나나와 다른 과일 간에 연중, 계절적 대체성이 거의 없으며, 어린이, 노인, 환자의 특별한 수요를 충족시키기 때문이라는 이유에서였다. 그러나 적어도 어린이, 노인, 환자의 특별한 수요가 있다는 것(판결 31단)은 바나나를 다른 과일로부터 구별하기 위한 설득력있는 이유가 될 수 없다. 바나나는 인구의 압도적인 다수를 이루는 어린이, 노인, 환자 이외의 사람들에게 더욱 많은 양이 소비되고 있으며, 그 다수의 인구 층에서의 과일간의 대체성이야말로 제품시장의 범위를 획정하는 결정타가 될 것이기 때문이다.

본 건의 지리적 시장에 대해서는 UBC측은 EC 9개국 전체가 하나라고 주장하였지만, 유럽사법재판소는 제3국산 바나나에 관한 특별한 수입제한조치를 존속시키고 있는 영국·프랑스·이탈리아의 3개국을 따로 떼어 생각하고 6개국을 하나의 시장으로 보았다. 이 점은 바나나를 제품시장으로 볼 경우, 구 식민지 등에서 특혜관세에 의한 바나나와 UBC의 중남미 바나나를 평등한 경쟁조건에 있다고 보기는 어려우므로 지리적 시장을 그렇게 한정하여 판단할 수 밖에 없을 것이다.

지배적 지위

본 건의 유럽사법재판소는 '지배적 지위란 어떤 사업자가 가지는 경제적 힘의 상태이며, 자기의 경쟁상대인 사업자, 자기의 고객 그리고 최종적으로는 소비자로부터 인지가능한 정도로 독립하여 행동할 힘을 가지고 관련시장에서 유효한 경쟁이 유지되는 것을 방해할 수 있는 지위를 말한다(판결 65단)'라고 해석하였는데, 이것은 확립된 해석이다.(이는 Case 85/76, Hoffman-La Roche [1979] ECR 461에서 재확인되었다) 이 정의와 경제학에서의 '시장지배력(market power)'은 반드시 동일하지는 않다. 어떤 사업자의 시장지배력은 특정한 시장에서 당해 사업자가 자기의 고객을 잃지 않고 타경쟁사로부터 독립적으로 제품이나 서비스 가격을 인상할 수 있는 힘을 가질 것을 지표로 한다. 그러나 본 건에서 UBC는 덴마크에서의 바나나 가격의 하락을 억제할 수 없었고, 또한 EC역내의 바나나 시장 전체에 대해서도 연속 5년 동안이나 적자를 계상하고 있을 적도였다. 이렇게 가격을 독립하여 인상할 힘이 없었던 UBC라도 법적으로는 '지배적 지위'에 있다고 여겨졌다.

유럽사법재판소가 '지배적 지위'의 유무를 판단하면서 중시한 점은 첫 번째로 시장점유율이다. 어떤 비율이 지배적이라고 평가될 수 있는지 확정하는 척도는 없지만, *AKZO* 사건(Case C-62/86, AKZO Chemie BV [1991] ECR I-3359)에서는 50%의 점유율이라면 그것만으로도 지배적 지위를 추인하기에 충분하다고 보았다.(같은 예로서 Case T-228/97, Irish Suger [1999] ECR II-2969, para. 70) 본 건 바나나 사건에서는 UBC의 EC 6개국에서의 시장점유율은 40-45%였는데, 이것만으로는 지배적이라고 평가할 수 없으며, 다른 요소도 더하여 지배적 지위가 인정되고 있다.

두 번째로 다른 추가적 요소인데, *Hoffmann-La Roche* 사건에서는 시장점유율 1위의 사업자와 2위 이하의 사업자와의 점유율의 격차, 기술적인 선도성, 판매망의 충실도, 잠재적 경쟁력의 유무 등이 추가적 요소라고 보았다.([1979] ECR 461 para. 48) 본 건 바나나 사건에서는 바나나의 재배부터 판매까지의 수직결합된 규모의 경제가 있는 사업자이며 또한 상품개발의 선도적 기술을 가지고 있다는 점, UBC와 실효적으로 대항할 수 있는 것이 'Dole' 바나나를 생산 판매하는 타사 1개사에 지나지 않는다는 것, UBC와 당해 타사와의 점유율 격차는 20% 정도 벌어져 있었다는 것이 지배적 지위의 인정에서 추가적 요소로 인정되었다.

남용행위

EC조약 제82조의 후단은 지배적 지위에 있는 사업자가 해서는 안되는 위법한 지위남용행위로서 부당한 대가 또는 거래조건의 강제(a호), 소비자에게 불이익이 되는 생산, 판매 또는 기술개발의 제한(b호), 거래 상대방의 차별적 취급(c호), 끼워팔기(d호)를 예시적으로 열거하고 있다. 본 건 바나나에 대하여 [사실·쟁점]에서 말한 순서대로 하면, ① 푸른 바나나의 판매자간의 전매제한은 제82조 후단 b호에 해당하고, ② 훈증판매업자간의 같은 Chiquita 바나나 거래의 가격차별은 제82조 후단 c호에 해당하는 위법행위로 보았다. 또한 가격차별에 대한 본 건에서의 근거는 학설의 매서운 비판을 받고 있다. 또한 본 건의 유럽집행위원회 결정에서 ③ 불공정한 가격설정도 남용행위로 되어 있었는데, 유럽사법재판소는 유럽집행위원회의 인정을 취소하였다. 과거 20년 가까이 동안 UBC 바나나 가격은 인상되지 않았고, UBC와 주요경쟁자의 판매가격의 차이는 약 7%에 지나지 않는다는 것을 근거로 UBC 바나나 가격이 부당하게 높다는 평가를 할 수 없다는 이유에서였다.

공급거부

마지막으로 ④ UBC의 경쟁상대업자의 제품(Dole 바나나)의 광고 캠페인에 참가하였다는 것을 이유로 한 Olesen사에 대한 바나나의 '공급거부'라는 행위는 제82조 후단의 예시에는 없지만, 동조 전단에서 일반적으로 금지되는 남용행위의 한 형태이다. 본 건의 유럽사법재판소는 한편으로 UBC에게 자기의 상업적 이익이 타사의 공격에 노출되었을 때 방어할 수 있다고 인정하였지만(판결 189단), 다른 한편으로 이익옹호목적에 비례한 범위에 그쳐야 한다는 입장을 표명하였다.(판결 190

단) 지배적 지위의 사업자의 행동에 '비례성'을 구한다는 특유의 법리를 나타낸 점은 순수한 법적인 측면으로는 주목해야 할 것이다.

그러나 본 건의 현실을 생각해보면, 덴마크의 Olesen사에 공급거부 이외의 방법으로 적대적인 Dole 바나나의 거래를 멈추게 하려는 실효적인 방법이 UBC에게 있었느냐 하면 없었을 것이라 생각된다. 다른 방법으로서 생각될 수 있는 것은 UBC는 우선 Olesen에게 경고장을 보내고, 그래도 Dole 바나나의 판매캠페인을 멈추지 않을 경우 Olesen측에 중대한 계약위반이 있는 것을 이유로 판매계약을 해제하는 방법이 있다. 그러나 장기적 계약관계에 있는 고객과의 계약이 정당하게 해제되기 위해서는 특히 본 건의 유럽사법재판소와 같이 중소기업의 '독립성'에서 타사제품을 취급할 권리가 암암리에 포함된다는 입장(판결 193단)을 취하는 한 쉽게 인정되지 않을 것이다. 그렇다면, 역시 UBC는 '바나나 전쟁'의 한 가운데에서 실효적인 제재수단으로서 일시적인 경고로 공급거부를 하지 않을 수 없었던 것이 아닐까. 유력학설(Valentine Korah, *An Introductory Guide to EC Competition Law and Practice*, 8th ed. (2004))이 본 건의 유럽사법재판소를 평가하면서 시장경쟁보다 중소기업의 존립을 우선시켰다고 평가하는 것도 이 때문이다.

또한 공급거부는 지배적 지위의 사업자가 취급하는 제품 A를 사용해서 다른 제품 B를 만드는 사업자와의 관계에서도 지배적 지위의 남용행위로서 위법이라고 본 경우가 있다.(Case C-418/01, IMS Health GmbH & Co. [2004] ECR I-5039)

(多田英明·中村民雄)

36. Hoffmann-La Roche 사건: 지배적 지위의 유무와 남용

Case 85/76, Hoffmann-La Roche & Co. AG v. Commission [1979] ECR 461

[사실·쟁점]

피고인 유럽집행위원회는 1976년 6월 9일의 결정(IV/29.020 – Vitamins, [1976] OJ L223/27 이하, 본 결정)에서 스위스의 제약회사인 원고 Roche(Hoffmann-La Roche, 이하 Roche)사에 의한 EC조약 제86조[후의 제82, EU기능조약 제102조] 위반을 인정하고, 30만파운드의 제재금을 부과하였다. 원고는 본 결정의 취소 내지는 제재금 부과의 취소를 구하며 유럽사법재판소에 제소하였다.

유럽집행위원회의 본 결정에 대하여 Roche는 비타민 A, B2, B3, B6, C, E, H의 7개 시장에서 제86조상의 지배적 지위를 갖는다고 인정하였다. 그리고 이 회사가 1964년 이후에 특히 1970년부터 1974년까지 비타민을 구입하는 22개사에 대하여 필요로 하는 비타민의 전량 또는 상당향을 Roche에서 배타적 또는 우선적으로 구입할 의무를 부과한 것과 fidelity rebates(충성할인, 또는 충성리베이트)의 제공을 내용으로 하는 계약(이하, 본 계약)을 체결하였다는 것을 남용행위로 인정하였다.(본 결정 제1조) 본 결정은 또한 Roche사에 대한 상기 위반행위의 중단을 요구하고(동 제2조), 상기 제재금의 지불을 명하였다.(동 제3조)

Roche가 취소소송에서 주장한 본 결정의 위법성은 여러 개였지만, 지배적 지위 개념의 해석 및 그 남용 개념의 해석에 잘못이 있지는 않은지, 이들 개념이 본건에 적용되는 것이 타당한가 및 Roche에 의한 충성리베이트의 제공이 남용행위에 해당하는가가 중요 쟁점이 되었다. 유럽사법재판소는 비타민 B3시장에서 Roche의 지배적 지위의 인정과 위반행위기간의 인정에 대해서는 유럽집행위원회의 잘못을 인정하고 Roche가 유럽집행위원회의 절차개시에 본 계약을 조정하였다는 점을 고려하여, 제재금액을 30만에서 20만파운드로 감액하였지만 기타 사항은 기각하였다.

판결 • • •

지배적 지위의 인정

(유럽사법재판소는 Roche가 지배적 지위를 갖는지를 판단하기에 앞서, 관련시장을 획정할 필요가 있다고 하여(21단), 지리적 시장에 대해서는 EC 전체(1972년 12월 31일까지는 6개 회원국, 그 이후에는 9개 회원국)(22단), 제품시장에 대해서는 Roche 자신이 제조하는 비타민 8종류 중에서 7종류(A, B2, B3, B6, C, E, H)의 비타민마다 시장을 획정한 유럽집행위원회의 결정을 지지하였다.(23-30단))

지배적 지위란 어떤 사업자가 가지는 경제적인 힘의 상태이며, 자신의 경쟁상대인 사업자, 자기의 고객 그리고 최종적으로는 소비자로부터 인지가능한 정도로 독립하여 행동하는 힘을 가지며, 관련시장에서 유효한 경쟁이 유지될 것을 방해할 수 있는 지위를 말한다.(38단) 지배적 지위는 독점 내지는 준독점의 경우를 제외하고 어느 정도의 경쟁(some competition)을 배제하는 것은 아니지만, 지배적 지위를 갖는 사업자가 경쟁조건을 결정하지 않아도 적어도 경쟁조건에 인지가능한 영향을 주는 것을 가능케 하고, 또한 어떠한 경우에도 자기를 희생하지 않고 이러한 행위를 실행하고 경쟁을 고려에 넣지 않고 행동함을 가능하게 한다. … 지배적 지위의 존재는 개별적으로 보면 반드시 결정적이지는 않은 복수의 요소에서 비롯되며, 그 중에서도 압도적인 시장점유율은 매우 중요한 요소이다.(39단) 시장점유율의 중요성은 시장마다 다르지만, 압도적인 시장점유율은 예외적인 상황을 제외하고 그 자체로서 지배적 지위가 존재하는 증거가 된다는 견해를 채용한 것은 합리성이 있다. … (41단)

본 결정에서는 시장점유율과 함께, Roche의 지배적 지위를 확고히 하는 많은 요소가 서술되어 있다. 즉 (a) 시장점유율이 높은 것과 함께 차순위 경쟁자의 시장점유율간에 현저한 격차가 있다는 것, (b) 경쟁자에 비하여 종류가 다양한 비타민을 제조하고 있다는 것, (c) 다른 모든 제조업자의 매상고의 합계를 웃도는 세계최대의 비타민 제조업자이며 세계에서 주도적인 제약회사로서 다국적기업 그룹의 정점에 있다는 것, (d) 비타민 제조에 관한 특허 실효 후에도 본 분야에서는 경쟁자에 대하여 기술적 우위에 있다는 것, (e) 고밀도, 그리고 전문화한 판매망을 가지고 있다는 것, (f) 잠재적인 경쟁이 없다는 것의 여섯 가지 사항이 그것이다.(42단)

(유럽사법재판소는 위의 (a), (d), (e)에 대하여 관련성을 인정하고, 각 비타민 시장에서 Roche의 지위를 이들 요소에 비추어 검토하기로 하였다.(43-49단) 그 결과 Roche가 비타

민 A, B2, B3, B6, C, E, H의 각 시장에서 지배적 지위를 가진다는 유럽집행위원회의 결정을 지지하였다.(50-56단, 59-67단) 그러나 비타민 B3시장에서는 유럽집행위원회는 1973년에 30%의 시장점유율을 가지고 있었던 일본의 경쟁자에 의한 수입을 고려하고 있지 않으며, 또한 시장점유율 이외의 추가적 요소를 표시하지 않고 있기 때문에 Roche에는 지배적 지위가 인정되지 않는다고 보았다.(57-58단) 또한 각 비타민 시장에서 1972년부터 1974년까지의 Roche의 시장점유율은 비타민 A시장의 47%, 비타민 B2시장의 75-87%, 비타민 B3시장의 41%, 비타민 B6시장의 84-90%, 비타민 C시장의 63-66%, 비타민 E시장의 54%, 비타민 H시장의 93-100%였다.)

남용행위

어떤 시장에서 지배적 지위에 있는 사업자가 구입자의 요청에 의한 것이라 하여도 구입자에게 필요량의 전부 내지 대부분을 자신에게서 구입하도록 의무지우는 것 또는 약속시키는 것은 … 조약 제86[후의 제82, 기능조약 제102]조에서 말하는 지배적 지위의 남용이 된다. 마찬가지로 당해 사업자가 정식의무에 따라 구입자를 구속함이 없이 구입자와의 사이에 체결한 계약조건에 따라, 또는 일방적 충성리베이트제도, 즉 고객이 필요량의 전부 내지 상당량에 대해서 지배적 지위를 갖는 사업자에게서 구입할 것을 조건으로 하여 가격할인을 적용하는 것도 구입량의 다소를 불문하고 지배적 지위의 남용이 된다.(89단)

특정한 사업자에게서 공급을 받을 의무는 지배적 지위를 갖는 사업자로부터의 리베이트 내지는 배타적으로 공급을 받는 인센티브를 구입자에게 부여하는 충성리베이트 부여를 고려하지 않아도 공동시장에서 왜곡 없는 경쟁의 확보라는 목적과는 양립하지 않는다. 이는 조약 제85[후의 제81, 기능조약 제101]조 3항에 의하여 사업자 간의 합의가 허용되는 예외적인 상황이 있다면 모를까, 이러한 의무는 상기 부담 또는 이익을 정당화하는 경제적 거래에 의한 것이 아니라 구입자에게서 공급원의 선택을 박탈하거나 제한하는 것으로서 다른 제조업자에 의한 시장에 대한 접근을 부정하는 것이 되기 때문이다. 충성리베이트는 제조업자로부터 구입량에만 관련된 수량리베이트와는 달리, 금전적 이익의 제공을 통하여 고객이 경쟁관계에 있는 제조업자에게서 공급받는 것을 저지할 목적을 가진다. 또한 충성리베이트에는 지배적 지위에 있는 사업자로부터 배타적으로 공급을 받는지 또는 복수의 공급원을 가지는가에 따라서, 두 개의 구입자가 동일한 양의 동일한 제품에 대해서 다른 가격을 지불하게 된다는 점에서 다른 거래상대에 대해서 동등한 거래에 다른 조건을 적용하는 효과도 가지고 있다.(90단)

(유럽사법재판소는 Beeham과의 계약을 예로 들고, Roche가 제공하는 리베이트에 대해서는 최대 30만파운드로 견적한 필요량에 대한 매상고가 60%, 70%, 80%에 달한 경우 각각

1%, 1.5%, 2%라고 되어 있었다. 본 리베이트는 일견 수량리베이트처럼 보이지만, 실제로는 구입자마다 설정된 필요량에 대한 구입비율에 따라 증가하므로 구입자의 최대할당량 구입을 목표로 하는 강력한 인센티브가 되었다는 점에서 수량리베이트와는 다르다. 따라서 유럽집행위원회가 충성리베이트의 제공을 포함한 본 계약을 지배적 지위의 남용이라고 인정한 것은 정당하다.(97-101단))

영국조항

(Roche가 구입자와 체결한 계약의 많은 부분은 이른바 '영국조항'(English Clause)이 포함되어 있었다. 본 조항에 따르면 구입자는 경쟁자로부터 유리한 가격을 제안받은 경우 Roche에게 경쟁자의 가격에 맞추도록 요구할 수 있지만, Roche가 응하지 않은 경우에는 비타민을 배타적으로 구입하는 의무에서 이탈하여 경쟁자에게서 구입할 수 있으며, 또한 그 때까지의 Roche와의 거래에 기초한 리베이트의 이익을 잃지 않는다. 유럽사법재판소는 이하와 같이 판시하여 영국조항을 남용행위에 포함한 유럽집행위원회의 결정은 정당하다고 하였다.)

영국조항은 가장 호의적으로 해석해도 Roche에서 필요량의 배타적 구입을 구매자에게 의무지우는 조항, 또는 지배적 지위를 갖는 사업자의 활동에 의하여 경쟁적인 구조가 이미 약화된 시장에서 제공되는 충성리베이트에 따라 경쟁의 왜곡을 해소하는 것은 아니다. 실제로, 영국조항은 상기의 특징과 함께 Roche의 고객에 대하여 경쟁자로부터의 보다 유리한 제안의 통지를 의무지우는 것으로 경쟁자의 특정이 쉬워진다는 성격 때문에 Roche는 시장전략을 이행하면서 중요한 시장의 상황에 관한 정보, 또한 경쟁자의 대체책으로서 행동에 관한 정보를 입수할 수 있는 것이다. 지배적 지위를 갖는 사업자가 고객에 대하여 경쟁자로부터의 제안을 입수한다는 것은 … 지배적 지위의 남용을 강화하는 것이다. 영국조항에 의하여 자신의 가격을 조정하고 경쟁을 할 것인가를 결정하는 것은 Roche 자신이다.(107단) 이렇게 하여 자신의 고객이 주는 정보로 고객과 경쟁자에게 영향을 주는 시장전략을 변경할 수 있다.(108단)

해 설

사건의 의의

본 판결은 UBC사의 Chiquita 바나나 사건(본서 35번사건)에서 판시된 지배적 지위의 해석을 계승함과 동시에 각 비타민 시장에서 Roche의 지배적 지위의 유무에 대하여 시장점유율 외에도 고려할 요소를 제시하여 구체적으로 판단하였다는 점에 의의가 있다. 또한 리베이트를 수량리베이트와 충성리베이트로 구별하고, 지배적 지위를 갖는 사업자에 의한 후자의 공여를 남용행위로서 인정하였다는 점에도 의의가 있다.

지배적 지위

유럽사법재판소는 바나나 사건의 판결 65단에서 제시한 지배적 지위의 정의를 확인하고(38단), 계속해서 '지배적 지위는 독점 내지는 준독점적인 경우를 제외하고 어느 정도의 경쟁을 배제하는 것은 아니지만, 지배적 지위를 갖는 사업자가 경쟁조건을 결정하지는 않아도 적어도 경쟁조건에 인지가능한 영향을 주는 것을 가능케(한다)'고 판단하였다.(39단) '지배적 지위'의 정의는 본 판결에서 확립되어 이후의 유럽집행위원회의 결정, 재판소의 판결에서 인용되고 있다.

시장점유율과 지배적 지위

유럽사법재판소는 시장점유율 외에 시장에 따라서는 다른 추가적 요소도 고려에 두고, Roche의 각 시장에서 지배적 지위의 유무를 판단하였다

우선 시장점유율이 75%를 넘는 비타민 B2시장(75-87%), 비타민 B6시장(84-90%)에 대해서는 독점상태에 있다는 것을 인정하였다.(68단)

다음으로 시장점유율이 47%부터 60%를 약간 넘는 비타민 A시장 및 비타민 C시장에 대해서는 추가적 요소로서 ① 경쟁자와의 시장점유율의 격차(비타민 A시장에 대해서는 Roche의 시장점유율이 47%인데 반하여, 경쟁자는 27%, 18%, 7%, 1%, 비타민 C시장에서는 Roche의 시장점유율은 64.8%인데 반해, 경쟁자는 14.8%, 6.3%), ② 기술상의 우위성, ③ 잠재적 경쟁의 결여를 고려하여, 지배적 지위를 인정한 유럽집행위원회의 판정을 지지하였다.(51단, 63단) 한편 비타민 B3시장에 대해서는 시장점유율이 1974년에는 판매액 기준으로 51.0%, 판매량 기준으로 41.2%였는데, 1972년과 1973년에는 판매액 기준으로 28.9%, 34.9%, 판매량 기준으로 18.9%, 23.4%였기에 Roche의 지배적 지위를 인정하기 위한 추가적 요소를 들지 않는다고 하여 유럽집행위원회에 의한 지배적 지위의 인정을 부정하였다.(57-58단)

그 후 *AKZO* 사건(Case C-62/86, AKZO v. Commission [1991] ECR I-3359)에서

유럽사법재판소는 사업자가 50%이상의 시장점유율을 가지고 있으며, 일정기간 동안 지배적 지위가 유지되고 경쟁자의 시장점유율과의 사이에 현격한 차이가 있는 경우에는 지배적 지위가 인정된다는 견해를 보였다.(동 판결 59-61단) 본 건보다 먼저 있었던 바나나 사건에서는 40-45%의 시장점유율을 가지고 있었던 UBC사에 대하여 추가적 요소도 고려하여 지배적 지위를 인정하고 있지만, 일반적으로 45%를 넘는 경우에는 지배적 지위의 존재가 추정되고 같은 규모의 경쟁자가 시장에 존재하는 등의 사정이 없는 한 추정을 뒤엎는 것은 곤란하다.

(또한 같은 규모의 경쟁자가 시장에 존재하는 경우에는 공동의 지배적 지위(a collective dominant position)가 인정될 가능성이 있다) 또한 영국항공사건(Case T-219/99, British Airways v. Commission [2003] ECR II-5917)에서도 제1심재판소는 시장점유율이 40%를 밑도는 39.7%였던 영국항공에 대하여 차순위 사업자의 시장점유율이 5.5%에 지나지 않는다는 것, 이 회사가 영국에서 출발하거나 도착하는 많은 항로를 운항하고 있으며, 또한 영국의 주요공항에서 많은 슬롯을 보유하고 있다는 점을 고려하여 지배적 지위를 인정하였다. 동 판결은 유럽사법재판소에 의하여 지지되었다.(Case C-95/04, British Airways v. Commission [2007] ECR I-2331)

한편 사업자의 입장에서는 지배적 지위에는 없는 '안전항(safe harbor)'으로서의 기준이 중요하다. 이 점은 EC조약 제86[후의 제82, EU기능조약 제102]조와 같이 지배적 지위의 인정이 논의되는 기업결합을 규제한다. '합병규칙'(Council Regulation No 139/2004 [2004] L21/1)의 전문 제32단에서는 시장점유율이 25%를 밑도는 사업자에 대하여는 일반적으로 지배적 지위를 가진다고 보지 않는다고 규정하였다. 또한 유럽집행위원회 경쟁총국(競爭總局)이 제82조에 의한 배제적 남용행위에 대한 규제를 수정하는 과정에서 2005년 12월에 공표한 '배제적 남용행위에 대한 제82조의 적용에 관한 회의록'(DG Competitiom discussion paper on the applications of Article 82 of the Treaty to exclusionary abuses) 제31단에서도 같은 견해를 보이고 있다. 동 보고서에서는 '25% 이하의 시장점유율을 갖는 사업자가 관련시장에서 (단독의) 지배적 지위를 가질 가능성은 없다(not likely to enjoy a (single) dominant position)'고 하였고, 시장점유율이 25% 이하의 사업자에 대하여 지배적 지위가 인정될 가능성이 완전히 부정되는 것은 아니라는 점에 주의를 요한다.

남용행위

제82[EU기능조약 제102]조는 남용행위로서 부당한 대가 또는 거래조건의 강제(a호), 소비자에게 불이익이 되는 생산, 판매 또는 기술개발의 제한(b호), 거래 상대방의 차별적 취급(c호), 끼워팔기(d호)를 열거하고 있다.

리베이트는 객관적인 수량에 기초하여 모든 고객에게 평등한 조건으로 제공되는 수량리베이트와 고객이 공급자로부터 필요량의 전부 내지는 대부분을 구입할 것을 조건으로 제공되는 충성리베이트로 구별되어, 가격할인과 함께 가격경쟁으로서의 성격을 갖는다. 그러나 리베이트가 제공되는 경우 거래처 사업자는 리베이트 제공자와의 거래내용에 반드시 만족하지 않아도 거래를 계속할 동기부여를 주게 된다. 그 결과, 거래대상의 상품·서비스의 우열과 같은 본래의 경쟁이 아니라 리베이트 제공자와의 거래가 지속되면서 리베이트 제공자의 경쟁자가 거래의 기회를 잃게 되는 것에 따른 시장폐쇄효과가 문제시된다. 또한 지배적 지위를 갖는 사업자에 의한 충성리베이트의 제공은 c호에 규정된 차별적 취급이 된다.

본 건에서 유럽사법재판소는 수량리베이트는 자동적으로 제82조의 적용범위에서 제외된다고 하면서, 지배적 지위를 이용한 사업자에 따른 충성리베이트는 남용행위로서 금지된다고 판시하였다. 이 점, 제81[EU기능조약 제101]조에 관한 '수직적 제한에 관한 가이드라인'(Commission Notice on guidelines on vertical retraints, [2000] OJ C291/1)에서도 '조약 제82조는 이미 지배적 지위를 갖는 사업자에 의한 영국조항과 충성리베이트제도의 적용을 금지한다'고 서술하고 있다.(가이드라인 152단) 그러나 제공되는 리베이트의 대부분은 경쟁과정의 표현에 지나지 않으며, 또한 고객이 리베이트에 의한 저가의 혜택을 받는 것이 명확하므로 리베이트를 원칙적 위법(per se illegal)으로 하는 것은 문제가 있어, 경쟁에서 소비자에게 치명적 손해를 주는 리베이트에 한하여 위법으로 해야 한다는 비판도 있다.(Whish, *Competition Law*, 6th ed., pp. 720-721)

그 후, 지배적 사업자에 의한 리베이트의 제공에 관해서는 *Michelin II* 사건 제1심재판소판결(Case T-203/01, Manufacture Française des Pneumatiques Michelin v. Commission [2003] ECR II-4071)에서 충성리베이트는 제82조 위반이 된다는 것을 확인하고(56단), 판매수량에만 기초하는 수량리베이트는 시장의 폐쇄효과가 없으므로 제83조 위반이 아니지만(58단), 수량리베이트라도 거래처의 충성을 요구하는(loyalty-including) 것은 시장폐쇄효과가 인정되어 제82조 위반이 된다는 견해를

보이고 있다.(64-65단)

또한 유럽집행위원회는 2009년 2월에 '지배적 지위를 갖는 사업자에 의한 배제적 남용행위에 대한 EC조약 제82조의 적용에 관한 유럽집행위원회의 이행우선순위에 관한 통보'(Communication from the Commission's enforcement priorities in applying Article 82 of the EC Treaty to abusive exclusionary conduct by dominanr undertakings)을 공포하고 배제적 남용행위마다 제82조를 적용할 때의 기본 원칙을 명확히 하였다. 그 중에서 충성리베이트를 포함하는 '조건부 리베이트(conditional rebates)'에 대해서는 지배적 지위를 갖는 사업자가 이행하는 경우에는 배타적 구입의무와 유사한 현실적 내지 잠재적인 시장폐쇄효과를 갖는다고 하여(37단), 리베이트 제도의 제82조 위반이 인정되는 경우 동등하게 효율적인 경쟁자가 개개의 고객에게 필요량의 일부를 제공하는 것을 곤란하게 하며 거래확대 내지 신규진입을 방해하는 것인지를 검토한다고 한다.(41단)

영국조항

Roche는 고객과의 계약 대부분에 포함되어 있는 영국조항은 유럽집행위원회가 남용행위로 보는 배타적인 계약과 충성리베이트의 경쟁에 대한 제한적 효과를 사라지게 하는 효과가 있다고 주장하였다.(103단) 그러나 유럽사법재판소는 영국조항이 Roche에 대한 경쟁상의 압력이 되는 것이 아니라 도리어 Roche에 비타민시장의 상황 외 경쟁자의 행동에 비추어 가격과 판매전략에 관한 정보를 제공하는 효과를 가진다고 하여, 이 회사의 지배적 지위의 강화에 따라 시장의 경쟁적인 구조를 더욱 약화시키는 효과를 가진다고 판시하였다.(107단)

(多田英明)

37. Crehan 사건: 사인에 의한 EC경쟁법의 집행

Case C-453/99, Courage Ltd. v. Crehan; Crehan v. Courage Ltd. [2001] ECR I-6297

[사실·쟁점]

Courage사는 영국의 맥주판매시장에서 19%의 점유율을 차지하고 있는 양조회사이다. Grand Metropolitan사는 호텔 및 출장요리 회사였다. 1990년, Courage사와 Grand Metropolitan사는 보유하고 있는 주점 점포를 통합하여, 절반씩 출자한 합병회사 IEL(Inntrerprenuer Estates Ltd)에 이들 점포를 양도하였다. IEL은 주점 점포의 임차인과의 계약을 개별교섭의 여지가 거의 인정되지 않는 정형화된 표준계약서를 이용하여 진행하고 있었다.

1991년에 Crehan씨는 IEL과의 사이에서 20년을 기간으로 하는 주점 점포 2건의 임대차 계약을 IEL의 표준계약서에 의하여 체결하였다. 이 때 Crehan씨는 주점 점포의 임차료에 대하여는 IEL과 교섭할 수 있었지만, 일정량의 맥주를 IEL이 지정하는 양조회사(Courage사)에서만 IEL의 가격표에 따른 가격으로 구입한다고 하는 계약조항(맥주구속구입조항)은 교섭의 여지 없이 표준계약서대로 체결하였다. Crehan씨의 주점은 이익이 없었고, 1993년에는 2개 점포를 폐점하기에 이르렀다. Courage사는 동일한 맥주를 구속구입계약이 없는 일반 주점 점포에는 IEL의 지정가격보다 저렴하게 넘기고 있었다. Crehan씨는 맥주대금을 Courage사에 일부 지불하지 않았기 때문에 1993년 Courage사는 Crehan씨에게 맥주대금(15,266파운드)의 지불을 구하여 영국재판소에 제소하였다. Crehan씨는 전술한 맥주의 구속구입계약은 EC조약 제85[후의 제81, EU기능조약 제101]조에 위반한다고 반소를 제기하였고, 차별적 고가격을 강제당한 것에 의한 손해배상으로서 Courage사에 대하여 맥주 구속구입계약에서의 지정가격과 일반점포에 대한 도매가격 차액의 배상을 청구하였다.

그러나 당시 영국의 선례에서는 위법한 계약의 일방당사자로부터 타방당사자에 대한 손해배상청구는 인정되지 않았다.(Tinsley v. Milligan [1994] 1 AC 340 (HL)) 나아가 본 건과 유사한 손해배상을 구하는 별건으로서, 영국의 항소법원(Court of

Appeal)은 EC조약 제81조 1항 위반의 손해배상청구 소송('제정법상의 의무위반(breach of statutory duty)' 소송의 일종)에서는 손해회피의 행위자(문제의 계약의 쌍방당사자)가 제3자(다른 경쟁자나 소비자)에 대하여 지는 주의의무라고 해석할 수 있으므로 동조 위반의 계약의 일방당사자가 타방당사자에게 손해배상을 청구할 수는 없다고 판단하고 있었다.(Gibbs Mew plc v. Gemmell [1998] EWCA Civ 1262; [1998] EuLR 588; [1999] ECC 97)

본 건의 영국의 항소법원은 이상의 영국의 선례를 따라 영국법상으로는 구제수단이 없는 것을 확인하였고, 미국에서는 판례법상 독점금지법 위반의 계약당사자라도 경제적 약자에게는 손해배상청구를 인정하고 있다(Perma Life Mufflers Inc. v. International Parts Corp. 392 U.S. 134 (1968))는 것을 언급하면서 선결문제를 유럽사법재판소에 부탁하였다.

즉 첫 번째로 EC조약 제85조는 이를 위반한 양 계약당사자 중의 일방당사자에 대하여 구제근거가 될 수 있을 것인가. 두 번째로 만약 첫 번째가 가능하다면 구제를 청구한 일방당사자가 해당 위법계약조항을 준수하여 발생한 손해배상을 구할 권리가 있는가. 세 번째로 위법행위를 행한 당사자가 그 위법행위로 인하여 자기에게 발생한 손해를 회복하는 것을 국내법이 금지하는 것은 EC법과 양립하는가. 네 번째로 만약 세 번째에서 국내법이 EC법과 양립하지 않는 경우라면, 국내재판소는 어떤 점에 유의해야 하는가 하는 네 가지였다.

선결적 판결 • • •

17. 제1, 제2, 제3문은 일괄하여 검토해야 하지만, 부탁한 재판소는 이들 질문에 대해서 EC조약 제85[후의 제81, EU기능조약 제101]조에서 말하는 경쟁을 제한 또는 왜곡한 계약의 일방당사자가 타방당사자로부터의 구제를 얻기 위해서 국내재판소에서 동조 위반을 주장할 수 있는지를 묻고 있다. 구체적으로는 제85조 위반의 계약조항 때문에 일방당사자가 입은 손해배상을 얻을 수 있는지 그리고 스스로의 위법행위에 따른 손해의 배상청구권을 부정하는 국내법상의 준칙을 공동체법이 배제하는가를 묻고 있는 것이다.

18. 가령 공동체법이 이러한 종류의 국내법 준칙을 배제하는 것은 배상청구의 실체적 평

가에 어떤 요소를 고려해야 하는지를 국내재판소는 제4문에서 묻고 있다.

19. 말할 것도 없이 우선 첫 번째로 EC조약은 독자적 법질서를 형성하는 것으로 이 법질서는 회원국의 법제도와 불가분의 일체가 되므로 회원국의 재판소도 이것을 적용해야 한다. 이 법질서에 복종하는 것은 회원국 뿐만 아니라 그 국민도 포함된다. 공동체법은 개개인의 법적 자산이 된다. 이 모든 권리는 EC조약이 명문으로 부여한 때에 발생할 뿐만 아니라, 동 조약이 개개인과 회원국 및 EC제기관에게 명확하게 부과하는 의무에서도 발생한다.(Van Gend 사건(본서 1번사건), Costa v. E.N.E.L. 사건(본서 2번사건), Francovich 사건(본서 9번사건 해설)을 참조)

20. 두 번째로 EC조약 제3조 g호(cf. EU기능조약 제3조 1항 b호)에 의하면, EC조약 제85조는 공동체에 맡겨진 임무를 달성하기 위하여 구체적으로는 역내시장 운영의 달성에 불가결한 기본적 규정이다.

21. 실제로 그 규정의 중요성은 EC조약의 기초자가 동조 2항에서 제85조가 금지하는 합의나 결정을 자동적으로 무효라고 규정한 것에서도 볼 수 있다.

22. 이 자동적 무효의 원칙은 누구나 주장할 수 있으며, 일단 제85조 1항의 적용요건이 충족되고 또한 계쟁의 합의에 대해서 동조 3항에 기초하는 (동조 1항의) 적용면제가 정당화되지 않는 한, 재판소는 이 (자동적 무효의) 원칙에 구속된다. 제85조 2항에서 정하는 무효는 절대적이므로 동항에 의하여 무효가 되는 합의는 계약당사자간에 효력을 갖지 않으며, 제3자에 대하여 주장할 수 없다. 또한 이 무효성은 계쟁의 합의 또는 결정의 과거 및 미래의 어느 것에도 여러 효과를 줄 수 있다.

23. 세 번째로 당 재판소가 지금까지 판시해 온 바와 같이 EC조약 제85조 1항 및 제86[후의 제82, EU기능조약 제102]조는 개인간에 직접효력을 가지는 것으로 관계된 제개인에게 권리를 발생시키며 국내재판소는 이 권리를 보호해야 한다.

24. 이상을 고려하여, 어떠한 개인도 국내재판소에서 EC조약 제85조 1항 위반에 대하여 주장할 수 있으며, 이는 가령 동조가 의미하는 경쟁제한 또는 왜곡의 원인이 된 일방당사자라 하여도 마찬가지라고 해석하는 것이 합당하다.

25. 경쟁제한 또는 왜곡의 원인이 되는 계약 또는 행위로부터 발생한 손해배상청구의 가능성에 대해서 우선 상기해야 할 것은 확립된 판례에 따르면 회원국의 재판소는 그 관할 내의 분야에서 공동체법의 제규정을 적용할 의무를 지며, 당해 (공동체)제법규가 완전히 실효성을 가질 것을 확보하고 또한 당해 제법규가 제개인에게 부여하는 제권리를 보호해야 한다.(따라서 Simmenthal 사건(본서 3번사건)의 선결적 판결 16단 및 Factortame 사건(본서 8번사건)의 선결적 판결 19단 참조)

26. 만약 경쟁을 제한 또는 왜곡하는 원인이 된 계약이나 행위로부터 자신에게 발생한 손해

에 대해서 개인의 배상청구가 허용되지 않는다면, EC조약 제85조의 완전한 실효성(full effectiveness) 특히 동조 1항에서 정하는 금지의 현실적 효과는 위태로워질 것이다.

27. 또한 이러한 (배상청구) 권리의 존재는 공동체 경쟁법의 운용(working)을 강화(strengthen)하고, 경쟁을 제한 또는 왜곡하는 원인이 되는 암묵적 합의나 행위를 억제(discourage)한다. 이러한 관점에서 국내재판소에서 배상청구소송은 공동체에서 실효적인 경쟁의 유지에 대하여 중대한 공헌을 할 수 있다.

28. 따라서 경쟁법규에 위반된 계약의 일방당사자가 제기하는 그러한 소송에 대한 전면적인 금지(absolute bar)는 절대로 있어서는 안된다고 해석함이 합당하다.

29. 그러나 이 문제를 다루는 공동체법이 없는 이상, 각 회원국의 국내법제도에서 관할권을 가지는 재판소 및 심판소를 지정하고, 또한 공동체법에서 직접적으로 개인이 얻을 권리를 보호하기 위해서 소송에 관한 상세한 절차규칙을 정하는 것이 정당할 것이다. 그러나 당해 준칙은 비슷한 국내소송을 규율하는 준칙보다 불리해서는 안되며(동등성 원칙), 또한 당해 준칙은 공동체법이 부여하는 권리의 행사를 현실적으로는 불가능 또는 현저하게 곤란하게 하는 것이어서는 안된다.(최저한의 실효성의 원칙)

30. 이 점에서 공동체법이 보장하는 권리의 보호를 인하여 당해 권리를 향유하는 자가 부당이득(unhust enrichment)을 얻지 못하도록 국내재판소가 대책을 취하는 것을 공동체법이 막지는 않는다고 당 재판소도 이미 판시한 바 있다.

31. 마찬가지로 동등성 및 최저한의 실효성의 원칙이 보장되는 것을 조건으로 국내법이 경쟁왜곡에 중대한 책임(significant responsibility)이 있는 일방당사자가 계약의 타방당사자로부터 배상을 얻을 권리를 부정하는 것을 공동체법은 배제하지 않는다. 이는 회원국 법제도의 대부분에서 인정된 원칙이며, 또한 당 재판소도 과거에 적용한 예가 있는 원칙인데(Case 39/72, Commission v. Italy [1973] ECR 101, 10단참조), 소의 원고는 자기의 위법한 행위가 입증된 때 그 위법행위로부터 이익을 얻을 수 없다.

32. 이와 관련하여 소관 국내재판소가 고려해야 할 것은 가령 양 당사자가 놓여진 경제적 상황과 법적 상황, 그리고 계약의 쌍방당사자 각각의 교섭력(bargaining power)과 행동(conduct) 등이다.

33. 특히 국내재판소가 확인해야 할 것으로 경쟁제한 또는 왜곡의 원인이 된 계약을 체결하였기 때문에 손해를 입었다고 주장하는 일방당사자가 타방당사자보다 현저히 약한 입장(a markedly weaker position)에 있는가 하는 점이다. 가령 계약조항의 교섭의 자유 또는 이용가능한 여러 법적 구제를 적시에 이용하여 손해를 회피 또는 손해범위를 축소할 수 있는 능력을 중대(seriously)하게 제한(compromise)당하였다던가 배제(eliminate)당하였다는 등의 사정이다.

34. … (Case 23/67, Brasserie de Haecht [1967] ECR 407이나 Case C-234/89, Delimitis [1991] ECR I-935, 14-26단에서 인정된 바와 같이) 계약이 동류의 계약의 연결(네트워크)의 일부로서 그 계약군(群)이 경쟁에 누적효과를 준다는 이유만으로도 EC조약 제85조1항 위반이 될 수 있다. 이러한 경우에는 그러한 연결을 지배하는 자와 계약하는 측의 당사자에게 제85조 위반의 중대한 책임을 지울 수 없는데, 특히 연결을 지배하는 자에게서 당해 사업자가 계약조항을 현실적으로 강제당한 경우(imposed)에 그러하다.

36. 이상의 모두를 고려하면, 부탁된 제문제의 회답은 아래와 같다고 보아야 한다.

— EC조약 제85조에서 말하는 경쟁의 제한 또는 왜곡의 원인이 된 계약의 일방당사자라 하여도 동조 위반을 근거로 하여 타방당사자로부터 구제를 구할 수 있게 된다.

— EC조약 제85조는 동조에 의하여 경쟁을 제한 또는 왜곡하는 원인이 된 계약의 일방당사자가 타방당사자에게 당해 계약의 이행에서 발생한 손해의 배상청구를 하는 것을 당해 계약의 당사자라는 것을 유일한 이유로 하여 금지하는 국내법을 배제한다.

— 공동체법은 경쟁을 제한 또는 왜곡하는 원인이 된 계약의 일방당사자가 그 경쟁왜곡에 대해서 중대한 책임(significant responsibility)이 있는 것이 입증된 때에는 그 당사자가 손해배상을 얻기 위해서 스스로의 위법행위를 청구근거로 하는 것을 금지하는 국내법준칙을 배제하지 않는다.

해 설

사건의 의의

본 건에서 판시된 원칙적인 입장을 일반적으로 말하자면, EC경쟁법 위반에 의하여 손해를 입은 여러 개인이 (가령 EC경쟁법위반의 일방당사자라 하여도) 위반행위를 한 자(계약위반의 타방당사자 등)에 대하여 손해배상을 청구하는 EC법상의 권리를 원칙적으로 가진다는 것이다.(선결적 판결 23단) 여러 개인에게 EC법상의 배상청구권을 인정한 점(비슷한 예로서, *Francovich* 사건이나 *Brasserie* 사건(본서 9번사건)), 그리고 특히 위법행위의 당사자에게도 배상청구의 권리를 원칙적으로 인정할 수 있다는 것을 명확히 한 점에서 획기적이다. 이것이 본 건의 가장 큰 의의이다.

본 건은 직접적으로는 EC조약 제81[EU기능조약 제101]조 위반사건을 판단한 것이지만, 선결적 판결 19-23단에 나타난 논리가 동 조약 제82[EU기능조약 제102]조에도 마찬가지로 응용가능하다는 것이 명백하다. 그 결과 EC경쟁법의 집행은 유럽집행위원회나 각국 경쟁법당국뿐만 아니라 사인에 의한 배상청구라는 집행의 길이 열렸다. 특히 EC경쟁법위반의 계약의 일방당사자가 타방당사자에게 배상을 청구할 수 있다는 것은 계약위반의 이른바 내부고발의 인센티브(적어도 기회)를 준 것이다. 이렇게 본 건의 두 번째(기능적으로 중요한) 의의는 사인에 의한 EC경쟁법 집행의 길을 열었다는 것에서 구할 수 있을 것이다.

세 번째 의의는 EC경제법을 위반한 계약의 일방당사자가 타방당사자에게 손해배상을 청구할 수 있는 경우와 할 수 없는 경우의 일정한 EC법상의 원칙 등을 설시하였다는 점이다. 그리고 '중대한'의 판단방법을 간략히 설명하고 있다.

EC법상의 배상청구권의 창조

본 건 선결적 판결은 '어떠한 개인도 EC조약 제85조 1항 위반에 대하여 국내재판소에서 주장할 수 있다'(선결적 판결 24단)고 하여, EC조약 제81조 1항에 위반된 계약의 당사자 여부를 불문하고 해당 계약의 제81조 위반에 의한 손해배상을 청구하는 권리를 EC법상 권리로서 정면으로 인정하였다. 그 이유로서 이하의 세 가지 사항을 들었다. 우선 초기의 판례인 *Van Gend* 사건(본서 1번사건)이나 *Costa v. E.N.E.L.* 사건(본서 2번사건)에서 확립된 EC법질서의 기본적 성격을 논하면서 EC법이 개인에게 권리를 직접적으로 부여하는 성격을 갖는 것을 재확인하였다.(선결적 판결 19단) 이 때 1991년의 *Francovich* 사건(본서 9번사건 참조)도 언급되었다. 다음으로 EC에서 경쟁법의 중요성이다. 즉 제81조 1항은 이에 위반하는 계약이 동조 2항으로 자동적으로 무효가 될 만큼 중요한 역내시장 운영을 위해서 불가결한 규정이라고 한다.(선결적 판결 20-22단) 마지막으로 전술한 두 가지 점의 윤리적인 귀결인 제81조 1항의 직접효력에 대해서 서술하고 있다.(선결적 판결 23단)

이러한 이유에서 여러 개인의 EC조약 제81조 1항 위반행위에 대한 손해배상 청구권이 논리필연적으로 EC법상의 권리로서 도출되는 듯한 인상도 받을 수 있지만, 이는 본질적으로 유럽사법재판소에 의한 목적론적인 판례법 형성이다. 이러한 시점에서 보지 않으면 왜 2000년대가 되어서야 지극히 기본적인 논점에 대한 판단이 이루어진 것인가 하는 의문은 풀리지 않는다. 이는 가령 영국에서는 1970년대 전반부터 이미 본 건의 논점에 대하여 판결 중에 방론으로서 논의된 바 있었다.(가령 Application des Gaz SA v. Falks Veritas Ltd. [1974] Ch. 381; Garden Cottage Foods Ltd. V. Milk Marketing Board [1984] 1 AC 130) 언제 소송의 대상이 되어도 이상하지 않은 논점이었기 때문이다.

2000년대가 되어서 이 점이 명확화게 된 배경은 경쟁법에 한정하자면 1990년대 후반부터 EC경쟁법은 각국의 분권적 집행을 인정하는 방향으로 정책이 전환되어 왔다. 또한 EC법의 자율적인 발전도 중요한 일반적 배경이다. 본 건의 유럽사법재판소는 EC법질서의 기본적 성격을 다룬 선례로서 1991년의 *Francovich* 사건을 들고 있는 점은 이러한 점에서 효시적이다. EC지침의 이행의무를 게을리한 회원국에 사인이 손해배상을 청구할 수 있는 EC법상의 권리를 인정한 사안이다. 이 때, 유럽사법재판소는 '국가는 스스로의 잘못에 기인하는 EC법위반의 결과 개인에게 발생한 손실과 손해에 대한 배상책임원칙이 EC조약에 내재한다'는 일반적인 결론을 도출하고 있었다. 그 이유를 들자면 본 건과 마찬가지로 우선 EC법질서는 독자적이면서도 각국법과 일체화되어 각국의 재판소도 이를 실효적으로 보장하는 의무를 진다고 서술하여 '회원국이 스스로의 잘못에 기인하는 EC법 위반에 의하여 개인에게 발생한 손해를 배상할 책임을 진다'는 법의 일반원칙이 있으며, 회원국의 책임에 기인하는 위반으로 개인이 권리를 침해받은 때에 구제를 얻을 수 없다면 EC법질서의 완전한 실효성은 훼손되고, 개인의 권리보호도 약화될 것이라는 '있어야' 할 실효성 확보의 관점에서 배상청구권을 도출하였다. 이는 1963년의 *Van Gend* 사건(본서 1번사건) 이래 반복되고 있는 유럽사법재판소에 의한 EC조약의 공백부분을 채우기 위한 목적론적 해석이다.

1991년의 *Francovich* 사건에서 국가의 EC법 위반행위에 대해서 개인이 (손해) 배상청구권을 가지는 것이 'EC조약에 내재한다'는 판례의 발전이 있고, 1996년의 *Brasserie* 사건(본서 9번사건)에서는 지침의 이행해태를 포함한 회원국의 EC법 위반의 작위 및 부작위에 대한 것으로 일반화되었다. 이에 1990년대 후반부터 이들 판례 전개에 입각하여 명확한 금지의 방법으로 EC조약이 사인에게 특정한 행위의 위법성을 명시하고 있는 EC조약 제81·82조에 대해서도 마찬가지로 위반행위에 대한 개인의 손해배상청구권이 'EC조약에 내재한다'는 원리의 연장을 가능케 하였다. 소송당사자도 이러한 EC판례의 축적에 힘입어 이를 논거로 할 수 있었고, 국내재판소에 유럽사법재판소의 선결적 판결을 구하게 할 동기를 얻었다. 이러한 판례 전개는 실효적인 EC법질서를 구축한다는 (추정상의) 조약기초자의 의사로 정당화된 목적론적인 전개이다. 따라서 본 건은 유럽사법재판소의 헌법창조적인 판례법의 일련의 흐름(본서 1~3번, 5번, 8~10번, 17번사건 등)으로 자리잡았다.

위법행위자의 제소금지의 배제

본 건에서는 영국법이 개인의 손해배상청구를 인정하지 않았다.([사실·쟁점] 참조) 재판소가 위법한 행위를 한 당사자의 제소를 인정하고 도움을 줄 수 없다는 원칙(ex turpi causa non oritur actio), 위법한 계약에 기초한 강제이행 기타의 소를 재판소가 인정하지 않는다는 원칙(in pari delicto potior est condition defendentis)으로 표현된 정책적 배려로서 이는 유럽 대부분의 국가에서 공통적이다. 그러나 어느 것에도 일정한 예외가 있다. 이에 본 건의 유럽사법재판소는 영국법상의 전면적인 소송금지법리가 EC법상의 손해배상청구권의 실효적인 행사를 전혀 불가능하게 하므로 배제한다고 하면서도 이러한 유럽국가들의 공통된 법전통이 EC법에 이미 포함되어 있음을 지적하고 '경쟁왜곡에 대해서 중대한 책임을 지는 … 일방당사자에게 계약의 타방당사자가 배상을 얻을 권리를 국내법이 부정하는 것'을 인정하였다.

손해배상청구권의 행사제한

여기에서 EC경쟁법 위반의 손해에 대한 배상청구권을 행사할 때, EC법상의 권리의 보호를 위한 절차는 EC법상 정함이 없는 경우 회원국의 국내법에 맡긴다는 것이 EC법의 기본적 입장이다.(본서 8번사건 해설 참조) 즉 ① 당해 국내절차법이 EC법상의 권리를 국내의 동종의 권리보다도 불리하게 하는 것이 아니며(동등성원칙), 또한 ② EC법상의 권리의 행사를 실제적으로 불가능하게 하는 것이 아닐 것(최저한의 실효성원칙)의 두 개 요건을 충족하는 한, 국내절차법의 자율이 인정되고 있다. 본 건 선결적 판결은 EC경쟁법 상의 사인에 의한 손해배상청구권이 EC법상의 권리라는 것을 선명하게 선언한 후, 현실의 권리집행절차에 대해서는 이 종래의 원칙을 기본적으로 답습하였다. 그러나 동시에 이 두 개의 요건이 충족될 것을 전제로 경쟁제한에 '중대한 책임(significant responsibility)'이 있는 계약당사자로부터 배상청구는 인정되지 않는다고 권리행사를 제한하였다.(선결적 판결 31단) 유럽사법재판소는 '중대성' 판단의 지표로서, 경쟁법상의 많은 비교형량적 요소, 즉 문제가 된 계약의 각 당사자가 놓인 경제적 및 법적 상황, 계약조건의 교섭력, 당사자의 실제행위, 손해회피 능력의 상실 정도를 들고 있다. 또한 이와는 별개로 맥주구속계약과 같이 하나의 사업 네트워크에서 다수의 동일한 계약이 사용되어 그 축적이 경쟁제한효과를 낳는 경우에는 네트워크를 지배하는 자의 상대방인 계약당사자에게는 중대한 책임을 지울 수 없다고 판시하였다. 이는 명백히 밑그림에 그치고 있지만 상세한 것은 각국 재판소의 구체적인 사건을 통한 판례의 축적에 맡겨져 있다.

본 건, 그 후

Crehan씨는 유럽사법재판소에서는 유리한 선결적 판결을 얻었지만, 이는 사건의 종국판결이 아니다. 승소판결을 얻으려면 그 후 영국의 재판소에서 맥주구속계약의 EC조약 제81조 1항 위반성을 입증해야 한다. 그 다음으로 본 건에서 문제가 된 EC법상의 손해배상청구권을 행사할 수 있을 것인지를 논하고 손해액을 입증해야 한다. 이런 험난한 길을 사인이 넘는 것은 쉽지 않다. 영국에서 본 건과 같은 맥주구속(Beer Tie) 계약을 한 자가 600명이 넘게 있었고, *Crehan* 사건의 추이를 지켜보고 있었다.(Angus Murray, *New Law Journal* (9 Jul. 2004) p. 1044) 그 후 맥주구속계약의 위법성의 입증 단계에서 본 건 선결적 판결 후의 영국재판소의 판결은 두세 번 번복되었다. 우선 2003년의 고등법원은 본 건과 동일시기에 동일한 영국의 맥주판매시장에서의 맥주구속계약에 관한 유럽집행위원회의 사실인정과는 다른 건에서, 본 건과는 다른 당사자간의 사실인정이므로 유럽사법재판소의 결정에는 구속되지 않고 본 건의 당사자에 대해서 새로이 사실인정을 해야 한다고 판단하였고, 결론적으로는 본 건 당시 영국의 맥주판매시장에 신규진입이 곤란하지 않았다고 인정하였기 때문에 본 건의 맥주구속계약은 위법이라고 평가되었고, Crehan씨는 패소하였다.(Inntrepreneur Pub Company CPC v. Crehan [2003] EuLR 663) 상소를 받은 항소법원은 2004년, 유럽집행위원회의 사실인정에 구속된다고 판단하여 반대로 Crehan씨의 손해배상청구에 대하여 승소판결을 내린다.(Crehan v. Inntrepreneur Pub Company CPC [2004] EWCA Civ. 637) 그러나 IEL사가 상소하였고, 2006년 7월 영국 최고재판소에 해당하는 상원은 다시 항소법원의 판단이 타당하다고 판단하여 이를 부활시켰다.(Inntrepreneur Pub Company CPC v. Crehan [2006] UKHL 38)

EC경쟁법의 집행분권화

그러나 본 건은 1990년대 후반부터 EC경쟁법의 현대화라는 유럽집행위원회의 정책에도 호응하고 있었다. 유럽집행위원회는 2004년 5월부터 EU의 동유럽확대를 전제로 경쟁법의 현대화에 관한 백서(Commission Program No 99/027)를 1999년에 공표하고, 여기에서 유럽집행위원회 중심의 경쟁법 실무를 변경하여 회원국의 경쟁법당국이나 재판소에도 경쟁법 적용의 역할을 일부 부담하도록 하는 방침을 표명하였다. 그 후 2003년에 이사회규칙 1/2003호(OJ 2003 L 1/1)를 제정하고, 2004년 5월 1일부터 EC조약 제81조 3항(일괄적용면제)에도 직접효력을 부여하여 회원국의 국내재판소에서도 제81조 1항부터 3항 전부를 적용할 수 있게 되었으며, 그 결과 국내재판소는 제81조에 관한 사안을 전면적으로 심리할 수 있게 되었다. 국내재판소에서 사인간의 EC경쟁법 관련의 소송을 보다 적극적으로 심리할 토대가 정비되었다. 이러한 흐름과 본 건의 사인에 의한 EC경쟁법 집행은 잘 어우러진다. 유럽집행위원회의 경쟁규제권한의 분권으로 마련된 국내재판소의 새로운 역할의 변화에 대한 기대는 선결적 판결 중의 '국내재판소에서 배상청구소송은 공동체에서의 실효적인 경쟁의 기대에 대하여 중대한 공헌을 할 수 있다'(선결적 판결 27단)는 정책적인 효력도 명백하다. 실제로 미국에서는 독점금지법에 의한 행정적인 벌칙이 동법 위반의 계약에 부과된 후 대규모 사인에 의한 집단소송이 제기된 경우가 많으며, 위반자는 사실상 이중처벌에 처해진다는 것이 독점금지법 위반행위에 대한 심리적인 억제가 된다고 한다.

이러한 점에서 본 건 선결적 판결으로 EC역내에서의 사인에 의한 대규모 EC경쟁법 관련 소송이 일거에 증가하는 것이 아닌가 하는 추측도 있는 모양이다. 그러나 각 회원국의 국내법상 손해배상법제나 절차법이 조화되지 못하고 다양한 형태로 존재하는 현 상태로는 본 건과 같은 EC법상의 권리로만 구제를 얻을 수 있는 사안이 아닌 한, 사인에 의한 EC경쟁법 위반의 계약에 관한 손해배상청구소송이 극단적으로 증가하지는 않을 것이라고 생각된다. 또한 일반적으로 소 제기 후 현실적으로 경쟁법 위반의 사실이나 손해의 발생을 사인이 입증하는 것은 같은 당사자간의 사실이 유럽집행위원회에서도 문제가 되어, 그 조사내용이 공표되기라도 하지 않은 한 쉽지 않을 것이다. 전술한 바와 같이 동일시기의 동일한 맥주판매시장에 대해서조차 공소당사자가 다르다는 이유로 영국의 재판소는 유럽집행위원회의 사실인정을 채택하지 않고 독자적으로 사실인정을 해야 한다는 입장을 취하였다. 이것을 보아도 사인이 부담하는 어려움은 명백하다.

도리어 EC경쟁법의 사인에 의한 집행에 관해서는 이후 각 회원국의 국내재판소에서 '중대한 책임'의 구체적인 지표상 판례를 축적해 나갈 것, 각국의 절차법이나 손해배상제도의 실체법 해석의 심화 등 권리실현에 관한 국내법 해석으로 쟁점이 옮겨질 것으로 예상된다.

(由布節子·中村民雄)

제5부

대외관계

38. AETR (ERTA) 사건: EC의 묵시적 조약체결권한

Case 22/70, Commission v. Council [1971] ECR 263

[사실 · 쟁점]

1962년 1월 9일에 국제연합(UN)의 지휘아래 모든 EC 국가와 그 인근의 유럽국가들은 국제도로운송에 종사하는 차량승무원의 노동에 관한 유럽협정(불 AETR, 영 ERTA)에 서명하였다. 그러나 비준에 충분한 국가 수가 채워지지 않았기에 동 협정은 발효에 이르지는 못하였다. 1966년 이후, EC 내에서도 도로운송에 종사하는 노동자의 보호에 대해서 검토가 시작되었고, 1969년 3월 이사회는 EC의 공동운송정책을 정하게 된다. EC조약 제75[후의 제71, EU기능조약 제91]조에 기초하여, 도로운송에 관한 승무원의 연령제한, 운전기간, 휴식시간 등에 관한 이사회규칙 543/69호([1969] OJ L 77/49)를 채택하였다. 그 후 1970년 3월 20일에 이사회는 UN에서의 새로운 AETR의 교섭에서 어떤 태도로 임할 것인가를 의논하고, 그 이후의 실제 교섭에서는 모든 EC 국가는 당해 심의에 따라 행동하여 신AETR을 체결하였다.

유럽집행위원회는 당해 협정이 유럽집행위원회가 아니라 EC 회원국에 의해서 교섭되고 체결된 것에 대하여 1970년 3월 20일 이사회의 심의(불: deliberation; 독: Beschluß ; 영: proceedings)의 취소를 유럽사법재판소에 구하였다. 유럽집행위원회는 배타적 조약체결권이 EC에 귀속하므로 EC가 신AETR의 교섭과 체결의 주체가 되었어야 한다고 주장하였다. 이의 근거로서 공동운송정책을 규정하는 EC조약 제75조는 대외관계에도 적용되며, 또한 동조1항 (c)[b호]의 '기타 적당한 규정'이라고 정하는 문언이 제3국과의 협정체결에 적용될 수 없다면 이 규정의 충분한 효과가 발휘되지 못할 것이라고 주장하였다. 또한 이 분야에서 공동정책이 이행된 경우, 공동체의 권한이 일반적이고 배타적인 것이라고 주장하였다.

한편 이사회는 명시적인 규정이 없는 경우, 제3국과의 협정을 체결하는 EC의 권한은 존재하지 않는다고 반론하였다. 또한 EC조약 제75조가 EC의 대내조치에만 관련된 것이며, 국제협정 체결권한의 근거규정으로서는 해석되지 않는다고 주장하였다. 또한 가령 그러한 권한이 있다고 해도 EC에 전속하는 등의 일반적이고 배타적인 권한이 되는 것은 아니며, 기껏해야 회원국과 EC가 결합적으로 가지는 권한이라고 주장하였다.

이렇게 쟁점은 가령 EC조약에 명시적으로 EC에 조약체결권이 부여되지 않아도 경우에 따라서는 EC가 묵시적으로 조약체결권을 가지는지 또는 그 조약체결권은 배타적으로 EC에 속하는지 하는가에 있었다. 또한 본 건과 같이 EC조약에서 EC의 법률행위형식으로 명문으로 규정되지 않은 이사회의 심의가 취소소송의 대상이 되는지가 쟁점이 되었다.

판결 • • •

(본 건의 주요한 쟁점은 문제가 된 이사회 심의에 AETR을 교섭하고 또한 체결하는 권한이 EC(=공동체)와 회원국의 어느 쪽에 속하는가 하는 점이다.(판결 5단) 유럽사법재판소의 결론은 EC에 배타적인 묵시적 조약체결권한이 부여되었다고 보았다. 그 근거는 다음과 같이 전개된다.)

12. 본래 AETR의 해당 범주인 운송정책분야에서 국제협정의 교섭과 체결에 관한 조약규정이 존재하지 않는 경우에는 대외관계분야에서 공동체법의 일반체계에 시선을 돌려야 한다.

13. EC조약 제210[후의 제281, cf EU조약 제47]조는 '공동체는 법인격을 가진다'고 정하고 있다.

14. '일반 및 최종규정'이라는 이름의 EC조약 제6부의 모두(冒頭)에 놓인 이 규정은 대외관계에서 공동체가 제6부에서 보완되는 동 조약 제1부에서 정하는 목적의 전 분야에 대해서 제3국과 조약을 체결할 능력을 가진다는 것을 의미한다.

15. 어떤 특정한 경우 국제협정을 체결할 권한이 공동체에서 인정되기 위해서는 당해 협정의 실체규정뿐만 아니라, 조약의 전체적 체계를 고려해야 한다.

16. 이와 같이 국제협정을 체결하는 권한은 관세 및 통상협정에 대한 EC조약 제113[후의 제133, cf EU기능조약 제207]조와 같이 EC조약에 의한 명시적인 부여에서만 발생하는 것이 아니라 EC조약의 다른 규정 및 규정의 골격 안에서 공동체 기관에 의하여 채택된 조치에서도 도출될 수 있다.

17. 특히 공동체가 EC조약에 정한 공동정책을 이행할 목적으로 형식을 불문하고 공통의 법규를 정하는 규정을 채택한 경우, 회원국은 개별적 또는 집단적으로 이들 법규에 영

향을 주는 제3국과의 의무를 질 권리를 잃는다.

18. 공동체법규의 제정에 따라, 공동체만이 공동체법질서의 적용범위 전체에 영향을 주는 제3국과의 조약상의 의무를 지고 또한 이행하는 입장에 선다.

19. 따라서 EC조약규정의 이행에 관해서는 대내적인 공동체조치의 제도는 대외관계의 제도로부터 분리될 수 없다.

(그리고 공동운송정책이 공동체 목적의 하나라고 정하는 EC조약 제3조(e)호[후의 제3조 1항 f호 cf. EU기능조약 제4조 2항 g호]와 회원국의 공동체에 대한 충성의무를 정하는 EC조약 제5조[후의 제10조, EU조약 제4조 3항]를 관련지어 해석하면 공동체 목적을 달성하기 위하여 공동체법이 제정되는 경우, 회원국은 공동체기관의 골격의 외부에서 EC법에 영향을 주거나 또는 이들 적용범위를 변경시켜야 할 의무를 지는 것은 아니다.(판결20-22단))

23. EC조약 제74[후의 제70, EU기능조약 제90]조에 따르면 운송사항에 관한 EC조약의 목적은 공동정책의 골격 내에서 추구되도록 하고 있다.

24. 이 목적을 위해서 EC조약 제75[후의 제71, EU기능조약 제91]조 1항은 이사회에 공동체법, 그리고 '기타의 적당한 규정'을 정하도록 이사회에 지시하고 있다.

(동항(a) 문언은 공동체법은 회원국의 또는 회원국으로부터의 국제운송, 회원국의 영역을 통과하는 국제운송에 적용되고, 나아가 공동체 영역 내의 운송행정에 관하여 제3국으로부터의 또는 제3국에의 운송에도 마찬가지로 관련된다고 해석되므로, 문제가 된 분야에서 관련 제3국과 협정을 체결할 필요성이 있다고 생각된다.(판결 25-27단))

28. 물론 EC조약 제74조 및 제75조가 국제협정을 체결할 권한을 공동체에 명시적으로 부여하지 않은 것은 사실이지만, 1969년 3월 25일 도로운송에 관련된 특정의 사회입법의 조화에 관한 이사회규칙 543/69호 발효에 의하여 필연적으로 동 규칙의 규율사항에 관하여 제3국과의 협정을 체결할 권한이 공동체에 부여되었다.

29. 나아가 이 권한의 부여는 '공동체는 이 규칙의 이행을 위해서 제3국과 교섭할 수 있다'고 정한 당해 규칙 제3조에 의하여 명시적으로 승인된다.

30. AETR의 규정사항이 규칙 543/69호의 적용범위에 들어가기 때문에 공동체는 동 규칙의 발효 후에 AETR의 교섭을 통해 협정을 체결할 권한을 부여받았다.

31. 공동체 기관의 골격 밖에서 이루어지는 어떠한 조치도 공동시장의 일체성(unity)과 공동체법의 통일적 적용에 합치되지 않기 때문에 이들 공동체의 권한은 회원국의 경합적 권한을 배제한다.

(본 건에서는 이사회 심의가 취소소송의 대상이 될 수 있는지에 대하여 다투었는데, 유럽사법재판소는 이를 긍정하였다.

EC조약 제173[후의 제230, EU기능조약 제263]조에 따르면, 유럽사법재판소는 '권고 및 의견을 제외한 이사회의 행위'의 합법성을 심사할 의무를 지고 있다.(판결 38단) 취소소송의 대상범위에서 제외되는 것은 EC조약 제189[후의 제249, EU기능조약 제288]조에 법적 구속력이 없다고 규정한 '권고 또는 의견'뿐이기 때문에 EC조약 제173조는 법적 효력을 가지는 기관에서 채택한 모든 조치를 취소소송의 대상으로 한다.(판결 39단))

40. 이 심사의 목적은 제164조가 요구하는 바와 같이 본 조약의 해석 및 적용에서 법의 준수를 확보하는 것이다.

41. 제189조에서 정하는 종류의 조치에만 이 '취소' 소송절차의 이용가능성을 한정할 정도로 제한적으로 소송의 수리가능조건을 해석하는 것은 이러한 목적에 반할 것이다.

42. 따라서 취소소송은 법적 효과를 가지는 것을 의도한 것이라면 그 성격과 형식을 불문하고 기관에서 채택된 모든 조치에 적용되어야 한다.

(그리고 1970년 3월 30일의 이사회 심의는 단순한 임의 조정의 표현 또는 승인이 아니라 기관과 회원국 양쪽을 구속하는 일련의 행동을 규정하는 것을 목표로 하고 있다. 따라서 당해 이사회 심의는 공동체와 회원국간의 관계 및 기관간의 관계의 쌍방에 명확한 법적 효과를 가지고 있다. 따라서 수리의 허용성에 대한 이사회의 주장에는 수긍할 수 없다.(판결 53-55단)

이상과 같이 유럽사법재판소는 공동체의 묵시적 조약체결권한 및 (취소소송) 수리 허용에 관한 유럽집행위원회의 주장을 인정하였지만, 본안에서는 유럽집행위원회의 부작위를 이유로 하여 다음과 같이 소송을 기각하였다.

유럽집행위원회는 EC조약 제75조 및 제116조[현재삭제]에 기초한 제안권을 행사하지 않았으며, 또한 교섭권에 관하여 EC조약 제228[후의 제300, EU기능조약 제218]조 1항의 적용을 주장하지 않았다. 한편 이사회가 정한 방식에 따라 AETR의 교섭 및 체결을 할 때, 회원국은 EC조약 제5조에 따라 의무를 지고 공동체의 이익을 위해서 또한 공동체를 대신하여 행동하였고, 행동을 계속하고 있다고 인정된다. 이러한 상황에서 이사회는 EC조약 제75조 및 제228조에서 발생하는 의무에 위반하지 않았다고 판단되며, 따라서 이사회 심의의 취소를 구하는 유럽집행위원회의 주장은 받아들이지 않는다.(판결 88-92단))

— 해 설 —

사건의 의의

EC조약이 EC의 조약체결권한을 명시하지 않은 경우에도 EC의 체결권한을 승인할 수 있다고 인정하는 '묵시적 조약체결권한의 법리'는 1970년대에 발달하였다. 1971년에 내려진 본 판결은 공동체의 묵시적 조약체결권한에 관한 제판례(예를 들어 WTO사건(본서 40번사건))의 선도적 판례가 되었다. 또한 본 판결은 묵시적 조약체결권한의 배타성도 다루고 있어 공동체권한이 배타적 권한이 되기 위한 조건 및 효과도 명시하였다.

묵시적 조약체결권한

국제조약을 체결하기 위해서는 체결주체가 되는 자가 국제법인격(권리능력)과 조약체결권한(행위능력) 모두를 가져야 한다. 우선 본 판결에서 유럽사법재판소는 '공동체는 법인격을 가진다'고 한 EC조약 제210[후의 제281, cf EU조약 제47]조를 언급하고 이를 근거로 EC가 국제법인격을 가진다고 해석하였다. 한편 행위능력에 대해서는 EC조약상으로는 한정된 분야에 대해서만 명시적으로 조약체결권한을 정하고 있었다. 가령 공동통상정책에 관한 EC조약 제113[후의 제133, EU기능조약 제217]조, 기타 해외영토와의 관계, 국제연합 및 기타 국제기구와의 관계와 같은 규정이다. 이 때문에 본 건에서 명시적으로 규정된 분야 이외에 대해서도 조약체결권이 인정될 것인가가 다투어졌다. 이 점에 대해서 유럽사법재판소는 EC의 조약체결권한은 명시적으로 규정상 부여된 경우 뿐만 아니라, EC조약의 다른 규정 및 규정의 골격 안에서 EC기관에 의해서 채택된 조치에서도 도출될 수 있다고 판시하였다. 이것이 '묵시적 조약체결권한의 법리'이다. 유럽사법재판소는 EC조약의 제한적인 해석을 뒤로 하고, EC의 대외권한의 확대로 이어지는 길을 열었다.

배타적인 대외적 권한

본 판결은 EC권한 성격의 변화에 대해서도 중요한 의의를 갖는다. 유럽사법재판소는 EC가 EC조약에서 정한 공동정책을 이행할 목적으로 공통의 법규를 정한 규정을 채택할 경우, 회원국은 개별적으로 또는 집단적으로라도 이들 법규에 영향을 주는 제3국과의 의무를 부담할 권리를 잃는다고 판시하였다. 즉 이는 EC가 목적실현을 위해서 어떠한 조치를 취하면, 회원국은 단독으로 또는 회원국 모두가 합의하여 집단적으로라도 이미 국제협정을 체결할 권한을 행사할 수 없다는 것을 의미한다. 나아가 유럽사법재판소는 EC기관의 골격 밖에서 일어나는 어떠한 조치도 공동시장의 통일과 공동체법의 통일적 적용과 합치하지 않기 때문에 이들 EC의 권한에 대해서는 EC의 설립과 동시에, 회원국이 그 분야에서의 모든 권한을 상실하고 EC만이 권한을 갖는 '배타적 권한'과 EC설립 후에도 회원국이 당해 영역에서 권한을 당연히 잃는 것이 아니라 EC와 회원국의 양방이 권한을 갖는 '경합적(또는 공유적) 권한'이 구별되는데 이 판결에 의해서 유럽사법재판소는 EC의 조치가 일단 취해지면, 이에 전점(專占, preemption)이 일어나 그 조치가 대상으로 하는 사항에 대해서는 EC의 대외적인 권한이 배타적으로 행사될 수 있다고 말하였다. 또한 EC권한 중에는 공동통상정책권한과 같이 처음부터 배타적 권한으로 부여된 것도 있지만, 본 건과 같이 EC기관에 의한 조치가 있고서야 비로소 전점이 일어나 대외적인 배타적 권한을 갖게 되는 것이 있다.

유럽사법재판소는 상술한 바와 같이 EC의 조약체결권한이 EC조약의 다른 규정 및 EC기관에 의해서 채택된 조치에 의해서도 묵시적으로 도출된다고 보았다. 본 건의 문맥에서 보면, 유럽사법재판소는 '조약의 다른 규정'으로는 공동운송정책을 위한 '기타의 적당한 규정'이라고 규정한 EC조약 제75[후의 제71, EU기능조약 제91]조 1항을, 또한 '공동체 기관에 의하여 채택된 조치'에 대해서는 이사회규칙 543/69호를 염두에 둔 것이라고 생각된다. 그러나 본 판결에 대해서 유럽사법재판소는 '공동체의 기관에 의하여 채택된 조치' 즉 이사회규칙 543/69호에서 묵시적 조약체결권한을 도출하였다. 그리고 유럽사법재판소가 '공동체기관의 골격의 바깥에서 이루어지는 어떠한 조치도 공동시장의 통일과 공동체법의 통일적 적용과 합치하지 않는다'는 것을 이유로 EC권한의 배타성을 인정하고 있기에 본 판결에서는 묵시적 조약체결권한의 배타성은 이사회규칙 543/69호 제3조가 '제3국과 교섭할 수 있다'고 규정하고 있다는 점에서 도출되었다기 보다는 도리어 이사회규칙 543/69호의 규정사항이 AETR의 그것과 중첩되기 때문에 도출되었다고 해석된다.

남겨진 과제

본 판결에 의하여 EC의 묵시적 조약체결권한이 인정되었지만, 본 건에서는 이사회규칙 543/69호가 AETR의 교섭 및 체결 전에 채택되었고 동 규칙 제3조가 명시적으로 제3국과의 교섭의 가능성을 인정하고 있었다. 돌려서 말하자면 본 판결에서 밝혀지지 않은 것은 EC기관에 의해서 채택된 입법에 국제협정에 대한 언급이 없고, EC조치가 채택되지 않은 경우에도 EC조약 조문 그 자체로부터 EC의 조약체결권한이 도출되는지에 대한 문제이다. 이들 문제는 본 건 이후의 1970년대의 모든 판례(Kramer 사건(Joined Cases 3, 4 and 6/76, Kramer [1976] ECR 1279)나 유럽사법재판소의견 1/76 (Opinion 1/76 [1977] ECR 741)에서 명확해져 갔다.

취소소송의 대상

본 판결에서 EC조약 제173[후의 제230, EU기능조약 제263]조에서 정하는 취소소송의 대상이 되는 법적 행위는 EC조약 제189[후의 제249, EU기능조약 제288]조에 규정된 규칙, 지침 및 결정 뿐만 아니라, 행위형식을 불문하고 실제로 법적 효력을 갖는 행위 모두를 포함한다고 판시되었다. 이에 의하여 본 건에서 이사회의 '심의'라는 형식의 행위도 취소소송의 대상이 되었다. 이 점은 이후의 판결에서 더욱 구체적으로 전개되었다.(유럽의회의 행위에 대해서는 본서 17번사건)

리스본조약

또한 리스본조약(2009년 발효)에서는 투명성의 확보를 위하여 묵시적 조약체결권한의 법리가 명문화되었다. '설립제조약이 그렇게 규정하거나 설립제조약이 정하는 목표를 EU 정책의 골격 내에서 달성하기 위해서 협정의 체결이 필요한 때, EU의 구속력있는 입법행위에 그 정함이 있는 경우, 또는 협정의 체결이 공동규칙에 영향을 주거나 그 범위를 변경할 가능성이 있는 경우' EU는 조약체결권한을 갖는다.[EU기능조약 제216조] 또한 EU기능조약은 EU의 조약체결권한의 배타성에 대해서 다음과 같이 규정하였다. 'EU는 국제협정의 체결이 EU의 입법행위에 규정되어 있거나 EU의 대내권한 행사에 필요한 때, 또는 국제협정의 체결이 공동규칙에 영향을 미치거나 그 범위를 변경하는 범위에서 EU는 국제협정의 체결에 배타적 권한을 갖는다.'[EU기능조약 제3조 2항]

양 조항은 매우 닮은 문언과 내용 때문에 얼핏 보면 EU의 조약체결권한이 존재하는 때에는[EU기능조약 제216조] 배타적으로 그 권한을 행사할 수 있는[제3조 2항] 것처럼 보인다. 하지만 대내적으로 '지원적 권한'으로 분류되는 사항[제2조 5항, 제6조] 등은 대내외적으로 회원국의 권한행사가 인정되기 때문에 당연히 EU의 배타적인 조약체결권한행사가 인정되지는 않는다. 따라서 이후, EU기능조약 제216조와 제3조 2항의 관계와 각각의 해석이 중요한 논점이 될 것이다.

(中西優美子·中村民雄)

39. 유럽인권협약가입 사건: EC의 유럽인권협약 가입

Opinion 2/94 [1996] ECR I-1759

[사실·쟁점]

유럽인권협약에는 EU의 회원국 모두가 가입되어 있는데, EC 자체는 가입되어 있지 않다. 또한 EC조약은 수호되어야 할 기본적 인권 목록을 가지고 있지 않다. 그러나 유럽사법재판소는 *Stauder* 사건(Case 29/69, Stauder [1969] ECR 419)에서 기본권이 EC법의 일부라는 것을 명백히 하였다. 이후, 1970년의 국제상사사건(본서 15번사건)이나 1974년의 *Nold* 사건(Case 4/73, Nold [1974] ECR 491)에서 유럽사법재판소는 기본권에 'EC법의 일반원칙'이라는 지위를 부여하고, 유럽사법재판소가 회원국에 공통된 헌법적 전통에서 영감을 얻은 것에도 주의를 기울여야 한다고 하였으며, 회원국이 서명국이 된 국제조약은 특히 법 해석의 참고가 된다고 판시하였다. 나아가 유럽사법재판소는 *Hauer* 사건(Case 44/79, Hauer [1979] ECR 3727)에서 유럽인권협약을 명시적으로 언급하였다. 이후 유럽사법재판소는 한편으로는 회원국에 공통된 헌법적 전통에 의거하면서도 다른 한편으로는 유럽인권협약을 참조하면서 EU내에서의 기본권 보장을 발전시켜 왔다.

이러한 유럽사법재판소의 행동을 계승하여 EU조약(마스트리히트조약) F조 2항[EU조약 제6조 3항]에서 EU는 유럽인권협약으로 보장되고, 각 회원국에 공통된 헌법적 전통에서 발생한 기본권을 공동체법의 일반원칙으로서 존중한다고 정하기에 이르렀다. 또한 1976년 이래 유럽집행위원회는 EC의 유럽인권협약 가입의 필요성을 주창해왔다. 또한 유럽의회도 유럽인권협약에 대한 가입 결의를 하고, 가입지지 의견을 표명해왔다.

이러한 흐름 속에서 1990년 유럽집행위원회는 다시 가입을 제안하고 이사회는 EC조약 제228[후의 제218, EU기능조약 제218]조 1항에 의하여 가입을 위한 교섭의 개시에 관한 결정을 심의의 대상으로 삼으려 하였다. 이에 이사회는 가입교섭의 개시를 결정하기 전에 일단 가입이 EC조약에 적합한지를 밝히기 위해, EC조약 제228조 6항에 의하여 EC의 유럽인권협약 가입의 EC조약 합치성에 대하여 유럽사법재판소의 의견을 구하였다.

쟁점은 EC가 유럽인권협약에 가입할 권한을 갖는가에 대한 것이었다. 유럽집행위원회, 유럽의회, 벨기에, 덴마크, 핀란드, 독일, 그리스, 이탈리아, 스웨덴, 오스트리아는 EC조약 제235[후의 제308, EU기능조약 제352]조가 그 법적 근거가 되며 가입이 가능하다고 주장하였다. 한편, 프랑스, 포르투갈, 스페인, 아일랜드 및 영국은 EC조약과 EU조약이 인권분야에서 특별한 권한을 EC에 부여하는 조문을 포함하고 있지 않다는 점에서 가입의 가능성을 부정하였다.

의견 • • •

(유럽사법재판소는 이사회에 의한 의견의 요청 자체는 허용되지만, 공동체의 유럽인권협약 가입이 EC조약, 특히 유럽사법재판소의 관할권에 관한 EC조약 제164[후의 제220, EU조약 제19]조 및 제219[후의 제292, EU기능조약 제344]조와 합치되는지에 대한 문제에 온전히 답하기 위해서는 EC가 유럽인권협약에 의해서 설립된 현재 및 장래의 사법기관에 구속되는 방법(arrangements)에 관한 충분한 정보를 필요로 하며, 상세한 정보가 없는 이상 EC조약과 유럽인권협약의 적합성 문제에 대한 의견 요청은 허용되지 않는다고 판단하였다.(의견 19-22단)

그리고 유럽사법재판소는 공동체가 유럽인권협약에 가입할 권한을 갖는가에 대하여 다음과 같이 의견을 전개하였다.)

23. EC조약 제3b[후의 제5, EU조약 제5]조에 의하면, 공동체는 EC조약에 의해 자기에게 부여된 권한의 범위에서 부여된 목적의 범위 내에서 행동해야 한다고 정하고 있으며, 따라서 공동체는 자기에게 부여된 권한만을 가진다.

24. 이 권한부여의 원칙은 공동체의 대내행동 및 국제행동의 양방에서 존중되어야 한다.

25. 공동체는 당 재판소가 판시한 바와 같이, EC조약의 개별규정의 명시적인 결과 뿐만 아니라 여기서 묵시적으로 도출되는 개별권한에 기초하여 통상적으로 행동한다.

26. 이렇게 의견요청에서의 쟁점인 국제관계 분야에서 국제조약을 체결하는 공동체의 권한은 조약의 명시적 규정 뿐만 아니라, 이들 규정에서 묵시적으로도 도출된다는 것이 확립된 판례법이다. 유럽사법재판소는 특히 공동체법이 특별한 목적을 달성하기 위해서 대내 시스템에서 공동체기관을 위한 권한을 창설한 경우에는 공동체는 그 취지의 명시적인 규정이 없을 때에도 그 목적 달성에 필요한 국제협정을 체결할 권한을 갖는다.

27. EC조약의 어떤 조문도 인권에 관한 법규를 채택하거나 또는 그 분야에서 국제조약을 체결할 일반적인 권한을 공동체의 기관에 부여하지는 않았다.

28. 이 목적을 위한 명시적 또는 묵시적인 권한이 결여되어 있는 경우에는 EC조약 제235[후의 제308, EU기능조약 제352]조가 가입을 위한 법적 근거가 될 수 있는지를 검토할 필요가 있다.

29. 제235조는 EC조약의 개별규정이 공동체기관의 행동에 명시적 또는 묵시적 권한을 주지 않은 경우에도 어떠한 권한이 EC조약에서 정한 목적을 달성하기 위해서 공동체가 기능하도록 하기 위해 필요하다고 생각되는 경우에 그 간극을 보완할 수 있도록 설계되어 있다.

30. 동 규정은 권한부여의 원칙에 기초한 제도 구조의 일부이므로, EC조약의 모든 규정이 특히 공동체 임무와 활동을 정한 제규정이 창설하는 전체적인 골격을 넘어 공동체권한의 범위를 넓히는 기초로서 이용될 수는 없다. 제235조는 조약개정절차에 따르지 않고 EC조약을 실질적으로 개정할 효과를 갖는 규정을 채택하는 근거로서 사용될 수 없다.

31. 그러한 관점에서 유럽인권협약에 대한 공동체의 가입이 제235조에 의거할 수 있는가 하는 문제가 검토되어야 한다.

32. 우선, 인권 존중의 중요성이 회원국과 공동체의 여러 선언에서 강조되었다는 것에 주목해야 한다. 단일유럽의정서의 전문, EU조약의 전문, F조 2항[후의 제6조 2항, EU조약 제6조 3항], J.1조 2항[후의 제11조 1항, 제21조 1항], K.2조 1항[현재삭제]에서도 인권존중이 언급되고 있다. F조는 EU가 특히 유럽인권협약에 의해서 보장되는 기본권을 존중해야 한다고 규정하고 있다. EC조약 제30u조 2항[후의 제177조 2항, cf EU조약 제21조]는 개발협력분야의 공동체 정책은 인권 및 기본적 자유를 존중할 목적에 기여해야 한다고 규정하고 있다.

33. 나아가 기본권이 유럽사법재판소가 그 준수를 확보하는 법의 일반원칙의 불가결한 일부를 형성하고 있다는 것이 확립되어 있다. 때문에 유럽사법재판소는 회원국에 공통된 헌법적 전통과 회원국이 협력하고 있거나 서명한 국제인권보호조약이 제공하는 지침에서 영감을 얻는다. 이 점에서 유럽사법재판소는 유럽인권협약이 특별한 중요성을 가진다고 서술하였다.

34. 인권의 존중은 그 때문에 공동체 행위의 적법성의 요건이다. 그러나 유럽인권협약에 대한 가입은 전혀 다른 국제기구 구조에 공동체가 가입하는 것이며, 공동체법질서에 유럽인권협약의 모든 규정이 통합되므로 인권보호에 대한 현행 공동체의 제도구조에 본질적인 변경을 가져오게 된다.

35. 공동체 및 회원국에게 마찬가지로 근본적인 기구상의 영향을 가지는 인권보호를 위한

제도구조에 대한 수정은 헌법적 중요성을 가지며, 제235조의 범위를 넘게 될 것이다. 그것은 EC조약 개정의 방법으로만 가능할 것이다.

36. 따라서 현시점의 공동체법에는 공동체가 유럽인권협약에 가입할 권한을 가지고 있지 않다고 판단해야 한다.

해 설

사건의 의의

본 건의 의의는 EC의 인권보호정책에 관한 권한의 범위를 명확하게 한 것에 있다. 유럽사법재판소는 EC조약이 명시적으로 권한을 부여하지 않은 경우에도 여러 가지 면에서 공동체의 묵시적 권한을 인정해 왔다.(일례로서 AETR 사건(본서 38번 사건)) 기본적 인권의 보호에 대해서도 마찬가지로 EC조약에 명확한 언급이 없었어도 유럽사법재판소는 기본권의 보호에 적극적으로 개입해 왔다.(전술 [사실·쟁점] 참조) 이러한 문맥에서 일방에서는 EC자체의 유럽인권협약 가입은 가능할 것이라는 생각이 싹튼 것도 당연한 것이다. 그러나 이에 대하여 본 의견은 EC권한의 범위의 한계를 표시하고, 아울러 EC의 각종 권한(명시적 권한·묵시적 권한·EC조약 제308[EU기능조약 제352]조)의 관계를 정리하고, 또한 제308조에 의한 권한의 성격을 명확히 하고 있다.

권한부여의 원칙

마스트리히트조약에 의한 EC조약의 개정에 의해서 EC조약 제3b[후의 제5, EU조약 제5]조가 추가되었다. EC조약 제5조 1항은 '공동체는 이 조약에 의해 자기에게 주어진 권한 및 설정된 목적의 범위 내에서 행동한다'고 정하고 있다. 이를 '권한부여의 원칙'이라고 한다. 이 규정이 도입되기 전에도 EC조약 제7[EU조약 제13]조에서 '각 기관은 이 조약에서 부여된 권한의 범위 내에서 행동한다'고 정하고 있으므로, 이 원칙 자체는 새로운 것이 아니고 EC의 설립초기부터 존재하였다.

일반적 입법근거조문과의 긴장관계

EC조약에서는 개개의 분야마다 권한이 부여되어 있는데, 이와 동시에 EC조약 제94[EU기능조약 제115]조나 제95[EU기능조약 제114]조와 같이 공동시장 내지 역내시장의 설립과 운영에 관해서는 회원국법을 조화시키기 위한 조치를 채택할 수 있도록 적용범위가 넓은 법적 근거가 규정되어 있다. 또한 본 건에서 문제가 된 EC조약 제308조(구EC조약 제235조)는 공동체 목적을 달성하기 위해서 필요한 권한이 EC조약에 규정되어 있지 않은 경우에, 법적 근거로서 사용할 수 있도록 하는 조문이다. 예를 들어 1970년대 이래, 단일유럽의정서의 발효(1987년)에 이르기까지 공동체는 자신의 목적 및 정책을 정하는 구EEC조약 제2조 및 제3조에는 환경보호가 명시적으로 규정되어 있지 않았음에도 불구하고, 구EEC조약 제100조(EC조약 제94조) 및 구EEC조약 제235조(EC조약 제308조)를 근거로 하여 이 분야에서 조치를 채택해왔다. 이렇게 공동체는 자신의 목적을 동태적으로 파악하여 EC의 권한을 확대하였고, 그 결과 권한부여의 원칙이 유명무실해졌다.

마스트리히트조약 발효 이후의 본 의견에서는 유럽사법재판소는 EC가 유럽인권협약을 체결할 권한을 가지는가에 대한 검토에 최소로 EC조약 제3b조의 조문을 언급하였고, 공동체는 자신에게 부여된 권한만을 가지고 있다(의견 23단)고 권한부여의 원칙을 확인하였다.

묵시적 조약체결권한의 이론

유럽사법재판소는 권한부여의 원칙을 확인하고 묵시적 권한을 언급하였다. 공동체는 개별규정 뿐만 아니라 여기에서 묵시적으로 도출되는 개별권한에 의하여 행동한다고 하며, 또한 조약체결권한은 명시적 규정 뿐만 아니라 이들 규정에서 묵시적으로도 도출됨이 확립된 판례법이라고 보았다.(묵시적 조약체결권한의 확립은 본서 38번사건 참조) 묵시적 조약체결권한은 어디까지나 관련된 명시적 규정의 존재를 전제로 하고 있다.

기본권 보호에 관한 권한의 결여

유럽사법재판소는 이러한 묵시적 조약체결권한을 언급하고 판례법을 확인하였지만, EC조약의 어떤 조문도 인권에 관한 법규를 채택하거나 이 분야에서 국제조약을 체결할 일반적인 권한을 공동체의 기관에 부여하고 있지 않다고 결론지었다.(의견 27단) 그리고 유럽사법재판소는 EC조약 제308조가 유럽인권협약에 가입하는 법적 근거가 될 수 있는지를 검토하였다.(의견 28단이하) 본 건에서 유럽사법재판소는 처음으로 명시적 권한, 다음으로 묵시적 권한, 마지막으로 EC조약 제308조를 검토하였다. 따라서 묵시적 권한과 EC조약 제308조의 지위가 명확해졌다. 유럽사법재판소는 묵시적 권한은 명시적 규정에서 도출되는 개별적 권한으로 보고, EC조약 제308조의 검토보다 먼저 묵시적 권한을 검토하였다. 이에 따라서 EC조약 제308조는 적용조건으로서 '이 조약이 이를 위해 필요한 행동을 할 권한을 정하지 않은 경우'를 들고 있는데, 이 필요한 행동을 취할 권한에는 명시적 권한 뿐만 아니라 묵시적 권한도 포함되었다는 것이 본 의견으로 명백해졌다.

EC조약 제308[EU기능조약 제352]조에 의한 권한

나아가 유럽사법재판소는 EC조약 제308조의 성격, 지위, 한계를 명확히 하였다. EC조약 제308조는 EC조약상 권한이 부여되지 않은 경우에 공동체 기관이 조약에서 정한 목적의 하나를 달성하는 임무를 가능케 하기 위해서 필요하다고 생각되는 경우에 그 간극을 보완하는 것으로 설계되어 있다고 한다.(의견 29단) 그러나 EC조약 제308조는 권한부여의 원칙에 기초한 제도구조의 일부라는 위치에 있다는 것을 밝히고, 여기에서 동조는 공동체 임무와 활동을 정하는 규정에 의하여 창설되어 있는 전체적인 골격을 넘어 공동체 권한의 범위를 넓히는 특히 EC조약을 실질적으로 개정하는 법적 근거로서 사용될 수 없다는 한계가 생긴다고 한다.(의견 30단)

이에는 종래 EC조약 제308조를 법적 근거로 하여 권한을 확대하는 것에 대하여 하나의 한계선을 그었다는 것을 의미한다.

유럽인권협약 가입권한

유럽사법재판소는 이렇게 EC조약 제308조에 내재되어 있는 한계를 밝히고, EC조약 제308조에 의하여 유럽인권협약에 가입할 수 있는지에 대한 검토를 하였다. 우선 유럽사법재판소는 단일유럽의정서, EU조약, EC조약에서 인권·기본권 존중의 중요성을 강조하는 문언이 있고, 또한 유럽사법재판소 스스로가 유럽인권협약에 특별한 의의를 인정해 왔다는 점도 언급하였다.(의견 32단) 그러나 유럽인권협약에 가입하는 것은 전혀 다른 국제기구 구조에 공동체가 가입하는 것이며, 공동체법질서에 유럽인권협약의 모든 규정이 통합될 것을 포함하므로 현행 공동체의 제도에 본질적인 변경을 주게 된다고 지적하고, 이것은 EC조약 제308조에 허용된 범위를 넘는 것이라고 결론내렸다.(의견 34-35단) 나아가 유럽사법재판소는 이에 더하여 공동체에서 인권보호의 제도구조의 수정에는 조약 개정에 의해서만 가능하다고 판단을 내렸다.(의견 35단) 이것은 지금까지 EC조약 제308조는 권한확정권한(Kompetenz-Kompetenz)이라고 논의되어, 구EC조약 제236[EU조약 제48]조에 의한 조약개정없이 조약의 실질적 개정을 가능케하는 조문으로 파악되기도 하였지만, 마스트리히트조약 발효 이후의 본 의견의 판시에 의하여 실질적인 조약개정은 조약개정절차를 밟아야 한다는 것이 명확해진 것을 의미한다. 이렇게 EC조약 제308조의 적용에 한계를 설정한 본 의견은 마스트리히트조약의 비준시에 독일기본법(헌법)상의 합헌성이 다투어졌던 1993년 10월 12일의 독일연방헌법재판소 판결(이른바 '마스트리히트판결'(BVerGE 89, 155)(본서 4번사건))을 고려한 것이라고 할 수 있을 것이다. 동 판결에서 독일연방헌법재판소는 EC조약 제308조, 묵시적 권한 및 공동체 권한의 효과를 최대한으로 이끌어내는 해석(effect utile)에 의한 조약개정을 거치지 않은 조약의 실질적 개정에 경종을 울렸다.(본서 4번사건 참조)

리스본조약에 의한 가입권한의 명시

본 의견이 내려지자, 유럽인권협약 가입은 EC조약 개정을 거치지 않고서는 불가능하다는 것이 명확해졌다. 이후 2009년에 발효된 리스본조약은 'EU기본권헌장'을 법적 구속력있는 규범으로서 EU조약 및 EU기능조약과 '동일한 법적 가치'를 가진다고 정하고(EU조약 제6조 1항), 동시에 EU가 유럽인권협약에 가입하는 것도 명시적으로 규정하였다.(EU조약 제6조 2항)

(中西優美子)

40. WTO가입 사건: EC의 배타적 대외권한의 범위

Opinion 1/94 [1994] ECR I-5267

[사실·쟁점]

1957년에 체결된 EEC조약(1958년 발효)는 관세동맹 창설을 향하여 12년의 과도기간을 두었다. 동 기간 종료와 동시에 1969년말에 관세동맹이 완성되면, 통상정책에 관한 각 회원국의 권한은 공동체에 이양되고 공동체가 독자적으로 공동통상정책을 펼치게 되었다. 한편 EC회원국은 모두 '1947년의 관세 및 무역에 관한 일반협정'(GATT)의 체약국이었다. GATT는 조약당사자를 국가에 한정하고 있었다. 이 때문에 과도기간 종료 후에는 공동체가 GATT 당사국인 회원국을 대체하여 사실상(de facto) GATT 당사자로서 행동한다는 부정규(不正規) 상태가 계속되고 있었다.

우루과이라운드 다자무역협상에 임할 때, EC는 공동체의 관할권 문제를 차치하고 유럽집행위원회 단독으로 교섭을 추진한다는 편의적 방침을 취하였다. 우루과이라운드는 WTO제협정의 체결과 함께 성공리에 끝냈으며, 동 제협정은 WTO설립협정과 함께 1994년 GATT(상품무역에 관한 다자협정), GATS(서비스무역에 관한 협정), TRIPs(지적재산권의 무역관련측면에 관한 협정) 등의 수개의 중요한 부속서를 포함하고 있었다. WTO설립협정은 종전의 GATT와는 달리, EC에 WTO제협정의 체약국(Contracting Party)의 지위를 인정하고, WTO체제에서 EC의 지위를 정식으로 인정하기에 이르렀다.(설립협정 제11조 1항)

유럽집행위원회는 이 기회에 종래부터 문제가 되었던 회원국과 공동체간의 통상정책에 관한 관할권 문제가 명확해지고, 명실공히 WTO에서 유일의 교섭상대 및 체결당사자가 될 것을 바라고 있었다. 그러나 WTO협정의 체결권한의 소재에 대해서는 유럽집행위원회와 이사회·회원국간에 대립이 발생하였다. 이에 1994년 4월 6일, 유럽집행위원회는 EC조약 제228[후의 제230, EU기능조약 제218]조 6항에 기초하여, 유럽사법재판소에 의견을 구하였다. 본 건에서 유럽집행위원회는 EC조약 제113[후의 제133, cf EU기능조약 제207]조에 기초하여 공동체는 WTO협정을 체결할 수 있다는 견해를 보였다. 또한 가령 그것이 법적 근거로서 불충분하다고 하여도 묵시적 조약체결권한의 법리를 적용하여 또는 EC조약 제100a[후의 제95, EU기능조약 제114]조, 제235[후의 제308, EU기능조약 제352]조를 법적 근거로 공동체 단독으로 WTO협정을 체결할 수 있다고 주장하였다. 한편 이사회 및 영국, 독일, 프랑스를 포함한 8개국의 회원국은 대외경제정책에 대한 공동체의 포괄적 배타적 권한의 존재를 부정하고 회원국도 조약을 체결할 수 있다고 주장하였다. 본 건에서는 EC가 1994년 GATT, GATS 및 TRIPs를 단독으로 체결할 대외권한을 가지는가, 즉 배타적 대외권한을 가지는가 하는 것이 쟁점이 되었다.

재판소 의견 • • •

의견은 공동체가 EC조약 제113조[후의 제133, cf EU기능조약 제207]에 기초하여, 또는 묵시적 조약체결권한의 법리에 기초하여 1994년 GATT, GATS, TRIPs에 대하여 배타적 대외권한을 가지는가에 대하여 판단하였다.

상품무역에 관한 다자협정

우선 쟁점이 된 것은 EC가 '상품무역에 관한 다자협정'(1994년 GATT)에 대하여, 배타적 대외권한을 가지는가 하는 것이었다. 다자협정의 대부분이 제113조의 공동통상정책의 대상인가에 대해서 다투지 않았지만, 의견은 쟁점이 된 일부에 대해서도 공동체는 EC조약 제113조에 기초하여 1994년의 GATT를 체결할 배타적 권한을 가진다고 판시하였다.(의견 34단)

서비스무역협정

다음의 쟁점은 EC가 서비스무역에 관한 일반협정인 GATS에 대하여 EC조약 제113조에 기초하여 배타적 대외권한을 갖는가에 대한 것이었다. 재판소는 다음과 같이 이를 부정하였다.

GATS 제1조 2항에 '서비스무역'이 정의되어 있다. 이에 따르면 서비스무역이란 다음 네 가지 형태의 서비스를 제공하는 것으로 구성된다. 즉 (a) 사람의 이동을 포함하지 않는 어느 회원국의 영역에서 다른 회원국의 영역으로 서비스가 제공되는 것 (b) 소비자가 서비스제공자가 개업하고 있는 WTO회원국에 이동하여 서비스의 제공을 받는 것 (c) WTO회원국의 영역 내의 업무상의 거점(자회사 내지는 지점)을 통하여 당해 회원국의 영역 내에서 이루어진 서비스의 제공 (d) 어떤 회원국의 서비스제공자인 자연인이 다른 회원국에 이동하여 다른 회원국의 영역 내에서 이루어지는 서비스제공이다.(의견 43단) 국경간 공급의 형태로 이루어지는 '서비스무역'은 '상품무역'에 비교될 수 있다.(의견 44단) 그러나 다른 세 가지 형태는 상품무역과 동일하게 볼 수 없다.(의견45단)

자연인에 대해서는 EC조약 제3조[cf. EU기능조약 제3조·4조]가 동조 (b)에서 정하는 '공동통상정책'과 동조(d)에서 정한 '사람의 입국과 이동에 관한 조치'를 구별하고 있다는 점에서 회원국의 대외국경을 통과하는 제3국의 자연인 취급은 공동통상정책에 들어간다고 볼 수 없다는 점에서 명백하다.(의견 46단) 따라서 (b), (c) 및 (d)와 같은 GATS에서 정한 서비스의 제공은 공동통상정책에는 포함되지 않는다.(의견 47단)

지적재산권의 무역관련측면에 관한 협정

다른 쟁점은 지적재산권의 무역관련측면에 관한 협정인 TRIPs에 대하여 EC가 EC조약 제113조에 기초하여 배타적 대외권한을 가지는가에 대한 것이다. 재판소는 이에 대해서도 부정하였다.

해적판 제품의 자유유통의 금지에 관한 규정을 제외하고 TRIPs는 공동통상정책의 범위에 들어가지 않는다.(의견 71단)

묵시적 조약체결권한과 GATS·TRIPs

GATS에 관한 검토

또한 재판소는 묵시적 조약체결권한의 법리 또는 EC조약 제100a[후의 제95, EU기능조약 제114]조 및 제235[후의 제308, EU기능조약 제352]조에 의하여 우선 GATS에 대하여 EC가 배타적인 권한을 갖는가를 심사하고 이에 대하여 다음과 같이 부정하였다.

EC조약 제75[후의 제71, EU기능조약 제91]조 1항을 기초로 공동체의 대외권한이 *AETR* 사건(본서 38번사건)에 의하여 인정되었다. 운송분야에서조차 공동체의 배타적 대외권한은 대내차원의 법규를 정하는 권한에서 자동적으로 생기지는 않는다. *AETR* 판결에서 재판소가 판시한 바와 같이, 회원국은 개별적으로 또는 집단적으로 공동규칙이 회원국이 지는 제3국과의 의무에 의하여 영향을 받는 경우에 한하며, 제3국에 대해서 의무를 부담하는 권리를 잃는다. 공동규칙이 대내차원에서 설정된 경우에만 공동체의 대외권한은 배타적이 된다.(의견 76-77단)

그리고 운송에 관한 장과는 달리 개업의 권리와 서비스제공의 자유에 관한 장은 '국제법에서 비롯되는 관계'에 공동체의 권한을 명시적으로 확대하는 어떤 규정도 포함하지 않는다. 이사회 및 회원국의 대부분이 주장하는 바와 같이, 이들 장의 유일한 목적은 회원국의 국민에게 개업의 권리와 서비스제공의 자유를 확보하는 것이다. 이들은 제3국 국민의 제1차개업의 문제 및 자영업에 대한 접근권을 규율하는 법의 규정을 포함하고 있지 않다.

따라서 공동체는 제3국과 제1차개업 및 서비스시장에 대한 접근을 자유화하는 협정을 체결할 배타적인 권한을 갖지 않는다.(의견 81단)

유럽집행위원회는 재판소의견 1/76(Opinion 1/76, [1988] ECR 741)에 언급되고, 공동체법이 특정의 목적을 달성하기 위한 대내권한을 공동체기관에 부여하고 있는 경우에는 공동체의 대외권한은 묵시적으로 이들 규정에서 발생한다고 하며, 국제협정에 대한 공동체의 참가가 공동체 목적의 실현에 필요하다면 그로서 충분하다고 주장한다.(의견 82단)

그러나 본 건은 묵시적 조약체결권한을 인정한 재판소의견 1/76의 상황과는 달리, 회원국 국민에 대한 개업의 자유와 서비스 제공의 자유의 달성은 공동체에서 제3국에 대해서 또는 제3국에서의 공동체 회원국의 국민에 대한 취급과 분리하기 힘들 정도로 결부되어 있지 않다.(의견 86단)

또한 EC조약 제100a조 및 EC조약 제235조에 기초한 배타적 권한의 부여도 부정된다.(의견 86단)

따라서 GATS를 체결할 권한은 공동체와 회원국이 나누어 갖게 된다.(의견 98단)

TRIPs에 관한 검토

재판소는 다음으로 TRIPs에 대하여 공동체가 배타적 대외권한을 가지는지를 검토하였다.

공동체에서 지적재산권의 통일 또는 조화를 효과적으로 수행하기 위해서 제3국과의 협정이 반드시 필요한 것은 아니다.(의견 100단)

문제가 되는 것은 공동체에서 채택된 입법행위가 가령 회원국이 TRIPs를 체결한 경우, *AETR* 판결의 의미에 영향을 받을 가능성이 있는지에 대한 것이다.(의견 101단)(본서 38번사건)

TRIPs에 포함되는 분야에서 공동체 안에서 달성된 조화는 부분적이며, 다른 분야는 조화되어 있지 않다. 따라서 공동체와 회원국은 TRIPs 체결에 대하여 공동으로 관할권을 갖는다.(의견 102 및 105단)

공동체와 회원국의 협력의무

마지막으로 공동체 기관과 회원국의 협력의무에 대하여 본 의견은 다음과 같이 판시하였다.

협정의 규정사항이 부분적으로 공동체의 권한에 속하고 부분적으로 회원국의 권한에 속한다는 것이 명확한 경우, 교섭·체결 및 의무 이행에서 회원국과 공동체기관의 긴밀한 협력을 확보하는 것이 불가결하다. 이러한 경우의 협력의무는 공동체의 국제적 대표 통일의 요청에서 도출된다.(의견 108단)

해 설

사건의 쟁점: EC의 WTO제협정체결권

본 건에서는 EC가 WTO협정을 단독으로 체결할 수 있는지, 즉 WTO협정에 대해서 EC가 배타적 대외권한을 갖는지가 쟁점이 되었다. WTO협정은 '상품무역에 관한 다자협정(1994 GATT)', '서비스무역에 관한 협정(GATS)' 및 '지적재산권의 무역관련측면에 관한 협정(TRIPs)'을 부속서에 포함한다. 유럽사법재판소는 이들 각 협정에 대해서 EC가 배타적인 조약체결권한을 갖는지 또는 회원국에도 권한이 잔존하여 EC와 회원국이 함께 조약당사자가 되는 혼합협정의 방식에 의해야 하는지에 대해서 판단을 내렸다.

1994년의 GATT에 대해서는 유럽사법재판소는 공동통상정책의 법적 근거인 EC조약 제113[후의 제133, cf EU기능조약 제207]조에 기초하여 EC가 배타적 대외권한을 가진다고 판시하였다. 그러나 GATS에 대해서는 어느 회원국의 영토에서 다른 회원국의 영토로의 서비스 제공만이 공동통상정책에 포함된다고 판단하고, 기타 사람의 이동을 수반하는 서비스무역에 대해서는 동 정책에 포함되지 않는다고 보았다. 동시에 TRIPs에 대해서도 해적판 제품의 자유유통의 금지만이 공동통상정책에 들어가고 이외의 TRIPs 규정사항은 동 정책의 적용범위에 속하지 않는다고 하였다. 기존에 유럽사법재판소는 '천연고무에 관한 협정의 재판소 의견 1/78'(Opinion 1/78, [1979] ECR 2871)에서 '제113조가 통상정책의 범위를 종래의 대외무역에만 한정하고 이후의 발전된 메커니즘을 배제한다고 해석해서는 안된다. 만약 그렇게 통상정책을 해석한다면 차차 그 의의를 잃어갈 것이다'고 판시하였는데, 본 의견에서는 이와 같이 EC조약 제133조에 기초한 권한을 해석상 확대시키는 방향은 채용되지 않았다.

묵시적 조약체결권한의 한계

다음으로 유럽사법재판소는 묵시적 조약체결권한의 법리에 기초하여 GATS 및 TRIPs에 대하여 EC가 배타적 대외권한을 갖는가에 대하여 판단을 내렸다. 묵시적 조약체결권한의 법리는 1970년대에 발달하였다. 우선 *AETR* 사건(본서 38번사건)에서 국제협정을 체결할 권한은 EC조약의 다른 규정 및 규정의 골격 내에서 EC기관에 의해서 채택된 조치에서도 도출된다고 하며, 특히 EC가 EC조약에서 정한 공동정책을 이행할 목적으로 공동규칙을 정할 규정을 채택하는 경우 EC는 배타적인 묵시적 조약체결권한을 갖는다고 한다. 이후 유럽사법재판소는 *Kramer* 사건(Joined Cases 3, 4 and 6/76, Kramer [1976] ECR 1279)에서 EC법이 대내관계에서 EC기관에 부여된 의무 및 부여된 권한에서 국제법상의 의무를 지는 EC권한이 발생한다고 하여 EC대내권한에서 대외권한을 도출한다는 이론 구성을 보였다. 나아가 유럽사법재판소 의견 1/76([1977] ECR 741)은 이러한 대내권한과 대외권한의 병행원칙을 진화시켜 가령 대내권한이 아직 행사되지 않았어도 국제협정에 EC가 참가하는 것이 EC 목적의 하나를 달성하기 위해서 필요한 경우, EC조약에 규정되어 있는 대내권한에서 직접적으로 조약체결권한이 도출된다고 판단하였다.

이상의 판례의 발전을 전제로 하여 WTO제협정에 관한 유럽사법재판소 의견(본건)에서 유럽사법재판소는 우선 GATS에 관하여 검토하고 *AETR* 사건(본서 38번사건)에서 요건으로 된 EC기관에 의해서 채택된 조치로서 GATS의 규정사항을 포함하는 조치는 존재하지 않으며, 또한 동 판결에서 문제가 된 운송정책과는 달리 개업의 권리 및 서비스제공의 자유에 관한 정책은 역내시장의 문제로서 국제법은 관계하지 않는다고 보았다.

나아가 유럽사법재판소 의견 1/76의 법리에 관련해서는 회원국 국민의 주거의 자유이동 및 서비스의 자유이동의 실현과 EC에서 제3국의 국민 또는 제3국에 있는 회원국 국민의 취급이 불가분하지는 않다고 판시하고, 역내시장에서 거주의 자유이동과 서비스의 자유이동에 대한 대내권한에 병행하여 이 분야에서 묵시적인 대외권한을 인정할 것을 부정하였다.

다음으로 TRIPs에 관하여 우선 유럽사법재판소는 EC에서 지적재산권의 통일 또는 조화가 효과적으로 이루어지기 위해서 제3국과의 협정의 체결은 반드시 필요한 것은 아니라고 하여 유럽사법재판소 의견 1/76의 법리에 기초하는 묵시적 조약체결권한을 인정하지 않았다. 또한 유럽사법재판소는 EC의 입법행위가 회원국이 TRIPs의 체결에 참가하는 경우, *AETR* 판결의 의미에 영향을 받을 가능성에 대한 검토에서는 EC에서 달성된 회원국법의 조화는 부분적이므로 묵시적 조약체결권한은 발생하지 않는다고 하였다. 이렇게 본 의견에서는 묵시적 권한이 GATS나 TRIPs에 대해서 부정되었지만, 본 의견은 지금까지의 판례를 전제로 판단을 전개하고 있으므로 본 의견에 의하여 묵시적 조약체결권한의 법리 그 자체가 부정된 것은 아니며, 그 권한발생의 요건이 지금까지보다는 정밀하게 심사되게 된 것이라고 생각된다.

혼합협정

유럽사법재판소는 EC조약 제113조에 기초한 포괄적인 배타적 대외권한과 묵시적 조약체결권한의 발생을 부정하고, GATS와 TRIPs의 체결권한은 회원국과 EC의 양방이 나누어 갖는다는 판단을 내렸다. 따라서 회원국과 EC의 어느 쪽도 단독으로는 WTO협정을 체결할 수 없으며, 회원국과 EC가 공동으로 WTO협정을 체결한다는 '혼합협정(mixed agreement)'의 형식이 채용되게 되었다. 나아가 유럽사법재판소는 EC가 단독으로는 WTO협정을 체결하고 그 후 이행할 수 없다는 점에서 이로부터 발생하는 불균형을 회피하기 위해서 권한을 나누어 가진 분야에 대해서는 EC와 회원국이 협력해야 한다는 협력의무를 쌍방에 부과하였다. 이렇게 협력의무는 다음의 FAO에 관한 판례(Case C-25/94, Commission v. Council [1996] ECR I-1469)에서도 마찬가지로 강조된다.

권한부여의 원칙·보충성의 원칙

유럽사법재판소는 본 건에서 EC조약 제113조를 확대 해석하거나 묵시적 조약체결권한 이론의 적용에 의하여 WTO협정을 체결할 권한을 EC에 인정하지 않았다. 이렇게 유럽사법재판소의 억제적인 태도는 1992년의 마스트리히트조약에 따른 EC조약 제3b[후의 제5, EU조약 제5]조의 추가, 즉 '권한부여의 원칙', '보충성의 원칙' 및 '비례성의 원칙'의 도입과 EC권한행사의 규율강화에 영향을 받은 것이라고 생각된다. WTO제협정에 관한 본 의견의 결과 서비스무역 및 지적재산권에 관한 무역을 체결하는 권한을 EC가 갖기 위해서는 EC조약의 개정에 의하지 않으면 안되게 되었다. 실제로도 본 의견에 기초하여 통상권한을 나누어 갖는 것 때문에 교섭창구가 다원화되었고, WTO에서 EC의 교섭력의 약화를 염려하게 하였다. 이 때문에 암스테르담조약(1997년 서명, 1999년 발효), 니스조약(2001년 서명, 2003년 발효)나 리스본조약(2007년 서명, 2009년 발효)에 의해서 통상정책에 관한 조문이 점진적으로 개정되게 되었다.

(中西優美子·須網隆夫)

41. 포르투갈 대 이사회 사건: WTO제협정의 재판규범성

Case C-149/96, Portugal v. Council [1999] ECR I-8395

[사실·쟁점]

GATT 우루과이라운드의 다자무역협상이 종료되기 전에 GATT 사무국장의 요청에 영향을 받아 유럽집행위원회는 EC 이사회에서 임명된 특별위원회의 지원을 받으며 섬유제품과 의료품분야의 시장접근에 대해 인도 및 파키스탄과 교섭을 시행하였다. 섬유제품에 대한 시장접근에 관하여 인도 및 파키스탄과의 교섭은 계속되어 왔지만, 1994년 4월 15일에 마라케쉬에서 이사회의 의장, 대외관계담당의 유럽집행위원회 위원은 우루과이라운드의 교섭결과로서 다자무역협정을 체결하는 최종의정서, WTO를 설립하는 협정 및 WTO협정 부속서1에서 4에 이르는 모든 협정 및 의정서에 서명하였다. 이에는 WTO협정 부속서1A에 '섬유 및 의류에 관한 협정(ATC)'과 수입허가절차에 관한 협정이 포함되어 있었다.

WTO협정 서명 후에도 유럽집행위원회는 인도 및 파키스탄과의 교섭을 계속하여 각각 1994년 10월 15일, 12월 31일에 섬유제품의 시장접근분야의 협정에 관한 EC와 인도간 그리고 EC와 파키스탄간의 두 개의 양해각서(Memoranda of Understanding)에 가서명하였다.

이사회는 이들 양해각서의 체결에 관한 결정을 1996년 2월 26일에 가중다수결로 채택하였다. 이 때 본 건에서 원고였던 포르투갈은 그리스 및 스페인과 함께 반대표를 던졌다. 포르투갈이 반대한 이유는 이들 양해각서에 따르면 인도나 파키스탄으로부터의 섬유제품 및 의료품의 수입에 부과되는 제한이 배제되어 자국의 섬유·의료 산업에 타격을 가져오는 결과를 야기할 것이라고 생각하였기 때문이다 그 후 유럽집행위원회는 1996년 3월 8, 27일에 인도 및 파키스탄과 각각의 양해각서를 정식으로 서명하였다.

이에 포르투갈은 EC조약 제173[후의 제230, EU기능조약 제263]조에 기초하여 1996년 2월 26일의 이사회결정의 취소를 구하는 소송을 유럽사법재판소에 제기하였다.

본 건에서의 쟁점은 당해 이사회결정이 WTO협정의 몇몇 법규 및 기본 원칙에 위반되는가에 대한 것이었다. 이와 관련하여 하위의 쟁점으로서 특히 WTO협정은 재판규범성을 가지는지 또는 지금까지 GATT의 재판규범성이 인정된 예외적 경우에 본 건이 해당하는지에 관한 것이었다.

또한 포르투갈은 1947년의 GATT가 아니라 본 건에서는 1994년의 GATT, ATC, 수입허가절차에 관한 협정을 포함하는 WTO의 제협정이 문제가 된다는 점을 강조하고, 특히 WTO협정은 분쟁해결절차를 근본적으로 변경하고 있어 1947년 GATT와 크게 다르다는 것을 주장하였다. 한편 이사회 및 이를 지지한 프랑스와 유럽집행위원회는 WTO협정의 특징에 의거하여, 1947년의 GATT에 대한 판단과 마찬가지로 재판규범성을 갖지 않는다고 주장하였다. 유럽사법재판소는 WTO제협정의 재판규범성에 대해서 다음과 같이 판시하였다.

판결 • • •

36. 포르투갈이 주장하는 바와 같이 WTO의 제규정이 세이프가드제도와 분쟁해결제도의 강화로 GATT 1947의 규정과는 크게 달라진 것은 사실이지만, 한편으로 이들 제규정에서 발생하는 제도가 당사국간의 교섭에 상당히 중요하다는 것을 인정하고 있다.

38. WTO의 분쟁해결에 관한 규칙 및 절차에 관한 양해(이하 분쟁해결양해)의 제22조 1항에 의하면 보상(compensation)은 동 양해 제2조 1항에 정해진 분쟁해결기구의 권고 및 판정이 합리적 기간 내에 이행되지 않을 경우 일시적인 수단이며, 또한 제22조 1항은 문제가 된 WTO협정과 합치되도록 하기 위해서 권고의 완전이행이 우선됨을 나타낸다.

39. 그러나 제22조 2항은 만약 관련회원국이 합리적 기간 내에 권고 및 판정을 이행하지 않은 경우 요청이 있는 때에는 상호 받아들일 수 있는 보상(代償)을 찾기 위한 상당한 기간이 만료되기까지 분쟁해결절차를 원용한 당사국과 교섭을 개시한다고 규정한다.

40. 따라서 WTO제협정과 합치하지 않는 국내법의 적용을 막기 위해서 사법기관에 요청하는 것은 일시적인 것이라도 교섭을 한다는 제22조에 의해 부여된 가능성을 체약국의 입법 또는 집행기관으로부터 빼앗는 결과가 되고 말 것이다.

41. 따라서 WTO제협정은 그 규정사항과 목적에 비추어 해석되는 한, 동 협정이 당사국의 법질서에서 성실하게 적용될 것을 확보하는 적당한 법적 수단을 결정하는 것이 아니다.

42. 나아가 일단 공동체법질서에서 WTO협정의 적용에 관하여 주목해야 하는 것은 WTO 협정의 전문에 따르면 부속서를 포함하는 WTO제협정은 GATT 1947과 마찬가지로 '상호적이고 호혜적인 약정을 체결하는 것'을 의도한 교섭의 원칙을 기초로 하고 있으므로, 이러한 협정은 공동체의 관점에서 보면 *Kupferberg* 사건(Case 104/81, Kupferberg [1982] ECR 3641)에서 재판소의 해석을 요청한 바와 같은 의무의 비대칭을 가져오거나 공동체와의 특별한 결합관계를 창설하는 공동체와 비(EU)회원국과의 사이에 체결된 협정과 구별된다는 것이다.

43. 나아가 공동체의 가장 중요한 통상상대인 몇몇 당사국이 WTO제협정의 규정사항과 목적의 관점에서, 동 협정이 국내법의 합법성 심사시에 사법기관에 의해서 적용될 수 있는 법규가 아니라고 결론내리고 있다는 것에 대해서는 다툼이 없다.

44. 분명 당사국의 재판소가 공동체에서 체결된 협정의 몇몇 규정이 직접적용성을 가진다고 판단하는 한편, 다른 당사국의 재판소는 협정 규정의 직접적용을 인정하지 않는다는 사실은 그 자체 협정의 이행에 대해서 상호주의의 결여를 구성하지는 않는다.(Kupferberg. para. 18)

45. 그러나 공동체의 무역상대국 측의 이러한 점에 대한 상호주의의 결여는 WTO법의 적용의 통일성을 저해할 것이다.

46. 공동체법이 이들 관련법을 준수할 것을 확보하는 역할이 공동체 사법기관에 직접적으로 위임되었다는 것을 받아들이는 것은 공동체의 입법 또는 집행기관이 공동체의 무역상대국이 향유하는 행동범위를 빼앗는 것이 되어버릴 것이다.

47. 따라서 이들 모든 고려에 의하여, WTO제협정은 그 성격 및 구조에 비추어 원칙적으로 재판소가 공동체 기관에 의해서 채택된 조치의 합법성을 심사할 때 기준으로 할 법이 되지는 않는다.

48. 또한 그 해석은 결정 94/800호의 전문의 마지막 단에서 말하는 바와 같이, '부속서를 포함한 WTO를 설립하는 협정은 본래 공동체 또는 회원국 재판소에서 직접 원용될 수 없다'는 점에도 일치한다.

49. 공동체가 WTO의 맥락에서 상정된 특별한 의무를 이행하려고 의도하고 있는 경우 또는 공동체 조치가 WTO협정의 규정에 명시적으로 언급하고 있는 경우에만 재판소는 WTO법규에 비추어 문제가 되는 공동체 조치의 합법성을 심사한다.

50. 따라서 포르투갈정부가 주장하는 바와 같이, 본 건이 그러한 경우에 해당하는지를 판단할 필요가 있다.

51. 답변은 '그렇지 않다'가 되어야 한다. 당해 결정은 공동체법질서에서 WTO협정의 맥락에서 상정되는 특별한 의무의 이행을 확보하기 위해서 설정된 것이 아니며, 또한

WTO제협정의 어떠한 특별한 조문에도 명시적으로 언급되어 있지 않다. 그 목적은 단순히 파키스탄 및 인도와 공동체가 교섭한 양해의 각서를 승인하는 것에 지나지 않는다.

52. 따라서 이상으로부터 당해 결정이 WTO의 일정한 법규 및 기본원칙에 위반하여 채택되었다는 포르투갈의 주장은 근거가 없다고 결론내린다.

해 설

사건의 의의

EC가 역외 제3국과 체결한 국제조약의 역내에서의 법적 효력은 종종 다투어진다. 이것은 GATT에 대해서도 마찬가지이지만, 유럽사법재판소는 일관하여 GATT에 따른 EC법의 심사(GATT법의 재판규범성)를 부정해왔다. 그러나 WTO 설립으로 논의가 부활되었다. WTO는 GATT를 계승하면서도 분쟁해결수단의 사법화로 상징되는 바와 같이 그 성격을 변화시켜 왔다. 이 때문에 WTO법의 재판규범성에 대해서는 GATT와는 다른 판단이 가능한 것이 아닌가 하고 논의되었다. 본 판결은 그러한 논의의 종점을 찍는 선도적 판례이며, GATT와 WTO의 본질적인 공통성을 인정하되 WTO법의 재판규범성을 한정적으로만 승인하고 있다.

GATT의 재판규범성과 판례의 변천

1947년 GATT의 재판규범성(GATT에 따른 사법심사의 가능성)에 관한 최초의 판례는 *International Fruit Company* 사건(Joined Cases 21-24/72, International Fruit Company [1972] ECR 1219)이었다. 동 사건에서 1947년 GATT협정이 EC를 구속한다는 것이 밝혀졌지만, 그 전문에도 규정되어 있듯이 '상호적이고 호혜적인 약속'을 기초로 하는 교섭의 원칙에 따르는 협정은 그 규정의 유연성에 의하여 특징지워진다고 하여 동 협정의 재판규범성은 부정되었다.

이후 1989년 *Fediol* 사건(Case 70/87, Fediol [1989] ECR 1781)에서는 문제가 된 공동체 규칙의 전문에서 GATT가 언급되고 있다는 점에서, 또한 1991년의 *Nakajima* 사건(Case C-69/89, Nakajima [1991] ECR I-2069)에서는 문제가 된 EC규칙이 GATT 제6조의 반덤핑조항에서 발생하는 의무에 합치하도록 채택되었다는 점에서 각각 GATT의 재판규범성이 인정되었다.

1994년의 바나나 사건으로 알려진 독일 대 이사회사건(Case C-280/93, Germany v. Council [1994] ECR I-4973)에서 유럽사법재판소는 GATT의 재판규범성을 원칙적으로 부정하면서 위의 두 가지 경우만을 예외로 보는 일관적 태도를 보여주었다.

WTO 설립 이후의 판례변경의 유무

본 건에서는 지금까지의 1947년 GATT가 아니라 1994년 GATT를 포함하는 WTO제협정의 재판규범성이 문제되었다. 이 WTO제협정에서는 새로운 분쟁해결절차를 도입하는 등 법적 절차를 지향하는 경향이 강해졌고, 1947년 GATT에서의 유연한 분쟁해결이라는 특징은 옅어졌다. 본 건은 이렇게 변화한 WTO제협정의 발효 후 첫 사건이었기에 유럽사법재판소가 선례와는 달리 WTO제협정에 재판규범성을 인정할 것인가가 주목되었다. 본 건의 Saggio 재판연구관은 WTO제협정의 재판규범성을 인정하면서 본 건에서는 WTO제협정 위반은 아니라고 결론지었다. 동 재판연구관은 EC조약 제230조에 기초한 사법심사시에 문제가 되는 EC법의 재판규범성 문제와 개인의 국내재판소에서의 EC법 원용가능여부와 같은 EC법의 직접효력 문제를 구별하였고, 지금까지 유럽사법재판소가 이러한 구별을 하지 않고 전자의 문제를 후자의 문제에 포함하여 논하고 후자를 부정함과 동시에 전자까지 부정해 왔다는 것을 비판하였다.(재판연구관 의견 18단) 그러나 유럽사법재판소는 지금까지와 마찬가지로 본 건에서도 재판규범성과 직접효력을 명확하게 구별하지 않고 재판연구관 의견도 채용하지 않은 채 독자적 판단을 내렸다.

WTO제협정의 재판규범성의 부정론

유럽사법재판소는 1994년 WTO제협정이 강력한 분쟁해결제도를 갖추고 있다는 점에서 1947년 GATT와는 크게 차이가 난다는 것을 인정하면서도 WTO제협정의 재판규범성을 부정하는 이유의 하나로서 1994년의 WTO제협정으로부터 발생한 제도일지라도 현재 당사자간의 교섭에 상당한 중요성이 남아 있다는 점을 들었다.(판결 42단) 그 구체적인 예로서 분쟁해결양해 제22조 2항을 언급하였는데, 이에 따르면 관련회원국이 합리적 기간 내에 권고 및 판정을 이행할 수 없는 경우에, 보상(代償)을 하기 위하여 신청국과 교섭할 것을 규정하고 있다고 언급하였다. 이에 더하여 유럽사법재판소는 WTO제협정의 재판규범성을 인정해 버리면 이 보상조치를 이용할 가능성이 없어지고, 입법기관 또는 집행기관의 재량을 박탈해 버리게 된다고 판단하였다. 그러나 이에 대한 구체적인 예는 근거로서는 약하다고 생각된다. 이유는 분쟁해결양해 제3조 7항은 '보상에 관한 규정은 해당 조치를 즉시 철회할 수 없는 경우에 한정되며, 보상협정에 적합하지 않은 조치를 철회하기까지의 사이에 일시적인 조치로서만 적용되어야 하기 때문이다'고 정하고 있어 동 양해 제22조에서 말하는 보상이 일시적인 것이며, 결코 WTO제협정의 의무이행의 대체조치가 되지는 않기 때문이다. 따라서 동 양해 제22조의 보상조치는 WTO제협정의 재판규범성을 부정하는 근거로서는 약한 것이라 생각된다.

또한 유럽사법재판소는 WTO제협정의 재판규범성을 부정하는 다른 논거로서 EC의 가장 중요한 통상상대국이 WTO제협정의 재판규범성을 인정하지 않는 점을 지적하였다.(판결43단) 이에 따라 유럽사법재판소는 EC법에 따라 WTO법의 준수를 확보할 역할이 유럽사법재판소에 위임되어 있다면 EC의 입법 및 행정기관은 EC의 사법기관에 의한 재량통제를 받지만, EC의 무역상대국의 입법 및 행정기관은 재량의 사법통제를 받지 않게 된다고도 지적하였다.(판결 46단) 이는 법적 이유라기보다는 정치적 이유로 WTO제협정의 재판규범성을 인정하지 않는 유럽사법재판소의 태도를 보여주고 있다. 지금까지 유럽사법재판소는 GATT의 재판규범성을 부정하는 논거로서 GATT의 정신, 구조 및 GATT가 상호주의나 호혜적 협정을 기초로 하는 유연성으로 특징지워지는 점을 들었다. 그러나 본 판결에서는 WTO협정 전문에서의 '상호적이고 호혜적인 협정'이라는 문언을 언급하면서도 지금까지 GATT의 재판규범성을 부정하는 문맥에서 사용되고 있었던 논거는 음지로 잠재우고, WTO제협정의 재판규범성을 인정하면 무역상대국과의 사이에서 상호주의가 결여되고 EU가 전략적으로 불리해진다는 정치적 이유를 전면에 내미는 형태를 취하였다.

규범성을 가질 수 있는 경우

유럽사법재판소는 WTO제협정은 그 성격 및 구조에 비추어 원칙적으로 EC 조치의 적법성을 다툴 때에 근거가 되는 법은 아니라고 보았다. 다만 종래의 판례에서 인정된 경우에만 유럽사법재판소가 WTO법으로 EC법의 적법성을 심사한다고 서술하였다. 그러한 경우란 EC가 WTO의 문맥에서 상정된 특별한 의무를 이행하려는 경우(Fediol 사건)와 EC조치가 WTO제협정의 특정한 규정을 명시적으로 언급하고 있는 경우(*Nakajima* 사건)이다. 이는 1947년 GATT와 마찬가지로 WTO제협정에서도 원칙적으로 재판규범성이 부인되며, 예외적으로 두 가지 경우에만 인정된다는 것을 의미한다.

결론적으로 본 판결은 *International Fruit Company* 사건에서부터 일관되게 협정(1947년 GATT, WTO제협정)의 재판규범성을 부인하는 태도를 계승하는 측면과 지금까지의 재판규범성을 부정하는 근거로서 사용되었던 협정의 유연성을 강조하는 태도를 바꾸어 무역상대국과의 상호주의의 결여라는 새로운 근거를 제시하고 있는 측면을 가지고 있다고 할 수 있다. 본 판결에 의하여 GATT체제로부터 커다란 변화를 한 WTO의 관련협정도 재판규범성을 가지지 않는다는 것이 명확하게 되었고, 이것이 선례가 되어 지금에 이르고 있다. 예를 들어 그 후에 나온 WTO제협정에 관한 *Dior* 사건(Joined Cases C-300/98 and C-392/98, Dior [2000] ECR I-11307, paras. 43-44)에서도 유럽사법재판소는 WTO제협정의 문언, 목적 등을 언급하지 않고 본 판결의 이유를 그대로 동 사건에도 적용할 수 있다고 하여 WTO협정의 재판규범성을 부인하였다. 나아가 WTO분쟁해결기구(DSB)에 의한 결정이 내려지고 EC법의 WTO법 위반이 확정된 경우에도 WTO법의 재판규범성이 인정되지 않는다는 점을 *Van Parys* 사건(Case C-377/02, Van Parys [2005] ECR I-1465)에서 명확히 하였다.

(中西優美子)

42. Kadi 사건: UN법과 EC법의 관계 –UN결의안 이행을 위한 EC조치의 사법심사

Joined Cases C-402/05P and C-415/05P, Kadi and Al Barakaat International Foundation v. Council [2008] ECR I-6351

[사실·쟁점]

아프가니스탄을 실효적으로 지배하고 있었던 탈레반 조직은 2001년 이후 실효적 통제를 상실하였다. 이에 UN안전보장이사회(안보리)는 아프가니스탄에 대한 경제제재결의를 수정하여 특정한 제3국과 관계없는 오사마 빈라덴이나 알카에다 조직과 탈레반 조직의 일원, 이들과 관계된 개인과 단체가 직접 또는 간접적으로 지배하는 자금 기타 금전적 자원을 동결할 것을 전세계 국가에 요청하는 결의를 UN헌장 제7장에 기초하여 채택하였다. 자산동결의 대상이 되는 개인이나 단체는 UN안보리하에 설치된 제재위원회가 특정하는데, 본 건의 원고도 2001년에 제재대상자로 규정되었다.

본 건 당시의 EU는 안전보장문제를 EC와는 법적으로 구별된 공동외교안보정책(EU의 두 번째 기둥)에서 다루고 있었다. 다만 EU는 일관된 단일의 골격을 만들어야 한다고 하여(EU조약 제3조[현재삭제]), 예를 들어 EC조약 제301조·제60조[EU기능조약 제215조·제75조]에서 EU의 두 번째 기둥차원에서 제3국에 대한 경제제재합의를 법적 구속력 있는 EC의 수단(규칙 등)으로 이행할 수 있다고 규정하고 있었다. 또한 EC조약 제308[EU기능조약 제352]조는 공동시장을 운영하면서 EC의 목적을 달성하기 위해서 EC의 행동이 필요한 경우, 동 조약에 필요한 권한을 명문으로 정하지 않은 때에도 이사회는 만장일치에 의하여 적절한 조치를 취할 수 있다고 규정하였다.

본 건에서 EU 각국은 우선 EU의 두 번째 기둥에 의하여 UN안보리결의를 EU역내에서 이행하는 '공동입장'을 채택하고, 다음으로 EC조약 제301조·제60조·제308조[EU기능조약 제215조·제75조·제352조]에 기초하여 2002년 EC규칙을 채택하였으며, UN안보리결의에서 특정된 (원고=상소인을 포함) 자산동결대상자에 대해서 자산동결처분을 내렸다. UN안보리결의 및 EC규칙의 제재대상자 목록은 각각 UN

안보리제재위원회와 EU이사회가 정기적으로 수정하게 되어 있었다. 또한 UN안보리결의와 본 건 EC규칙은 회원국이 제재대상자의 자산동결을 인도적인 이유에서 일부 해제할 여지를 인정하고 있었다.

본 건의 원고=상소인은 스웨덴에 거주하는 EU시민과 관련단체이다. 원고는 2002년 EC규칙의 제재대상목록에 처음부터 게재되어 정기적인 수정에서도 계속 게재되었다. 이에 원고는 2002년 EC규칙 중 원고에 대한 자산동결처분에 대하여 취소소송을 유럽제1심재판소(원심)에 제기하였다. 원고는 첫 번째로 EC의 권한결여를 주장하였다. 즉 EC에는 특정한 제3국과 관계없는 원고(개인이나 단체)에 대한 자산동결처분을 할 권한이 없다. 이유는 EC조약 제301조와 제60조가 정하는 경제제재의 권한은 '제3국'에 대한 제재권한이며, 제3국과 관계없는 개인이나 단체에 대한 권한이 아니기 때문이다. 따라서 2002년 EC규칙은 EC조약 제308조도 입법근거로 하지만 본 건에서 제재조치는 EC의 목적이 아니고 EU의 두 번째 기둥의 목적을 위한 수단이기에 EC조약 제308조를 사용할 수 없다. 원고의 두 번째 주장은 기본권 침해에 의한 위법이다. 가령 EC에 원고를 재제할 권한이 있다고 하여도 2002년의 EC규칙 자체나 그에 기초한 자산동결처분이 EC법상 원고의 기본권, 특히 청문을 받을 권리나 재산을 존중받을 권리를 침해하므로 위법무효라고 주장하였다.

원심의 유럽제1심재판소는 다음의 이유로 소를 기각하였다. 첫 번째로 EC는 제3국과 관련이 없는 개인이나 단체에 대한 경제제재권한을 갖는다. 분명 '제3국'에 대한 경제제재권한을 정한 EC조약 제60조와 제301조만으로 제3국과 관련이 없는 개인이나 단체에 제재를 할 수 없다. 그러나 EU조약 제3조[현재삭제]가 EU의 대외활동은 일관된 단일의 골격을 이루도록 운용해야 한다고 규정하기에 EC조약 제308조도 이에 비추어 해석되어야 하며, EU의 두 번째 기둥의 목적을 EC조약 제60조와 제301조만으로는 충분히 실현할 수 없는 경우 EC조약 제308조도 중복적용하여 실현할 수 있다고 해석하는 것은 허용된다.

두 번째로 EC의 사법부에는 본 건의 EC규칙에 의한 EC법상의 기본권 침해의 유무를 심사할 관할권이 없다. UN헌장 제103조는 UN헌장상의 의무는 저촉하는 여러 국내법 및 다른 국제조약상의 의무에 우선한다고 규정한다. EC는 각 회원국이 UN가입국으로서 EC설립 이전에 부담하게 된 UN헌장상의 의무를 계승하므로, EC도 UN헌장상의 의무(UN안보리결의의 이행의무를 포함)에 구속된다. 본 건의 EC규칙은 UN안보리결의를 그대로 이행하는 조치로서 EC에 이행상의 재량이 없다. 따라서 EC법상의 기본권에 비추어 EC규칙의 효력을 심사하면 UN안보리결의의 효력을 심사하는 것과 실질적으로 동일하므로 UN헌장상 의무의 우위원칙에 반한다. 따라서 본 건의 EC규칙과 UN안보리결의는 EC법상의 기본권에 따른 사법심사가 허용되지 않는다.

다만 세 번째로 UN안보리라고 하여도 국제법상의 강행규범(jus cogens)에 구속된다. 따라서 국제법상의 강행규범을 이루는 일부의 기본권에 따라 본 건 EC규칙의 효력을 심사하는 한정적인 사법심사는 가능하다. 그러나 본 건에서는 그러한 기본권 침해는 없다. 이러한 이유로 원고의 제소는 기각되었다.

원고는 유럽사법재판소에 상소하였다. 제1의 쟁점은 EC의 제재권한에 관한 원심 해석의 타당성이었다. 제2의 쟁점은 EC법상의 기본권에 비추어 본 건 EC규칙의 효력을 심사할 관할권이 없다고 한 원심 해석의 타당성이었다.

유럽사법재판소는 제1의 쟁점에 대해서는 원심과는 다른 이유로 같은 결론을 내렸다. 제2의 쟁점에 대해서는 원심을 파기하고 EU법상의 기본권 침해의 유무를 자판(自判)하였다.

판결 • • •

개인제재권한

EC조약 제60·301조[EU기능조약 제75·215조]는 '제3국'에 대한 경제제재권한을 EC에 부여한다. '제3국'에는 제3국 정부나 지배자 및 그들과 직간접적으로 관련이 있는 개인이나 단체까지는 포함될 수 있지만, 그러한 관련이 없는 본 건의 원고는 포함되지 않는다.(166단)

그러나 'EC조약 제60조 및 제301조가 EU의 두 번째 기둥에서 결정된 행동을 이행하기 위한 EC경제제재권한을 규정하고 있기 때문에 양 조항은 묵시적인 배후목적(an implicit underlying objective), 즉 EC의 수단을 효율적으로 이용하여 EU의 공동외교안보정책의 이행을 위한 조치를 채택할 수 있도록 한다는 목적을 나타내고 있다. 이 목적이 EC조약 제308[EU기능조약 제352]조의 적용시에 EC 목적의 하나가 될 수 있다.(226-227단)

이러한 해석은 EC조약 제60조 2항[현재삭제]으로도 지지된다. 동항은 EC차원의 제한조치가 취해지지 않은 동안에만 각 회원국이 제3국에 대한 자본이동의 제한조치를 취할 수 있다고 정하고 있기 때문이다.(229단) 또한 EC의 수단을 사용해서 경제제재조치를 이행하는 것은 필히 '공동시장의 운영'에 관련되기 때문에 EC조약 제308조의 발동요건도 충족된다.(229-230단)

본 건 EC규칙의 채택시에 EC조약 제308조도 근거로 삼는 것이 정당화되는 이유는 원심과 같이 EU공동외교안보정책의 목적을 달성하기 위한 조치여서가 아니라, 당해 규칙이 EC 목적의 하나를 달성하는 조치이며 공동시장의 운영에 관련된 조치이기 때문이다. 또한 EC조약 제308조를 본 건 EC규칙의 입법근거에 더하면 유럽의회가 개인에게 부과하는 제재조치의 채택절차에 참가할 수 있지만, EC조약 제60조 및 제301조에만 의한다면 참가할 수 없게 된다.(235단) 이상으로부터 EC는 제3국 정부나 지배자와 관련이 없는 개인 및 단체도 제재할 수 있는 본 건 EC규칙을 채택할 권한을 갖고 있다고 할 수 있다.(236단)

EC의 사법심사권

EC는 법의 지배에 기초한 공동체이다. 회원국도 EC 제기관도 그 행위가 기본적 헌법적 헌장인 EC조약에 적합한지를 따지는 사법심사에서 벗어날 수 없다. EC조약은 완결된 사법적 구제제도를 만들고 EC 재판소가 EC기관 행위의 적법성을 심사하는 절차를 정하고 있다.(281단) 한편 일반적 국제협정은 EC조약이 정한 권한배분이나 EC법제도의 자율성을 변경할 수 없다. EC조약 제220[EU조약 제19]조가 EC 재판소에 부여한 EC의 권한배분을 감시하는 배타적인 관할권은 EC의 기반이 된다.(292단) 또한 확립된 EC판례에 의하면 기본권은 EC법 일반원칙의 일부이며, EC의 재판소는 회원국에 공통된 헌법적 전통과 회원국이 협력 내지 서명한 국제인권보호조약, 특히 유럽인권협약이 제공하는 가이드라인상의 기본권을 보장한다.(293단) 기본권 및 인권의 존중은 EC 행위의 적법성 요건에 해당한다.(284단)

이상에서 국제협정이 부과하는 의무가 EC조약의 헌법적 제원칙을 침해하는 효과를 갖는 경우, 이는 인정되지 않는다. EC조약의 헌법적 제원칙에는 EC 행위는 모든 기본권을 존중한다는 것과 그러한 존중이 EC 행위의 적법성의 요건이라는 것 등이 포함되며, EC조약이 설정한 완결된 사법적 구제제도에 의해서 EC재판소가 이를 심사한다.(285단) UN헌장 제7장에 기초하여 UN안보리가 채택한 결의의 효력을 사법심사할 관할권은 가령 국제법상의 강행규범에 따라 한정적인 사법심사라 하여도 EC에는 존재하지 않는다.(287단)

계쟁의 EC규칙이 UN헌장 제7장에 기초한 안보리결의를 이행하려는 목적의 조치이므로 당해 EC규칙의 대내적인 적법성의 사법심사가 배제된다는 것은 UN의 국제법질서 제원칙의 필연적인 귀결이라고 할 수 없다.(299단) 그 이유는 UN헌장이 제7장에 기초하는 안보리결의를 가입국에서 이행하는 방식을 특정하고 있지 않으며, 국내이행방식의 선택을 자유로이 인정하고 있기 때문이다.(298단)

EC조약에서도 사법심사를 배제할 근거는 없다.(300단) 기본권의 보호 및 EC조치의 기본권 적합성에 대하여 EC의 사법부가 적법성을 심사하는 것은 EC법질서의 기초이다.(EC 설립 전부터 존재하는 기존 조약의 존중을 규정하는) EC조약 제307[EU기능조약 제351]조도 이 EC법의 기초를 번복하는 것은 아니다.(304단) 또한 UN헌장상의 의무가 EC법보다 상위에 있으므로 계쟁의 EC규칙과 기본권과의 적합성 심사의 관할권이 면제된다는 식의 사고방식도 EC법에서는 근거를 찾을 수 없다.(305단) EC조약 제300조7항[현재삭제]은 동조가 정하는 조건으로 체결된 국제협정은 EC 기관과 회원국을 구속한다고 규정한다. 가령 EC조약 제300조 7항이 적용되므로 UN헌장상으로 동 헌장이 EC의 파생법규(EC기관이 채택하는 법규)보다 우선하다고 할 수도 있겠지만, EC의 기본법, 특히 기본권을 포함한 EC법의 일반원칙보다 우선하다고는 말할 수 없다. EC조약 제300조 6항[현재삭제]은 유럽사법재판소가 해당 국제협정이 EC조약에 적합하지 않다는 의견을 낸 때에는 EC조약이 개정되지 않는 한 당해 국제협정은 발효하지 않는다고 정하고 있기 때문이다.(306-309단)

따라서 EC 사법부는 EC법의 일반원칙의 불가결한 일부를 이루는 기본권에 따라 모든 EC행위의 적법성을 원칙상 전면적으로 심사해야 한다. 본 건의 EC규칙과 같이 UN헌장 제7장에 기초한 안보리결의를 이행하기 위한 조치도 이 심사에 따른다.(326단)

청문권·실효적 사법적 보호

본 건과 같은 국가안전보장 및 테러활동 대책조치에 대하여 EC사법부는 정당한 안전보장상의 이해와 개인에 대한 충분한 절차적 정의의 보장을 양립시키기 위하여 심사를 한다.(343-344단) 본 건의 모든 사실로부터 상소인이 본 건 EC규칙에 따른 자산동결조치를 받게 되어 방어권, 특히 청문을 받을 권리와 실효적인 사법심사를 얻을 권리를 침해당한 것은 명백하다.(333-334단)

실효적인 사법적 보호의 원칙은 회원국에 공통된 헌법적 전통에서 유래하는 EC법의 일반원칙이며, 유럽인권협약 제6조·제13조나 EU기본권헌장 제47조에서도 재확인되고 있다.(335단) 본 건에서는 실효적인 사법심사를 가능케 하기 위해서 관련 EC기관은 상소인이 자산동결대상자로 결정된 시점에서 또는 적어도 결정 후 가급적 신속하게 처분이유를 상소인에게 전달하여 상소인이 재판을 구할 권리를 일정기간 내에 행사할 수 있도록 할 의무가 있었다.(336단) 결정이유의 전달의무 준수는 제재대상자가 가능한 한 최선의 조건에서 스스로의 권리를 방어할 수 있도록 하기 위해서 모든 관련사실을 알고 EC사법부에 제소할 사항이 있는지를 판단하고, 나아가 EC사법부가 문제의 EC조치의 효력심사를 전면적으로 실행할 수 있도록 하기 위해서 필요하다.(337단)

그러나 제재대상자 목록에 처음 게재된 개인 또는 단체에 대해서 성명의 게재 전에 이유를 전달할 의무는 없다.(338단) 왜냐하면 본 건 EC규칙의 제재목적을 달성하기 위해서 허를 찌르는 효과와 제재의 즉효성이 필요한데, 이것은 제재 전에 이유전달을 하면 사라져 버리기 때문이다.(339-340단) 마찬가지 이유에서 최초의 제재대상자에게 EC제기관이 성명게재 전에 청문할 의무도 없다.(341단) '또한 테러리즘대책과 관련하여 UN안보리가 채택한 결의를 이행하기 위한 EC조치에 대해서는 치안 또는 EC 및 회원국의 국제관계적 행동이라는 우월적 고려에서 관련자에게 일정사항의 통지를 거부할 수 있으므로 당해 사항에 관한 관련자의 청문을 하지 않은 것도 용서된다.'(342단)

그러나 본 건의 EC규칙도 EU의 두 번째 기둥인 '공동입장'도 관련 개인의 성명 게재를 정당화하는 증거를 관련인에게 통지하는 절차 및 관련 개인을 게재할 때 또는 그 이후에 청문할 절차를 규정하고 있지 않다.(345단) 실제로 이사회는 당해 증거를 상소인에게 전혀 통지하지 않았다.(346단) 이 때문에 상소인은 스스로를 변호할 수 있는 상황이 아니었고, 상소인의 방어권 특히 청문을 받을 권리는 존중되지 않았다.(348단) 방어권과 실효적 사법적 구제를 받을 권리도 또한 침해되었다.(349단) 실제로 본 건 관련증거는 EC사법심사에 일절 따라야 할 필요가 없다는 입장을 유지하고 있으며, 이사회에 의한 기본권 침해도 계속되고 있다.(350단) 따라서 재판소도 상소인과 관련된 범위에서 문제의 EC규칙의 효력심사를 할 수 없다. 이상에서 상소인의 실효적 사법적 구제를 받을 기본권도 본 건에서는 존중되지 않고 있다고 할 수 있다.(351단)

(유럽사법재판소는 재산권 침해의 유무에 대해서도 심사하였다. 재산권은 테러활동에 대항한다는 공익목적을 달성하기에 비례적인 범위에서 규제를 받을 수 있지만 재산권의 대폭적인 제한을 받는 상소인에게 변명의 기회를 주어야 하는데, 이를 침해한 위법이 있어 본 건의 제재조치는 상소인의 재산권에 대한 부당한 제한이 되었다고 판단하였다.(355-370단) 하지만 유럽사법재판소는 상소인의 자산이전의 염려와 정당한 절차에 의해서 상소인이 재차 자산동결처분을 받을 가능성이 있다는 것을 이유로 EC규칙에서 문제된 부분의 즉시 무효를 인정하지 않고 판결일로부터 3개월간 유효하다고 판단하였다.(373-375단))

해 설

사건의 의의

첫 번째 의의는 보편국제기구인 UN법과의 관계에서 EC법의 국제법으로부터의 독립성을 확인한 점이다. 두 번째 의의는 자율적인 EC법의 기초에 인권·기본권 보호가 있다는 것을 강조하고 실제적인 사법심사를 한 점이다. 이는 모두 EC법의 기본적 성격에 관한 것이며, EU제도와 EC제도를 아우르는 사안에서 EU전체의 법의 존재양식을 나타낸 중요한 판결이다.

EC법의 독립·자율성

EC법과 국제적 차원의 UN의 관계를 파악하는 것은 본 건에서의 쟁점을 해결하는 데에 전제가 되는 문제이다. 원심과 유럽사법재판소는 이를 파악하는 방법이 근본적으로 상이하였다. 원심은 UN의 국제법을 정점으로 하여 이와 EC법이 일원적으로 연속된다는 국제법우위의 입장에서 UN헌장상의 의무가 UN헌장 이외의 여러 조약상의 의무(EC조약상의 의무 등)에 우선한다고 생각하였다. 이러한 원심의 입장은 EC법의 독립·자율성을 빼앗고 UN안보리결의를 그대로 이행하는 EC행위의 효력을 EC법에 기초하여 심사할 수 없게 되는 결과를 가져왔다.

이에 반하여 유럽사법재판소는 EC법이 UN법에서는 독립된 자율적인 법이라고 파악하였다.(판결 282, 285단) 따라서 국제법상 UN안보리결의의 의무가 다른 조약상의 의무에 우선한다는 것과 EC법에서 UN안보리결의를 이행하는 EC규칙의 효력을 EC법상의 최고법규(기본권 보호원칙 등을 포함하는 법의 일반원칙)에 기초하여 유럽사법재판소가 심사하는 것과는 별개의 문제라고 생각하였다.(판결 288단) EC법에서 UN법은 EC기본법보다 하위에 있으며, EC파생법규보다 상위의 지위에 있다고 보았다.(판결 307-308단) 이렇게 모든 EC행위의 EC법상의 기본권 적합성 심사를 긍정하였다.

유럽사법재판소는 EC설립초기부터 국제법과의 관계에서 EC법을 독립적이고 자율적인 법으로 파악하고 국제조약이 EC법의 독자성과 자율성을 변경할 수 없다는 입장을 취해 왔다.(본 건의 유럽사법재판소도 이러한 입장에 입각하고 있다. 원심 쪽이 오히려 특이한 것이다.)

① EC가 배타적인 체결주체가 아니었던 국제조약에 대해서는 가령 EEC설립(1957년) 이전에 회원국이 가입하였던 구GATT(1947년)의 규정이나 EC와 EC의 모든 국가 쌍방이 공동당사자로서 체결한 WTO제협정(1994년)의 규정에 대해서 이들의 EC법상의 효력이나 법적 효과는 EC법과 비교하여 논할 수 없다고 판단해 왔다. 이에 GATT나 WTO협정의 규정이 EC법에서 명시적으로 언급되어 EC에 의해서 명백하게 수용되었지만(Case 70/87, Fediol v. Commission [1989] ECR 1781), EC법에 의해서 역내에서 이행되지(Case

C-69/89, Nakajima v. Council [1991] ECR I-2069) 않는 한, GATT나 WTO협정의 직접효력은 인정되지 않으며(Joined Cases 21 to 24/72, International Fruit Company v. Produktschap voor Groenten en Fruit [1972] ECR 1219 (GATT 규정의 직접효력 부정); Case C-149/96, Portugal v. Council [1999] ECR I-8395 (WTO제협정의 직접효력 부정)(본서 41번사건)), EC법을 GATT나 WTO협정에 따라 효력심사를 하는 것도 인정되지 않으며(Case C-280/93, Germany v. Council [1994] ECR I-4973 (GATT에 기초한 EC법의 효력심사 부정); Case C-149/96, Portugal v. Council [1999] ECR I-8375 (WTO제협정에 기초한 EC법의 효력심사 부정)), 나아가 WTO의 분쟁해결기구가 EC의 행위를 WTO협정위반이라고 인정한 뒤에도 EC가 당해 위반행위를 계속하는 바람에 개인이 손해를 입은 경우 EC에 대한 손해배상청구는 인정되지 않는다 (Joined Cases C-120/06P and C-121/06P, FIAMM, Giorgio Fedon & Figli v. Council and Commission [2008] ECR I-6513)는 판단을 반복하였다. 유럽사법재판소에 의하면 GATT나 WTO제협정은 본질적으로 호혜적 협정이며 당사자의 상호교섭에 의해서 규정 내용을 실현하는 유연성을 가지고 있으며, WTO가 되어 분쟁해결제도가 정비되었다고는 해도 아직 정부간 교섭에 의한 해결의 여지가 남아 있기 때문에 회원국의 주권적 권리의 행사를 법제도에 의해서 제한하는 종합적인 EC법과는 근본적으로 법의 성격을 달리하는 것이다.

② EC가 배타적인 주체로서 체결한 국제협정에 대해서도 이것이 EC법의 독자성·자율성을 변경할 가능성이 있는 경우에는 EC조약에 반한다고 유럽사법재판소는 판단해왔다. 유럽경제지대(EEA) 설립협정의 EC조약 합치성을 대상으로 한 유럽사법재판소 의견 1/91호는 EC법은 종합적인 독자의 법질서이지만, EEA협정에 의해서 설립되는 재판소가 EC법의 독자성·자율성을 침해할 가능성이 있다는 것을 이유로 EC조약에 적합하지 않다고 판단하였다.(Opinion 1/91 (EEA No.1) [1991] ECR I-6079) 그 결과 EC법의 독자성·자율성을 침해하지 않는 형태로 변경된 EEA협정이 체결되었다.

이번 판결은 이상의 선례를 계승하여 보편국제기구로서 UN법이라고 해도 EC법의 독립성·자율성을 변경할 수 없다고 판단한 것이다. 따라서 축적된 선례와 본 판결을 보아 국제기구의 법이나 국제조약 일반과의 관계에서 EC법을 독립한 자율적인 법으로서 받아들이는 입장이 확립되었다고 봐도 좋을 것이다. EC법의 독립성·자율성을 강조하는 유럽사법재판소의 입장은 회원국법과의 관계에서 전개된 사건(1963년의 *Van Gend* 사건(본서 1번사건))을 시작으로 본 건 *Kadi* 사건에서 보편적 국제기구인 'UN'의 법을 포함한 국제법 일반과의 관계에서도 나타난다고 함으로써 완결되었다. EU법질서를 형성하는 EU헌법사상의 중요 판결이라고 평가할 수 있을 것이다.

기본권 보호와 사법심사

본 건의 두 번째 의의는 유럽사법재판소가 독립한 EC법질서에서는 개인의 EC법상의 기본권 보호를 위해서 여러 EC기관의 행위에 대하여 가령 당해 행위가 UN안보리결의를 이행하는 행위라고 해도 당해 EC행위의 효력심사가 전면적으로 보장된다고 강조하고 현실적으로 실체심사를 하였다는 점이다.

EC법제도에서 EC행위의 사법심사의 실효적인 보장은 종래의 EC선례를 답습한 판단이다.(AETR 사건(본서 38번사건), 녹색당사건(본서 17번사건)) 그러나 UN안보리결의를 이행하는 EC행위는 EU의 두 번째 기둥으로서 이행결정행위를 거쳐서 비로소 채택할 수 있다는 점에서 EU의 두 번째 기둥의 행위와 불가분의 일체를 이루는 EC행위이다. 그러한 성격의 EC행위에 대한 사법심사는 간접적으로 EU의 두 번째 기둥의 행위에 대한 사법적 통제가 될 수 있다. 이러한 EU의 세 개의 기둥을 연결하는 성격을 갖는 EC행위를 사법심사해야 하는지가 본 건에서 처음으로 정면에서 다루어졌고, 선례의 원칙을 재확인하면서 사법심사를 한 점에 본 건의 새로운 의미가 있다.

근래의 유럽사법재판소는 EC를 넘어 EU의 두 번째·세 번째 기둥에도 실효적인 사법심사를 미치게 하는 것을 지향하고 있다.(GPA & Segi 사건(본서 18번사건)) 본 건 판결도 이러한 흐름 속에 위치한 것이다. 원심의 판단은 이러한 판례동향에서 동떨어진 특이한 것이었다.

무엇보다 테러방지조치에 따른 기본권 침해의 심사는 어려움을 수반하는 것이고, 유럽사법재판소의 본 건에서의 심사도 실체적 권리의 보장 그 자체가 아니었기 때문에 절차적 권리의 보장이라는 2차적 범위에 그쳤으며, 심사대상이 된 범위에서도 이유통지의 범위나 청문의 기회에 대해서 공안당국의 넓은 재량(판결 342단)을 인정하고 있다. 원고는 본 건 판결 이후, 이유의 통지와 청문을 거쳤지만 여전히 자산동결처분은 계속되었다.(Commission Regulation 1190/2008 [2009] OJ L 322/25)

EC 목적의 해석

또한 본 건 판결이 EC의 개인제재권한을 긍정하면서 판시한 EC의 '묵시적인 배후목적'에 'EC수단의 효율적 이용으로 EU공동외교안보정책을 이행하기 위한 조치를 취하게 하려는 목적'이 있다고 해석(226-227단)하는 것에는 많은 어려움이 내재되어 있다. 이것은 제재수단규정(EC조약 제60조·제201조[EU기능조약 제75조·제215조])에서 EC의 활동목적이 묵시적으로 인정할 수 있다는 논법인데, EC/EU의 권한부여원칙(설립조약이 부여한 범위에서만 EC/EU는 권한을 갖는다)에 합치되지 않는다.

무엇보다 목적규정(EC조약 제3조[현재삭제])은 권한부여원칙을 기초로 하여, EC 권한의 행사를 목적으로 관련된 범위에서만 정당한 권한행사로서 한정시켜 규율하기 때문에, 수단규정과는 독립적인 지위에 있다. 수단에서 목적이 발생한다는 논법을 취하면 목적규정의 고유의 기능은 부정되고 권한부여원칙도 공동화될 것이다. 그러한 논법으로 도출한 EC의 목적이 'EU공동외교안보정책의 이행을 위한 조치'를 취한다는 포괄적인 것이라면 더욱 그러하며, EU의 두 번째 기둥(공동외교안보정책)을 EC와 다른 목적의 제도로서 분리하여 안배한 본래의 취지에도 반한다.

본 건에서 EC 목적의 해석에 상당한 무리가 있다는 것은 본 건 판결이 니스조약에서의 EU/EC조약의 해석이라는 명목을 취하면서도 실질적으로는 2007년에 서명(2009년 발효)된 리스본조약에서의 조약개정을 선취하고 있다는 점에서도 엿볼 수 있다. (본 건 이전의 2004년의 헌법제정조약 III-322조 — 발효되지 못하고 좌초된 — 에 리스본조약에서의 개정 내용이 제시되어 있었기에 선취하는 것이 가능하였다.)

리스본조약에서 EC조약은 EU기능조약이라고 개칭·개정되어 제215조(EC조약 제301조의 개정)에서 제3국에 대한 EU의 경제제재권한을 1항에(EC조약 제301조와 거의 같은 내용으로) 규정하고, 신설된 2항에서 다음과 같이 정한다. 'EU조약 제5편 제2장(공동외교안보정책규정)에 기초하여 채택된 결정에 그러한 정함이 있는 경우에는 이사회는 자연인 또는 법인 및 국가 이외의 집단 또는 단체에 대하여 제1항에서 말하는 절차에 기초하여 제한조치를 채택할 수 있다'(필자밑줄) 이 새로운 2항은 자연인 등의 제3국과의 관계의 유무를 불문하고 있다는 점이 중요하다. 나아가 새로운 3항에서 '본조에서 말하는 행위는 법적 보호에 관한 필요한 규정을 포함한다'고 규정하여 제재대상이 되는 개인·법인의 사법적 구제의 확보를 규정하고 있다. 이렇듯 리스본조약에 새로운 2항과 3항을 추가한 것이야말로 EC/EU의 권한 부여원칙이라는 명목과 아울러 생각하면, 본 건 당시의 EC조약상 회원국들은 EC에 제3국과 무관한 개인을 제재할 권한이 없다고 생각하고 있었음을 강하게 시사한다.

그렇다고는 해도 만약 역으로 본 건에서 제3국과 관련이 없는 개인을 제재할 권한이 EC에 없다는 입장을 취하였다면, 제3국과 관련이 없는 개인은 각국이 제재할 수 있게 되어 EU국가들의 전체적인 통솔이 불가능해지고, 나아가 특정 개인의 제3국과의 관계 유무의 판단을 둘러싸고 EC(또는 UN)과 각국 간에 대립이 발생하며, 은행업무 등의 시장거래도 혼란해졌을 것이다. 본 건의 유럽사법재판소가 판결 228단에서 EC차원의 제재조치를 취할 때까지만 각 회원국이 제3국에 대한 자본이동의 제재조치를 취할 수 있다는 의미의 EC조약 제60조 2항[현재삭제]을 이유로 들고 나온 것을 반대 해석해보면, 일단 EC차원의 제한조치가 취해진 이상 제한조치의 채택권한은 EC에 옮겨지는 것이라는 점을 회원국도 인정하고 있었다는 박약(薄弱)한 주장을 위한 것일 것이다. 이상에서 EC의 묵시적 배후목적설은 EC/EU조약의 개정 방향을 고려하여 실무적으로 타당한 결과를 모색한 본 건에 한정된 고육지책의 해석이었다고 보아야 할 것이다.

(中村民雄)

색 인

영문

C

Cassis de Dijon 기준 / 186
Codex Alimentalius Commission / 177
Common Law / 68, 72, 74
Communication(통보) / 159

D

Dassonville 기준 / 184, 185, 186
de minimis rule(최소허용기준) / 192

E

EC 기관간의 균형(institutional balance) / 151, 152
ECSC조약 / 105, 146
EC가입조약 / 59
EC과학식품위원회 / 177
EC법 우위의 원칙 / 17, 21, 22, 27, 129, 237
EC법 합치해석의무 / 21, 56, 59
EC법상의 저촉해결규칙 / 18, 19
EC법의일반원칙 / 125, 129, 132, 155, 235, 236, 331, 356
EC법의 절대적 우위성 / 30, 130
EC법의 통일적 적용 / 106, 108
EC법의 해석 / 94
EC법질서 / 19, 21, 27, 127, 131, 147, 235, 314, 315, 356
EC법질서의 동태성 / 81
EC입법권한 / 123
EC조약 / 4, 10, 24, 145, 158, 220, 223, 224, 225, 232, 244, 246, 336
EC평등대우지침 / 51
EEC / 4
EEC조약 / 15, 17, 116, 138, 139, 146, 148, 171, 221, 261, 338
estoppel(금반언) / 54
EU기능조약 / 89, 91, 201, 329, 337, 361
EU기본권헌장 / 126, 132, 201, 234, 236, 337, 356
EU법질서 / 160, 243, 360
EU시민권 / 241, 243, 246, 247, 249
EU시민권규정 / 221, 232
EU의 제2기둥 / 153
EU의 제3기둥 / 62, 153
EU조약(마스트리히트조약) / 132, 155, 201, 331, 336
EU행정법원(Civil Service Tribunal) / 99

F

fidelity rebates(충성할인, 또는 충성리베이트) / 301

G

GATS(서비스무역에 관한 협정) / 338, 339, 340, 343
GATT / 339
GATT 1947 / 338, 347
GATT 1994 / 338
GATT법의 재판규범성 / 348

I

ILO(국제노동기구) / 44

K

Keck 기준 / 186, 187

M

Maastricht조약 / 32, 33

S

Schöppenstedt 공식(Schöppenstedt formula) / 162, 163, 165, 166
Sherman Act / 286
SSNIP / 297

T

TRIPs(지적재산권의 무역관련측면에 관한 협정) / 338, 339, 341, 343

U

UN법과 EC법의 관계 / 352
UN식량농업기구(FAO) / 177
UN안보리결의 / 352, 358
UN안전보장이사회(안보리) / 153, 352
UN헌장 / 352, 355

W

WTO 위생식물검역조치의 적용에 관한 협정 / 125
WTO법의 재판규범성 / 348
WTO분쟁해결기구(DSB) / 351
WTO설립협정 / 338
WTO의 분쟁해결에 관한 규칙 및 절차에 관한 양해 / 346
WTO제협정 / 345, 349
WTO제협정의 재판규범성 / 346, 350

한글

ㄱ

가격인상 / 272, 273, 274
가격인상담합 / 269
가격지지제도 / 134
가공(架空)소송 / 96, 370
가이드라인 / 289, 307
가중다수결 / 174, 345
각국법상의 저촉해결규칙 / 18
간접적 차별 / 48
간접효력(indirect effect) / 7, 63
감사원 / 151
강행규범(jus cogens) / 47, 63, 354, 355
강행규범(mandatory in nature) / 45
개별적으로 관련있는 / 114, 115
개업의 권리 / 212, 340
개업의 자유 / 214, 215, 251, 253, 255
개인보호 / 164
개인제재권한 / 354
거주의 자유 / 247
거주이동권 / 248
거주이동의 자유 / 242
건강보호 / 120, 175, 178, 181
결정 / 7, 54, 111, 155, 345
경쟁법 / 112, 260, 263, 266, 270, 309, 312, 313, 314, 315, 318
경쟁법의 역외적용 / 275, 277
경쟁왜곡 / 122, 123, 125, 261
경쟁제한적 행위 / 275
경쟁제한효과 / 287, 288
경쟁촉진효과 / 287, 288
경제사회위원회 / 5, 9, 10
경제사회이사회 / 139
경제실체이론(economic unit doctrine) / 277
경제적 자유권(상품이동의 자유) / 236
경제제재 / 353
경제제재권한 / 361
경제제재조치 / 160
경제통합 / 170, 173
경제합리성이론 / 284
경찰사법협력 / 153
경찰사법협력제도 / 157
경합적(또는 공유적) 권한 / 41, 325, 328, 370
고권적 권리 / 34
고용인 / 221
고유의 권리(prerogative) / 150
골격결정 / 62, 155, 158
공공유한회사 / 59
공권력의 행사(exercise of official authority) / 211, 213, 216
공동결정 / 10
공동결정절차 / 119
공동관세 / 180
공동규칙 / 329, 340, 343
공동농업정책 / 112, 128
공동농업제도 / 293
공동대외관세 / 170
공동시장 / 5, 7, 9, 171, 176, 180, 203, 204, 205, 223, 261, 262, 271, 273, 274, 277, 286, 290, 292, 295, 303, 328, 335, 352, 355
공동시장조정제도 / 134
공동외교안보정책(EU의 두 번째 기둥) / 153, 160, 352, 354, 361
공동운송정책 / 87, 323, 325
공동입장 / 155, 159, 352
공동조정제도(가격지지제도) / 161
공동체 / 19
공동체법 / 4, 17, 19, 22, 25, 26
공동체법의 우위성 / 16

공동체법질서 / 333, 336, 347
공동통상정책 / 327, 328, 338, 340, 342
공동행위(concerted practice) / 269, 270, 271, 274, 275, 276, 286
공서 / 234, 237, 239
공서규제 / 233
공익목적 / 170
공중의 건강보호 / 170, 190, 191
과실(fault) / 76, 79
관련시장 / 291, 293, 295, 296, 297, 302, 306
관세동맹 / 5, 170, 338
교량이론 / 38
교차탄력성 / 292
구체적 보호대상 / 206
국가결합체(Staatenverbund) / 34, 38
국가기관 / 55, 56, 81
국가배상책임 / 56, 72, 76, 77, 79, 80, 166
국가배상책임원칙 / 83
국내법 합치해석의무 / 20
국내효력(internal effect) / 4
국민연대의 원칙 / 228
국유화 / 14
국유화법 / 14, 15
국적요건 / 75
국적차별 / 222
국적차별금지규정 / 242
국적차별금지원칙 / 230, 241, 244, 245, 246
국적차별의 금지 / 226, 229
국적평등원칙 / 247
국제기구 / 333, 336
국제법우위 / 358
국제법의 새로운 법질서 / 5, 8
국제법인격(권리능력) / 327
국제연합(UN) / 323, 327
국제인권조약 / 235
국제조약 / 20, 24, 331, 358
국제협정 / 329, 356
권리남용(improper use) / 260
권리소진원칙(exhaustion of rights doctrine) / 204, 207, 268
권리자 / 203
권리품 / 203
권한부여의 원칙 / 87, 88, 119, 332, 334, 335, 344, 361
권한확정권한(Kompetenz-Kompetenz) / 38, 337
규칙 / 7, 27, 101, 111, 116, 136, 142, 161, 169, 219, 221, 224, 229, 231, 241, 243, 255, 288, 289, 296, 306, 318, 325, 328, 329, 352, 358
금지규범 / 203
기관간 균형의 원칙 / 138
기망적 표시 / 170
기망행위 / 252
기본권 / 331
기본권 목록 / 133
기본권 존중 / 125, 128, 196, 197
기본권 침해 / 112, 120, 201, 353, 360
기본권공동선언 / 132, 133
기본권 보호 / 30, 37, 127, 130, 131, 198, 199, 200, 201, 238, 360
기본권의 준수 / 155
기본법(Grundgesetz) / 30, 32, 35, 36
기본적 권리 / 246
기본적 인권 / 173, 196
기본적 인권 목록 / 331
기본적 자유 / 201
기본적·헌법적 헌장 / 147
기술규격지침 / 57
기술이전계약 / 289
기업활동의 자유 / 254
기판력(res judicata) / 96
긴급선결적 판결절차(PPU) / 99

ㄴ

남녀노동자의 동일임금원칙 / 42, 45, 46
남녀정년구분제도 / 56
남녀평등 / 46
내국민대우 / 221, 229
네덜란드헌법 / 13
노동자의 자유이동 / 217, 224, 227
녹색당 / 143
니스조약 / 100, 344, 361

ㄷ

다뉴브강위원회 / 11
단일경제실체이론(single economic unit doctrine) / 275, 277, 278
단일시장 / 251, 253, 263, 265, 267, 293
단일유럽의정서 / 174, 333, 335, 336
당사자소송 / 96

대륙법계 / 12
대외권한 / 327
독일헌법('기본법') / 39, 127, 133, 233, 236
독점금지 / 318
독점금지법 / 286, 310
독점적 판매계약 / 259, 284
동등성(equivalence) / 83
동등성원칙 / 29, 312, 316
동등성의 요건 / 71
동등한 효과를 갖는 조치 / 169, 183, 184
동위법(同位法) / 14, 370
동의법 / 32, 33, 34, 40
두 번째 기둥 / 154, 353, 360

ㄹ

리스본조약 / 22, 31, 89, 90, 118, 132, 159, 201, 236, 329, 337, 344, 361

ㅁ

마스트리히트조약 / 124, 151, 334, 337, 344
만장일치 / 352
명백한 잘못(manifest error) / 136
명백한 행위(acte clair) / 98
명시적 권한 / 334, 336
명칭·원료 규제 / 175, 177
목적론적인 해석 / 20, 157
무효 / 28
무효확인소송 / 107, 211
묵시적 권한 / 334, 336
묵시적 배후목적설 / 362
묵시적 조약체결권한 / 324, 327, 328, 335, 338, 340, 341, 342, 343, 344
민주적 정통성 / 23, 33, 34, 39, 40, 89
민주주의 / 34, 35, 39, 40, 41, 137, 138, 139, 141, 148
민주주의 원리 / 33
민주주의의 적자 / 33, 141
민중소송(action popularis) / 116

ㅂ

바나나 전쟁(banana war) / 290, 300
반덤핑조치 / 112
배상청구권 / 315
배타적 권한 / 11, 124, 328, 329
배타적 대외권한 / 338, 339, 342, 344
배타적 라이센스 / 280, 284
범죄피해자보상금 / 226
범죄피해자보상제도 / 228
법의 일반원칙 / 115, 130, 131, 133, 197, 200, 315, 358
법의 접근 / 119
법의 준수 / 125, 158
법의 지배 / 41, 115, 117, 143, 145, 147, 148, 152, 153, 155, 157, 158, 160, 355
법인격 / 16, 159, 270, 274, 278, 324
법적 안정성 / 46, 61, 65, 103, 133
병행수입 / 171, 202, 204, 205, 259, 262
병행행위(parallel bahaviour) / 271, 274, 276
보조금 / 112
보충성원칙 / 89, 120, 124
보통법(common law) / 29
본거지법주의 / 254
부수적 제한(ancillary restraints) / 286
부수적 효력 / 7
부작위위법확인소송 / 95, 149, 150
부적용 / 28
분쟁해결기구 / 346, 359
분쟁해결양해 / 346, 349
분쟁해결제도 / 349
불가항력(force majeure) / 128
불공정가격 / 291
불공정거래 / 189
불문법 / 129
불법행위 / 162
불소급원칙(소급효금지) / 65
브랜드간 경쟁 / 264
브랜드내 경쟁 / 264
비경제적 이익 / 173
비교형량 / 288
비례성 / 173, 248
비례원칙 / 41, 120, 127, 136, 137, 164, 177, 179, 198, 344
비차별성 요건 / 186, 187, 188
비차별조치 / 222, 223

ㅅ

사람 / 223
사람·서비스의 자유이동 / 172
사법공조 / 153
사법심사 / 118, 124, 145, 151, 158, 160, 234, 248

사법적 구제 / 92, 112, 118
사법적극주의 / 9, 11, 22, 265
사회 / 325
사회보장급여 / 231, 241, 246, 248, 249
사회보장제도 / 243
상소 / 354
상원(House of Lords) / 30, 69, 99, 317
상표권 / 259, 262
상표권 침해 / 202, 204, 259
상표법 / 203, 268
상표상품(진정상품) / 202
상품 / 223
상품무역에 관한 다자협정 / 339
상품의 자유이동 / 122, 170, 172, 174, 176, 177, 178, 180, 181, 183, 186, 189, 191, 196, 197, 238
상품의 자유이동에 대한 제한 / 175
상품의 자유이동원칙 / 205, 268
상호승인원칙 / 174
상호승인제도 / 215
상호주의 / 16, 211, 350
새로운 법질서 / 10, 11, 12, 27
생산요소의 자유이동 / 263
생활보호급여 / 241, 243, 249
생활유지급여 / 247
서비스 / 223
서비스무역협정 / 339
서비스의 자유이동 / 189, 233, 343
서비스의 자유제공 / 233
서비스제공의 자유 / 122, 227, 233, 235, 238
서비스제공자 / 221
서비스제공자의 자유이동의 권리 / 226
선결적 판결 / 3, 14, 15, 24, 42, 54, 60, 69, 80, 91, 93, 94, 97, 102, 104, 105, 107, 114, 116, 127, 130, 154, 155, 156, 159, 169, 171, 184, 189, 196, 203, 212, 217, 226, 233, 241, 243, 252, 310, 315, 317
선결적 판결 효력의 불소급 / 49
선결적 판결의 소급효 / 220
선적용원칙 / 17
설립의 권리 / 227
설립의 자유 / 218
설립지법주의 / 252, 254
성실협력의 원칙 / 115
성실협력의무 / 21, 117, 155
성차별금지법 / 51
세계보건기구(WHO) / 177
세 번째 기둥(경찰·형사사법협력제도) / 84, 88, 89, 154, 157, 158, 159
소극적 의무 / 6, 7
소극적 통합 / 173
소급적 효과 / 26
소비자보호 / 175, 179, 180
소비자옴부즈맨 / 189
소송참가 / 136
소외회사 / 59
손해배상 / 112, 154, 159, 161, 225, 313, 314
손해배상소송 / 95, 114, 155
손해배상책임 / 75
손해배상청구 / 310, 359
손해배상청구권 / 316
손해배상청구소송 / 318
수동적 판매 / 266
수량리베이트 / 304, 305, 307
수량제한 / 169
수량제한과 동등한 효과를 갖는 조치 / 171, 175, 185, 191, 192
수직적 직접효력 / 7, 221
수직적 합의 / 259, 261, 264, 280
수출입허가에 관한 예탁금제도 / 127
수출입허가제도 / 127
수평적 직접효력 / 7, 42, 47, 51, 221
수평적 합의(horizontal agreement) / 261, 264
시민권규정 / 242
시장점유율 / 290, 298, 299, 302, 305, 306
시장지배력(market power) / 298
시장진입 / 188, 190, 192, 193
시장진입기준 / 194
시장통합 / 263
신뢰보호의 원칙 / 164
신사협정 / 275
실체적 위법성 / 136
실효성 / 70, 87
실효성 확보의 원칙 / 87
실효적 보호 / 78
실효적인 사법심사를 얻을 권리 / 356
실효적인 사법적 보호를 받을 권리 / 154, 155
심의(Beschluss; Délibération) / 158, 329

ㅇ

안보리결의 / 355
암스테르담조약 / 132, 151, 344

약속준수의 원칙(pacta sunt servanta) / 12
어업정책 / 113
역내소진법리 / 202, 204, 259
역내시장 / 32, 119, 120, 121, 124, 170, 171, 174, 197, 200, 201, 254, 263, 311, 314, 335, 343
역내지점설치의 자유 / 250
역내통상 / 185, 187, 188, 192, 194, 197
역동성(Dynamism) / 151
역외적용 / 269, 278
연방적인 법질서 / 20
영국조항 / 304, 307
영토관할권 / 278
예방적 조치 / 125
예탁금제도 / 128
완전한 실효성(full effectiveness) / 312
우선적용원칙 / 18
우의(友誼)소송 / 96, 370
우위성 / 13, 14
우위성 원칙 / 18, 25
원고적격 / 111, 113, 114, 116, 118, 141, 146
원인의 결여(lack of cause) / 59
유럽경제공동체 / 145
유럽경제지대(EEA) / 148, 359
유럽사법재판소 / 93, 95, 96, 103, 108, 133, 154, 156, 160, 161, 165, 169, 223, 231, 248, 260, 265, 287, 299, 300, 314, 332
유럽사법재판소설립규정 / 136
유럽사법재판소설립규정의정서 / 103
유럽석탄철강공동체 / 11
유럽의회 / 5, 9, 10, 40, 111, 126, 132, 134, 135, 136, 137, 138, 139, 140, 141, 143, 144, 145, 146, 147, 149, 150, 331
유럽인권재판소 / 125, 132
유럽인권협약 / 115, 125, 132, 133, 197, 200, 235, 236, 331, 333, 334, 336, 337, 355, 356
유럽제1심재판소 / 95, 99, 154. 287
유럽제1심재판소(원심) / 353
유럽중앙은행 / 151
유럽집행위원회 / 4, 6, 21, 42, 46, 49, 84, 101, 102, 111, 113, 127, 130, 132, 135, 136, 138, 139, 141, 144, 150, 158, 159, 166, 170, 171, 175, 220, 224, 255, 260, 262, 265, 267, 274, 277, 280, 282, 284, 287, 288, 291, 293, 296, 301, 304, 305, 306, 308, 317, 318, 323, 326, 331, 338, 341, 345
유럽통합 / 240
유럽헌법제정조약 / 31, 90
유럽회사(European Company, SE) / 255
유보 / 6, 16
유한책임회사(private limited company) / 250
의견 / 10
의무위반확인소송 / 42, 152
의회 / 142
이사회 / 10, 86, 111, 126, 132, 135, 136, 137, 138, 144, 157, 161, 212, 331, 332, 338, 345, 361
이사회의 심의 / 323
이적금규칙 / 217, 218
이탈리아 헌법 / 14, 24
이행강제금(penalty payment) / 152
이행기간 / 211, 212
이행조치 / 114
인간의 존엄 / 233, 235, 236, 237, 239
인과관계 / 78, 82, 163
인권·기본권 존중 / 336
일괄적용면제 / 289
일괄적용면제규칙(block exemption Regulation) / 267, 296
일반원칙 / 165
일시불(lump sum) / 152
입법권 / 138
입법행위 / 163
입증책임 / 179

ㅈ

자기집행성(self-executing) / 7
자문 / 135, 137
자문기관 / 147
자문의무 / 134
자문절차 / 138, 139, 140, 141, 142
자본의 자유이동권 / 223
자영업자 / 221
잠정조치(interim relief) / 68, 70, 72, 74
장래효 / 185
재량수축론 / 82
재량의 여지(margin of discretion) / 234, 239
재산권 / 357
재판소설립규정 / 95, 100

재판연구관 / 9, 10, 61, 87, 89, 107, 117, 149, 187, 192, 194, 235, 243, 253, 254, 265, 278, 349
적극적 의무 / 6, 7
적극적 통합 / 173
적극적 판매 / 266
적용거부 / 28
적용면제 / 249, 283, 284, 288
적용면제심사 / 267
적절한 적용(proper application) / 92
전점(專占, preemption) / 328, 370
절대적 우위 / 27
절대적 우위론 / 36
절대적 우위성원칙 / 28
절대적 지역보호(absolute territorial protection) / 262, 263, 281, 282, 283, 284, 285
절대적 지역보호의 금지 / 265
절차적 적법성 / 136
정당성 / 173, 175
정당한 규제 / 190, 253
정당한 목적 / 239
정당화 사유 / 173, 178, 179, 181, 197, 220, 223, 233, 237, 248, 254, 266
정부간 주의 / 35
정부간 협력형(intergovermental)의 법질서 / 10
정부간협력제도 / 32
제1심재판소 / 112, 113
제법특허(=병행특허) / 202
제품관련규제 / 183, 185, 186
제품시장 / 273, 292, 296, 302
제한적 개별적 수권의 원칙 / 41
조건부 리베이트 / 308
조약체결권 / 324
조약체결권한(행위능력) / 326, 327
조화조치 / 121, 177, 184
주거의 자유이동 / 343
주권국가 / 34
주권적 권리 / 5, 10, 11, 16, 17, 36
주류광고 / 189
주류광고규제 / 191
주소지법주의 / 252, 255
준거법 / 252
지리적 시장 / 292, 296, 298, 302
지배적 지위 / 290, 291, 293, 294, 295, 296, 298, 300, 301, 302, 303, 304, 305, 306, 307, 308
지배적 지위의 남용행위 / 291
지원적 권한 / 329
지적재산권 / 202, 205, 207, 260, 268
지적재산권의 무역관련측면에 관한 협정 / 340
지침 / 7, 27, 54, 158, 174, 182, 213, 214, 216, 221, 231, 234, 242, 246, 247, 249, 252, 255, 308, 315, 329
지침의 수직적 직접효력 / 54
지침의 수평적 직접효력 / 52, 60, 62, 65
직권남용 / 79
직접선거 / 135, 138, 139, 143, 147
직접소송 / 95, 107, 146
직접적 차별 / 48
직접적용 / 4, 9, 13
직접적용성(direct applicability) / 8, 25, 44, 48, 109, 347
직접적이고 개별적으로 관련있는 / 118, 136, 141, 144
직접적이고 구체적인 관련성 / 216
직접효력(direct effect) / 3, 4, 6, 7, 8, 9, 13, 17, 21, 22, 27, 34, 43, 48, 62, 69, 70, 76, 81, 212, 213, 214, 217, 218, 248, 311, 314, 318, 349, 359
집행위원회 / 86
집행정지 / 109
집회의 자유 / 238
징벌적 손해배상 / 80

ㅊ

차별금지원칙 / 228
차별적 조치 / 237
책임성립요건 / 76, 77
책임요건 / 82
첨가물 규제 / 175, 177, 182
청문을 받을 권리 / 356
초국가형(Supranational)의 법질서 / 10
최저한의 실효성(effectiveness) 원칙 / 29, 83, 312, 316
최저한의 실효성요건 / 71
충분히 중대한 위반 / 164, 166
충성리베이트 / 303, 304, 305, 307, 308
충실협력의무 / 38
취소소송 / 95, 107, 111, 112, 113, 115, 116, 118, 119, 120, 134, 136, 141, 144, 147, 148, 149, 154, 155, 158, 233, 260, 281, 291, 324, 326, 329, 353

ㅌ

테러방지조치 / 360
테러행위 / 153
통일적 해석(uniform interpretation) / 92, 96
통화동맹 / 32, 33
특허권 / 204
특허법 / 203
특허제품 / 202
특혜관세 / 298
특혜관세제도 / 290

ㅍ

파기원(Corte Suprema di Cassazione) / 91
파생적 권한의 원칙 / 124
판매태양규제 / 183, 184, 185, 186, 187, 188, 223
판매태양조치 / 192
평등대우 / 222, 229, 247
평등대우(내국민대우) / 246
평등대우를 받을 권리 / 227
평등대우원칙 / 53
평등원칙 / 136, 164
표현의 자유 / 125, 126, 236, 238
피고적격 / 144, 148, 151
필수적 요건 / 169, 172, 176, 184, 198, 201
필수적 요건의 법리 / 237
필수적 요건의 법리(합리성의 이론) / 178

ㅎ

한정적격 / 116
할당파괴 / 68, 75
합리성이론(rule of reason) / 172, 237, 262, 265, 280, 286
합치해석의무 / 61, 64, 65
항소법원 / 310
해석 / 12
행정권 / 138
헌법소원 / 32
헌법제정조약 / 148, 361
협력의무 / 77, 341, 344
형법 / 84, 85
형사법의 조화 / 86
형사소송법 / 85
형사입법권한 / 88
혼합협정(mixed agreement) / 342, 344
환경보호 / 85, 88, 173, 179, 238, 335
환경입법 사건 / 84
환경침해 / 85, 86
회사설립의 자유 / 75
회사의 자유이동 / 250
회원국 간의 분쟁 / 155
회원국에 공통된 헌법적 전통 / 115, 128, 131, 132, 200, 235, 331, 356
회원국의 재량사항 / 86
효과이론(effects doctrine) / 277, 279

편자 약력

中村民雄 (나카무라 타미오)

1983년 동경대학교 법학부 졸업
1986년 동경대학교 대학원 석사과정 수료 (법학석사)
1987년 (영) University of London 법학석사과정수료 (LL.M.)
1991년 동경대학교 대학원 박사과정 수료 (박사 (법학))
1991년 세이케이(成蹊)대학교 법학부 조교수
1999년 동경대학교 사회과학연구소 조교수
2006년 동경대학교 사회과학연구소 교수
2010년 와세다대학교 법학학술원 교수

주요 저서
'유럽헌법조약－해설 및 번역' (중의원 헌법조사회, 2004)
'영국헌법과 EC법－국회주권의 원칙의 추락' (동경대학교출판사, 1993)

편저
'EU연구의 신지평－전례없는 정치체제로의 접근' (미네르바서방, 2006) 등

須網 隆夫 (수아미 다카오)

1979년 동경대학교 법학부 졸업
1981년 변호사 등록
1988년 (미) Cornell University Law school (LL.M.)
1988-94년 벨기에에서 변호사활동
1993년 (벨기에) Katholieke Universiteit Leuven 대학원석사 (LL.M.)
1994년 요코하마 국립대학교 대학원 조교수
1996년 와세다대학교 법학부 교수
2004년 와세대대학교 대학원 법무연구과 교수

주요 저서
'글로벌 사회의 법률가론' (현대인문사, 2002)
'유럽경제법' (신세사, 1997)

공저
'전환기의 WTO－비무역적관심사항의 분석' (동양경제신보사, 2003)
'법과대학원과 임상법학교육' (성문사, 2003) 등

집필자 (가나다순)

中西康	나카니시 야스시	교토대학교 대학원 법학연구과 교수
中西優美子	나카니시 유미코	센슈(專修)대학교 법학부 교수
中村民雄	나카무라 타미오	와세다대학교 법학학술원 교수
多田英明	타다 히데아키	도요(東洋)대학교 법학부 준교수
西連寺隆行	사이렌지 다카유키	상지(上智)대학교 객원연구원
須網隆夫	수아미 다카오	와세다대학교 대학원 법무연구과 교수
新村とわ	신무라 도와	세이케이(成蹊)대학교 대학원 법무연구과 준교수
山岸和彦	야마기시 카즈히코	변호사 (아사히 법률사무소 파트너)
大藤紀子	오오후지 노리꼬	독협대학교 법학부 교수
小場瀬琢磨	오바세 타쿠마	와세다대학교 법학원 법학연구과 박사과정
由布節子	유후 세츠코	변호사(아츠미종합법률사무소·외국법공동사업파트너)

역자 약력

박 덕 영 (Deok-Young PARK)

연세대학교 법과대학 졸업
연세대학교 대학원 법학석사, 법학박사
국비유학시험 합격(국제법 분야)
영국 University of Cambridge 법학석사(LL.M.)
영국 University of Edinburgh 박사과정 마침
프로그램심의조정위원회 수석연구원/
지적재산권팀장
숙명여자대학교 법과대학 조교수
사법시험, 외무고시, 행정고시, PSAT 출제위원
대한국제법학회 연구이사, 부회장

연세대학교 법학전문대학원 부교수(현)
연세대학교 법학연구원 부원장/EU법센터장(현)
Yonsei Law Journal 편집위원장 (현)
외교통상부 FTA 민간자문위원/
기후변화정책 자문위원 (현)
국방부 국방기관 평가위원 (현)
한국국제경제법학회 회장(현)

주요 저서

기후변화와 통상문제 (번역), 박영사, 2012.6
세계주요국의 기후변화법제, 한국학술정보, 2012.6
국제투자법 (공저), 박영사, 2012.4
신 국제경제법(국제경제법학회 공동), 박영사, 2012.2
법학입문 (공동)/국제법 기본조약집 (편저), 박영사, 2011
국제법 (공동)/EU법강의 (공동), 박영사, 2010
국제경제법 기본조약집(편저), 박영사, 2010
미국법과 법률영어 (번역), 박영사, 2009
국제저작권과 통상문제 (공동), 세창출판사, 2009

주요 논문

"WTO EC-석면사건과 첫 환경예외의 인정", 국제법학회논총(2006.12) 외
국제법, 국제통상법, 저작권 분야 논문 다수

이 주 윤 (Jooyun LEE)

연세대학교 문과대학 졸업
연세대학교 대학원 법학석사, 법학박사
독일 Saarland University 유럽법석사(LL.M.)
프로그램심의조정위원회 연구원
연세대학교 법학연구원 전문연구원
백석대학교, 인천대학교 강사
연세-SERI EU센터 박사후연구원

연세대학교 법과대학, 일반대학원 강사(현)
한국법제연구원 초청연구원 (현)

주요 저서

국제법 주요 판례집 (공편), 연세대학교 출판부, 2004. 9
법학개론 (공동), 박영사, 2008. 3
EU법강의 (공동), 박영사, 2010. 9
신법학개론 (공동), 박영사, 2011. 2

주요 논문

"Underlying Problems and Solutions relating to the Increasing Workload of the ECtHR in view of Protocol No. 14", 국제법학회논총(2009.12)
"인권법적 관점에서 본 국제법과 EU법의 관계－ECJ의 *Kadi* 판결과 *Solange* 이론을 중심으로－", 국제법학회논총(2010.12)
"WTO법의 직접효력에 관한 최신 CJEU의 입장－CJEU의 *Biret*, *Van Parys*, *Ikea* 및 *FIAMM* 판결을 중심으로－", 국제법학회논총(2011.3)
외 다수

EU법 기본판례집 [제2판]

편저자 Tamio Nakamura, Takao Suami
옮긴이 박덕영·이주윤
펴낸곳 연세대학교 출판문화원
주 소 서울특별시 서대문구 연세로 50
전 화 02)2123-3380~2
팩 스 02)2123-8673
e-mail: ysup@yonsei.ac.kr
http://www.yonsei.ac.kr/press
등 록 1955년 10월 13일 제9-60호
인 쇄 (주)태화북스

2012년 8월 15일 1판 1쇄
ISBN 978-89-97578-46-7 (93360)

정가 25,000원